江苏省社会科学基金重点项目
(批准号:11LSA002)

辛亥革命苏州『和平光复』模式研究

高钟 著

苏州大学出版社
Soochow University Press

图书在版编目(CIP)数据

辛亥革命苏州"和平光复"模式研究/高钟著.—苏州：苏州大学出版社，2016.8
ISBN 978-7-5672-1828-4

Ⅰ.①辛… Ⅱ.①高… Ⅲ.①辛亥革命－研究－苏州 Ⅳ.①K257.07

中国版本图书馆 CIP 数据核字(2016)第 216303 号

书　　名	辛亥革命苏州"和平光复"模式研究
著　　者	高　钟
策　　划	刘　海
责任编辑	刘　海
装帧设计	吴　钰
出版发行	苏州大学出版社(Soochow University Press)
出版　人	张建初
社　　址	苏州市十梓街1号　邮编:215006
印　　刷	苏州工业园区美柯乐制版印务有限责任公司
网　　址	www.sudapress.com　QQ:64826224
E-mail	Liuwang@suda.edu.cn
邮购热线	0512-67480030
销售热线	0512-65225020
开　　本	700 mm×1 000 mm　1/16　印张:20.50　字数:357千
版　　次	2016年9月第1版
印　　次	2016年9月第1次印刷
书　　号	ISBN 978-7-5672-1828-4
定　　价	68.00元

凡购本社图书发现印装错误,请与本社联系调换。服务热线:0512-65225020

序 一

　　干戈、玉帛,即兵戎相见或协商和谈,是双方或多方在对立冲突时可能选择的两种行动方式。至于有可能选择何种方式或何种方式有效,则因时、因地、因人、因事而异。

　　辛亥革命前夕,围绕着怎样救中国的问题,革命民主派和保皇派、立宪派曾展开激烈争论。前者认为清王朝顽固守旧,为维护其根本利益不可能真心立宪,只有采用暴力的国民革命才能为民主共和开辟道路。后者则主张用"劝告"和"要求"等"秩序的行动",以和平的方式进行改革或改良,并且以武力革命必然引发"内乱"和"招致外国干涉"来作为必须采取"秩序的行动"的理由。革命派则以人民群众的斗争传统以及多数由专制国家转变为民主国家的革命先例为由来证明革命战争的必要性,并强调革命党的理想信念及"革命之纪律"的教育将使得人民群众"由自然的暴动而为秩序的革命",因此革命既不会引发"内乱",列强也没有理由加以干涉。双方的争论,除了变革目标的差异之外,最大的不同仍是采取何种手段,即武装斗争的方式抑或和平的手段,尽管二者都强调了"秩序"。

　　在固权谋私的清王朝政府连和平的立宪请愿也顽固拒绝之后,暴力革命还是发生了。从1911年10月10日武昌起义开始至11月4日为止,在25天的时间内,依次有湖北、湖南、陕西、山西、云南、江西、贵州、浙江共8个省和上海宣布成立军政府,脱离清王朝。而这些地方的所谓"光复",无论是由革命派和起义的新军士兵先夺取省城,再传檄省内的各府、州、县,还是在府、州、县先行举义,再进攻或影响到占领省城,都无一例外地运用了武力,发生过规模大小有别、激烈程度不同的战斗,从而不可避免地产生了程度不同的生命与财产的损失,并造成了不易愈合的社会撕裂。尽管在上述各地新生政权的创建和组成中,一些立宪派人士、绅商、或开明或投机的文武旧员也有参与,但他们还不是主动的和主要的政治力量。

　　苏州光复是一个明显的转折点。上海光复前后,苏沪的官僚、绅商加紧在江苏巡抚程德全和上海的革命党人之间沟通斡旋，策划"明建义旗"。11月5日，在程德全和地方官绅的共同策划下，新军的马、步、辎重队士兵"一律袖缠白布，直达巡院"，"要求"巡抚宣布"独立"。于是程德全下令在抚署的大门上挂起"中华民国军政府江苏都督府"的旗帜，程德全由清王朝的巡抚变身为革命军的都督，民政长、警察总监、财政司长、司法司长等要职亦由原先的司、道担任。苏州的"和平光复"，使当地一些本来担忧甚至反对革命的人士"鼓掌距跃，谓自古革命无如是之易易者也"①。

苏州的先例产生了"羊群效应"，不同程度影响到其后其他省份如广西、福建、安徽、广东、四川的光复，其共同表现是在各地武装起义的巨大声势下，谘议局的立宪派人士和一些有名望的绅商主动出面劝说相关总督、巡抚和驻防将军等原清王朝政府的文武大员，或宣布"让位"、"交还政权"，或"由官发起独立"，仍由原先的督、抚主持新建的省级政权。其中最显著的是安徽。安徽新军中的革命士兵曾在10月30日晚发动起义，但在进攻省城安庆时失败，稍后皖北信义会会众在寿州举义，先后攻占六安、合肥、芜湖、颍州、临淮等地，巡抚朱家宝的号令不出省城。于是谘议局的头面人物在朱家宝和革命党人之间调停，11月8日由谘议局出面宣布"独立"，朱家宝任都督，军政官员一仍其旧，安徽省城的"光复"可说是苏州光复的"山寨"版。不过由于朱家宝人望远不及程德全，易帜后又举措失当，不久还是被革命党人赶走。但是从后来南京临时政府与袁世凯议和，尤其是在袁世凯转向赞同共和、促成清帝退位之后，孙中山接受和平统一、取消南京临时政府的历史轨迹来看，仍不难发现东南士绅在调和南北中的作用，以及苏州"和平光复"模式草蛇灰线般的影响。

对于苏州"和平光复"一事，史学界始终存在着否定或肯定两种意见，不过百年来持温和的"理解"态度的也大有人在。我个人对这个事情的理解是：其一，苏州的"和平光复"还是以国内多数地区的武装斗争、人民群众"苦清久矣"的强烈反抗情绪为背景才得以发生，程德全等人的主动行为中不乏被迫、被动的因素；其二，苏州这一局部的和平光复能够成功，还是以当时及其后各地的武装斗争的胜利为保障的，尤其是有江浙联军的攻克南京，才能维持局面。否则，以两江总督张人骏的亲兵卫队、江宁将军铁良麾下的旗营和张勋所部巡防营共两万人的兵力进攻近在咫尺的苏州，苏州的"和平光复"恐怕难免昙花一现；其三，对于程德全等人"明建义旗"的动机，大可不必作"诛心"的追究和苛责，也不必过分计较程德全之类人物前清官员的

---

① 新黄氓《民国文牍》（第三卷），上海广益书局，1912，3。

身份和履历,关键还是看这种行动的实际效果。从大局来看,苏州光复首先使得江浙联军得以组成并攻克南京,从而壮大了革命声势,加速了广西、福建、安徽、广东和四川的光复进程,故其作用值得肯定。从个人角度言之,程德全此后虽不能说做到了与时俱进,但也并未朝秦暮楚或擅权谋私,终不失为良善,给予公允的评价自在情理之中。

高钟教授在辛亥革命史研究方面多有心得与创见,其近著《辛亥革命苏州"和平光复"模式研究》对辛亥革命中率先实现和平光复的苏州现象做了深入细致的分析和探讨。该书不仅对以苏州为中心的江南地区的历史文化做了长时段的追踪,对明清以来的经济和社会的变化详加考察,更对晚清苏州地方官员、绅商、学界的政治心态及行为特征乃至个性进行了认真剖析,对革命党人和新军士兵组织发动人民群众的工作也分别着力呈现,最终说明苏州和平光复是合力所致。作者视野开阔,一是体现在方法上,对历史学、社会学、文化学、心理学等加以综合融化;二是体现在对资料的广泛搜罗及精审采用,真正做到了无征不信,排除各种想象和推理之言。故该书虽然是对苏州光复一事的专题研究,但极大地提升了历史思考和地域文化的丰富性,将会促发学界对辛亥革命中"战争与和平"这一重大问题的思索。

是为序。

罗福惠
2016年盛夏于武汉桂子山

序二

高钟教授撰写的《辛亥革命苏州"和平光复"模式研究》，是一部颇有新意和创见的辛亥革命史研究新著。该著主要以苏州为个案，对以往虽有所提及但较少进行专论的辛亥革命时期的"和平光复"模式，作了较为深入的探讨与分析，提出了许多具有启发性的观点及结论。尤其通过对相关史实的详实考察，重点阐明苏州"和平光复"模式具有以下突出特点：其一是"和平光复"——非暴力革命，此系多种合力共同完成的一场"不流血、不放枪、安然革新"的非暴力革命；其二是以"满汉一体"、"五族共和"口号代替了"驱逐鞑虏，恢复中华"，不仅有利于中华民族统一，而且具有加速清帝逊位的效果；其三是创建了一个以革命派和弃暗投明的"官"、代表立宪派之"绅"三者相结合的统一战线，并经由这一独特的统一战线自上而下地完成了和平光复，而辛亥革命的胜利正是建立在武昌首义与苏州和平光复相辅相成的基础之上的。以上所论，新意比较突出，阐释也比较深入。

除此之外，该书还进一步论证辛亥革命在发展高潮时期可分为两大阶段，前一阶段即1911年10月10日至11月4日以武昌首义模式为主，后一阶段则以苏州"和平光复"模式为主，袁世凯倒戈和清帝逊位在很大程度上可以说是苏州"和平光复"模式统一战线模式的放大，有利于国家和社会的稳定、疆域的统一和经济的发展，是极具智慧的光荣革命模式。此一结论也多有新意，尽管或许会引起某些学术争议，但勇于提出新的学术见解，不仅对促进辛亥革命史研究的深入发展不无裨益，而且也是一种值得鼓励的学术原创态度与精神，在当下尤其难能可贵。鉴于上述，本人特此郑重推荐这部专著的出版。

华中师范大学近代史研究所教授兼所长

2015年11月5日

目 录

第一章　学术前史与问题的提出 …………………………………… 1
　一、苏州"和平光复"是辛亥革命两大模式之一 …………… 3
　二、辛亥革命中暴力与非暴力革命模式相辅相成 …………… 5
　三、苏州"和平光复"模式的地域文化基因 ………………… 7
　　小结 ……………………………………………………………… 10

第二章　苏州"和平光复"的相关研究 ………………………… 13
　一、辛亥革命的长时段研究 …………………………………… 13
　二、辛亥革命的合力因素研究 ………………………………… 18
　三、辛亥革命苏州"和平光复"研究 ………………………… 25
　四、程德全研究 ………………………………………………… 30
　　小结 ……………………………………………………………… 41

第三章　辛亥革命的两种模式 …………………………………… 43
　一、武昌首义模式 ……………………………………………… 44
　二、苏州"和平光复"模式 …………………………………… 50
　三、百年回首话"革命" ……………………………………… 62
　　小结 ……………………………………………………………… 70

第四章　地域文化与辛亥革命两种模式 …… 73
一、地域文化概述 …… 74
二、吴文化的历史演进 …… 88
三、地域文化与辛亥革命两种模式 …… 100
小结 …… 132

第五章　东南文化精英的经济与社会基础 …… 135
一、东南商品经济的发展 …… 135
二、东南社会与文化的发展 …… 140
三、绅商阶层的形成与发展 …… 151
小结 …… 163

第六章　东南文化精英长时段的发展 …… 166
一、宋代的萌发 …… 166
二、明代的崭露头角 …… 173
三、清代的一波三折 …… 182
小结 …… 193

第七章　东南文化精英与清末政局 …… 194
一、东南文化精英群体的集结 …… 195
二、东南文化精英群体集结的新平台 …… 207
三、东南互保与利权运动 …… 225
四、立宪运动与和平光复 …… 242
小结 …… 262

第八章　近代江南督抚与程德全的"和平光复" …… 264
一、江南文化场域中的两江督抚 …… 264
二、江南文化场域与程德全 …… 269
三、程德全与辛亥革命苏州"和平光复" …… 280

小结 …………………………………………………………… 293

第九章　余论 ………………………………………………… 295

　一、"和平、奋斗、救中国"——孙中山最后遗言 ……………… 296

　二、"我们把改革当作一种革命" ……………………………… 298

　三、"和平与发展"是时代的主题 ……………………………… 302

　小结 …………………………………………………………… 304

参考文献 ……………………………………………………… 306

第一章　学术前史与问题的提出

辛亥革命已经过去了一百余年,但有关辛亥革命的研究却有常研常新之态。随着研究的深入,越来越多的问题、越来越多的发现驱使着研究者们不断地去挖掘、去创新。这就是历史研究的魅力所在,也是辛亥革命的历史意义所在。

辛亥革命作为改变了中国与世界近现代历史的伟大革命,毫无疑义的是中国历史的巨大发展与转折。它结束了中国三千余年的"家天下"专制传统,开启了"共和"民主的新篇章。这个巨大的发展与转折并不是突如其来的,而是一个历史长时段发展的结果;其结束也不是传统所认为的到1913年"二次革命"就戛然而止,其遗产至今仍在为我们所享用。国民革命、新民主主义革命以及直到今天尚未完结的中国社会转型的"改革开放"——"中国的第二次革命"①,其实质都是辛亥革命的遗产继承,都是辛亥革命"另一个阶段,即建立新的政治秩序并使之制度化的阶段"②的继续。正因如此,辛亥革命史研究专家章开沅先生在纪念辛亥革命一百周年之际提出了"三个一百年"之说,即:要研究革命前的一百年中国历史的曲折发展是如何为革命的爆发准备了多元的合力;其后的一百年,各种形式的革命成为辛亥革命最醒目的遗产继承——北洋政府、国民政府、人民共和国,都是在辛亥革命所开辟的"建设新的政治秩序并使之制度化"的民主、共和、宪政的道路上接力而行。至于今后的一百年,章开沅先生认为是一个人性复归的世纪,"这是一个普世性的问题,所以现在我们不仅要做好一个中国的公民,而且还要承担世界公民的责任,这才叫真正的现代化公民"③。辛亥革命纲领中的"创立民国,平均地权"就是普世性的政治民主与经济民主,就是为创建现

---

① 《邓小平文选》(第三卷),人民出版社,1993,113。
② [美]亨廷顿著、王冠华译《变化社会中的政治秩序》,三联书店,1988,243。
③ 章开沅 2010 年 11 月 10 日接受陈书娣的采访,见人民网(www.people.com.cn)。

代化的世界公民而进行的制度上的创建。

"历史是这样创造的:最终的结果总是从许多单个的意志的相互冲突中产生出来的。而其中每一个意志,又是由许多特殊的生活条件,才成为它所成为的那样。这样就有无数互相交错的力量,有无数个力的平行四边形,而由此就产生出一个总的结果,即历史事变。这个结果又可以看作一个作为整体的、不自觉地和不自主地起着作用的力量的产物。"①辛亥革命这个伟大的历史事件,正是其前一百余年无数个相互交错的力量相互作用的结果。正是这无数个力不自觉地和不自主地交汇在一起,形成一股整体的力量促进了辛亥革命的爆发。这些相互交错的力量是由"许多特殊的生活条件"造成的。这些"特殊的生活条件"从经济上将中国人划成不同的阶级、阶层,以及他们在政治上的代表——革命派、立宪派、北洋系、满清政府等。这种因经济地位而形成的阶级与在其基础上形成的政治派别、集团在辛亥革命中的作用,前人研究得已经不少,但是,对于这种"特殊的生活条件"——包含着因地理与历史文化不同而形成的地域文化是如何形成的,则鲜有研究。而正是这些不同的地域文化的内在影响,才形成了辛亥革命中武昌首义与苏州和平光复两大截然不同的模式,百余年来对于这方面的研究则存在着明显的不足。

"文化的多样性奠立在民族和个人的特殊气质的基础上,奠立在地理和其他条件的基础上。"②多元一体而发展形成的中华民族,形成了极为丰富的多元化地域文化,正是这些由"特殊的生活条件"形成的地域文化的区别,使得在辛亥革命准备阶段,革命派因地缘的不同,而形成了兴中会(广东)、华兴会(两湖)、光复会(浙江)三大革命团体;立宪派也因地缘的不同,而形成了以广东为主的康梁集团和以张(謇)、汤(寿潜)为首的江浙集团以及以汤(化龙)、谭(延闿)为首的两湖集团等。这些建基于不同地域文化的政治派系和集团,虽然总的政治目标基本相同,但在达到这个目标的具体方法方面却有着很大的差别,由之而在辛亥革命中呈现出武昌首义的暴力革命与苏州和平光复的非暴力革命两种模式。这两种模式互相补充、相辅相成,共同促进了辛亥革命的发展与胜利。可是百余年以来,由于国民党孙中山、陈其美、蒋介石正统系话语的强力影响,对于孙、陈、蒋一系之外的黄兴、宋教仁一系对辛亥革命的贡献,特别是对于后者与江浙立宪派合作的苏州"和平

---

① 恩格斯《致约瑟夫·布洛赫》(1890),《马克思恩格斯选集》(第四卷下),人民出版社,1972,478。

② [德]兰德曼著、张乐天译《哲学人类学》,上海译文出版社,1988,222。

光复"模式的研究则明显不足。实际上,苏州和平光复不仅是辛亥革命中的一个重要模式,也不仅是"传檄而定"带动了江苏省除南京以外的"和平光复",更重要的是这种清廷省级主官与立宪派文化精英、革命派三者联合的统一战线模式,影响、带动了东南六省的"和平光复",在切断清王朝东南财赋供给生命线的同时,还给清王朝提供了一个"光荣革命"的样板,清王朝最后的逊位诏书就是出自策动苏州和平光复的张謇、刘厚生、杨廷栋等人之手,这个历史的偶然其实显透着历史的必然,即"辛亥革命时期的东南地区和东南精英在全国政局变化中已经处于举足轻重的地位"①。正是这种举足轻重的地位造成了辛亥革命首义于武昌,收功则在江南,而转折点就在苏州和平光复的历史进程。所以,苏州"和平光复"模式是辛亥革命研究中不可忽视的一个重要的研究内容。

一、苏州"和平光复"是辛亥革命的两大模式之一

多年以来,因为"革命是暴动"的观点深入人心,所以一谈"革命"就是暴力革命。特别是辛亥革命武昌首义是以暴力革命而发其端的,于是暴力革命更似乎成了辛亥革命的唯一模式。其实不然。马克思、恩格斯都曾说过,历史是在合力推动下前进的,辛亥革命作为中国近代最伟大的革命,其推动力也不是单一的,而是历史发展过程中中国社会各阶级、各阶层、各政党、各派别合力运作的结果。当然,在这个合力之中,以孙中山、黄兴为首的革命党人起了先导性作用,但不能因此而否定张謇、汤寿潜、汤化龙等立宪派在其中的辅助作用;同时,也不能否定明敏地见机而作、弃暗投明的清王朝旧官僚黎元洪、程德全等人的历史作用。特别是不能否认以苏州为典型的立宪派官僚程德全与立宪党人张謇、革命党人黄炎培等密切合作,以新军军官、绅商等社会中间阶层为主体,以和平光复的形式完成推翻清王朝政权的非暴力革命的历史作用。这一自上而下的力量组合以中层社会为主体,团结各政治派别力量,结成反清统一战线,用和平光复的革命形式维护了社会的正常生产与生活秩序,并充分利用清王朝苏州藩库中的 40 万两白银作革命之经费,以江南机器局库存的大炮、枪支弹药为革命军之武装,组成江浙联军,攻下南京,为民国政府奠定了基础。这一伟大的历史功绩是值得予以充分肯定的。

对于非暴力的辛亥革命苏州模式,自 20 世纪 80 年代以来,前贤学者已

---

① 章开沅《张汤交谊与辛亥革命》,《历史研究》1992 年 1 期。

有不少研究,如章开沅、林增平主编的《辛亥革命史》,金冲及、胡绳武合著的《辛亥革命史稿》,李新等主编的《中华民国史》,王树槐所著《中国现代化的区域研究:江苏省,1860—1916》,马敏、朱英合著的《传统与近代的二重变奏——晚清苏州商会个案研究》,马敏所著《官商之间——社会剧变中的近代绅商》等著作都有专门的章节论述;还有大批学术论文也涉及于此,如李茂高等的《江苏光复与程德全》、王来棣的《立宪派的"和平独立"与辛亥革命》、李希泌和白吉庵的《辛亥革命的两种起义方式》、马敏的《辛亥革命时期的苏州绅商》、耿云志的《张謇与江苏咨议局》、章开沅的《张汤交谊与辛亥革命》等。这些著作与论文主要是在论述苏州及其带动下的江苏和平光复过程时进行评价,如王来棣认为:和平独立"固然加速了清王朝的覆亡,但最后又促使辛亥革命夭折";李茂高等人则认为:和平光复"在某种局部特殊情形下比武力光复更有利于革命,有利于人民"①;马敏则注意到了:"'和平光复'之所以成为辛亥革命中地方政权变革的一种较为普遍的模式,有着远比种种个人因素更为深刻的历史和社会阶级结构方面的原因"②。但对这一深层次的原因马敏先生未能展开研究。章开沅先生目光如炬地指出:"辛亥革命首先爆发于武汉,但决定全国局势者则为上海与江浙的相继独立。这说明东南地区和东南精英,不仅在近代中国经济与文化的发展中,而且在全国政局变化中已经处于举足轻重的地位。但因其总体实力不足以取代北方传统政治中心地位,而且东南精英乃是半新半旧的人物,所以辛亥革命只有以南北妥协宣告结束。"章先生在此已明白无误地指出,辛亥革命"决定全国局势者则为上海与江浙的相继独立"。这就是我们说的"辛亥革命收功于江南,转折点在苏州"的道理所在。

我国台湾学者王树槐先生对苏州和平光复于辛亥革命的重要意义进行了如下充分的论述:"苏州的光复代表江苏省的光复,——自武昌起义后至上海光复前,其间二十五天,全国只有湖北、湖南、陕西、江西、云南、贵州六省光复。自上海光复至福建光复,其间六天,新增加的省份达六省之多。"③这新增加的6个省基本上都是沿袭着苏州的和平光复模式的。至南北议和成功之时,独立的省份已有15个之多,其中和平光复的有6个省,为全部独立省份的五分之二。而且,即使是在以暴力革命为主的省份中,也有不少的

---

① 李茂高、廖志豪《江苏光复与程德全》,《学术月刊》,1981年第9期。
② 马敏《马敏自选集》,华中理工大学出版社,1999,257。
③ 王树槐《中国现代化的区域研究:江苏省,1860—1916》,台湾"中央研究院"近代史研究所专刊,1984,151。

府县是和平光复的,如发生武昌首义的湖北省,其郧阳、黄州等府县也基本上是兵不血刃地和平光复的。由此可见:以苏州为典型的和平光复的非暴力模式是辛亥革命中一个与暴力革命相辅相成、并行不悖的重要模式。但这一重要模式长期以来不为主流研究所认可,需要我们在新的历史时期予以发掘,以助我们对辛亥革命深厚的历史底蕴予以新的反思。

和平光复的苏州辛亥革命模式长期不被认可的一个关键点就在于人们将革命与暴力等同的认识误区。实际上,革命不一定完全是暴动。革命是政治斗争中的一个极致的手段,它以完成政权更迭、政治纲领变换、使生产力获得解放为根本。这种政权的更迭关系到权力、财富的根本性再分配,故极易引起掌权的既得利益者不择手段的反抗,所以,暴力革命的形式比较多。但如果是民心已去,特别是武装力量的人心已去,掌权的既得利益者失去武力的支持,无法进行暴力反抗,革命者出于社会平稳发展的考虑,在某些方面做出一些人道主义的让步,和平的、非暴力的革命就有可能成功。张謇先生1912年撰《革命论》一文如此诠释革命之义:"革命之文,盖本于《周书·多士》,虞义以为将革而谋谓之言革,革而行之谓之命。程传以为王者之兴,受命于天,故易世谓之革命。"①"易世",即改变政权之所属是革命的根本之义,暴力与非暴力是革命的两种不同手段与模式。只要政权发生了根本性的变易,即可称为"革命",至于是否使用了暴力,只是革命的形式而已。我们不能因形式而否定内容。不能因为苏州的和平光复没有使用暴力,就认为是对旧官僚的妥协,不是革命。暴力与非暴力实际上是相辅相成的两种革命的模式与手段。英国的"和平革命"与苏州辛亥革命就是非暴力革命的典型。改变政权的"易世"其实也是一种外在的政治形式,革命的本质含义在于它能将旧体制压抑的生产力解放出来,所以,革命的真实内涵是形式解放生产力。不但改变政权形式解放生产力是革命,不改变政权形式,只是在政权内对旧体制进行改革,使生产力得到解放,也可称之为革命。这就是邓小平说的"改革是中国的第二次革命"的原因所在。

二、辛亥革命中暴力与非暴力革命模式相辅相成

辛亥革命中的暴力与非暴力两种模式实际上是交叉进行、相辅相成的。暴力中有非暴力,如武昌首义是暴力的,但在立宪党人汤化龙的建议下,请出黎元洪当都督后,湖北其他的府县,如宜昌、黄冈等地基本上是传檄而定,

---

① 张謇《张謇全集》(第5卷),江苏古籍出版社,1993,159。

和平光复。这种革命派与旧官僚黎元洪、立宪派中的激进派汤化龙结成反清统一战线的模式,不仅影响到后来的苏州,而且对当时革命的成功起到了至关重要的作用。如武昌首义后清王朝派到武昌镇压起义的海军司令萨镇冰与黎元洪有师生之谊,主力舰长汤芗铭又是汤化龙的胞弟,所以,海军很快反正,调转炮口轰击汉口清军。这种革命的统一战线不仅分化了敌对战线,争取到更多的人投向革命,更为一些府县的和平光复提供了一个借鉴的样板,郧阳、宜昌、黄冈等地的和平光复其实是与武昌首义后建立了革命派、旧官僚、立宪派这种统一战线是有关的。革命的首义之省在暴力革命中得到非暴力革命之助,这对于苏州的和平光复也是有着启迪性作用的。辛亥革命其实是在暴力革命与非暴力革命的相辅相成中取得最初的成功的。

暴力革命的首义之省湖北得到了非暴力革命的辅助,同样,作为和平光复的苏州(时辖上海),其和平光复并不是完全没有武装力量支持与一定程度的暴力行为的。如上海机器局就进行了一定程度的战斗。而且苏州和平光复之所以能得到成功,最大的关键还在于国家的暴力工具——军队与警察在行政主官的带领下倒戈相向。特别是早在革命之前,苏州与上海的商会就组织了武装的商团,成为国家武力之外的社会武装。这支武装对于苏州与上海的和平光复起到了重大的支持作用。这一社会武装与倒戈的军队和警察相结合,新政权就能用这些暴力工具威慑整个社会,而达到和平光复。如上海光复时,陈其美单身进入机器局劝降受挫被扣,形势危急之际,是商团、警察及李燮和带领的军队包围机器局,迫使机器局督办逃跑,陈其美获救。所以,上海除了机器局有小规模的战斗外,基本上是和平光复的。苏州和平光复的特征更为突出。驻苏的江苏巡抚程德全是一个开明的、主张立宪的官僚,他对清王朝的倒行逆施痛心疾首,故而能与江苏的立宪派、新军的革命党人结为一体,共同策动了苏州的和平光复,并以此带动了东南五省的和平光复,为辛亥革命的胜利立下了不朽之功。虽然程德全以前清巡抚这一省级主官的积威传檄而定了江苏绝大部分府县,但是南京、徐州等地的光复还是经过了激烈的战斗。所以,和平光复为主的江苏省还是有着暴力革命的辅助才取得全面的成功的。

这一暴力革命与非暴力革命相辅相成的状况,在辛亥革命中比比皆是。如广东省,虽然有各地民军蜂起,暴力革命频频,但省城却是在苏州"和平光复"模式的影响下而和平光复的。福建与浙江也是与苏州一样,即由新军发生了内在的革命蜕变,加上民军与商团一冲,基本上也就和平光复了。以新军、商团、民军为后盾,主政的官员或者明于大势,主动弃暗投明,主动光复;或者在大势所趋下,被迫反正和平光复,然后弃官而逃,革命党人顺天应人地接受政权,如广东省。这两种形式虽然表现不一,但总体上看,这些省级旧政权主官在立宪派与革命党人的联合推动下宣布"和平光复"、实现政权的"易世"革命的形式,却都是共同的。这种共同点的发生就在于旧政权的暴力工具已经蜕变化为新政权的支柱,旧政权的主官失去了国家暴力机器与工具的支持,他就无法继续旧的统治,只能改弦易辙,弃暗投明,和平光复了。

三、苏州"和平光复"模式的地域文化基因

对于辛亥革命的苏州模式,多年来批评的多,肯定的少。批评这种模式是与旧官僚妥协,革命不彻底,最后埋下了革命失败的根芽。这种批评是不符合历史实际的。

革命并不意味着一定要暴力破坏,而且革命一定要包含一个建设阶段。所以,如果能以和平的、非暴力的方式完成政权的转移,这对于社会建设与发展是极为有利的,也是社会各阶层由衷拥护的。但能否以和平的方式完成政权的大转移,不引起社会的震荡与破坏,这需要有成熟的政治经验与行政能力。而当时的革命党人都是二三十岁的年轻人,没有实际从政的经验,缺乏这种实际政治操作的能力,所以,与有着丰富政治斗争经验的立宪派、旧官僚合作,是辛亥革命中革命派一个明智的选择,而不是什么无原则妥协。历史证明,这种合作对辛亥革命是起到了至关重要的作用的。有"民国保姆"之称的赵凤昌的儿子回忆说:"党人赤诚革命,躬冒百险,不折不挠,毅勇信非恒流所可及。然蹈厉有余,治术不足,亦为无可讳言之事。方孙(中山)之初晤先公也,言及民生凋敝,当有解其倒悬者,孙即作豪语,谓今当先免全国之田赋。先公立止之曰:信是则军政费安所出?君首归国门,一言而为万方瞩目,慎勿言之。……凡此均足见党人之坦率豁朗,而尚不习于治道,幸多机敏服善,不致贻之祸阶也。"①革命党人以其一往无前之革命精神,旧官僚、立宪派以其执政之经验、政治斗争之谋略,三方密切合作、群策群力,最后,辛亥革命得以在三个多月的时间内结束了两千年的帝制,其革命的成本之低、对社会的破坏之微都是前无古人的。这正是辛亥革命苏州"和平光复"模式伟大的历史贡献所在,这个伟大的历史贡献其实是建立在苏州地域文化的基因之上的。

辛亥革命中暴力与非暴力的相辅相成正是中国近代政治、经济、社会发

---

① 中国社会科学院近代史研究所编《近代史资料》总102期,社会科学出版社,2002,256。

展不平衡的反映。作为一个地域辽阔的大国,中国的自然条件复杂多元,由此而导致了多元的生产方式,各地区间的社会经济发展状况存在着显著的差别。地域自然条件所形成的不同的生产方式亦促进了不同地域文化的产生与发展,"凡民函五常之性,而其刚柔缓急,音声不同,系水土之风气,故谓之风;好恶取舍,动静亡常,随君上之情欲,故谓之俗"①。"千里不同风,百里不同俗"的民间俗语,正是这种地域文化差别的反映。而自东晋以来,江南文化习俗即以崇文而著称,"吴侬软语"成为江南文化柔慧、崇文的一个表征。崇文之社会习俗,使苏州与江苏科举鼎盛,"清代共举行112次会试与殿试,江苏人士所得之状元达49次,占总数的43.75%;其次为探花,占总数的36.61%,再次是会员、传胪,以上四项,皆居全国之冠","举业既盛,官运亨通,既得之利益已厚,甚不愿政治、经济变迁过激"②。柔慧、鄙武,反对暴力的社会文化因之而生,成为苏州和平光复的一个十分重要的先天性基因。

"举业既盛,官运亨通"使苏州官绅甚多,他们并不希望社会发生激烈的、暴力的变迁。明清以来,东南沿海地区海外贸易发展与正在兴起的西方市场经济开始融合,再加之这一地域河网密布、交通条件便利,在繁盛的海内外贸易的催生下,东南沿海在城市与乡村之间诞生了很多的市镇,这些江南市镇实际上是中国近代市场经济在内外合力的推动下自发形成的由传统乡村社会向近代城市社会过渡的一个中转站,是前工业社会向工业社会转型一个社会结构的过渡产物。在这一转型的促进下,江南乃至东南,中国的前工业经济均得到了长足的发展。鸦片战争后,五口通商、上海开埠加快了这一发展趋势。东南沿海与中西部地区的经济社会发展拉开了距离,呈现出明显的由东至中、至西的三级阶梯状态,东南高居于阶梯之顶,社会经济的发展远远领先于中西部地区。江南社会经济的发展带动了社会结构的分化,其突出的表现就是形成了一个具有相当规模的绅商集团。上海与苏州的和平光复,主要是在这一集团的策动下而告成的。民国《上海县志》记载:"革命事起,民党领袖与地方士绅,咸引(李)仲玉一言为重,乃博咨众议,密谋应付,而处处以保全地方,勿伤民命为要义。"③苏州光复后,"于是又以各省代表分别导致各地绅商,合群力以迫长吏易帜,各地多纷应之"④。这一传统的社会领袖——绅与经济领袖——商结合而形成的绅商集团,是

---

① 班固《汉书·地理志》。
② 王树槐《中国现代化的区域研究:江苏省,1860—1916》,台湾"中央研究院"近代史研究所,1984,50,60。
③ 转引自马敏《官商之间——社会剧变中的近代绅商》,天津人民出版社,1995,345。
④ 中国社会科学院近代史研究所编《近代史资料》总102期,社会科学出版社,2002,249。

当时东南社会精英的结合。这批精英以其文化、社会与经济的领导力和动员力,"合群力以迫长吏易帜",从而造成了苏州及东南各省的和平光复。这正是苏州模式之所以能成功并推广的关键所在。

作为一个传统商业城市,苏州商人始终是苏州社会结构中的一个主要阶层,上海开埠使这个阶层发生了质的变化,一批新式的买办、企业主商人开始出现,并以其新的知识与财力成为商人阶层内在的主导。商会的成立,使他们完成了现代社团的集结,并与新士绅联为一体,形成"绅商"阶层。这个阶层借助商会、商团、市民公社等新型的社会组织网络,对传统社会移步换形,完成了具有现代意义的基层社会自治,最终,以这种自治的社会力量对国家政府进行挤压,"合群力以迫长吏易帜",用非暴力的形式完成了苏州与江苏的辛亥革命。同时,精英文化的积累与商业传统使苏州的绅士有着与商人阶层合作的内在基因,清末新政,在清廷鼓励工商的政策导引下,一批有着传统功名又接受了西学影响的新士绅步入商海,成为一身而二任的"绅商"领袖,如状元资本家张謇、陆润庠等。特别是太平天国之役以后,清政府捐纳之途大开,东南沿海大批商人以捐纳的形式获得功名,他们亦成为一身而二任的"绅商"。由绅而商、由商而绅,殊途同归,二路合一,绅商阶层迅速崛起,成为苏州与东南沿海社会结构中的主导阶层。相形之下,清末正在形成的学生与新军阶层,在苏州与江苏乃至东南沿海社会中均不占主导地位,是故,他们激进的暴力革命的政治主张在苏州与江苏也无法占据主导地位。

绅商出于自身的经济与社会利益,要求以非暴力的方式完成"易世"的革命。这种非暴力形式的革命对于广大人民的日常生活,对于社会生产,对于社会秩序都没有带来破坏与震荡,社会生产力得以继续发展,人民的生命财产安全得以保障。这符合了绅商与市民要求安定生活与发展生产的需求,故这一模式得到了苏州与东南沿海和平光复省份民众的由衷拥护。苏州当时就有民谣歌唱:"苏州光复苏人福,全靠程都督。"[①]这恰恰说明了苏州和平光复这一非暴力革命的形式符合人民的内在要求,具有其内在的历史合理性,是民心所向的最佳革命形式。其他区域的暴力革命也并不是由于人民的本意偏好暴力,而是由于统治者不愿放弃权力与利益,以其手中之武力压制人民"易世"的要求,人民迫不得已而以暴易暴,以暴力革命推翻对人民采取暴力压制的统治者。当然,中西部地区地域文化中的暴力传统、社会结构中绅商力量弱小等地域文化与社会结构的差别也是一个不容忽视的

---

① 政协苏州市文史委编《苏州文史资料》(1—5合辑),1990,108。

内在原因。

冰冻三尺,非一日之寒。苏州和平光复的辛亥革命模式,是苏州地区经济、文化近百年潜移默化、与时俱进的结果。鸦片战争,特别是洋务运动之后,苏州得风气之先,一批传统士人开始了学习西方的最早探索,包世臣、冯桂芬、王韬、薛福成、黄炎培等即为其杰出代表;同时,一批新时代的商人亦脱颖而出,再加之太平天国之役后历任两江总督与江苏巡抚受江南开放的文化场域影响,绝大多数都能对世界大势有所了解,成为洋务大员与清末新政君主立宪的支持者。这三部分社会中上层人士结合,就形成了强大的社会引领力量,而这三部分人无论是从其自身利益或是社会发展之大局考虑都不希望发生会带来巨大社会破坏与动荡的暴力革命。在他们的主导下,苏州和平光复就成为历史之必然了。

小　结

百年后反思辛亥革命,尤其是辛亥革命的苏州光复模式,我们认为在辛亥革命的研究中,以下几点是值得注意的:

(一)辛亥革命首义于武昌、收功于江南、转折在苏州。苏州的和平光复带动了东南六省六天内的光复,在传檄而定江苏绝大部分府县的同时,劝诱了镇江旗营的和平缴械,不战而取得镇江这一军事要地,在切断运河漕运的同时,也为攻克南京建立了一个前进基地,最终攻下南京,奠定民国首都之所在。苏州和平光复对于辛亥革命的重大贡献长期以来被忽视是有违历史真实。同时,和平光复的苏州模式不是偶然的,是苏州所代表的江南文化与历史长时段发展的结果。特别是上海开埠后,苏州成为东西方文化直接交融的汇合点,在经济现代化的同时,苏州的社会结构、文化均发生了根本的变化。章开沅先生提出辛亥革命三个一百年的论点,其实质就是看到了辛亥革命与其前一百年之中国社会长时段发展的内在联结。苏州"和平光复"模式同样如此。

(二)作为"历史的合力"之一的地域文化始终是辛亥革命研究中不应忽视的一维。章开沅先生提出的"东南文化精英"、夏东元先生提出的"上海士绅"、我国台湾王树槐等学者提出的"上海官绅"等概念,其实质都是看到了江南地域文化对于辛亥革命的内在影响。特别是作为"人文渊薮"之地的苏州,文化精英——绅士不仅数量多,而且活动能力大,太平天国时期,他们避难上海,接触到西方文化,开始了从传统士人向新士绅的蜕变,传统士人"先天下忧乐"之情怀与现代政治参与意识结合,使他们成为洋务运动、维新运动的主要推手。在清末新政中,他们借咨议局完成了组织的集结;同时,多年进出官场的经验使他们具有娴熟的政治运作技巧与谋略,从而"在全国政局变化中已经处于举足轻重的地位",助产了中华民国。

（三）太平天国之役后,国家与社会力量发生根本性变化,"地方公事,官不能离绅士而有为"①。在绅士力量强大的江苏与苏州,受绅士力量与苏属之上海新型经济与文化发展的双重熏陶和挤压,晚清江苏督抚绝大多数都较为开明,故而洋务运动、维新运动、清末新政在江苏开展得都比较顺利。特别是苏绅策动、江苏督抚领衔的"东南互保",公然对抗清廷对十一国宣战的诏书,其实质就是一次对清廷的"和平独立",是辛亥革命苏州和平光复的预演。

（四）革命的根本属性是"易世",即国家体制或政治体制的改变,抑或是政治体制的重大变革。暴力与非暴力是"易世"中常用的两种手段。这两种手段其实是相辅相成的,既没有绝对的暴力之易世,也无绝对的非暴力之易世。和平的"禅让"之易世是中国传统政治中常见的手段。辛亥革命后期实际上借鉴了这一手段。而这一手段对于社会秩序的维护,对于社会生产力的保护,对于人民生命财产安全的保护都是起到了重大作用的,是值得肯定的。特别是苏州"和平光复"模式影响到了袁世凯与北洋集团的倒戈,并最终催生了《清帝逊位诏书》的颁布,而这个诏书的起草者正是策动苏州和平光复的东南文化精英。他们将逊位后的国体明确为"将统治权公诸全国,定为共和立宪国体",这"对于传统王朝帝制来说,无疑具有'另一种革命'的宪法意义。这个革命不同于辛亥革命之革命主义的'革命',而是一种中国版的'光荣革命'"②。这个中国版的"光荣革命"其实就是苏州"和平光复"模式的放大。苏州"和平光复"模式其实是辛亥革命收竟全功的主导模式。

（五）"一场全面的革命还包括另一个阶段,即建立新的政治秩序并使之制度化的阶段。成功的革命把迅疾的政治动员和迅速的政治制度化结合起来"③。这个"建立新的政治秩序并使之制度化的阶段"也需要一个历史的长时段而加以完成。辛亥革命后的北洋政府、民国政府、中华人民共和国,都为这个"建立新的政治秩序并使之制度化"而从不同的方向做了努力。我们现在的改革开放还在继续着这个努力。从这个意义上看,我们不能说

---

① 《家书》,王树楠编《张文襄公全集》（卷二二九）,北平文华斋,1920。
② 高全喜《立宪时刻:论〈清帝逊位诏书〉》,广西师范大学出版社,2011,84。
③ ［美］亨廷顿著、王冠华译《变化社会中的政治秩序》,三联书店,1988,243。

辛亥革命失败了，只能说辛亥革命还在继续。中国的20世纪成为革命的世纪，"二次革命"、"新文化革命"、"护法运动"、"国民革命"、"新民主主义革命"都是辛亥革命的延续。这个延续并没有结束，而是以新的形式在新的时期继续发展。我们改革开放的伟大事业，其实就是辛亥革命"中华复兴之梦"的继承与发展。所以，邓小平同志说"改革是中国的第二次革命"。这个"第二次革命"主要是继承了苏州和平光复自上而下非暴力改革的模式，进行政治与经济、社会全方位的改革，以解放生产力，建立有利于生产力发展的中国特色的市场经济体制。这也是辛亥革命的政治制度化的延续。

（六）值得注意的是，中国的近代史是在纳入世界一体化过程中发生的，因此中国近代史上的任何重要事件，不可避免地与世界发生着内在的联系，辛亥革命同样如此。因此研究辛亥革命不能忽视国际力量，尤其是列强以各种方式的介入，特别是对中国崛起抱有敌意的日、俄两大邻国。辛亥革命与"二次革命"以至护国运动、护法运动、北伐战争、抗日战争、国共内战，在中国近代任何一个大的事件中都可以看到这两大邻国的阴影。当然，英、美、法、德等国在中国近代史中也有很多不光彩的表演，但比起日、俄而言，还要逊之。因为地域政治的影响，这两大邻国都不愿一个强大的、统一的中华民国在它们身边崛起，而采取了种种制造中国分裂、挑起中国内乱乃至直接侵略中国的手段。"二次革命"、护国运动中都可以清楚地看到日本帝国主义的阴恶嘴脸。梁启超先生在护国运动中，由北京到天津，由天津到越南，而后进入云南，一路上都有日本情报机关人员的"护送"，就是一个典型。辛亥革命的研究，特别是对其中"二次革命"的研究，一定要注意孙中山在做出最后决定的过程中所受到的日本方面的影响。

第二章 苏州"和平光复"的相关研究

苏州和平光复是辛亥革命的一个组成部分。苏州和平光复的相关研究,也就是辛亥革命中有关苏州"和平光复"模式的研究。

作为一场伟大的改变了中国与世界历史走向的革命,百年以来,中外学者均对辛亥革命投入了注视,其研究成果汗牛充栋,举不胜举,比如:1983年严昌洪先生主编的《中国内地及港台地区辛亥革命史论文目录汇编》,仅论文目录就达42万字,论文总篇数当在千万之间;2011年由华中师范大学出版社出版的章开沅先生主持编辑的《辛亥革命百年纪念文库》就收录有著作30种,34分册,1400余万字……总之,辛亥革命自其爆发之日起就成为中国与世界史学研究中的一门显学,总的研究成果总字数十亿字之上。笔者才疏识短,无法对之进行总体的概述,故而只能就本研究有所创新的方面与相关研究发展现状做一个概述。

一、辛亥革命的长时段研究

对法国大革命研究颇有所得的托克维尔说:"毫无疑问,从未有过哪一次革命,比法国大革命更为强劲、更为迅猛、更具有破坏性、更富有创造性。尽管如此,倘若认为通过这场大革命催生了一个崭新的法兰西民族,倘若认为法国大革命竖立了一座大革命之前根本没有基础的新大厦,乃大错特错。法国大革命创造了派生的、次要的事物,但是,那只不过是主要事物生根发芽后的进一步发展,而其生根发芽在大革命前早已存在。大革命只不过是对重大动机产生的结果加以整理、协调和制度化而已。"[①]辛亥革命同样如此,"其生根发芽在大革命之前早已存在"。这个根芽的生长在此前的300年,即明中叶后中国东南沿海经济与世界经济发展汇合而形成"资本主义萌

---

① [法]托克维尔著、钟书峰译《旧制度与大革命》,中国长安出版社,2013,195。

芽"时期。这个"萌芽"虽然在清初受到过战争的摧残,但在康、雍、乾三代得以恢复,东南沿海经济再次获得超越明中叶的发展,"资本主义萌芽"开始抽干发枝,从而使中国社会与文化潜移默化地发生着内在的蜕变,这个蜕变为辛亥革命苏州"和平光复"模式准备了雄厚的社会与文化基础。

对于彻底终结了中国三千年帝制的伟大革命,人们对它的研究与认识有一个逐渐深入、发展的过程。在革命后不久的20世纪三四十年代,研究者的目光主要集中在革命前后的一段时期内,如陈独秀1924年10月发表于《向导周报》的《辛亥革命与国民党》、胡汉民1931年2月3日发表于《新亚西亚》的《南洋与辛亥革命》等论文均是如此。专著方面,辛亥革命元勋曹亚伯根据自身经历与收集到的大量第一手资料所撰写的《武昌革命真史》于1930年3月由中华书局正式刊行。全书45万余字,分前编、正编两个部分,前编为上册,正编为中下册。该书主要记述了自武昌起义前的革命准备活动到1912年4月1日南京临时政府解体的详细经过。此后国民党元老冯自由亦于20世纪30年代"发愤搜集三十年来所宝藏之各种书札、笔记、表册、报章等,并广征故旧同志所经过之事迹"撰写了洋洋数百万言的《中华民国开国前革命史》,然后在此基础上又撰写了130万余字的《革命逸史》。上述这几部著作基本上是以华兴会成立,即1894年底作为研究的起点。其研究的视野限定在革命的直接发展进程之内,未能及于革命前百余年间"主要事物生根发芽"的发展进程。

共和国建立后,这类以辛亥革命直接进程作为研究视野的方法继续发展,如《吴玉章回忆录》就以《从甲午战争到辛亥革命的回忆》为题,与冯自由等人的论著一样,依然是以1894年为辛亥革命研究的起点。1960年三联书店出版了张枬、王忍之编的《辛亥革命前十年间时论选集》,从书名上就可以看出,它是以辛亥革命前十年即1901年以来十年间的时论为史料收集范围的,其视野与冯自由、吴玉章等基本一致。

辛亥革命七十周年纪念之际,章开沅、林增平两位先生主编的三册、120余万字的《辛亥革命史》于1981年7月由人民出版社出版。该书代表了当时中国大陆辛亥革命史研究的最高水平,其附录的《大事年表》依然是将1894年11月24日作为起点。

毋庸讳言的是随着20世纪80年代思想解放的发展,辛亥革命的研究视野也在逐渐拓宽。1980年李时岳先生在《历史研究》上发表了《从洋务、维新到资产阶级革命》一文,提出了"洋务运动、维新运动和资产阶级革命是近代中国前进的几段重要的历程"的论断。李时岳先生的这一观点得到了中国社科院近代史研究所副所长、《历史研究》总编辑黎澍先生的力挺,黎澍先生强调说:"洋务运动、戊戌变法、辛亥革命,前后相续,一个发展高于一个发展,最后归结为建立资产阶级共和国。"①李、黎所代表的这个观点,不仅发掘出洋务运动、戊戌维新对于辛亥革命经济基础、社会阶级形成上的重大基础性作用,同时,亦将辛亥革命研究的视野向前拉展了近半个世纪,是辛亥革命长时段研究的一个重大突破。

无独有偶,在海峡对岸的我国台湾地区,受美国历史研究中的现代化理论影响,台湾"中央研究院"近代史研究所组织了《中国现代化的区域研究》项目,该研究以1860—1916年为起止:其起点正是洋务运动滥觞之际;而以1916年为终点,是袁世凯称帝失败后,再没有人敢帝制自为,辛亥革命的政治成果最终得以巩固。以这个时间段作为中国现代化的研究对象,实与李时岳和黎澍等人的洋务运动、维新变法、辛亥革命前后相续的论点有异曲同工之妙。这也说明,历史发展的内在规律是客观存在的,虽然暂时可能会受到政治意识形态的影响,但在历史的尘埃落定之后,无论海峡两岸的研究者在政治立场上如何不同,但如果对历史研究秉持科学的实事求是的态度,则是可以取得客观的共识的。海峡两岸不约而同地将辛亥革命研究视野向前拓展到洋务运动时期,正是这种历史研究者客观共识的显现。

这个将辛亥革命研究与洋务运动、维新变法内在地联结在一起的论点,是辛亥革命研究史上的一个重大突破,但是,它也有一个内在的局限,即将在此之前的太平天国起义、鸦片战争等与辛亥革命的内在联系人为地斩断。如黎澍认为,太平天国运动仅仅是"'旧式农民战争的尾声',在中国近代史上没有任何意义"②。这个结论未免有失偏颇,表面上太平天国运动确实是旧式农民战争的尾声,但由于它是在中国近代史这一大的历史背景中发生的,所以,它也突破了旧式农民战争的局限,即它在以暴力替清王朝扫除腐败无能的官吏、军队的同时,也催生了清王朝的自改革——洋务运动。从某种意义上来说,太平天国正是洋务运动的催生婆。所以,太平天国不但为辛亥革命提供了领袖的仿效(孙中山早年常以洪秀全自命),更重要的是它催生的洋务运动与湘军、淮军,在经济与军事上带动了中国的现代化。正是在这个中国的经济与军事现代化的过程中,不仅诞生出了中国的资产阶级与无产阶级,更重要的是它还使长期受清王朝打压而雌伏的绅士阶层实力得以张大,并以其"四民之首"的社会领袖的身份,与清廷之"国家"隐然峙立。

---

① 转引自[美]李怀印著,岁有生、王传奇译《重构近代中国》,中华书局,2013,178、202。
② 转引自[美]李怀印著,岁有生、王传奇译《重构近代中国》,中华书局,2013,202。

以致很多地方出现了"地方公事,官不能离绅士而有为"①的局面。"自咸同军兴以来,地方官筹办各事,多借绅力以为补助。始则官于绅遂多优容,驯致积习成弊,绅亦忘其分际,动辄挟持"②。正是这些对国家政权"动辄挟持"的绅士及其领导的社会力量崛起,清王朝在清末新政的"预备立宪"中才不得不推行以绅士为主体的地方自治。也正是以这些绅士为主体的各地咨议局掀起的"国会请愿运动",使"宪政"思想深入人心,从而直接为辛亥革命的爆发进行了广泛的社会动员。以新绅士为主体的立宪派与咨议局是辛亥革命的中坚力量,而其"生根发芽"则在太平天国之役中。所以,辛亥革命研究的视野还应拓宽到洋务运动之前。随着海内外汉学研究理论的发展,这个问题获得了相应的解决。

在世界一体化的总体进程中,中国近代史的研究实际上长期以来并不是孤立、封闭地发展的,而是受到了国际汉学的深刻影响的。影响中国史学研究数十年的马克思主义史学,其实也是国际汉学对中国影响的一个部分。随着中国改革开放事业的发展,海外中国汉学研究逐渐突破以西方为中心的冲击反应模式、现代化理论模式等范式,而发展到"在中国发现历史"的理论模式,即在注重中国历史自身的内在因素发展以及这种发展与西方市场经济发展全球一体化趋势的互动中去解读中国历史。中国近代史的研究视野不仅因此而一举突破了以1840年鸦片战争为起点——这个带有浓厚以西方为中心印痕近代史起点的限定,而且将中国近代史的研究一举拓展到明末清初。作为中国近代史上重要历史事件的辛亥革命,其研究的视野也顺之而然地向前拓展。这一建立在客观史实基础上的研究模式的突破,在辛亥革命一百年之际得到了广泛的回应。章开沅先生提出:"孙中山先生的思想的形成、革命纲领的形成,它是第一个100年。那是十九世纪工业革命以来,西方工业文明、科技、经济、文化迅速发展,百年锐于千载,这是孙中山在《民报》发刊词讲的。但这时西方文明的弊病都暴露了出来,所以孙中山不是照搬西方的经验,他是研究了西方,也吸收了西方的精华,他发现西方的两大问题:一是西方的民主政治并不是那么美妙,特别是议会政治弊端很多;二是民生上贫富的悬殊太大。所以孙先生认为社会的革命是不可避免的。所以他从革命一开始,是在研究西方文明好与弊、结合中国国情而形成的这样一个政治纲领。我们现在看起来很深奥的道理也不是很多,但那个时候是前无古人的、史无前例的。他就是出于一种历史使命感来学习、思

---

① 《家书》,王树楠编《张文襄公全集》(卷二二九),北平文华斋,1920。
② 瑞澂《恕斋尚书牍存·奏牍》(卷二),台北文海出版社,影印本,1982,13。

考、观察,最后形成政治纲领,这是很了不起的。"①章先生将辛亥革命领袖孙中山的思想置于在此之前一百多年的中西方思想大交流的大背景之下,从中发现孙中山融合中西创造出符合中国国情的革命思想与策略的伟大之处,这是极有创意的。南京大学民国史研究专家张宪文先生在《共和肇始:南京临时政府研究》一书中同样强调"辛亥革命有较长时间的演变过程"。该书的第一章第一节就将辛亥革命置身于始于1500年的"通过开辟通商新航道的大航海运动,西方人把整个地球上原本孤立、没有或很少联系的各个区域完全联结在了一起。全球由此而逐渐成为一个相互关联的市场。在这样的背景下,把中国作为西方通商市场和传播基督教的对象,成为以英国为首的欧洲各国的共同愿望"②。1793年马嘎尔尼使团访华、1816年阿美士德使团访华以及1840年的鸦片战争都是"以英国为首的欧洲各国的共同愿望"的结果。这些结果最终导致了辛亥革命这场翻天覆地的历史大巨变。这场历史大巨变的"生根发芽"其实与1500年以来的航海大发现所带来的经济全球化联系的日趋紧密是分不开的。正是这种全球一体化的经济往来,带动了中国明末以江南市镇发展为代表的"资本主义萌芽"的工商经济大发展。清兵入关暂时中断了这一发展,1683年清军收复台湾后,海上贸易得到恢复,雍乾之际,中国工商经济又得到大幅度的发展,伴随着这种发展的是民间贸易的通货白银成为与国家货币——铜钱并行的通行货币。"中国从16世纪开始吸收来自新大陆的白银,18世纪初白银在中国作为一种纳税的手段,同时是大额贸易的支付手段。白银在中央政府的财政管理中的重要地位,可以部分地说明中国经济何以吸收如此大量的白银的原因。年纳税总额为6000万两,如果折算成白银,相当于2100吨。"③由海内外贸易带动的中国"资本主义萌芽"梅开二度,但由于乾隆晚年昏庸,嘉庆与道光亦未能顺应大势打开国门,主动地汇入世界一体化的大潮之中,反而是进一步地闭关自守,在拿破仑战争与拉丁美洲独立运动影响到墨西哥对中国的白银供应时,中国就陷入严重的"银贵钱贱"的经济危机之中,"中国其实是被它与墨西哥间紧密牵连的银线绊倒的"④。在这根银线的内在牵绊下,鸦片战争得以爆发,辛亥革命的各项基础因素开始显著地聚集。

---

① 章开沅2011年8月5日在中国香港中央图书馆参加"辛亥革命百年论坛"演讲,《包头日报》2011年8月6日。
② 张宪文、薛恒等著《共和肇始:南京临时政府研究》,南京大学出版社,2012,12。
③ [日]滨下武志著、王玉茹等译《中国、东亚与全球经济:区域和历史的视角》,社会科学文献出版社,2009,61。
④ 林满红著、詹庆华等译《银线:19世纪的世界与中国》,江苏人民出版社,2011,2。

在辛亥革命百年之际,以毕生精力研究辛亥革命的专家章开沅先生语重心长地说:"我很重视'百年锐于千载'这句话,认为只有透过这前后两个一百年世界历史的发展变化,才能更为深切地理解辛亥革命","辛亥革命不仅仅是一个伟大的历史事件,它更是一个伟大的社会运动,并非起于辛亥这一年,更非结束于辛亥这一年。像任何历史上发生过的社会运动一样,它有自己的前因,也有自己的后果,而前因与后果都有连续性与复杂性。——换言之,就是在时间与空间的拓展两方面作更大的拓展,以期形成长时段与多维度的整体考察"①。我们欣喜地看到辛亥革命整体的研究已经向前拓展到一百年以上,空间上也开始注意到明清以来西方经济、文化对辛亥革命的内在影响。这是一个可喜的现象,只是这个现象还未能拓展到辛亥革命的苏州和平光复的模式之中。这正是本研究要着重努力之处。

二、辛亥革命的合力因素研究

"历史是无数相互交错的力量互动的结果。这个结果是超于其中任何人的主观想象的。因为任何一个人的愿望都会受到任何另一个人的妨碍,而最后出现的结果就是谁都没有希望过的事物。所以以往的历史总是象一种自然过程一样地进行,而且实质上也是服从于同一运动规律的。但是,各个人的意志——其中的每一个都希望得到他的体质和外部的、终归是经济的情况(或是他个人的,或是一般社会性的)使他向往的东西——虽然都达不到自己的愿望,而是融合为一个总的平均数,一个总的合力,然而从这一事实中决不应作出结论说,这些意志等于零。相反地,每个意志都对合力有所贡献,因而是包括在这个合力里面的。"②辛亥革命这场改变了中国与世界的伟大"历史事变"同样是由无数个相互交错的力量合成的。而且,由于其表面的"象一种自然过程一样地进行",所以,以往的研究也出现了只注意到其中革命派的作用(甚至革命派中只注意孙中山一系的作用),而忽视立宪派、北洋派、旧官僚的作用,并将"这些意志等于零"的现象。这种现象在孙中山在世时即已发生。1925 年,隐居于昆山的武昌起义元勋曹亚伯开始收集资料写作《武昌革命真史》,汪精卫和胡汉民得知后向孙中山告状说:"武昌革命时,亚伯尚在伦敦,书中不免多数杜撰。"孙中山毕竟有伟人胸襟,回答说:"亚伯为我至交,生平不作谎言,彼所撰之《武昌革命真史》,所有资

---

① 章开沅《辛亥革命百年纪念文库·总序》,华中师范大学出版社,2011,1。
② 恩格斯《致约瑟夫·布洛赫》(1890),《马克思恩格斯选集》(第四卷下),人民出版社,1972,478。

料,均由当日首义之主要军政人员及中下级干部所给予,盖彼等皆亚伯之知交或门人,亚伯穷数月之精力及奔走,始由各人之日记或经历中得来,事实详实,较之个人撰述更为可靠,汝等不必质疑。"1930年3月,《武昌革命真史》由中华书局正式刊行。此书出版后不久,汪精卫、胡汉民等即以"突出日知会功绩,批评起义人员过于露骨,记载失实,讥评总理"为由,由国民政府行政院通知中华书局禁止发行,并将已发行的书籍及纸型图版予以销毁①。汪精卫、胡汉民这种以孙中山系为革命派正统,而排斥对革命派中日知会、中部同盟会、光复会以及黄兴等人的研究的做法在蒋介石政权时期愈演愈烈。"现在谈中国革命史的,多数是从兴中会起,而普通的又多由兴中会而同盟会、国民党、中华革命党、中国国民党等相联接","国民党官方和民间著述,大都把庚子(1900年)后、同盟会成立前的一切革命活动,都列为'兴中会时期'。这种'正统'观念,既不合事实,也无必要"②。

20世纪60年代后期,台湾地区的辛亥革命研究开始突破"正统论"一统天下的状况,薛君度先生的《黄兴与中国革命》、张朋园先生的《立宪派与辛亥革命》等著作与论文开始出现。八九十年代之后,海峡两岸学术交流密切,张朋园先生在大陆进一步收集资料后,于1993年发表了论文《立宪派的阶级背景》,在此论文中他虽然明确论定"立宪派反对革命"的主观倾向,但这一主观倾向受到诸多客观力量的影响而发生变化,"革命派中的温和型者,在某种程序上与立宪派中的进取型者是重叠的。——所以,辛亥革命爆发后,部分立宪派与革命党人合流。另一部分则走向反动。汤化龙与林长民倾向于黄兴、宋教仁等妥协,属于前者。甘肃咨议局张林焱等欲迎溥仪西狩建小朝廷属于后者。史家论革命党人物,孙中山、胡汉民属于激进中的激进派,黄兴、宋教仁属于激进中的温和派。黄兴一派的势力在武昌起义后领导着革命党的发展方向,所以南北妥协,迅速达成和议"③。该文对于立宪派与革命派中的温和派黄兴、宋教仁等人联合主导着武昌起义后的"革命党的发展方向",最后达成南北和议的辛亥革命结果,进行了实事求是的论证。其关于革命派、立宪派中均有激进、温和、保守三种力量的论述,是对辛亥革命中合力因素研究的一个颇有见地的贡献。

这种以孙中山一系为辛亥革命之"正统",而忽视历史事件的合力因素的研究模式,在大陆辛亥革命研究中也颇有影响。如吴玉章在《从甲午战争

---

① 王龙飞《曹亚伯与〈武昌革命真史〉》,辛亥革命网2010年11月17日。
② 〔美〕薛君度著、杨慎之译《黄兴与中国革命》,湖南人民出版社,1980,201。
③ 金冲及选编《辛亥革命研究论文集》(下卷),三联书店,2011,784。

到辛亥革命的回忆》中就将辛亥革命失败的一个重要原因归于"立宪党人这时却很活跃。他们摇身一变,钻入革命阵营,并把革命的领导权窃取而去。昨天还在拥护君主,今天忽然'赞成共和',许多立宪党人就这样成了'开国元勋'。由于他们的混迹革命,革命方面的矛盾和纠纷更为增加了"①。不但将立宪派"意志"在辛亥革命中的作用视"等于零",而且将革命的失败完全归因于立宪派"把革命的领导权窃取而去"。这种论点在大陆20世纪60年代的研究中是一个普遍现象,其实质就在于受极"左"意识形态的影响,史学研究中"意欲将革命述事变为唯一合法的历史描述,近现代史的写作在被机械地套上高度简单化的说教之后,只能变成党的意识形态的注解。史学家们失去了自己的原创性,在解决目前问题和满足各种政治力量不断变化的需求方面束手无策"②。

  这种对革命派孙中山一系之外的力量一概否定的现象在改革开放后得到了纠正。1981年辛亥革命七十周年纪念时,一大批学者对辛亥革命中的合力因素进行了切实的研究,对立宪派在辛亥革命中的贡献提出了新的看法。如金冲及先生在1981年4月13日《人民日报》上发表论文《辛亥革命的历史评价》,全文分两个部分,第一部分谈"辛亥革命的历史地位",第二部分就是"关于立宪派的评价"。在这个评价中,金先生在对立宪派作为资产阶级的一翼具有消极与积极二重性的分析之后,特别强调:"当时革命派着重进行的是革命必要性的宣传和武装起义的实际活动,对其他方面的宣传教育常常顾不上,有所放松。同时,他们在内地不能公开活动,而立宪派一般是可以公开活动的。在封建势力比较强固而革命派的力量还没有达到的地方,立宪派在启蒙方面所起的积极作用就更多一些。这些,我们都应该公平地给予肯定的评价,不能抱着骂倒一切的态度。"在纠正过去对立宪派一概骂倒的同时,金先生对立宪派也进行了具体的分析,并指出:"立宪派内部的情况也是相当复杂的,需要作具体分析。海外的康梁与国内的立宪派是有区别的。就是国内的立宪派,成分也很复杂,至少有三种情况。第一,是同铁路投资直接有关的那部分资产阶级。特别是川汉路、粤汉路沿线那几省,不少人在铁路方面的投资比在工厂的投资要大得多。后来,清朝宣布把铁路收归国有,这同他们的经济利益发生了尖锐的冲突,不能不起来拼命。这部分立宪派表现得最激烈,积极贡献也比较多。第二,主要是投资工业、农场等,受封建官僚的保护也比较多,张謇就是代表。他们特别害怕'秋

---

① 吴玉章《吴玉章回忆录》,中国青年出版社,1978,89。
② 转引自[美]李怀印著,岁有生、王传奇译《重构近代中国》,中华书局,2013,23。

序一破,不可回复'。尽管在有些问题上对清政府有强烈的不满,但总的态度还是千方百计加以维护。直至看到清朝必倒,旧秩序无法维护,才改变态度。第三,还有些经济落后的地区,实在没有多少资本主义,虽然也叫立宪派,其实与封建士绅没有多大差别,这些人有多少积极贡献就很难说了。"金先生从投资方式的角度分析,将立宪派分为激进、中间、保守三个方面,与后来台湾张朋园以家庭、教育、年龄三个方面将立宪派分为激进、温和、保守三个方面有异曲同工之妙。这充分说明,对于辛亥革命进程中客观存在的立宪派的贡献以及立宪派中有着三个不同的层面与群体的客观史实,海峡两岸的研究者都通过不同途径的探索而揭示出了历史的真相。辛亥革命是由革命派与立宪派合力运作而成的,他们都是这场伟大革命中的合力因素。

革命派与立宪派是辛亥革命正向的合力因素。但历史的合力因素中还包括"不自觉地和不自主地起着作用的力量",即"使他向往的东西——虽然都达不到自己的愿望,而是融合为一个总的平均数,一个总的合力"。这方面的研究在新世纪中也得到了深入的发掘,并得出了前人所未有的结论。如张宪文先生在《共和肇始:南京临时政府研究》的导言中就专辟一节为"全面评述辛亥革命时期的袁世凯"。张先生将袁世凯在辛亥革命时期的情况分为三个阶段:"第一阶段,从武昌起义到袁世凯当上中华民国临时大总统。……革命派为了彻底摧毁清王朝的军事和政治力量,逼清帝退位,只有把袁世凯拉到革命阵营一边,才可能实现。……在当时的军事、政治形势下,对袁世凯采取让步政策,是推动革命前进的正确选择"。"第二阶段,从袁世凯当上大总统到称帝之前,对这时的袁世凯应从两个方面观察。一方面,袁世凯作为清王朝的旧官僚,具有浓厚的封建王权思想,其后实施复辟做皇帝,就是这种思想的恶性发展。但是,民国建立后,民主共和已是不可阻挡的历史潮流。袁世凯面对这股浪潮,也不能不采取顺应态度,一定程度上保存民主共和制度,实施共和政治,组织责任内阁,但思想上是貌合神离的。当时在全国各地军阀林立,实力派拥兵自重的形势下,袁世凯坚持实施中央集权政治体制,有利于国家的统一。在袁世凯执政期间,实施了一系列有利于国家现代化发展的措施,颁布了许多促进工矿企业发展的规则条例。教育制度由传统迈向现代,在这一时期也有了较大的进步。袁世凯本人虽然坚持传统的伦理纲常,鼓吹尊孔读经,然而在其掌权期间,是新文化、新思想的活跃时期,大批宣传研究现代文化思想的社团在各地建立起来,政党政团亦蓬勃兴起"①。第三阶段则是袁世凯镇压了"二次革命"之后,利令智

---

① 张宪文、薛恒等著《共和肇始:南京临时政府研究》,南京大学出版社,2012,9—10。

昏,搞起了"洪宪帝制",结果"机关算尽太聪明,反误了卿卿的性命",抱恨而终。张先生对于袁世凯在辛亥革命三个阶段情况的分析,实为真知灼见的史家之论。袁世凯及其北洋集团,是辛亥革命中一个不可忽视的合力因素。对于这个因素,过去研究长期不足,甚至是一概骂倒。随着辛亥革命百年研究的深入,这个合力因素的重要作用也开始得到实事求是的研究与重视。

袁世凯及其北洋集团在被"拉到革命阵营一边"后,成为辛亥革命中正向的合力因素。那么,辛亥革命中被革命的对象——清王朝,在辛亥革命的合力中是否"等于零"或者完全是"负数"呢?辛亥革命百年以来的研究基本上是持此种看法的,很多研究往往是将之完全视同于革命的负面力量;而在辛亥革命百年纪念研究中出现了新的看法。

2011年,付国涌先生出版了《百年辛亥:亲历者的私人记录》,其引言开首即言:"长期以来,我们所知道的辛亥革命几乎是革命党人单方面的叙事,——换句话说,辛亥革命的史实是以革命党人为中心建构起来的,仅仅呈现了历史的一部分,处于中心以外或不在中心视野里的大量史实则被遮蔽、忽略或遗漏了。我个人更希望看到革命发生时的社会心态。当革命来临之际,那些掌握着社会优势资源、不愿看到革命发生的集团、个人是如何反应?如何面对的?王公贵族特别是最高统治者隆裕太后怎样一步步作出选择,她的选择带来的正面效应该如何认识?革命在不同的社会力量当中如何激起回响?这些力量之间的相互碰撞、博弈又怎样影响了革命的结果?他们的共识是如何达成的?革命在哪些层面达到了确实的目标?"①在这一系列发人深省的问题中,付先生提出了隆裕太后"选择带来的正面效应"的问题。虽然他在文中没有正面回答,只是列举了当时亲历者对隆裕太后这一选择的正面效应的记载,但全书将清王朝的"王公贵族特别是最高统治者隆裕太后"一步步选择的正面效应予以肯定并将之归结到辛亥革命的合力因素之中是十分显然的。

无独有偶,2011年北京航空航天大学人文与社会科学高等研究院高全喜教授出版了《立宪时刻:论〈清帝逊位诏书〉》,专著在对《清帝逊位诏书》从宪法学的角度做了全新考察的基础上,全面肯定了隆裕太后逊位诏书的历史正面作用。此书的核心观点浓缩为《辛亥革命与现代中国——基于〈清帝逊位诏书〉的宪法学考察》的论文。该论文开首就提出:"辛亥革命为构建中华民国——中国历史上的第一个现代国家、亚洲第一个共和国——作

---

① 付国涌《百年辛亥:亲历者的私人记录》(下册),东方出版社,2011,1。

出了伟大的贡献,但是,这个现代意义的中华民国,并不是辛亥革命只手构建起来的,而是一种源自古今中西交汇的历史合力共同构建起来的。"在这个古今中西交汇的历史合力中,中国文化传统也是一个不能忽视的力量,正是中国传统文化中的"天命观"促成了"清帝逊位诏书以和平方式所促成的'天命流转'所具有的启示性宪法的意义"。"仔细考察这份逊位诏书,其中所包含的清室认同并禅让于中华之'共和立宪国体',对于传统王朝帝制来说,无疑具有'另一种革命'的宪法意义。这个革命不同于辛亥革命之革命主义的'革命',而是一种'中国版的光荣革命'"。高先生将清帝的逊位诏书比拟于英国的光荣革命,这是辛亥革命研究中的一个重大突破。他同时强调:"应当指出,诏书中多次申明承认这个'共和立宪国体',不仅是对于革命党人的国家构建之目的性的某种承认和认同,同时,也是对于清王朝自己的改良主义立宪改制的某种肯定和认同","诏书所表现的立宪建国,是对自己过去曾经虚情假意实施的君主立宪制的自我革命,变君主立宪为人民共和立宪。也正是因为如此,这个和平方式的革命建国,才从另外一个方面弥补了辛亥革命建国的激进性和片面性,并通过这个双方认同的具有宪法意义的逊位契约,把两种革命建国的方式融合在一起,从而深化和完成了中华民国革命建国之构建。经由这场起于暴力起义、终结于和平逊位的'革命',中国政治完成了一次历史性的古今之变,从传统帝制转变为现代民国"。而且,由于清王朝沿袭并发展了自北魏以来胡汉一体的中华民族融合一体的统治方略,用宗教、文化、联姻等方式与蒙、藏、维、回建立了长达两百多年的有效统治,所以,"《清帝逊位诏书》为'中华人民'的现代中国之塑造,作出了真正富有成效的建设性贡献,居功至伟。可以说,直到一百年后的今天,我们仍然得享这份丰厚的历史遗产,没有这份逊位诏书,就没有延续清帝国法统的五族共和的中华民国";"在《清帝逊位诏书》中,古今之天命实际上又达成了某种富有积极意义的和解,并留下一笔可供后人开发的遗产——清帝以和平逊位的方式,把君主政权转让与一个新生的立宪共和国,由此弭平了两个断裂:一个是古今政治天命之断裂,一个是民族轸域之断裂。清帝的和平逊位,成就了一个现代政治的双重主题,即建国与新民。……这样一来,'革命'这个古典政治中原本的循环往复之匡正的古意,在这场古今之变的大变局中,就发生了根本性的变化,即它不再是王朝循环往复的一种匡正机制,不再是王道推翻霸道的一种正当手段,而是超越了王朝政治的历史循环论和古典政治的王霸革命论,将现代政治奠基于人民主权之上"①。《清帝逊位诏书》尽管是清王朝迫于大势所去而不得不为,但由于此诏书稿本出自已转向共和立宪的张謇、杨廷栋等人之手,所以,这个诏书不仅体现了清王朝由曾宣布过的君主立宪转向共和立宪的自然轨迹,更重要的是它从法理上宣布了清帝不是逊位于一家一姓,而是逊位于建立在人民主权基础之上的"共和立宪国体"。从这个意义上说,《清帝逊位诏书》确实是称得上"中国版的光荣革命"的;清王朝"王公贵族特别是最高统治者隆裕太后",最终也成为辛亥革命正向的合力因素。这是百年辛亥革命研究中的一个突出的新成果。

百年以来的辛亥革命研究,逐渐由当初的只重视革命派中的孙中山一系的"正统论",到开始全面、客观地认识黄兴之华兴会、陶成章之光复会、中部同盟会等革命派中的不同群体对辛亥革命的贡献;再到认识到立宪派对辛亥革命不可或缺的重大作用;再进而认识到全面评价袁世凯及北洋系在辛亥革命中的作用;一直到认为《清帝逊位诏书》是"中国版的光荣革命"——辛亥革命的合力因素,似乎穷尽了。但是,在此百年辛亥革命的研究中,还有一个合力因素未被充分认识,那就是地域文化这个因素对辛亥革命的影响。金冲及先生用投资说论证了京汉、粤汉铁路沿线的立宪派与张謇等立宪派的不同。其实,除了这个因素之外,还有一个重要的因素,那就是双方所处的地域文化的内在制约。

对于地域文化对于辛亥革命的影响,我国台湾张玉法先生在《辛亥革命时期的南北问题》一文中开始涉及。"辛亥革命时期的南北问题,由武昌革命引发而来。1912年2月5日《民立报》云'民国之未建也,南北无界;民国之既建也,南北有界'。1913年4月20日《民国日报》亦云'洎乎汉帜初张,雄踞鄂渚,民国奠定,肇于南京。北军侵陵,传之汉上;议和之口实,遍于国中。南北之称,斯为嚆矢'。据此,南北问题的发生,在武昌革命爆发以后。推其原因,当武昌革命军起,清廷派军南下,'倡义者多南人,而作梗者多北人'。所谓'倡义者多南人,而作梗者多北人',是指地域而言。"②这种地域文化影响到南北方政治分歧,其实是由来已久的,早在魏晋南北朝时即已开始,只不过辛亥革命将之张大呈现在国人面前。而这里面蕴涵着长时段的地域文化的演进,并因之以不同的政治取向而影响着辛亥革命的走向与结局。对此章开沅先生已经有所觉察,他在《张汤交谊与辛亥革命》一文中指出:"辛亥革命时期的东南地区和东南精英在全国政局变化中已处于举足轻

---

① 柯伟林、周言主编《辛亥百年:回顾与反思》,社会科学文献出版社,2012,134—164。
② 金冲及选编《辛亥革命研究论文集》(下卷),三联书店,2011,1159。

重的地位,但其总体实力还不足以一举取代北方的传统政治中心地位。而在实际上主导社会潮流的东南精英乃是半新不旧的过渡时代的英雄,所以辛亥革命只有以南北妥协而告终。"①章先生这里的"东南地区和东南精英"就寓涵了东南地域文化对其政治与文化精英在政治谋略、方法上的重大影响。同时,由于东南精英"实际上主导社会潮流",所以,他们不但策动了苏州与东南六省的"和平光复",而且还将这种和平光复的模式"克隆"到北方——策动袁世凯倒向共和,迫使清帝下逊位诏书。东南文化精英与其所在的地域文化"实际上主导"了辛亥革命后期的发展。章先生的这一真知灼见惜于其年事已高,未能展开和深入研究下去。这个工作有待于我们后生小子继章先生之后"接着讲"——展开后续的研究,本研究很多部分即是因此而发。

三、辛亥革命苏州"和平光复"研究

辛亥革命苏州"和平光复"后,原任江苏巡抚程德全出任江苏军政府都督,"以行政长官顺民欲,仗义反正,势顺事举,庞吠不惊"、"各属闻风归顺,兵不血刃,秩序安宁"②。所以,苏州的和平光复实际上带动了江苏省全省的和平光复,南京最后亦被在苏州的财力与兵力基础上组建的江浙联军所攻克。孙中山对南京光复予以高度的评价:"汉阳一失,吾党又得南京以抵之,革命之大局因以益振。"③苏州的和平光复换回了汉阳失守之颓势,辛亥革命"之大局因以益振",苏州之和平光复,实为辛亥革命转入胜利的转折点,亦可为江苏辛亥革命之代表。所以,对于苏州辛亥革命和平光复模式之研究,实可为江苏辛亥革命之研究的主体所在。但百年以来,不但这个主体研究未能得到应有的重视,即使是江苏省的辛亥革命研究与其实际的历史贡献也是远远不符的。其原因即在于国民党方面以孙中山、陈其美为革命正统的正统论影响,以及大陆史学界阶级斗争史学观中的"革命是暴动"的暴力革命观。

辛亥革命的苏州"和平光复"模式虽然起到了带动东南各省光复、切断清王朝东南财赋之命脉、攻克南京、建立临时政府、迫使清王朝逊位的重大历史作用,但由于其主要的策动者是立宪派(张謇等)与倾向立宪派的旧官僚(程德全),所以,以孙中山、陈其美、蒋介石为"正统"的辛亥革命研究长期以来就以突出陈其美的上海反正来冲淡苏州的和平光复之作用。《孙中

---

① 章开沅《张汤交谊与辛亥革命》,《历史研究》2002年第1期。
② 扬州师范学院历史系编《辛亥革命江苏地区史料》,江苏人民出版社,1961,55、62。
③ 朱正编《革命尚未成功:孙中山自述》,湖南出版社,1991,104。

山自述》即采用了这种扬沪抑苏的说法:"武昌起义,各省响应,吾党之士,不约而同,各自为战,不数月十五省皆光复矣。时响应之最有力而影响全国最大者,厥为上海。陈英士在此积极进行,故汉口一失,英士则能取上海以抵之,由上海而能窥南京。……则上海英士一木之支者,较他省尤多也。"①革命领袖如此一说,不仅国民党正统论者长期奉之为圭臬,而且影响到后来的大陆史学界。1961年在上海举行的纪念辛亥革命五十周年纪念会上,一些发言者就认为:"上海的独立是辛亥革命的转折点";"上海独立,东南响应,关系全局很大"②。其实,上海当时只是苏州治理下的一个县,而且,清朝在太仓、苏州、镇江均驻有重兵,"由上海而窥南京"是根本不可能的。如果,没有苏州第二天的和平光复,仅凭上海的弹丸之地与陈其美的民军,不但不能影响东南大局,恐怕连生存都有困难。这也是革命派在上海独立之前后,频频派人到苏州活动、游说程德全的重要原因。

除了"正统论"者以上海独立来冲淡苏州"和平光复"模式对辛亥革命的重大贡献之外,由于"革命是暴动,是一个阶级推翻另一个阶级的暴烈的行动"③的伟人语录强大政治影响,苏州和平光复这种"非暴力革命"的模式长期以来是被视为"假革命"、"投机革命"而予以否定的。如扬州师范学院历史系1961年编《辛亥革命江苏地区史料》的"编者按"中说:"在革命的洪流冲击下,清政府土崩瓦解,程德全又使用反革命的两面手法,伪装响应革命,在苏州抢演了'和平光复'的骗局,摇身一变而为中华民国的江苏都督。"④该书认为"和平光复"是骗局,是程德全反革命两面派的阴谋。

苏州和平光复是"假革命"、"投机革命"之说,一直沿袭到20世纪七八十年代。1979年《历史研究》第9期发表了李泽厚先生的《二十世纪中国资产阶级革命派思想论纲》,李先生在文章中说:"武昌起义后各省几乎大都是所谓'兵不血刃'、'传檄而定'。然而实际上是悲惨地失败了。绝大部分的政权都落在立宪派或旧封建军阀、官僚的手中。有的是发动反革命政变抢去的(如湖南),有的是请进外省兵力夺去的(如贵州),有的是采用阴谋办法谋得的(如湖北),更多则是干脆一夜之间换块招牌,由清朝政府的'巡抚'改为革命军政府的'都督'(如江苏)。"⑤一夜之间换招牌,由巡抚改称

---

① 朱正编《革命尚未成功:孙中山自述》,湖南出版社,1991,68。
② 中国人民政治协商会议全国委员会文史资料研究委员会编《辛亥革命回忆录》(五),中国文史出版社,1982,2。
③ 《毛泽东选集》(四卷合订本),人民出版社,1964,17。
④ 扬州师范学院历史系《辛亥革命江苏地区史料》,江苏人民出版社,1961,1。
⑤ 金冲及选编《辛亥革命研究论文集》(上卷),三联书店,2011,195。

都督,自然不符合"革命是暴动"的评判标准,所以立宪派、旧官僚的"假革命"是无疑了。具有这种暴力革命的思维路径依赖的不仅是李先生一人。1981年出版的《辛亥革命史》(下册)在《江苏独立》一节中说:"江苏是资产阶级立宪派最为活跃、力量也最为雄厚的省份。江苏巡抚程德全,则是清末一个著名的投机官僚,一向善观风色,号称'开明'。……搞这种'独立'之目的,就是防止'匪类'的革命,在新的形势下维护旧的统治秩序,如一旦革命被镇压,仍然把'义旗'重新换成龙旗,这种阴持两端的'应变'策略,是程德全乐于接受的。"①该书依然把苏州和平光复视为程德全"阴持两端"的应变之术的假革命。

1984年,我国台湾出版了王树槐先生的《中国近代化的区域研究:江苏省,1860—1916》,其中不少章节谈到辛亥革命中的苏州和平光复以及程德全、张謇的历史功过。"有谓张謇与程德全都以国本民命为重,苏州之独立,系被动而非主动,目的只在避免战争,以民命为重,这也是实情。总之,江苏士绅与程德全是苏州光复的关键人物"。王先生还对上海起义与苏州光复对于辛亥革命的重要性作了一个实事求是的评价:"上海与苏州的光复,对于整个局势,自有其重大的影响。就全国而言,上海的光复,使苏州浙江提前光复,此其一;苏州的光复代表江苏省的光复,南京方面虽然仍做顽强的抵抗,但已限于孤立,此其二;上海的光复,如果没有江苏广大腹地支援,形势亦甚危险,而江苏之光复,不仅消除其危险,更增强其重要性,此其三。自武昌起义后至上海光复前,其间二十五天,全国只有湖北、湖南、陕西、江西、云南、贵州六省光复。自上海光复至福建光复,其间六天,新增加光复的省份达六省之多。由此可见,清朝土崩瓦解之势已成。"这个评价扭转了此前"正统论"以上海独立冲淡苏州光复意义的做法,而且实事求是地指出,如果没有苏州的和平光复及其所导致的江苏全省除南京外的"传檄而定",那么上海的"形势亦甚危险"、很难支持。这个论点是颇有见地的。

虽然王树槐先生的研究对苏州"和平光复"模式有了新的肯定意见,但其对于立宪派与程德全在辛亥革命全过程中的评价还是囿于"正统论"而予以批评:"就江苏而言,是以绅商为主的力量,与旧官僚结合,既反对清朝的腐化,又与激烈的革命分子不相容,此种趋势,辛亥年即已形成";"对袁世凯旧官僚而言,江苏士绅又成了他的政治伙伴";立宪派成了"助袁夺权"的

---

① 章开沅、林增平主编《辛亥革命史》(下册),人民出版社,1981,123—124。

"政治伙伴"①。绅商与旧官僚结合的苏州"和平光复"模式,还是遭到了否定。

20世纪90年代开始,革命,特别是暴力革命的叙事模式开始退却,以苏州和平光复为主轴的江苏省辛亥革命研究开始得到一定程度的重视,"江苏省和全国各地的一批青年学者,他们的博士或硕士研究生论文选择题多以江苏辛亥革命史研究为题,据不完全统计达近百篇,分别从政治、经济、文化、教育、科技、社会等各个方面,或宏观或微观,或人物或事件,或社会等等,多渠道、多系统地开展了对江苏辛亥革命的研究,极大地丰富并推进了江苏辛亥革命的研究"②。其中比较突出的则是王佩良的《江苏辛亥革命研究》。该书以专节论述了"苏州和平光复的意义",指出:"身为江苏巡抚的程德全在北洋清军对武昌民军全力进剿、革命军在汉口、汉阳相继败退的紧要关头,不是组织部众顽抗,而是顺应时势敢冒风险,毅然反叛清廷宣布独立,成为武昌首义后第一个举义反正并出任革命军政府都督的清廷封疆大吏,对于扭转武汉危局,促进全国革命形势发展,发挥了巨大作用,功不可没。首先大大减少了反对光复的阻力,加快了江苏各地光复步伐。"在肯定了苏州和平光复是"敢冒风险"的真革命而不是假革命且"功不可没"之后,作者还比较了上海与苏州在辛亥革命中的实际功绩:"已经光复的上海虽为中外通商世埠,但上海的最高行政长官仅是道台,隶属江苏巡抚,如不尽快促使江苏全省独立,就会成为革命孤岛,势难持久。苏州作为省会,是江苏巡抚、布政使、按察使的驻节之地。在某种意义上说,苏州独立就是江苏省独立,这种示范作用是上海无法比拟的。巡抚接受独立并'通令所属遵照光复',对所属府厅州县官吏震动很大,他们只得顺时而动,纷纷交出官印,'奉宪独立'。因此,上海光复虽为苏州光复的先声,但苏州和平光复则是促使江苏全省光复的关键,并为江浙联军最终攻取南京奠定了坚实基础"。这个评论比王树槐先生的评论更进了一步,不仅指出苏州如不及时和平光复,上海"势难持久"的一面,更全面评价了苏州以省会之要、程德全以巡抚之尊宣布和平光复对全省的示范推动作用,而这个作用是上海陈其美等人无法望其项背的。最后,该书强调:"自11月5日苏州独立后,4天内就有14省宣布独立,广西、安徽、山东等省巡抚纷纷弃暗投明,举旗反正,使清政府陷入极端孤立的困境,扭转了革命的形势,加速了全国革命胜利的进程。因此,

---

① 王树槐《中国现代化的区域研究:江苏省,1860—1916》,台湾"中央研究院"近代史研究所,1984,162。

② 周新国等著《江苏辛亥革命史》,社会科学文献出版社,2011,3。

苏州和平光复,程德全反正,意义非凡。"①这个评论彻底突破了"正统论"与"革命是暴动"论的束缚,对辛亥革命苏州"和平光复"模式的历史功绩做出了实事求是的评价,表现出了新时代青年学者不囿旧说、敢于创新的学术勇气。

辛亥革命百年纪念涌现出了一大批的辛亥革命研究成果,其中不少涉及江苏省的辛亥革命研究,如张宪文先生的《共和肇始:南京临时政府研究》、朱宗震先生的《辛亥革命百年祭:中国现代化的拓荒运动》、金冲及先生主编的《辛亥革命研究论文集》、章开沅先生主编的《辛亥革命百年纪念文库》等。而以江苏省辛亥革命直接命名的著作就有两本。其一是 2011 年江苏人民出版社出版的刘小宁所著《民国肇基:辛亥革命在江苏》。该著作因为是金冲及先生主编的《辛亥革命全景录》丛书中的一部,所以也就"忠实于"丛书要求,将辛亥革命中的江苏省按时间与地区的光复情况做了一个"全景录"的叙述,而缺乏深度的理论探索与分析。

弥补了这一缺陷的是 2011 年由社会科学文献出版社出版、扬州大学周新国教授等人著的《江苏辛亥革命史》。周新国教授所在的扬州大学早在 1961 年就出版了《辛亥革命江苏地区史料》,为江苏省辛亥革命研究做了奠基性的工作。周教授在这个基础上继续爬梳史料,与刘晓宁一道于 1991 年合编出版了《辛亥江苏光复》,该史料汇编与 1961 年版的《辛亥革命江苏地区史料》一书被誉为"江苏辛亥革命史料的双璧"。在对江苏辛亥革命史料充分掌握的基础之上,周教授与其团队于 2011 年出版了《江苏辛亥革命史》,在对江苏辛亥革命史实全面回顾的基础上,对江苏辛亥革命研究进行了很多理论上的探索与发掘,特别是对苏州的和平光复模式提出了很多富有创意的见解。如:"苏州府城完成了兵不血刃的和平光复。而由于程德全是辛亥革命中第一个宣布独立,并出任都督的清政府封疆大吏;因此,其便成为清廷封疆大吏中的辛亥反正第一人,对推动江苏各地光复,瓦解清廷统治起了重要作用"。"程德全就任江苏都督后,立即对原来苏州府所属之各地发布通令,命其暂时照常办事。一切公文函件今后则应送往都督府办理,一切名称、年号等均应更改;从而在话语系统上为原所属各地规定了新的方向。在此作用下,原苏属各地革命党人及地方绅商等势力交相为用,相继进行并完成了各自的光复任务"。这个分析与评论就推翻了长期以来苏州的和平光复模式及其推动下的苏属各地的"奉宪光复"是"换汤不换药"的"假革命"、"绝大部分的政权都落在立宪派或旧封建军阀、官僚的手中"等论

---

① 王佩良《江苏辛亥革命研究》,国防科技大学出版社,2008。

调,而是鲜明地指出,辛亥革命后的江苏在组织架构与制度符号上均进行了根本性的改革("一切公文函件今后则应送往都督府办理,一切名称、年号等均应更改")。这种内在的改革表面上虽然风波不起,但实际上"在话语系统上为原所属各地规定了新的方向"。所以,不能以一些地方的旧官员留任以及新军军官或绅商掌权就认为"绝大部分的政权都落在立宪派或旧封建军阀、官僚的手中",而应当实事求是地看到,在这场突与其来的大革命中,不但革命派在组织上根本就没有做好接管全国政权的准备,夹袋中没有充分可用的人才接管全国县级以上政权,而且,即使是当时的革命领袖孙中山、黄兴等人也缺乏实际治理国家大政的经验,胡汉民自言:"余辈以革命书生,经验殊少。……党人本多浪漫,又侈言平等自由,纪律服从,非所重视,只求大节不逾,不容一一规以绳墨。""克强以三月廿九之役及汉阳督师,声名洋溢于党内外;顾性素谨厚,而乏远大之识,又未尝治经济政治之学,骤与立宪派人遇即歉然自以为不如。"①政治与行政管理,除了需要学理知识之外,还需要大量的实践历练,以积累经济民生施政的经验。革命党人当时大都为青年学子、新军中下层官兵,平时没有积累,骤降大任,自己也觉得无法承担,这就是武昌首义后起义官兵要找出汤化龙与黎元洪的原因所在。所以,苏州和平光复及其属下府县的"奉宪光复",留用了大批的旧官僚,借助他们的行政经验,实现革命后政权的平稳过渡,这实际上是十分有利于辛亥革命新政权的巩固与发展的。

尽管在辛亥革命百年之际,江苏辛亥革命以及苏州的和平光复模式均受到了前所未有的重视与发展,"但是与辛亥武昌首义史相比,江苏辛亥革命史研究还是有相当距离的。主要表现在:单篇论文多,研究的专著少;资料搜集多,史料考订少;纪念性叙述文章多,具有原创性成果少"②,停留在这样一个"三多三少"的局面。本著作希望能为扭转这一局面做出些许的贡献。

四、程德全研究

程德全是辛亥革命苏州和平光复的主导者,研究辛亥革命苏州"和平光复"模式,离不开程德全研究。

程德全,字纯如,号雪楼,重庆云阳人。庚子年间,他任黑龙江将军寿山

---

① 胡汉民著、张殿兴编《胡汉民自述》,人民出版社,2014,79、91。
② 周新国等著《江苏辛亥革命史》,社会科学文献出版社,2011,3。

的幕僚,奉命去俄军营谈判。在俄军毁约轰城之际,程德全以身屏蔽俄军炮口,迫使俄军停止炮轰,全活齐齐哈尔城数十万军民性命。寿山自杀后,俄军迫使程任傀儡将军,程投水自尽以明志。俄军将其救起来押往俄国,途中程卧病 40 余天,为俄红十字会所救。回齐齐哈尔后,程受官绅之托组织战后救灾,声誉鹊起,为慈禧所知,于 1903 年被破格任命为黑龙江齐齐哈尔都统、黑龙江将军。以汉人而任黑龙江将军,程德全是清代第一人。

程德全在黑龙江任职五年,积极推行新政,在改旗归流、移民实边的同时,还索虎口已投之食,与俄罗斯修订中东路用地条约,挽回原条约中丧失的权益,维护了国家主权,实为当之无愧的民族英雄。

1910 年程改任江苏巡抚。1911 年 10 月 10 日,辛亥革命爆发。程德全与立宪派领袖张謇连续向清廷上四疏,要求清廷实行"君主立宪"的诺言,解散皇族内阁,但未得答复。程知清廷已无可救药,于是与张謇、应德闳、黄炎培等人决定弃"君主立宪"而为"共和立宪",11 月 5 日宣布苏州和平光复。苏州的和平光复带动了东南四省的和平光复。程德全在苏州藩库数十万两白银的基础上组建"江浙联军",向南京发起攻击,并亲自到前线督战,最后攻克南京,为民国政府奠都做了准备。所以,辛亥革命首义于武昌,收功则在江南,转折点则在苏州,程德全正是这个转折的主要推手。南京临时政府任命程德全为内务总长,以酬其勋,以任其能。南京临时政府结束,程德全解职准备赴欧游历,袁世凯想利用程德全在江苏的人望而稳定江苏政局,故再次任命程德全为江苏都督。

1913 年"刺宋案"发生,身为江苏都督的程德全在积极破案的同时,及时将有关证据公示于众,并积极要求在南方组织对此案的审判,希望能通过公开审理案件的方法,使此案循法律程序而得到公正的解决,以消弭孙中山等要求以暴制暴、武力讨袁的计划。程德全与黄兴等人一致认为革命党人武力讨袁实力不足,可能在引发新的战乱的同时断送南方革命党人得之不易的数省政权。程的苦口之言,未中孙中山之听,"二次革命"发生后不旋踵而惨败。程见国事不可为而遁入空门,1926 年于常州天宁寺圆菩萨大戒,法名寂照,1930 年病逝于上海寓所。

程德全在辛亥革命中的历史功绩十分明显,但百年以来对其研究却明显不足,其原因就在于他曾经是旧官僚,而且政治立场是改良派、立宪派,是革命党与北洋政府之间的中间势力。在中国长期的"革命"与"反革命"的两极思维之中,改良派、立宪派不是被划入"反革命"的营垒,就是被加以"同路人"、"投机革命"的帽子而遭到抨击,学界从不对他们进行实事求是的理性的分析。其实,清末民初的立宪派不但在辛亥革命前以大量的宪政宣传与国会请愿活动为革命的爆发进行了民意的动员,而且他们所主张的和平光复的非暴力革命,对辛亥革命的迅速胜利起到了至关重要的作用,清帝的逊位诏书"是另外一种意义上的'光荣革命'",这个"光荣革命"与苏州的和平光复实是一脉相承的。所以,对于程德全的研究,不仅是还其历史公正,更重要的是可以通过研究程德全苏州和平光复等政治实践的成功与失败,探索他所代表的中间力量在当时活动的政治空间狭隘与社会基础的单薄。

1. 改革开放前的研究

1930年程德全去世后,其挚友、忘年交黄炎培先生在《人文月刊》上发表了《辛亥革命史中之一人——程德全》的文章。此文以"庚子年之程德全"、"辛亥年之程德全"、"癸丑年以后之程德全"三个章节对程德全一生的主要政绩进行了简要的评论。作为与程德全思想相融、交往密切的挚友,黄这篇纪念文章的重点在于其亲身参与的后两章中。该文第一章根据成多禄《庚子交涉偶录》之史料,对程德全在庚子年间舍身抗俄卫民的壮举做了如实的记录。后两章辛亥革命时期部分,黄炎培作为亲身参与者,以近距离的观察,记载了程德全在革命中如何向清政府进最后的忠告——奏疏凡四上,卒不见听,程德全、张謇等立宪派对清廷彻底失望,而由"君主立宪"转向"共和立宪"、"和平光复"的历程。在近距离观察研究中,黄炎培引用了大量的第一手史料,如他与张謇等人参与的上清廷第三疏及此疏原件由杨廷栋收藏,1915年,杨进行装裱时,请当事人张謇、程德全、应德闳等人题诗文纪念的记载,反映程、张等人是如何由"君主立宪"一步一步地走向"共和立宪",是如何移步换形,量变质变,最终完成由清廷之忠臣而民国元勋的人生转折。

黄炎培文章的最后一部分,在如实记载程德全在"二次革命"中的表现之后,还记录了程在退出政界、皈依佛门后的一些思想与生活的情况。这些研究除了以他个人的亲见亲闻之外,还引用了当时一些报刊的报道,如《时报》上刊登的程德全在"二次革命"中离开南京的电文,1930年《新闻报》刊登的程德全逝世之消息等。黄文最后以"此生了了,总为大事而来。庚子何心?辛亥何心?即癸丑亦何心?慈悲二字外,更无他念;一切尘尘,尽逐流光以去,永康安在?南通安在?今云阳又安在?沧桑百变后,遂少人知!"①的挽联结束。其上联对程的一生政事与其思想核心的联结作了精粹的总结;下联则对程德全与其思想与政治的友人相继逝世,他们所秉持的理性主

---

① 黄炎培《辛亥革命史中之一人——程德全》,《人文月刊》,1930年11月。

义的救国主张与道路知音稀少而感慨悲哀。

从20世纪30年代到50年代终结,除了黄炎培这篇文章之外,内地至今没有发现有关程德全的研究文章,真可谓"沧桑百变后,遂少人知"了。

1961年为纪念辛亥革命五十周年,史学界对此而进行了一些研究,扬州师范学院历史系编的《辛亥革命江苏地区史料》引用了程德全任江苏巡抚与都督时的部分史料。受极"左"意识形态的影响,此书不但在史料的选择上带有主观性,在对程的评论上也先入为主地予以贬抑:"在革命的洪流冲击下,清政府土崩瓦解,程德全又使用反革命两面手法,伪装响应革命,在苏州扮演了'和平光复'的骗局,摇身一变而为中华民国的江苏都督。等到革命转向低潮时,程德全便公开暴露出他的本来面目,积极配合袁世凯篡夺革命的果实。"这个论点是当时意识形态史学的代表。随着后来"四清"、"文革"的开始,对于程德全的研究更陷入死寂。

2. 20世纪80年代的研究

1979年中国开始改革开放,史学界也迎来了复苏与繁荣。辛亥革命研究的领军人物章开沅、林曾平先生带领其团队经过几年的潜心研究,于1981年7月出版了3册120余万字的《辛亥革命史》,作为同年在武汉举行的辛亥革命七十周年纪念活动的献礼。其中王天奖、刘望龄主编的第三册有一些章节涉及程德全。由于当时风气初开,极"左"意识形态史学的影响未能完全消除,所以,其中有关程德全的评价还是囿于传统之中,认为"江苏巡抚程德全,则是清末一个著名的投机官僚,一向善观风色,号称'开明'。他于1910年到任后,与张謇为首的资产阶级立宪派过从甚密,协同抵制日益高涨的革命风潮。……这种阴持两端的'应变'策略,是程德全乐于接受的"。这种将程德全由旧官僚投向革命的行为归之于"投机"的评论,在当时的研究中处于主流地位,如李茂高、廖志豪在参加"辛亥革命七十周年学术研讨会"的论文《江苏光复与程德全》中虽然承认"程德全举义反正,接受独立,宣布共和,顺应时代的历史潮流,不能不说是一个进步",但接下来的评论则仍然是:"他是动摇于反动与革命之间的旧官僚,其政治特点可以概括为'随风倒'三个字。革命力量强大时,倒向革命,反动力量强大时,倒向反动。"最后的结论是:"中国资产阶级民主派对程德全之类的旧官僚所采取的和平争取的策略是正确的,问题在于争取过来以后,对他们过于信任。革命党人对旧官僚的信任,胜过信任人民群众,甚至分不出程德全这类旧官僚与革命党人之间的区别。"①该论文依然将程德全归于投机的旧官僚,而革命失败的

---

① 李茂高、廖志豪《江苏光复与程德全》,《学术月刊》1981年第9期。

原因则在于革命党人对这类旧官僚的过度信任。

除李、廖这篇文章外,80年代,大陆还发表了7篇有关程德全的研究文章,即张超的《程德全纪略》(齐齐哈尔科学社编《地方历史》,1985年03期);凌家民撰《从〈清云阳程公以身御难之碑〉看庚子国难中的程德全与寿山》(《北方文物》1986年1期);谭彦翘的《书〈从《清云阳程公以身御难之碑》看庚子国难中的程德全与寿山〉后》(《北方文物》1987年4期);王延华的《"爱国"还是"卖国"?——评"庚子之变"中的程德全》(《齐齐哈尔社联通讯》1987年4期);刘家磊的《程德全署理黑龙江省政绩撮要》(《社会科学战线——东北人物志》1988年1期);吴訒的《辛亥光复前后陈其美、程德全和江苏政权》《浅论有关江苏都督程德全的几个问题》(《南京师大学报》1988年2期、1989年2期)。

上述总共8篇研究文章中,有3篇是关于程德全在江苏辛亥革命期间情况的,虽然都肯定其在苏州主持的和平光复对于辛亥革命是有贡献的,但依然存在以人划线,即将与革命党陈其美有不同执政理念的程德全划入旧势力而予以否定的做法。如吴訒认为"陈其美和程德全争夺江苏都督的斗争,带有反击旧势力,维护民主共和的性质",程德全还是被划入"旧势力"之中。而对于程在黑龙江的研究,因为不涉及革命派、立宪派的纠葛,所以,不但研究的文章多,而且绝大部分能跳出意识形态史学的桎梏,对程在黑龙江的政务活动基本表示肯定。如:王延华认为,"'庚子事变'中的程德全是爱国,而不是卖国";凌家民认为,"程德全在庚子交涉中三次以死抗拒敌人的胁迫,曾表现了一定的民族气节,对战争残局曾做了一定程度的补救"。刘家磊则在列举了程在黑龙江省的大量政务实绩后,认为程的机构整顿"为后来的东三省改制奠定了思想基础和组织基础","程德全抚江的最大贡献,乃是移民实边,开发江省";"程德全在反对沙俄侵略,收回各项权益方面,也做出了应有的贡献";程"不愧为江省新兴实业的倡导者";"程德全真正是江省创办学校的奠基者"。程德全在庚子抗俄以及后来任职黑龙江将军、巡抚时的政绩在上述几篇文章中都得到基本的肯定。

80年代对程德全的研究除了这8篇论文之外,还有一个重要的成果,就是中国社会科学院朱宗震先生在《民国人物传》第四卷上撰写的《程德全传》(中华书局1984年出版)。此数千字的小传,以简洁的笔法对程的一生做了一个概要的论述,对程德全在黑龙江抗俄与新政改革作了肯定,对程在江苏的宪政与转向革命以及对于"二次革命"与孙中山革命派的分歧也如实述说,认为"程依违于袁世凯与革命党人之间,充当一个调和派的角色"①。应当说这个论断是符合当时的实际与程德全的内心的。

80年代,在大陆开始出现程德全研究的同时,1984年我国台湾"中央研究院"近代史研究所出版了王树槐先生的著作《中国近代化区域研究:江苏省,1860—1916》。程德全作为清末最后一任江苏巡抚,主导了江苏清末新政的后期工作与辛亥革命,参与了"二次革命"。所以,王书中有不少对于程德全的研究,如"光绪30年起出任江苏巡抚者,亦多赞成立宪,其中尤以程德全最力。他署理黑龙江将军时,曾于光绪33年(1907年)奏请'创设国会',宣统二年(1910年)出任苏抚,参加十七省督抚联衔电请速开国会。他的态度与张人骏迥异。他与立宪士绅接近,使江苏人士坚信立宪可成的信心,亦是导致苏州光复的重要人物","上海与苏州的光复,程德全与张謇的影响最大";"总之,江苏士绅与程德全是苏州光复的关键人物。上海与苏州的光复,对于整个局势,自有其重大的影响。……上海的光复,如果没有江苏广大的腹地支持,形势亦甚危险,而江苏光复不仅消除此种危机,更增强其重要性,此其三。"②。王树槐先生的这个研究显然比大陆同期的研究要客观、公正,也更接近于历史的实际。

3. 20世纪90年代的研究

20世纪90年代,程德全研究进一步摆脱意识形态史学的影响。论文的数量与质量相对80年代均有显而易见的提高。论文数量由80年代的8篇增加到12篇,即苏贵庆撰写的《程德全在辛亥革命时期的历史地位》(《苏州大学学报》1991年3期);朱宗震先生的《程德全与民初政潮》(《历史研究》1991年6期);马传德、徐渊的《考所谓程德全纪念币》(《中国钱币》1993年3期);林豪、钱杰的《评〈考所谓程德全纪念币〉》(《中国钱币》1994年2期);吴訒的《张謇代程德全所拟奏折剖析——兼论张、程未从主张立宪转为倾向共和》(《南京师大学报》1994年3期)"洗程会"质疑》(《民国档案》1993年3期),《辛亥江苏和平光复中的武装斗争》(《南京师大学报》1993年3期);马传德、徐渊的《再考所谓程德全纪念币》(《中国钱币》1995年3期);吴訒的《江苏辛亥光复后的政权剖析》(《近代史研究》1996年5期);苏辽的《民国首任都督程德全》(《民国春秋》1998年1期);何绍波的《略论晚清抗俄官吏程德全》(《齐齐哈尔师院学报》1998年3期)。

---

① 朱宗震《程德全传》,朱信泉、严如平主编《民国人物传》(四),中华书局,1984,82。
② 王树槐《中国现代化的区域研究:江苏省,1860—1916》,台湾"中央研究院"近代史研究所,1984,150—156。

我们不仅可以从论文的数量上看出程德全的研究正在深入,而且从论文刊发的学术期刊的级别上也可以看出论文质量的大幅提升。如朱宗震、吴韧二位先生的论文是发表在《历史研究》与《近代史研究》这两个中国史学研究的顶级刊物之上的,相对80年代8篇论文都是发表于地方级别的学术刊物是不可同日而语的。从题目中也可以看出研究地域变化中的实质性深入,即80年代的研究是从程德全在黑龙江的政绩入手(8篇文章中有5篇是论黑龙江的),如抗俄救民、建设黑龙江、巩固国防等,这些方面除了义和团问题牵涉革命史学外,主要是民族大义问题,容易拨乱反正。而90年代12篇文章中仅有1篇是谈程德全在黑龙江政绩的,其余11篇都是对程德全任职江苏的研究。除去其中3篇钱币考据文章外,有8篇是专门论述程德全在辛亥革命中的功过是非的。这些文章突破了80年代尚受制于意识形态史学的桎梏,开始对程德全在辛亥革命前后的历史功绩予以实事求是的评价。如苏贵庆认为:"程德全自1911年11月5日江苏宣布独立,到1912年1月1日中华民国临时政府成立,这风风雨雨的50多天,他基本上能与革命派同舟共济,鼎足江南,为推翻清廷,组建民国,费尽辛劳。这50多天是程德全一生最闪光的时刻,是他在晚年完成了从一个清王朝的忠臣到中华民国开国功臣的最巨大的转变"①。吴韧先生在对苏贵庆文章将程德全由立宪转向共和的时间点提前到1911年10月16日上疏清廷而予以论证批评后,也实事求是地认为:"特别是作为清朝封疆大吏的程德全,以后还是能够顺应形势,归附共和,并且在苏州光复后对辛亥革命作出了各自的贡献,做了一些对民国有利的事情,也是应该肯定,不应予以抹杀的。"②朱宗震先生则从"江苏政局的统一"、"拥护中央与调和党争"、"处理宋案与消弭革命"三个方面对程德全在辛亥革命之后的政治作为进行了深入而平实的探讨。朱认为"程为政有魄力,宽严有度,开诚布公,也是使他获得各方面支持的重要原因",而程对江苏政局的统一,虽然表面上是立宪派的胜利,实质上对革命派也是有利的,因为他抵御了北洋系势力的南下,江苏实际上成为立宪派与革命派共享的政权。对于临时政府之后程德全追求统一、"拥护中央与调和党争"之苦心,朱文进行了充分的剖析,认为程与黎元洪都是当时中间派的领袖,"程德全在基本政治倾向上,虽同黎元洪大体一致,但程为政胸襟比较开阔,处事比较公正,当程德全和革命党人都主张和平建设的时

---

① 苏贵庆《程德全在辛亥革命时期的历史地位》,《苏州大学学报》1991年3期。
② 吴韧《张謇代程德全所拟奏折剖析——兼论张、程尚未从主张立宪转为倾向共和》,《南京师大学报》1994年第3期。

候,他能够比较公平的对待原属于革命党的部属","他一方面表示拥护中央,也就是反对革命;另一方面,也反对北洋派独揽政权压迫革命党人,激化矛盾的无理行为,同情革命党人的民主要求,保护了革命党人的一些既得利益和合法要求。他希望维持一个和平的政局,渐图国家的进步和改良"。对于革命史学对程德全攻击最多的"处理宋案与消弭革命"的问题,朱文以充分的论据论证了程德全出于对革命之后人民希望休养生息、国家需要和平建设的理解,在北洋派与革命派之间苦心调和,力图通过法律程序解决宋案,达到消弭革命之苦心。由于南北猜忌过深,袁世凯专制自用,革命派躁急无谋,置程德全竭诚劝告于脑后,仓促发动"二次革命",结果惨败,程德全黯然离开政坛。朱最后总结说:"作为中间派,在政治平衡的天平上,有时具有举足轻重的力量,然而他们缺少必要的实力独行其是,不得不在两股强大的政治势力中间寻求生存之道。平衡不免打破之时,他们不能不有所选择,但一旦与他们结盟的一方取得全面的胜利,兔死狗烹,中间派的地位也就岌岌可危了。他们期望国家安定的善良愿望,也就变得十分渺茫。"①朱文在推翻了有关程德全投机革命之旧说的同时,对程德全调和南北、消弭革命的苦心作了史学家应有的"同情之理解",即在复原历史真相的基础上知人论事,肯定了程德全等中间派"期望国家安定的善良愿望"。他们的失败并不是主观思想不正确,而是"缺少必要的实力独行其是"。朱先生这一真知灼见,无疑是程德全研究的一个重大突破。

90年代程德全研究还有一个重大的基础性成果,那就是由李兴盛、马秀娟主编的《黑水丛书·程德全守江奏稿(外十九种)》出版。全书分上下两册,220万字。上册收录了程德全撰、我国台湾出版的《近代中国史料丛刊·程将军守江奏稿》;下册为宣统至民初铅印本《程中丞全集》中的《程中丞奏稿》《庚子交涉偶录》《赐福楼笔记》《赐福楼启事》《抚东政略》等著作。下册为其外的十九种,有很多也与程德全在黑龙江的政事有关,如继其任的周树模所著《周中丞抚江奏稿》;由程德全从北京援引到黑龙江任职的四川同乡何煜的《龙江公牍存略》;等等。这项有关程德全在黑龙江的史料汇集的基础性工作的完成,为后来的研究者提供了一个极为便利的条件与平台,之后的很多研究即以此为基础而展开。

4. 新世纪以来的研究

进入21世纪后,在程德全研究上可以说完全摆脱了意识形态史学的影响,特别是2011年辛亥革命百年纪念,该活动在极大地促进了辛亥革命研

---

① 朱宗震《程德全与民初政潮》,《历史研究》1991年第6期。

究开展的同时,也促进了辛亥革命苏州和平光复与程德全研究的发展。此时期研究出现如下特点:其一,数量上继续增加,共为14篇,2011年一年就发表了3篇,特别是一大批年轻的研究生投入了研究行列;其二,论著与传记出现;其三,除学界之外,政府、社会力量开始参与;其四,召开了多次程德全研究的专题会议。

(1) 研究论文持续增加

进入21世纪以来,学术期刊上公开发表论文与进入知网的研究论文有:朱宗震先生的《江苏都督程德全安抚会党政策的失败》(《民国档案》2000年1期);夏冰的《论辛亥苏州光复在全国的地位》(《档案与建设》2001年9期);胡长青的《论辛亥革命前后的程德全》(2002年扬州大学研究生论文);罗云的《程德全在黑龙江的筹蒙改制政策》(2006年内蒙古大学研究生论文);杨郁松的《程德全与黑龙江地区的移民实边(1904—1908)》(《东北史地》2007年1期)、《程德全与黑龙江地区的近代化改革(1904—1908)》(《东北师大学报》2007年5期)、《清末程德全对黑龙江地区的实业开发》(《长春师范学院学报》2008年11期);徐桂华的《程德全与清末黑龙江新政》(河北师范大学研究生论文);程刚的《程德全与黑龙江》(《边疆经济与文化》2008年12期)、《程德全抚江论述》(2011年苏州大学研究生论文);杨凯的《浅论变革年代中的程德全》(《船山学刊》2009年1期);王敬荣的《黑龙江首任巡抚程德全的爱国义举》(《黑龙江档案·瞩目龙江》2010年3期);菊林其其格的《程德全与黑龙江地区的蒙旗》(2011年内蒙古大学研究生论文);柳成栋的《程德全与寒山寺》(《江苏地方志》2011年5期)。

14篇论文中有4篇是研究生论文,公开发表文章的作者中也有很多是年轻的学子,充分说明程德全研究已经开始引起年轻学者的注意与投入。老一代学者如朱宗震宝刀未老,他发表在《民国档案》上的论文,无论是刊物的级别,还是文章的质量,都是一流的。

(2) 论著与专著出现

2011年是辛亥革命一百周年的大庆之年,朱宗震先生集毕生之功力著成的《辛亥革命百年祭——中国现代化的拓荒运动》由上海古籍出版社于2011年12月出版,该论著对辛亥革命的历史经验进行了深层次的研究,其中有相当的篇幅是以程德全为中心的。如第三章第二节"程德全管辖江苏"、第三节"安抚会党的失败"、第四章"民国初年共和制转型的探索"都涉及程德全的研究。

扬州大学周新国教授的著作《江苏辛亥革命史》于2011年10月由社会科学文献出版社出版。该书有一半以上的篇幅涉及程德全,对程德全的评价也十分客观。如第四章"同床异梦:江苏省新政权的建立与统一"中说"程德全主导的苏州光复和苏军都督府的建立,作为清政府的封疆大吏和省级政权的倒戈,有力地推动了全国独立光复的形势";"江苏与上海作为辛亥革命中全国重要之地,经历了革命党最主要力量与立宪派最核心集团的'合'与'分',分合之间影响决定了这一时期的历史走向,分合之间也深刻影响了江苏政治随后的变化趋势"①。

同年,苏州大学出版社出版了王玉贵教授撰写的《挑瓦革命的末代江苏巡抚程德全》。这是中国第一本有关程德全研究的专著。全书图文并茂,在约25万字的篇幅中插入了67幅照片,对程德全的一生做了全景式的回顾,特别是对程任江苏巡抚及辛亥革命中主导苏州和平光复的活动作了重点论述,认为"程德全最终选择倾向革命一边,主动宣布反正,仍然值得充分肯定"②。

2013年,黑龙江教育出版社出版了崔杰的《程德全传》,此书虽然错误处很多,但也从一个侧面说明程德全研究正在引起各方面的重视。

(3) 评价公允与突破

由于彻底摆脱了意识形态史学的影响,所以,新时期程德全研究中一个最为可喜的现象就是实事求是地对程德全与他在辛亥革命中的历史功绩进行了一个全面而公允的评价。朱宗震先生就对程德全在临时政府解散后再度出任江苏都督一职分析说:"袁世凯的北洋系在南方没有根基,不能不借重张謇来制约同盟会,自然就支持程德全。同盟会中枢人士对政权采取退让政策,因而对支持辛亥革命、在政治上介于同盟会和袁系北洋派之间的程德全在江苏执政,持欢迎态度。"这就推翻了曾经认为程德全是投靠袁世凯才得到此职的观点,而是因为袁与革命党双方都认为程是较好的人选。其原因就在于程不仅是袁与革之间的中间派,而且"程德全为政有魄力,宽严有度,开诚布公,也是使他获得各方面支持的重要原因"③。大的历史事件中,不仅有着集团的合力因素,其中,个人的能力、性格因素其实也是一个重要的合力之一。朱宗震先生对程德全个人能力的评价弥补了此前程德全研究的一个重要缺憾。

朱宗震先生对于程德全研究的一个特有的突破就是注意到程德全"安抚会党的失败"。辛亥革命中会党是一支重要的力量,但即使是曾经加入会

---

① 周新国等著《江苏辛亥革命史》,社会科学文献出版社,2011,323。
② 王玉贵《挑瓦革命的末代江苏巡抚程德全》,苏州大学出版社,2011,143。
③ 朱宗震《辛亥革命百年祭:中国现代化的拓荒运动》,上海古籍出版社,2011,134、140。

党的孙中山、陈其美等人也感到会党难以驾驭。"民国成立之后。全国统一,无论是属于哪一政治派系的各省都督都面临着会党破坏社会秩序,破坏社会经济建设的问题。因此,如何解决会党的问题,成为政治领袖们十分关心的一个问题。"①处在会党集中的上海、南京、杭州中心地带的程德全对此问题更有见于先地采取了安抚引导的政策,对曾是陈其美亲信部下、由陈推荐为孙中山临时政府庶务长的应桂馨改造会党的共进会予以支持,并任命应为驻沪巡查长,希望通过应的安抚能将会党大众纳于有序的社会政治、经济生活之中。但应身上的流民文化与习气使之习惯于有奶就是娘、谁出钱多就为谁卖命的路径依赖,程在招抚应时对袁世凯进行了请示,应借此与袁世凯的内阁总理秘书洪述祖攀上关系,最后以洪述祖"毁宋酬勋"的电报为指令,刺杀宋教仁,引发"二次革命"。所以,从这个意义上说,辛亥革命后和平统一局面的破坏,实是中国流民文化积淀深厚,偏激破坏情绪遍布南北,而理性、建设性的思维难以在社会上得到共识而导致的。流民及其会党实是辛亥革命中的一个破坏性极强的力量。程德全安抚会党的失败,不是他个人的失败,而是当时中国的中间阶层力量不足,而流民文化与集团(会党)在社会上的力量得以膨胀的结果。

  会党的破坏性在苏州辛亥革命中最突出的案例是"洗程会";"长期以来,程德全因在此事件中的表现而被指责为残杀革命志士。诚然,程德全在此事件中的做法有些过于严苛,其行为也反映出欲借此事件清洗反对力量的目的。但是,程的行为某种程度上维护了光复后苏州地区的稳定,符合了时人大乱之后要求大治的心理。特别是其将'洗程会'改称为'洗城会'的做法既掩盖了这一事件中派系斗争的事实,同时又对其行动进行了合理的解释。在当时颇得百姓的好感,以至'当时苏州人还以为程德全为人民做了一桩好事'。这也是导致程德全在此事件中得以胜出,并屹立不倒的一个重要因素"②。周新国先生的这个评述是十分公允的。其实,不仅当时苏州人民认为程德全镇压"洗程会"是做了一件好事,即使在百年之后的今天看,也应当承认这是维护辛亥革命江苏与苏州政权维定和社会秩序安宁的一个大好事。这与胡汉民在广东、李烈钧在江西、朱瑞在浙江镇压会党的"不断革命"是一样的行为,是革命后维护革命政权社会秩序的必要措施。但长期以来,辛亥革命研究中"以人划线"的思维相当普遍,胡汉民等人是同盟会革命党人,所以,他们镇压会党就成为理所当然,而程德全、黎

---

① 朱宗震《辛亥革命百年祭:中国现代化的拓荒运动》,上海古籍出版社,2011,145。
② 周新国等著《江苏辛亥革命史》,社会科学文献出版社,2011,418。

元洪、谭延闿因为曾是旧官僚与立宪派,他们镇压会党就成了镇压革命了。这类以人划线的研究不仅违背历史真相,而且有失公允。周先生的论析纠正了这一偏颇。

小 结

百年以来,长时段研究、历史的合力研究、江苏辛亥革命研究、程德全研究这几个有关辛亥革命苏州"和平光复"模式研究的领域历经曲折,取得了骄人的成果。本研究正是在这些研究的基础上得以展开的。"接着讲"是本研究的一个主要的特色。当然,任何"接着讲"的史学研究都不会是完全的重复,而是必然会有着不同于前人的创新与发展,本研究在"接着讲"的过程中也会有着自己独特的思考以及思考所得。这些思考所得中也可能有"愚者千虑,或有所得"的创新在内,具体如下:

一、地域文化是苏州"和平光复"模式的内在动力。人类的任何创造都是在一定的地域文化的继承与制约之下的。辛亥革命苏州"和平光复"模式的产生正是建立在以苏州为中心的江南文化崇文、理性、和平、柔慧的基础之上的。正是这样一种反暴力的和平、柔慧的文化内涵,使得"江苏人重文轻武,对激烈事业一向不甚感兴趣,与其民性稳健有关"[①];也正是这种"民性稳健"的地域文化特色,使苏州民众扬弃了暴力革命的武昌首义模式,而选择与认同了市井不惊、秩序不乱、兵不血刃、民不受累的和平光复的革命模式。

二、江南地域文化在功史演进过程中,完成了由尚武到尚文、由儒学边缘而到儒学中心的演变。自宋以来,江南即成为中国儒家文化积淀最为深厚之区。明清以来,江南开始融入世界经济一体化的进程之中,其商品经济得到了长足的发展,大批江南市镇的兴起正是这种由乡村经济进入城市经济的过渡显现。苏州成为当时中国乃至世界最大的商业城市之一。商品经济的发展使随之而生的商业理性观念与文化深入人心,由此而形成了"吴人好讼"、"吴人好冶游"、"吴风奢侈"等社会文化习俗。而这些正是商品经济与商业理性所要求的重法律、重消费、重商业等文化理念的一种社会化表现。在这种全社会重商的文化氛围之中,江南文化精英的文化理念也与时俱进地发生着变化,重农而不抑商成为江南文化的一个共识,"耕读传家"一

---

① 王树槐《中国现代化的区域研究:江苏省,1860—1916》,台湾"中央研究院"近代史研究所,1984,153。

变而为"商读传家",很多文化世家均是儒商共进,以商养儒,以儒而护商,如苏州的潘世恩家族、彭定求家族等莫不如此。历经数百年发展,这种儒商相兼的社会文化在晚清催生出了绅商这一新的社会领导阶层。

三、以绅商阶层为基础的东南文化精英在商业理性的导引下,在近代最先睁开眼睛看世界,理性地推动了洋务运动、维新运动、东南互保、立宪运动乃至辛亥革命。他们采取的以秩序求进步、以和平促改革的理性主义既是他们自身经济利益与社会利益的需要,同时,也是有利于中国社会经济发展的。但是尽管东南文化精英自明末就开始形成群体的集结,并影响到明末政治,但在清初统治者的打压下,溃不成军。太平天国之役后,东南文化精英借助湘军、淮军督抚幕府平台,积极参与推进湘军、淮军在各地开展的洋务运动,并形成了一个密布全国的东南文化精英的幕僚网络,这个网络在东南互保运动中崭露头角,以其理性的思维与运作,抗拒清廷向十一国宣战的乱命,保住了东南财赋之地的和平与安宁,为中华民族保存了元气,也为清廷赢得了喘息的财力与实力。东南互保这一实质上对清廷和平独立的韬略,对于苏州的和平光复有着启迪之作用。但正如章开沅先生所言,东南文化精英所代表的理性力量不具有影响全国的能力,故而在"二次革命"中为南北双方所不取,这是时代的局限,也是中国中产阶级发展严重不足的表现。

四、历史发展是合力作用,人民与英雄均是合力的一部分,他们共同创造了历史。苏州和平光复的社会基础是绅商阶层所代表的吴地民众,其主推手则是身居巡抚之位的程德全。他以巡抚之权威主动反正,不仅使江苏绝大部分府县传檄而定,更影响到东南六省与后来的袁世凯反正。他的这一转向并不是意识形态史学所言的"投机革命",而是其思想由"君主立宪"转向"共和立宪"的必然。程德全的这一主动投向革命,使辛亥革命在汉阳失守的败势之下柳暗花明又一村,一个新的、有利于争取更多的同盟军的和平光复模式取代了暴力革命的武昌首义模式,"满汉一体,五族共和"的文化民族主义口号取代了"驱除鞑虏、恢复中华"的种族民族主义的口号,旧官僚、立宪派、革命派的统一战线形式不但成为东南六省仿效的榜样,也成为袁世凯甚至清廷都能接受的模式,辛亥革命最终在苏州和平光复的模式影响下得以收功。所以,程德全实际上是辛亥革命之功臣,民国之元勋。孙中山亲自委任其为南京民国政府的首任内政部长,正是考虑到了其对辛亥革命的重大贡献。

第三章 辛亥革命的两种模式

在辛亥革命研究中,武昌首义是一个百年常新的话题,相关的研究著作与论文可谓汗牛充栋、叠床架屋。相形之下,苏州和平光复则是一个长期不为人待见的"投机革命"的典型。正如周新国先生所言:"与辛亥武昌首义史相比,江苏辛亥革命史研究还是有相当距离的。主要表现在:单篇论文多,研究的专著少;资料搜集多,史料考订少;纪念性叙述文章多,具有原创性的成果少。"而究其史实,可以看得很清楚,辛亥革命实际上可以分为两个阶段:前一个阶段自武昌起义始,是一个以暴力革命为主的时期;而后一个阶段则以苏州和平光复始,是一个以和平光复为主的时期。前一个阶段中以武昌首义的暴力革命模式为主,而后一个时期则以苏州"和平光复"模式为主。在这个阶段中,苏州"和平光复"的模式不断地放大,先后为袁世凯的北洋系以及清政府所接受,最后清廷亦以"和平光复"的模式颁布《逊位诏书》,完成了这个"中国版的光荣革命"。所以,辛亥革命苏州"和平光复"的模式,不仅实际存在,而且其功厥伟。辛亥革命首义于武昌,收功在江南,转折点在苏州。这个转折的关键就是苏州和平光复、非暴力革命的模式取代了前期武昌首义的暴力革命模式。这个模式符合当时中国社会各个阶层都希望早日结束战争、恢复和平与秩序的愿望,所以得到了广泛的拥护与支持,最终得以以最低的社会成本结束了 3000 年的帝制,建立了亚洲第一个民主共和国。

辛亥革命是前此 100 余年中国社会发展中各种社会力量相互作用的结果。在这众多的历史合力之中,革命派与立宪派是其中的主导性力量。正由于这两大力量的影响,再加之不同地域文化下民风习俗的制约,辛亥革命中出现了"武昌首义"的暴力革命与苏州"和平光复"的非暴力革命两种模式。辛亥革命就是在这两种模式交相辉映、相辅相成的基础上取得胜利与发展的。比较与分析两种模式的异同,对于我们全面地总结辛亥革命的经验,史为今用,全面推进改革开放事业的健康发展,是有着十分重要的借鉴意义的。

一、武昌首义模式

"武昌首义"模式在辛亥革命的前期起着主导作用,前期即从1911年10月10日起至11月4日上海与苏州和平光复止。在这一阶段,先后独立的湖南、陕西、山西、江西、云南等省基本上都属于"武昌首义"模式。这个模式的突出特点是,由革命党人与主导新军下层官兵、会党作为中坚,以"驱除鞑虏,恢复中华"的旧式民族主义为动员口号,以暴力的形式自下而上地发动武装起义,最终夺取政权。而在政权夺取后的一个时期内,由于这一革命群体的行政经验不足,缺乏战时军队所需要的军事权威,故政权又以各种形式落到立宪派及与他们关系密切的新军中高级将领手中。暴力革命与"驱逐鞑虏、恢复中华"口号下的原生型民族主义是其最为鲜明的特点。

(一)暴力革命

武昌首义是典型的暴力革命。其在准备之初就是以中部同盟会领导下的湖北新军之日知会、文学社、共进会的士兵与下层军官为主体进行暴力革命。在起义计划暴露、领导人逃亡之际,工程营士兵(正目、班长)熊秉坤打响了革命的第一枪后,"该营督队官阮荣发及右队队官黄坤荣、司务长张文涛拔刀阻止,均为士兵所杀。……众兵士平时皆依赖官长指挥,此时秩序忽乱,见无长官,惊惶无度。虽有代表,而兵士仍不信仰。故队伍不能整齐,于是众兵士公举左队队官吴兆麟为总指挥,并恳求为大众作主"[①]。队官(连长)吴兆麟参加过新军官佐培训班学习,有一定的军事素养。他临危不乱,对参加起义的士兵进行统一指挥:以楚望台军械库为依托,派人联络各营起义士兵到楚望台领取械弹;切断各军营电话线,使张彪无法指挥反攻;特别是派士兵出城联络、护送炮兵入城,再在炮兵的支持下炮轰总督官署。张彪无法联系到部下,湖广总督瑞澂惊惶失措弃督署而逃,革命军得以全面占领武昌。吴兆麟为武昌首义之役立下了不朽之功勋。但吴作为下级军官,缺乏指挥更大建制军队作战的权威,而且缺少行政经验,在众士兵推他为主时,他坚辞不就,并极力推荐具有立宪派观点的高级将领黎元洪以及立宪派中的激进派汤化龙等来共建新生的革命政权,事实证明吴兆麟的这个推荐是十分正确的。黎元洪、汤化龙的加入,对于扩大武昌起义的成果、巩固革命政权起到了至关的重要作用。其后,虽然革命党领导人孙武、蒋翊武、黄兴、宋教仁等先后赶赴武汉,但他们也认同了这一政权构成形式,而且黄兴

---

① 曹亚伯《革命真史》(中册),中国长安出版社,2011,4。

与黎元洪、汤化龙等也合作得很好。而此时的湖北政权已不是完全的革命党的政权,而是立宪派中的激进派与革命党中的温和派结合而形成的混合政权,革命派在其中并不能起到主导的作用。

其后的湖南、陕西、江西、山西、云南等地大体上是沿此模式而动,即由革命党人为主导发动,以新军与会党武力为先导,以暴力的形式夺取清政权,在夺取政权的过程中一般都经过一定程度的战斗,对清政府的官员特别是满族官员往往当场击杀。如湖南就杀了巡防营统领黄忠浩等四人。与湖南同日起义的陕西,起义的主力军是哥老会与新军,在占领西安城后,又与满城的旗兵进行了三天的激烈战斗,"旗兵固然缺乏战斗力,但他们认为抵抗是死,不抵抗也是死,与其不可抗而死,毋宁抵抗而死,所以死命相拼。……初三日,各作战队伍分为若干小队,在满城内逐巷逐院进行搜索战。在这期间,一些士兵和领队官杀害了一些不必要杀害的旗兵及其家属,俘虏了很多男女老幼,把他们集中管押在各处,初五日把他们遣送出城,令其自谋生活,将军文瑞跳井自杀";山西起义是以新军武力为依持,进攻山西巡抚署衙时,当场杀死了清军协统谭振德、巡抚陆钟琦以及陆的儿子陆亮臣(他本来是革命党人,是到山西来劝其父投向革命的,亦为误杀)。太原满城亦与西安满城一样,"驻防旗兵死力抵抗;我驻南门外的炮兵营、工兵营,闻听二营起义,正在攻击满城,炮兵即推炮上城,照准满城敌人开炮,仅数发,太原城守尉增禧即树起白旗,缴械投降"①。江西起义,因新军组织发动较好,九江、南昌均以兵不血刃的和平方式完成革命,但参与革命的帮会则由于其游民的惯性,"军纪之坏,则更使市民头痛",九江警备司令朱汉涛"在九江纵兵殃民,九江人民恨入骨髓",直到李烈钧从湖北回军,杀掉朱汉涛等人之后,江西的社会秩序才全面好转。云南起义,同样是经过较为激烈的战斗之后,"总督李经羲被俘,统制钟麟自杀,镇本部参谋杨吉祥、参谋处总办王振畿因反对起义,均被击毙于江南会馆,总参议靳云鹏乔装逃走。其余事前未参与的军政人员,临时大都赞成附和。唯七十三标统带丁锦、第一营管事齐世杰等北洋系军官,除少数被杀外,其余的均被去职,至此省城军事行动即告停止随即组织军都督府,公推协统蔡锷为都督"②。

这一暴力革命的模式,其发动者往往是下层士兵与会党成员,在他们身

---

① 中国人民政治协商会议全国委员会文史资料研究委员会编《辛亥革命回忆录》(五),中国文史出版社,2012,9、112。

② 中国人民政治协商会议全国委员会文史资料研究委员会编《辛亥革命回忆录》(七),中国文史出版社,2012,364。

上具有极端的游民性。"游民性轻佻浮躁,凡事皆倾向于过激,喜破坏,常怀愤恨。视当世人皆恶,几无一不可杀者","会党不过是有组织的游民而已"①。因此,武昌首义的暴力革命模式中,暴力往往失控与滥用,甚至导致误杀与滥杀。如山西起义士兵误杀了去劝其父反正的陆亮臣;湖南起义士兵杀了与黄兴等革命派有较深渊源、依违于革命和立宪之间的黄忠浩。特别是对满族人的滥杀,激起了满兵的激烈反抗,如陕西、山西满城的反抗都是十分激烈的,而攻克满城之后士兵在激愤之余也发生了滥杀现象。这种暴力革命中的暴力失控是一个普遍的现象,因为无论起义组织如何严密、起义军纪律如何严明,在一个突然的暴力、血腥和混乱状态中,谁也无法有效地控制住暴力的滥用与失控。所以,我们固然不能苛求于辛亥革命武昌首义的暴力革命模式,但要实事求是地看到,暴力革命很容易引发暴力失控与暴力滥用,从而给社会大众的生命安全与社会经济的发展带来重大的破坏,给新生的革命政权带来致命的损失。这是毋庸讳言的。

(二)"驱逐鞑虏"

"驱逐鞑虏,恢复中华,建立民国,平均地权",同盟会十六字纲领起首一句就是"驱逐鞑虏,恢复中华",这句有着鲜明的"夷夏之防"之中国原生型种族民族主义印痕的纲领恰是辛亥革命武昌首义模式的动员中心。

武昌首义的中枢组织共进会"尤其注重'驱逐鞑虏'四字",并且将同盟会的"平均地权"改为"平均人权","当时的解释是:满人压迫汉人,人权不平均,所以要平均人权"②。将"平均地权"改为"平均人权",不仅违背了孙中山通过地权的平均达到耕者有其田的"民生"主义宗旨,而且在利用满汉不平等的矛盾来号召大众的同时带来了狭隘的排满,引发了一些不应当发生的对满族人的仇杀。

"夷夏之防"这种原生型种族民族主义的思想在中国有着悠久的历史传统,这一历史传统成为天地会、太平军起义的一个重要的动员工具,同盟会继承了这一传统,同盟会革命党人的大量宣传都集中在"驱逐鞑虏,恢复中华"这个方面,如邹容的《革命军》、陈天华的《猛回头》,章太炎、汪精卫等人的众多文章也莫不如此。同样因为这样的文化传统影响,辛亥革命武昌首义的军政府在进行"迅速的政治动员"时的大量檄文、公告中连篇累牍的是"本督所持宗旨,排满复汉四字"③,"照得满贼窃中原二百余年于兹,以腥膻

---

① 王学泰《游民文化与中国社会》,学苑出版社,1999,2、6。
② 《座谈辛亥革命》,《辛亥革命首义回忆录》(第1辑),湖北人民出版社,1980,5。
③ 《民立报》1911年10月21日。

之族类,坏华胄之文物"①这类充满着"夷夏之防"原生型种族民族主义的语言。"辛亥革命最大动力是'驱逐鞑虏,恢复中华'"②确是不移之论。

　　武昌首义以"驱除鞑虏,恢复中华"这一原生型种族民族主义的纲领作为主要、迅速的政治动员手段和方法,在辛亥革命前期阶段受武昌暴力革命模式影响的几个独立的省也有着鲜明的表现。如湖南谭人凤为援鄂湘军写的军歌:"电扫中原定北京,杀尽胡人方罢手";③陕西革命后的安民告示:"各省起义,驱逐满人,上应天命,下顺人心";山西新军起义"公推姚维藩为山西全省总司令官,同时姚即下令如下:(一)满清压制我汉族已三百年,扬州十日,嘉定三屠,诸君曾知之否?剃头薙发,不遵者,所在格杀,诸君闻之否?现在清廷极力媚外,屠杀我爱国志士,有'宁赠友邦,不予家奴'之谬论,诸君知之否?此等仇恨,不共戴天"④;等等。由此可以看出,"驱逐鞑虏,恢复中华"——"夷夏之防"的排满主义是武昌暴力革命的主要动员利器。但这个利器本身不但有着狭隘的大汉族主义色彩,而且在暴力革命之际很容易导致暴力的失控与滥用,殃及满族普通的百姓与士兵,从而发生规模不一的"排满"乃至杀害满族平民的事件。《申报》1911年10月15日载:"本报访员二十一日自武昌逃出后特寄快信……,其督署附近之火无人扑救,沿烧百余家。……计相持至三点钟之久,众叛兵方拥进上房大肆搜寻。只见旗装仆妇数人一概枪毙。其养练所、督练公所、宪政会议厅各处人员,凡操京音者俱被枪毙。"革命党人的很多回忆也证实了革命初期杀害非战斗人员的满族人的情形。如武昌陆军第三中学的刘端裳回忆:"走到距中和门约一百米远的一间大公馆旁边,我看见三四个士兵右手拿枪,口里衔一把马刀,正在搜查讯问那间公馆内的人,内中有一个兵,向站立在门前双手抱着小儿的老者劈头一刀砍去,鲜血上喷,小儿落地,嚎哭起来。头一次看见杀人,我吓了一跳。约隔三四个小时后,我们整队回城,又经过中和门,一看那间公馆已经烧了,残尸几个,其中有穿黄色长统马靴的中级军官。一再打听,才知那是旗人的公馆,被杀的都是旗人。"⑤据学者研究,武昌首义后排

---

① 辛亥革命武昌纪念馆《湖北军区政府文献资料汇编》,武汉大学出版社,1986,26。
② 中国社会科学院编《五四运动与中国文化建设:五四运动七十周年学术讨论会文选》(上),社科文献出版社,1989,97。
③ 中国人民政治协商会议全国委员会文史资料研究委员会编《辛亥革命回忆录》(七),中国文史出版社,2012,104。
④ 中国人民政治协商会议全国委员会文史资料研究委员会编《辛亥革命回忆录》(五),中国文史出版社,2012,9、99。
⑤ 政协武汉市文史委编《武汉文史资料》(四),1981年内部发行,73。

满杀害无战斗力的满族人,"地理上包括武汉三镇"、"时间上持续约两个星期"、"人数上可能有超过1000满人被杀"①。而在采用武昌首义模式的陕西西安,因为满城的抵抗激烈,满族人的死伤更为惨重。

排满引起了满族人的拼死反抗,牵制了革命党人大量的军力与精力,从而使革命后的社会秩序无法及时恢复,给社会经济带来了很大的损失。如陕西"起义军占领军装局以后,复以全力围攻满城,因之全城治安无法顾及。这时城内西南一带驻有巡防大队大约三营之众,他们看到陆军攻打满城,遂乘机到处抢掠,城内和回坊的游民也趁火打劫,有些地方遭受劫掠,盐店街一带的银号,被害尤深。如天成亨一家即失去现银十余万两。保管现金的蕃库,当然是抢掠者所最注意的地方,他们几次图谋攻劫,但以陆军中学生防守严密,始终未敢动手"②。这种趁乱打劫造成公私财产损失、社会秩序混乱的现象,在武昌首义暴力革命模式的几个省份中比比皆是,成为狭隘民族主义"驱逐鞑虏"的一个意外的副产品和辛亥革命中的负面因素。

(三) 政权易手于立宪派

"革命是年轻人的志业。年轻人喜打抱不平,喜欢冒险。打抱不平是为了公理,冒险可以创造光明的远景。年轻人有了正义感,必定勇往直前。无论是1911年的辛亥革命或1949年的共产主义革命,富有号召的革命义旗吸引了年轻人的热情,他们抛头颅,洒热血,视死如归。统计同盟会成员,90%以上都是十七八岁至二十五六岁的青年,他们许多人来自绅士家庭。但他们参加革命是为了实现理想,不是为了保有父母的财产。年轻人抱着赤忱去革命,只有年轻人才是革命家的忠实追随者。"③武昌首义模式中冲锋陷阵的正是这样一批年轻人。但也因为年轻,他们当时还处于社会的下层,即使是出身于绅士之家、留学归来的同盟会成员,在新军之中一般也只做到中下层军官的位置,如武昌首义的指挥官吴兆麟是一点队官、连长,湖南首义的陈作新曾在新军中做到排长;陕西领导起义的张凤(岁羽)则是协参军官兼营管带,即旅部参谋、营长、营级军官;山西的阎锡山是标统、团长;云南蔡锷军职最高,是协统、旅长,与湖北黎元洪军职相当(蔡和黎的政治立场都是倾向立宪派的)。这些中下级军官年轻,社会地位低,这也就决定了他们往往缺乏指挥大的军队建制作战以及处理一省行政的经验与能力。如

---

① 黄岭峻《杀人与革命——辛亥武昌首义"排满"细节考》,辛亥革命研究会编《辛亥革命史丛刊》(第15辑),湖北人民出版社,2012。
② 中国人民政治协商会议全国委员会文史资料研究委员会编《辛亥革命回忆录》(五),中国文史出版社,2012,10。
③ 张朋园《立宪派的阶级背景》,金冲及主编《辛亥革命研究论文集》(下),三联书店,2011,785。

武昌首义后当张振武等人要杀掉黎元洪、共推吴兆麟为都督时,吴说:"此事万不可行。兄弟资望太浅,即以湖北军队而论,多数尚未响应。而带兵官位居我上者,必不肯服从。即与我同级者,亦未必悦服。欲收新军全体来归之效,非借黎元洪资望不可。至于各省,若闻革命军领袖系一小官,必少附和,吾辈欲革命速成,借黎元洪之名以号召天下,一则使各省可表同情,二则使外人不敢轻视,望诸位同志勿怀二心可也。"①吴兆麟的这个分析是很有道理的。他这一以大局为重的战略策划对于辛亥革命武昌首义的成功居功厥伟。正是借黎元洪之名,并与立宪派的汤化龙密切合作,湖北军政府才能迅速地使湖北新军聚为一体,并得到前来镇压的清廷海军的倒戈支持,这样就稳定了首义后的军政府政权,争取到了宝贵的时间。如果依张振武之见,那么极有可能如吴兆麟所言,湖北新军军官不服,士兵不附,海军不倒戈,各省观望,辛亥革命失败无疑。

武昌首义,因吴兆麟的明智与以大局为重,很快形成了革命党、立宪派、旧官僚三位一体的统一战线政权。而在最先响应起义的湖南,革命的先锋焦达锋、陈作新因为缺乏治军行政的经验,结果旬日之间而为变兵所杀,最后政权还是落于立宪派谭延闿之手;山西起义后,阎锡山被推为都督,立宪派、咨议局议长梁善济为民政部长,咨议局副议长杜上化为总参议,成立山西军政府。"晋省自光复后,军政会一切计划及筹款事宜,阎都督必先商之梁君善济,斟酌再三,然后开议。"②由于山西近在北京肘腋之间,清政府派重兵反扑,军政府未及完善,阎一度败退到大同忻州。南北议和后,"阎锡山从忻州返省城后,首先组织都督府。但依规定,都督府下,设军政司及参谋处,其他无详细规定。因为我(南林馨)在南京时,和江苏都督庄蕴宽有所接洽,稍知江苏督署的组织大纲,互相参照。乃以黄国梁任参谋长,孔繁蔚任参谋处长,杨沛霖任副官长,杜上化任秘书监兼国民会议议长;而虚悬军政司司长职以待温寿泉"③。这也是一个以立宪派为主体的政权。至于云南,起义的领导人蔡锷本来就是立宪党人,所以,云南不但一开始政权就在立宪派手中,而且,蔡锷由云南出兵,将贵州军政府的政权也揽入立宪派之手。李泽厚先生认为"绝大多数政权都落在立宪派或旧封建军阀、官僚手中"是符合实际的。但这并不表明辛亥革命"悲惨的失败了",相反,由于立宪派、

---

① 曹亚伯《革命真史》(中册),中国长安出版社,2011,28。
② 郭孝成《山西光复记》,中国人民政治协商会议全国委员会文史资料研究委员会编《辛亥革命》(六),文史资料出版社,1981,175。
③ 中国人民政治协商会议全国委员会文史资料研究委员会编《辛亥革命回忆录》(五),中国文史出版社,2012,134。

旧官僚富于政治权谋和行政经验,他们参与革命政权并成为其中的主导,对于革命政权的巩固、社会秩序的恢复以及对外宣传的影响力而言,都是有着极大的正面作用的。其实,立宪派以及一些倾向立宪的旧官僚,他们在革命高潮澎湃、共和深入人心之际,是能顺应潮流,由"君主立宪"而转向"共和立宪"的。他们的根本目标是"立宪",主张"君主立宪"是为了减少立宪的阻力,而在"君主"摇摇欲坠、共和声势滔天之际,他们顺应时势转为"共和立宪",投向革命就是顺理成章、水到渠成。

革命派年轻、缺乏行政经验,立宪派"大半是40岁以上的中年人"①,阅历丰富,经验成熟,地方声望很高,社会联系网络甚广,二相结合,相辅相成,对辛亥革命的发展与胜利是有着重大的推进作用的。所以,即使革命派领袖孙中山、黄兴也主动向立宪派进行请教,何况各省以武昌首义模式起义后的兵士、会党、中下级军官呢?他们主动地将各省咨议局议长、副议长以及具有立宪倾向的高级军官推到政权的主导位置也就不足为奇了。

二、苏州"和平光复"模式

1911年11月4日,上海、苏州相继和平光复,接着浙江、安徽、广东、福建亦大体上遵循苏州模式,即在立宪派的推动下,地方主官与新军革命派结成统一战线而宣告和平光复,由此形成了辛亥革命中的苏州"和平光复"模式。这个模式的主要特点有三。其一是非暴力。其二是以"五族共和"的口号代替了"驱逐鞑虏,恢复中华",这一有利于中华民族统一的口号最终收到了清帝逊位的有效后果。"这个和平方式的革命建国,才从另外一个方面弥补了辛亥革命建国的激进性和片面性,并通过这个双方认同的具有宪法意义的逊位契约,把两种革命建国的方式融合在一起,从而深化和完成了中华民国革命建国之构建。经由这场起于暴力起义、终结于和平逊位的'革命',中国政治完成了一次历史性的古今之变,从传统帝制转变为现代民国"②。其三则是创建了一个由弃暗投明的"官"、代表立宪派之"绅"以及革命派三者组成的统一战线,并在这个统一战线的基础上完成了和平光复。这个统一战线模式最后扩大到袁世凯所代表的北洋集团,并以这种模式完成了"一次历史性的古今之变,从传统帝制转变为现代民国"。所以说,辛亥革命的胜利是建立在苏州和平光复与武昌首义相辅相成的基础之上的。

---

① 张朋园《立宪派的阶级背景》,金冲及主编《辛亥革命研究论文集》(下),三联书店,2011,785。

② 柯伟林、周言主编《辛亥百年:回顾与反思》,社会科学文献出版社,2012,134。

（一）"和平光复"——非暴力

苏州"和平光复"模式最醒目的特点就是和平光复——非暴力革命。这场非暴力革命与武昌首义的暴力革命相反，其主导不是下层士兵与会党，而是中上层的军官、绅商，乃至一省的最高官员——巡抚，以及全国立宪派领袖、状元资本家——张謇。"上海与苏州的光复，程德全与张謇的影响最大。程为苏抚，态度开明。张謇是江苏立宪派的领袖，也是江苏士绅的领袖，他不主张革命，至辛亥革命初起，他犹如此设想"，张謇最后见清廷冥顽不灵才转向革命①。程德全在黑龙江巡抚任上就主张"开国会""立宪"，调任江苏后，与张謇在政见上相合，在推动清末新政、"立宪运动"在江苏的落实上，双方配合默契，江苏官、绅由此而结成政治目标一致的政治集团。

辛亥革命武昌首义当晚张謇正在汉口登船返乡，看到革命军在督署前燃起的大火，船到南京后他登岸向两江总督张人骏建议出兵武昌镇压起义，但为张所拒绝。"至苏，巡抚程德全甚韪余之请速布宪法、开国会之议，嘱为草奏。仓猝晚膳，回旅馆，约雷生奋、杨生廷栋二人同作。"②此后，程德全又单独或与安徽、山东等省巡抚联名向清廷尽最后之忠告，"公既疏请清廷，宣誓立宪，罪已大赦，中格不报。知军国之事，已无可为。乃以地方民命为重，徇苏五属士绅之请，宣布独立。举旗之日，城市宴然，而民军麇集于阊胥一带者，亦相率敛退，举公为江苏都督，是公全苏之始"③。

程德全因对清廷失望而转向革命，除了"徇苏五属士绅之请"外，其中一个重要的推手就是苏州主持新军编练的督练公所总参议吴茂节和科长兼四十六标教练官、陆军学堂监督章驾时以及四十五标协统刘之洁等中上级军官。他们在商议准备革命时，决定由吴茂节去争取程德全。吴向程说："日来各省纷纷独立，大势所趋，风声日紧，吾苏与其被动，不如自动。现今有两条路：一条是效忠朝廷，上海派的革命党人正散匿在阊门一带，可以围攻拘捕；另一条是俯顺舆情，自动宣布独立，可免地方扰乱，安定人心，时机紧迫，稍纵即逝，请考虑决定；程德全思索有顷后对吴说："上海已几次来人接洽苏州光复的事，在原则上我已答应了。为审慎起见，暂待时机。如果你们布

---

① 王树槐《中国现代化的区域研究：江苏省：1860—1916》，台湾"中央研究院"近代史研究所，1984，153。
② 张謇《啬翁自订年谱》，扬州师范学院历史系编《辛亥革命江苏地区史料》，江苏人民出版社，1961，64。
③ 朱熙《云阳程公六十寿序》，程世模主修《云阳程氏家乘》（卷二），云阳县档案馆藏。

置秘密,算无遗策,自可发动"①。有了程德全的同意,吴茂时、章驾时等人就对苏州城内外的新军做了全面而周详的布置,只待时机。而程德全所说的"上海已几次来人",主要是指黄炎培等革命党人。

在吴茂节向程德全提出革命之前,黄炎培会同沈恩孚、朱叔源、毛经畴等人到苏州见到了程德全,程当时表示:"原则上赞成,但必须待时而动。"黄炎培问:"要等到怎样时机才能发动?"程答:"苏州非用兵之地,无险可守,尤其南京、镇江驻有重兵,若南京、镇江、杭州三路派兵来攻,吾苏势孤力薄,难免失败,欲速则不达,还是少待为稳妥,反倒占有举足轻重的优势。"并且程毫不隐瞒地向黄祖露心迹,表明自己是倾向光复的。黄、沈等遂回上海。途中,朱叔源语诸人云:"雪楼所说,不知是否由衷之言?抑是口头敷衍?"黄炎培很有信心地说道:"十有七八可靠。当此宁、镇、杭都有旗兵驻防,若是苏州独立,怕受夹攻,不但糜烂地方,连身家性命亦恐不保。雪楼并非矢忠清廷的人,他信佛,具有遁世志愿,定有所激使然,不是纯粹的一心皈依佛教,平时,也有革命人士往来。"②

正是有了程德全、张謇的主导,再加之新军中上层军官、地方绅商、同盟会中层骨干多方面力量的汇合与长期准备,所以,几乎与上海同时,苏州开始了和平光复。

夏历10月13日,上海发动起义,与此同时,"苏绅潘祖谦、尤先甲、孔昭晋、江衡等先后说德全宜自保免祸,德全允之。命孔昭晋草自保条件"③。11月4日上午,上海商团攻破江南机器局,救出陈其美。与此同时,苏州新军四十五标协统刘之洁集合全标官兵训话,称时机成熟,苏州将不日宣布光复。下午,新军士兵开始分发子弹,商会等通知居民准备白旗、不要早睡。"九月十四夜,有民军五十余人,由沪专车赴苏,先赴枫桥新军标营,共表同情。"④"深夜十一点,督练公所的军官一切准备完成,由顾忠琛、章驾时、彭锡藩、沈思敬等晋谒程德全。程已就寝闻报出见。进谒诸人的手臂上都已裹了白布,程知一切必已充分准备,就答应拂晓宣布独立。这时,传达处进报:'上海派来两位代表要见',呈上名片,程一看是虞和德、陈光甫。接见之下,虞、陈表明此来以上海总商会代表名义,携来陈都督公函,为了请宣布苏

---

① 吴士和《辛亥革命苏州光复小记》,政协苏州市文史委编《苏州文史资料》(1—5合辑),1990,71。
② 政协江苏省文史委编《辛亥江苏光复·江苏文史资料》(第四十辑),1991,49。
③ 尚秉和《辛壬春秋江苏篇》,扬州师范学院历史系编《辛亥革命江苏地区史料》,江苏人民出版社,1961,54。
④ 《时报》1911年9月16日。

州独立,沪苏取得一致,进取南京,有所商洽。程阅公函后,便说:'苏州立即宣布独立了,请两位返报陈都督,不再函复。'这一夜通宵准备。着城内外各图地保通知各店各户,十五日一律门悬白旗,都督府门前旗杆上定于破晓升起巨幅白旗,由程决定'兴汉安民'四个大字,交付体操教员陆佩萱届时鸣炮升起。——一面连夜召集全城文武官吏,宣告反正意旨:凡赞成者听候任用,迟疑不决者暂留察看,果无反抗情事,准予各归家乡。"①

苏州的和平光复,由于经过上中层多方面的长期筹备,所以做到了有备而发、有序而持重,对整个社会秩序、经济运行毫无影响。《叶圣陶日记》记:"十五日(十一月五日)微雨。……叔父适自街头归,谓吾苏已于昨夜起事,今则中华民国军政府之示遍贴路侧矣。闻之喜极,即驰至校中,则校门上高悬白旗,诸同学皆在门首欣跃,相见后各致慰贺。得悉昨日之事系此地巡抚程公德全主其谋。程公夙有兴汉之志,惟秘不能宣。其后上下各自授意,乃于昨日召各官长会议,皆喜悦赞成。于是命巡警加意卫护,居民毋自惊慌。召新军若干卫护督练公所,而督练公所即为军政总机关。程公则公推以江苏都督。不流血、不放抢,安然革新,皆程公明德所致也。吴人得公亦云福矣。"②

闲居家中的清前甘肃学政、后以清遗老自命的叶昌炽十四日日记载:"杰若又来言,中丞将宣告独立。平愉、鼎孚,同进见有成说,大旨谓欲免生灵涂炭,不得不出此权宜之策。敬闻命矣。旬日之前,即有人言××(程德全)腹有鳞甲,深沉难测,里巷无知,亦有颂言不讳忮以无恐者,鼓钟于宫,声闻于外,今始知人言之非虚也。去后,即遣来言,今晚六钟,枫桥新军营有马队入城,宜家制白旗以待。严肩门户,毋早睡。益疑骇。亟自往询其实,则听夷以电话警告,亦出佛悷之意。盖以兵变涂饰耳目,且恐有梗拒者以此示威也";十五日日记载:"大街小巷,遍插白旗。密如栉比。……安晨来告,中丞昨集属吏而告之,巡警道吴观察抗议,摭他事撤罢之。以郡绅河南革道蒋焕庭代其任。今日抚辕接新印,大旗高挂,一曰:中华民国;一曰:都督帅府。商会、自治局集议于元都方丈,签字赞成"③。

种种史料证明,苏州的和平光复并不是一蹴而就的,而是立宪派、革命派等合力因素在推翻帝制、"共和立宪"的目标下汇聚在程德全的周围,最后

---

① 吴士和《辛亥革命苏州光复小记》,政协苏州市文史委编《苏州文史资料》(1—5合辑),1990,70—72。
② 叶圣陶《叶圣陶日记》,山西教育出版社,1997。
③ 叶昌炽撰、王季烈编《缘督庐日记钞》(四),北京图书馆出版社,2007,226、227。

在程德全的主导下合力完成的一场"不流血、不放枪,安然革新"的非暴力革命。这场"和平光复"的非暴力革命因程德全以巡抚之尊而首举义旗,在江苏引发连锁反应。"德全既宣布独立,檄苏、松、常、太各州县使从民军,更始牧令。因令出自上,莫可为抗,相率置印绶而去。流民乘间啸聚为闾里害,自治会虑有暴动,乃各举邑之有声望者使治县事,尽发丁粮厘税等款,练自卫团,设防务局,以维秩序,德全亦听之。苏民故文弱畏兵祸,德全不杀一士,不发一弹,卒告光复之功,舆论多赞之,盖非偶然也。"①江苏除南京、徐州少数地方外,绝大部分州县均是和平光复。非暴力革命成为苏州与江苏辛亥革命的最醒目的特色。

(二)"满汉融合"、"五族共和"

程德全在国子监读书时,因关心东北史地而与满族将军寿山结成莫逆之交,然后入满族将军依克唐阿之幕,参加甲午战争,并在依克唐阿的保荐下以候补知县发安徽候用。然后,又应黑龙江将军恩泽、寿山之邀,入恩泽、寿山幕,在庚子抗俄中舍命相搏,赢得中外交誉,而得不次之擢,成为清廷封疆大吏。他在东北任职十几年,与满族精英、平民的交往密切,他对满族社会的认识远远超出当时革命党人与立宪派诸人之上,1906年他就在《致各属论民官旗署相处情形》中说:"即以江省旗人而论,其智识之开通,固不如内省之优胜,然其精神尚武,只知荷戈执戟,为国牺牲,此等性质,又非他省所能。犹忆十五年前,初游东省,每于城镇乡村中见垂老婺妇,零丁困苦,可悯可悲。询其男丁,非战死于发捻,即阵亡于回匪。死者已矣,生者无归,马革千家,鹑衣百结。读石壕村吏之诗,尚不如斯沉痛。其未委骨疆场者,虽幸生还,又遭甲午、庚子之惨剧,今之协、佐、防、校,皆锋镝之余也,其功未可泯灭。……况凡设身以处,则心气自平。试思旗官俸饷,每岁所入不足赡其身家,民官虽苦,所订公费尽敷用度。"如果没有深入满族社会基层的生活历练,是很难得到这么细致的观察的。满族的民众与官员,在清末的战乱以及为保卫东北不落于异邦之手中是付出了惨重的牺牲的。

在对满族社会全面了解的基础上,1907年程德全在"遵旨胪陈预备立宪办法折"中就提出:"请实行宪政,以化满汉界限也;国家御宇二百余年,汉人身受国恩,践土食毛,已与满人无异。……盖立宪政体,向无种族之别。拟请明诏海内,自今后,无论满人、汉人,皆一律称为国民,不得仍存满汉名目,先化畛域之名,自足渐消相斫之祸。……故浑融满汉,尤立宪政体,亟当

---

① 扬州师范学院历史系编《辛亥革命江苏地区史料》,江苏人民出版社,1961,395。

视为先务者。"①

程德全不仅在未得显宦之前就与满族将军寿山等人结下生死与共的兄弟情谊，在他升任第一个汉族出身的黑龙江将军之后，更是能融满、汉于一体，量才用人。如被称为"黑龙江三杰"的宋小濂、成多禄、徐鼐霖都是程德全麾下的得力助手，其中的成多禄就是满族士人。成多禄不仅在黑龙江时为程德全尽责尽职地办好文案，并应程之请担任首任的绥化知府；而且，在程德全辞职返乡时，他亦追随程德全南下上海治病，共游杭州、苏州。1910年，又追随调任江苏的程德全到苏州任职。直到辛亥革命之后，两人才因政见不同而分手，但私谊则长期保持。

正是由于与满族精英有着长期而密切的联系，程德全在宦途之中也颇得他们的照应。在他国子监肄业、考官不售的情况下，是满族官员文全将之援引入幕，参与《光绪会典图舆》的测绘工作，并由此而保举其转官，其后又是由于满族官员依克唐阿、寿山等人的援引与保举，他才正式取得候补知县的任官资历。庚子之役，他以身屏俄军炮火，全活齐齐哈尔城满、汉各族10万余众之性命，最后又应满族官员的挽留负责黑龙江省的善后工作，并由这些满族大吏向慈禧保荐，慈禧对之予以超常擢任，使之成为满清两百余年来第一个汉族出身的黑龙江将军。在清末复杂的政局之中，程德全不仅与满族官员有着一般汉族官吏所不具备的公私之谊，同时，也受到他们的各种照应。如程德全由奉天调到苏州，就是满族权要对他的照顾，"程抚自奉天调苏，与泽公（载泽）有关，故由京南下，过武昌，谒瑞督接洽，并因瑞由苏抚升鄂督也。应（德宏）、罗（良鉴）身在瑞幕，瑞力荐此二人。程到苏任，仍延其任幕职"②。应德闳最后成为程德全在苏州最为倚重的幕僚。在江苏藩司陆钟琦任山西巡抚后，程德全向清廷保举应德闳破格升任，结果因不合清廷官员按资历升迁之惯例，为御史所弹，程受降三级留任的处分。程、应也因此与清廷离心离德，转向革命。

程德全在初入宦途之始就与满族精英人物寿山、依克唐阿等人结下了深情厚谊，并得到他们的诸多照应，他们之间已完全没有满、汉之隔膜，有的是融为一体的兄弟之情（寿山称程为兄，并将后事托付于程）。因此，程德全在其思想认识与政治实践中就能泯灭满、汉之隔，实行融满、汉于一体的民族政策，并在辛亥革命前若干年就将"浑融满汉"视为立宪政体之先务。也

---

① 李兴盛、马秀娟主编《程德全守江奏稿（外十九种）》（上），黑龙江人民出版社，1999，857、579—580。

② 张国淦《辛亥革命史料》，龙门联合书局，1958，229。

正为此,他在苏州和平光复进入共和立宪的轨道时,就一改武昌首义模式"驱逐鞑虏,恢复中华"的狭隘民族主义之动员口号,而将"融满汉一体"的宪政要务施于苏州和平光复的建政过程之中。"江苏军政府前的一面巨幅白旗,升起在旗杆上的原拟'兴汉灭满'四字,呈程定夺。程思索有顷,提笔改'灭满'二字为'安民'"①;"程德全就都督职,首先表现一特点,不杀伤一个满洲人(他省有大杀满洲平民的)。都督府发出六言告示:'照得民兵起义,同胞万众一心。……旗满视同一体,大家共享太平'。通电全省各县,即日反正,别伤害满洲平民"②。这种明智的做法,收到了很好的成效。如镇江"号称七省咽喉,又扼入淮之要口,实为军事重镇。清朝入关后,防汉人反侧,故驻八旗子弟兵于此,谓之'京口驻防'。……副都统所统率之旗兵,分为左右两翼,约有步、骑炮兵数千人。(新军)三十五标驻扎南门外,与旗兵互相敌视。武昌起义后,仇视益甚,(旗兵)在南门城堞上,加置大炮数尊,以标营为射击目标",战争一触即发,相形之下,旗兵略占优势,因为新军枪械子弹不足,而旗兵不但枪械子弹一应俱全,而且"都统系宗室,而知府事、知县事者均属旗员,形格势禁,有识之士群以为镇地战祸断难幸免。相率迁徙,至九月初旬,城厢内外,几于十室九空"。就在全城居民不安、旗兵欲做困兽之斗时,自治公所议、董两会与商会为避战祸而分途游说各方:"订于十六日上午在城内自治公所开特别大会决议进行。是晚(1911年11月6日晚)适接苏省光复专电,众心稍定。迨届开会时,公民等宣布此次举义宗旨系政治改革,非种族改革,在在崇尚人道主义,苟不抗拒义师,断不至意存仇满,所有京口八旗之生命财产,可由自治公所及商会担保。该都统备闻各论说,始则涕泗横流哽不能语,继则曲徇众请,无复异言。当谕左右两司与商会及自治公所缮立担保旗民生命财产文约,议定民军进城不扰旗境。因传知所属马步各旗一律输缴枪械,当夜由自治公所派人点收。"③正是苏州和平光复改"驱逐鞑虏"的排满为"融满汉一体"的政策得到镇江旗营都统的信服,一场一触即发的恶战才被消弭于无形。"民军入城以后,秩序井然,并无仇满举动。"④而且都督府指令:"京口旗营仍发给三个月口粮,以资生活"⑤,以安满族百姓之心。

---

① 吴和士《苏宁光复杂录》,政协苏州市文史委编《苏州文史资料》(1—5合辑),1990,80。
② 黄炎培《八十年来》,文史资料出版社,1982,56。
③ 扬州师范学院历史系编《辛亥革命江苏地区史料》,江苏人民出版社,1961,267、292。
④ 张立瀛《镇江光复史料》,扬州师范学院历史系编《辛亥革命江苏地区史料》,江苏人民出版社,1961,268。
⑤ 《申报》辛亥九月二十五日。

苏州和平光复不但不杀满族人,而且,新政权对于满族人中愿意为新政权服务的人员即按"立宪政体,向无种族之别"、"无论满人、汉人,皆一律称为国民"的原则,一律唯才是用。《申报》辛亥九月二十八日《各埠通信》"苏州"栏中关于《旗人亦蒙录用》的通讯载:"苏垣派驻阊门外火车站之陆军警察队,昨日查见一人,口操北音,颇似旗人。询其姓名,不肯明言,旋有苏人某认识,系丹徒县文焕。彼始说出真姓名。并云已在镇江交清来苏。各队兵等以其形迹可疑,恐系奸细,立刻押解进城,径送都督辕。即由程都督传见,果是文焕。都督询以镇江情形如何,文答以丹徒任内各事均已一律交代清楚始得来苏。然我此时无可为生,要求都督委以糊口之事。都督以文系杭州驻防旗人,现在不分满汉,均可录用,惟须剪辫,方可委任。文奉命后立将辫发剪去而出。闻都督已同军政府商议派委文焕充当新招之某营队官。日矣下札矣。"这是一个十分令人感佩的案例。在武昌模式暴力与排满失控的武昌、西安、太原等地,不要说像文焕这样形迹可疑的满族官员,就是没有任何抵抗力的满族妇女、老人、儿童,被滥杀的也不在少数。而文焕在和平光复、强调"无论满人、汉人,皆一律称为国民"的苏州,因"口操北音"遭普通士兵怀疑,但士兵不敢法外用刑,只能将其押往都督辕门。程德全传见后,不但安排其工作,而且还是安排其担任新招某营的队官,去掌握枪杆子。满汉融合,由此可见一斑。

苏州在和平光复之始就旗帜鲜明地提出了"融合满汉"的口号,从而纠正了辛亥革命前期武昌首义模式中"驱逐鞑虏"的狭隘民族主义,并由"融合满汉"发展到"五族共和"。1911年11月21日,即苏州和平光复半个月后,革命派中以排满而著称的国粹派邓实、黄节、胡朴庵等人在上海创办《民国报》,宣布办报宗旨为"六大主义",其中,头两条即为"即立共和政体,以汉族主治,同化满、蒙、回、藏,合五大民族而为一大国民"①。他们的这一思想转变显然与苏州和平光复中"旗满视同一体"的政策导向有关。这一思想最终也影响到孙中山,孙在1912年元旦的就职宣言中也郑重宣告:"国家之本,在于人民。合汉、满、蒙、回、藏诸地为一国,即合汉、满、蒙、回、藏诸族为一人——是曰民族之统一。"②同样,也正是基于放弃了武昌首义的"驱逐鞑虏"模式而代之以"五族共和",所以,南京临时政府最终确定以代表五族共和的五色旗取代武昌首义的十八星铁血旗与孙中山坚持的兴中会之青天白日旗。苏州"和平光复"模式中的"融合满汉"政策,最终成为中华民国立国

---

① 《辛亥革命时期期刊介绍》(三),人民出版社,1983,711。
② 《辛亥革命时期期刊介绍》(三),人民出版社,1983,711。

之基——"五族共和"的国策,并在国旗中得到了具体的体现。

(三) 官、绅、革三结合的统一战线

苏州和平光复还有一个突出的特点就是:由清政府的最高行政官员倒戈投向革命,并以其为核心,实现了一个"官"(清政府官员倒戈)、"绅"(立宪派)、"革"(革命派)三者相结合的统一战线。"此次独立,半为财政问题,金融恐慌达于极点,非独立无以自存。于是绅以是说,官以是应,一二革军乘之,而众响应矣。"①"绅以是说,官以是应,一二革军乘之"正是这个统一战线的真实写照,其中的"绅"即以张謇为首的立宪派、地方绅士、绅商等;"官"则是以程德全为首的开明官僚;"一二革军"代表的是革命党人,其中以顾忠琛、章驾时、刘之洁等为主要代表。这三部分人结成的统一战线,不仅导致了苏州"和平光复"模式的成功,而且也影响到全国政局的发展,为辛亥革命的胜利提供了一个统一战线的模式与样板。

这个统一战线的核心人物程德全"才优学粹,器识宏达";"居官也,一以长者之道行之,退食之余,恒淡泊之安。曾不以进退萦其怀,亦不以富贵移其志。惟以束身在官,不敢一息稍忘君父事,盖懔懔乎"。正是"器识宏达"、宽厚待人的长者之道使程德全能由一介寒儒"以怀奇才而逢奇会,因奇会而立奇功,旋以立奇功而蒙奇赏"②,拜将封圻,将军、巡抚继而任之。也正是由于程德全是因奇会而蒙奇赏,所以,他既不像曾国藩等由正途进士出身的人那样,在官场上有着大批的"同年"、"师生"之人脉资源可资利用,也不像袁世凯利用父祖之关系余热,夤缘际会于淮军集团,最后从这个集团中演变形成自身的北洋集团;他只是一介寒儒布衣,因缘际会而拜将封圻,所以,程德全为政十分注意延揽人才、团结人才,用人不问来历、不问出身,只讲道德与能力,最后终于逐步形成了以其为核心的执政团队。如在黑龙江将军与巡抚任上,他就任用了宋小濂、成多禄、徐鼐霖、张国淦、何煜、秋桐豫等一批能员干吏,也正是在这个团队的齐心协力之下,程德全才能在黑龙江大刀阔斧地改旗归民、设县建政,取得了令世人瞩目的成就。在他调任江苏巡抚时,除成多禄与他同行南下之外,这个团队基本上留在了黑龙江,所以,他到苏州后首先要组建自身的政治团队,这就是他专程由奉天南下到武昌会见瑞澂,请其为之推荐人才的原因所在。瑞推荐的应德闳、罗良鉴也确为程德全所重用,程在应与罗的辅佐下组成了新的执政团队。"程好联络苏之

---

① 扬州师范学院历史系编《辛亥革命江苏地区史料》,江苏人民出版社,1961,79。
② 程世模主修《云阳程氏家乘》(卷二),云阳县档案馆藏。

知名士,应、罗在苏久,与士绅素有往来"①,他们成为程德全延揽苏州乃至江苏当地精英的桥梁与帮手。在他们的援引下,从北京袁世凯幕中回苏的张一麐、著名绅士沈恩孚等人均进入程的幕中,从而形成了程在江苏执政的新团队。

辛亥革命苏州和平光复统一战线的核心,除了程德全之外,就是张謇。时人记载:"吴中领袖二氏,一官一绅,掀此巨波,遂使天高高海滔滔之国乐,而成为语谶。"②这里的"官"就是程德全,而"绅"就是张謇。

张謇作为两任帝师翁同龢的得意门生、袁世凯初出道时的师友,在未中状元前就名满天下。程德全对这位状元资本家慕名已久,到江苏上任半月后向朝廷亲贵与政府报告说:江苏"绅学界,士绅学问向占优胜地位,近来东西文明输入,而知识亦愈日新,加以张殿撰謇诸人为之导师,力加提倡,将业吾全国之教育模范,殆取法于兹。惟查本省各官,往往因公与绅不洽,即洽矣,而又事事徇其所请,几忘权限之所在。今不但官与绅不洽,即民与绅亦不洽,且不但民与绅不洽,即绅与绅亦不洽"③。程德全既看到了张謇在江苏绅商界的领袖地位,也看到了在此之前江苏政治的缺陷在于"官与绅不洽",并衍生为"民与绅不洽"、"绅与绅亦不洽"。所以,他把融洽官绅关系作为在江苏执政的主要宗旨,这即是"程好联络苏之知名士"的内在原因。作为立宪派的国内领袖,张謇对在黑龙江舍身抗俄、任黑龙江将军后上书要求立宪的程德全也慕名已久。"时沪上报纸品第疆臣,德全名列优等第一。中外想望风采。"④张謇后来评价说:"清末督抚大都以贿赂进身,贪污昏庸,对于国势民情,全不了解。惟程德全在黑龙江时,以个人之肉体与帝俄时代沙皇军队之枪炮相抵拒,为俄人所惊矣,极得黑省人民之爱戴。自任江苏巡抚后,鉴于国势阽危,屡进忠告于清廷而不蒙采纳,实为清末督抚中仅有之好官。"⑤惺惺相惜之情见于言表。

程德全、张謇二人的相互倾慕是建立在"君主立宪"的共同政治目标基础上的。政治目标的一致性,使他们结成了相互支持、相互扶助的政治联盟。程德全对张謇发起的第三次国会请愿运动极力支持,并与东三省总督锡良、湖广总督瑞澂、两广总督袁树勋、云贵总督李经羲、伊犁将军广福、察

---

① 张国淦《辛亥革命史料》,龙门联合书局 1958,239。
② 徐兆玮《棣秋馆日记》,扬州师范学院历史系编《辛亥革命江苏地区史料》,江苏人民出版社,1961,81。
③ 扬州师范学院历史系编《辛亥革命江苏地区史料》,江苏人民出版社,1961,17。
④ 沈云龙主编《当代名人小传》(下卷),云海出版社,1986,205。
⑤ 刘厚生《张謇传记》,上海书店,1985,184。

哈尔都统溥良、吉林巡抚陈昭常、黑龙江巡抚周树模等全国18位督抚上奏要求朝廷早开国会,设立责任内阁。在全国几乎所有督抚大员的一致要求下,清廷不得不做出让步,将原定的9年立宪缩短为3年(宣统五年)立宪。对此,张謇在满意之余十分感谢程德全等督抚的支持,认为督抚的联名上奏对于国会请愿"大为切要"。在得到程德全支持的同时,张謇也对程德全的行政予以全力支持。他在辛亥革命爆发后即来苏州与程德全商量应对之策,最后全力支持程德全出任江苏都督,其麾下门生弟子、旧朋新侣黄炎培、雷奋、孟森、杨廷栋、熊希龄、姚文楠、张一麐、张一爵等亦全部成为程德全都督府中的入幕之宾,如张謇为民政司长、黄炎培任教育司长、应德闳为财政司长等等。江苏省都督府实是一个以程德全、张謇——"一官一绅"为首,以立宪派为主体,联合同盟会中革命派如顾忠深(参谋厅长)、黄炎培等人而形成的三位一体的统一战线。这个统一战线的形成,有利于江苏辛亥革命新政权的巩固与发展,并为促进袁世凯北洋系倒戈以及《清帝逊位诏书》的颁发起到了重要的作用。

程德全不仅在苏州和平光复时就以海纳百川的开放胸怀与立宪派及革命派结合成统一战线的政权,更重要的是他还因此与革命派领袖孙中山、黄兴、宋教仁、陈其美等人建立了相互信任的合作关系,从而对江苏革命政权的统一与巩固、南京临时政府的建立、民元初年江苏各项革命新制度的建立给力甚巨。

张朋园先生将革命派与立宪派各分为激进、温和、保守三大类型。"史家论革命党人物,孙中山、胡汉民属于激进中的激进者,黄兴,宋教仁属于激进中的温和者。黄兴一派的势力在武昌起义后领导革命党的发展方向,所以,南北妥协,迅速达成和议。"①黄兴一派之所以能主导辛亥革命后的大局,除了发动武昌起义的骨干成员主要为其华兴会与中部同盟会一派的原因之外,另一个重要的因素就是,黄兴、宋教仁对于主导苏州和平光复的程德全、张謇、赵凤昌等江浙立宪派开明的政治态度、老道的行政能力感到自愧不如而甘心受教。由此,革命派中的温和派黄兴、宋教仁与立宪派中的激进派如汤化龙、温和派如张謇、旧官僚中的开明者如程德全等结成了牢实的统一战线之同盟。

汉阳失守后,黄兴因与孙武等人在战略上发生分歧而与汤化龙等先后南下。10月12日,黄兴到达上海,"特至南市市政厅苏省都督行辕内,与程

---

① 金冲及选编《辛亥革命研究论文集》(下卷),三联书店,2011,784。

都督面谈良久。旋与都督同乘汽车驶赴北市"①。此后，黄兴又到赵凤昌之"惜荫堂"，与张謇、赵凤昌等立宪党人会见。在这些历经宦海风波、富有执政经验、洞悉中国文化与社会的耆老面前，黄兴感佩万分。胡汉民事后批评说："（黄兴）骤与立宪派人遇，即歉然自以为不如。还视同人，尤觉暴烈者之祗堪破坏，难与建设。"②黄兴作为革命党人之领袖，他与程德全、张謇等人结成这种相互信任、相互支持的同盟关系，对于苏州"和平光复"模式、统一战线方法的扩大与发展是有着重要影响的。正是由于他与宋教仁、陈其美等人对程德全的大力支持，桀骜不驯、自称"江宁都督"的林述庆方取消自命的都督而带领其"镇军"开出南京渡江北伐。

辛亥革命苏州"和平光复"模式形成的统一战线方法的成功运用，与程德全个人的性格和能力是分不开的。程德全为人"性沉厚忠勤，日坐公厅治事，事无巨细，必集僚属，反复讨论。有来谒者必见，见必深谈，委曲详尽，虽终日不厌。其待僚属也，务积诚相感，以故人皆用命，或有不如意者，无疾言厉色，必沉思以究其所以然"③；"沉厚忠勤"、"积诚相感"形成了"程德全为政胸怀比较开阔，处事比较公正"④的个人风格。由之，程德全不仅能主动地与革命派中的温和一翼——黄炎培、陈陶遗、顾忠琛、黄兴、宋教仁结成统一战线，而且，还能以秉公办事之心，主动地与革命派中的激进派——林述庆、陈其美处理好关系，结成革命的统一战线。如当林述庆在宋教仁、陈其美的劝说下准备取消江宁都督整军北伐时，"雪楼来谒余，相见慰惜甚至。力言'君若出军，无论如何困难，后方总极力担任，不使君有后顾之忧'——雪楼仁厚长者，言辞敦恻，余甚敬之。当南京为张勋所据，大局震动，余力筹攻守方法，屡电雪楼请兵拨饷，莫不应允。及黎君乔山设法举雪楼为海陆军总司令，雪楼曾到镇江一次，相见极殷恳。……雪楼以督抚威望，一旦宣告独立，东南局势为之一变，有功民国多矣"⑤。此后，程德全在张謇的支持下顺利地为林述庆筹到了数十万军饷，实现了"镇军"出南京而北伐的计划。对于坐镇上海的陈其美，程德全同样以大局为重，在军饷等问题上对陈予以切实的接济；并在镇压"洗程会"之后，有意将"洗程会"首领蒯氏兄弟与陈

---

① 《申报》夏历10月12日。
② 《胡汉民自传》，中国国民党党史史料编纂委员会编《革命文献》（第三辑），（台北）文物供应社，1958，58。
③ 程世模主修《云阳程氏家乘》（卷二），云阳县档案馆藏。
④ 朱宗震《辛亥革命百年祭：中国现代化的拓荒运动》，上海古籍出版社，2011，143。
⑤ 林述庆《江左用兵记》（二），扬州师范学院历史系编《辛亥革命江苏地区史料》，江苏人民出版社，1961，472。

其美切割开,保持与陈的合作关系。在陈取消沪军都督府,实现江苏省的政权统一后,程德全电袁世凯:"前沪军都督陈其美,去年起义,大有功于民国,现复自愿取消,尤属力顾大局。闻该前督拟于取消之后出洋游历,应恳大总统命令前往东西各国考察工商情形,并由中央优给旅资,以便启行。"①即使在陈其美没有任何公职时,程德全在决定收抚会党首领应桂馨,任应为"驻沪巡查长"时,依然给陈其美去电告知,礼节十分周详。陈对之亦投桃报李,不仅在攻克南京后主动向徐绍桢去电:"此间已公推程雪老移驻江宁,为江苏都督,并推林公(述庆)为出征临淮总司令,东南要人,本党英俊,共表同情。雪老本日赴宁。"②对程德全统一江苏省政表示公开支持;而且,在程镇压了"洗程会"后的"二次革命"前夕,还主动地向程德全通报原在其手下的会党分子张尧卿、柳人环等要进攻江南机器局的消息,程因此得以将这起暴乱扑灭于未萌之中。

程德全以其开阔的政治胸怀,不仅在苏州和平光复时大力推行统一战线的模式,形成了旧官僚、立宪派、革命派三位一体的新政权构建,而且还将此模式推向更高的层面,通过与革命党领袖黄兴、宋教仁、孙中山、陈其美、林述庆等人的充分沟通,在他们的理解与支持下,确立了"拥袁倒清"的战略决策,最终争取到袁世凯北洋集团的倒戈和清帝逊位,辛亥革命得以收竟全功。苏州和平光复统一战线模式,居功厥伟,然前人研究则十分不足。

三、百年回首话"革命"

辛亥革命的迅速成功,使"革命"的话语迅速成为影响中国 20 世纪社会政治发展的最强势话语。"据金观涛对'革命'一词在晚清言论界所出现的次数及其所指涉的含义进行量化统计的结果显示,在 1894—1898 年间,'革命'一词只是零星出现,且主要指涉法国革命;1898 年戊戌变法失败后,'革命'一词开始出现新的含义,如代表彻底变革的'宗教革命'、'诗界革命'和用暴力推翻旧王朝的'排满革命'等。1901 年以后,'革命'一词开始在中国士大夫著述及报刊言论中较为频繁地出现"。辛亥革命之后,"革命"的话语为社会各阶层所接受,特别是一些参加过辛亥革命的青年士子,"革命"的话语已深深地烙入他们灵魂,并让他们以毕生的精力为之而奋斗。"1923—1926 年间,《新青年》杂志共发表各类文章 128 篇,平均每篇出现'革命'一

---

① 《程德全致袁世凯电》(1912 年 7 月 28 日),中国第二档案馆藏《江苏都督府往来密电》。
② 扬州师范学院历史系编《辛亥革命江苏地区史料》,江苏人民出版社,1961,428。

词多达 25 次以上":"革命被建构为一种最高的道德和使命实践的正当性。任何对革命的犹疑、迟疑、质疑和怀疑态度,都有可能被戴上一顶'假革命'、'非革命'乃至'反革命'的帽子。"①20 世纪因之而被称为"革命"的世纪。这个"革命"的世纪其起源正在辛亥革命之中。在经历了一个世纪的各种各样的"革命"之后,人们开始反思"革命",李泽厚先生更是提出了"告别革命"之说。

(一)"革命世纪"与"告别革命"

1901 年以后,"'革命'一词开始在中国士大夫著述及报刊言论中较为频繁地出现"②。但当时的士大夫阶层绝大多数还是不敢言"革命",是讳用"革命"一词的。梁启超 1902 年说:"今日我国学界之思潮,大抵不骇革命者,千而得一焉,骇革命而不骇民权者,百而得一焉。"③这种状况虽然经革命派与立宪派的大论战而有所改善,特别是邹容《革命军》的传播与《苏报案》的发生,使"'革命'一词,近日已成为普通名词",但这个普通名词还是局限于激进、年轻的留学生团体中,普通的民众则依然是避之、讳之。直到辛亥革命前的 1910 年 2 月 28 日,孙中山在美国演讲时还说:"在美华侨,多有不解革命之义者,动以'革命'二字为不美之名称,口不敢道之,耳不敢闻之。"④在言论自由、有着民主革命传统的美国,华侨对"革命"一词尚且还"口不敢道之,耳不敢闻之",认为是"不美之名称",处在国内的普通民众也就更可想而知了。辛亥革命及其胜利彻底改变了这一现象,"革命"一词在 10 余天之内即成为社会各阶层乐于使用的一个热门词汇。

时人记载:"辛亥八月十九日武昌起义的消息,不久就传到了苏北。当时,我住在扬州府江都县丁沟镇。镇上居民,议论纷纷,多不知道甚么是革命党,以为革命党就是大家合(扬州方言"读""合"如"革")一条命的党。九月初,我由丁沟经过邵伯,搭乘班船进城。船中乘客也多谈起革命党,有一人说'革命党人真厉害,能把炸弹吞入腹内,遇到敌人时,将身一跃,人弹齐炸'。"10 余天工夫,普通民众由以为革命党是"合一条命的党",到在船上闲聊时能将革命党舍身炸敌的行为神化,这种思想观念的进步,毫无所疑是辛亥革命迅速发展的功劳。在"革命"一词借由辛亥革命的迅速发展而为社会各阶层所接受时,一些流民趁时而起。如扬州"有一人名孙天生,自称革

---

① 王奇生《革命与反革命:社会文化视野下的民国政治》,社会科学文献出版社,2010,69、73、93。
② 王奇生《革命与反革命:社会文化视野下的民国政治》,社会科学文献出版社,2010,69。
③ 梁启超《敬告我同业诸君》,《饮冰室全集·文集十一》,中华书局,2008,36。
④ 孙中山《在旧金山丽蝉戏院的演说》,《孙中山全集》(第 1 卷),中华书局,1981,441。

命党"①。这个孙天生,其实如未庄的阿Q一样,只是一个是不知"革命"为何物的流民而已,孙天生们将前一年美国华侨尚口不敢言、耳不敢闻的"革命"挂在口头四处炫耀,恰恰说明,辛亥革命这场颠覆了3000年帝制的大革命实践,是使"革命"一词变得全社会乐而用之的最强大的直接动力。特别是随着袁世凯称帝与张勋复辟的失败,"革命"一词更是日益神圣化、合法化。一切事物只要披上"革命"的外衣,就容易取得社会认同,继之而起的新文化运动中的"文学革命"、"家庭革命"逐步地演变与发展成为"思想革命"、"社会革命"。而且,革命的暴力成分与倾向也在日益增加,五四运动中赵家楼的大火其实已是暴力革命即将加剧的一个不祥预兆。"五四"健将罗家伦就认为:"现在的革命不是以前的革命了!以前的革命是法国式的革命,以后的革命是俄国式的革命。"②另一个参加过辛亥革命的"五四"青年毛泽东则在国共合作的国民大革命中提出了"革命是暴动,是一个阶级推翻另一个阶级的暴动"③的著名论断。从此,革命与暴力就结成了一体二面的不解之缘,暴力亦以革命的名义获得了合法化。"革命高于一切,甚至以革命为社会行为的唯一规范和价值评判的最高标准。'革命'话语及其意识形态开始渗入社会大众层面并影响社会大众的观念和心态。……不同政党以及同一政党内部的不同派系之间,竞相争夺并试图垄断对'革命'话语的诠释权,同时将'反革命'的头衔加诸不同政见者和政治敌对党派之上,唯已独'革',唯已最'革',唯已真'革',甚至视革命的同路人为危险的竞争对手。"④国、共两党竞相指责对方为"反革命",并竞相用暴力"镇压反革命"。同样,国、共两党内部的政争亦以"革命""镇压反革命"的模式而展开。这个模式一直延伸到共和国建立之后,由于毛泽东同志未能及时地从"革命党"思维转向执政党思维,而坚持其"无产阶级专政下继续革命"的理论,革命即由党外延伸到党内,在"革"完党外"右派"的"命"后,接连不断的"革命"就在中共党内展开,一直到"文化大革命","革命"的话语登峰造极,数千万鲜活的生命被这场"革命"所断送,国民经济也被带到"崩溃的边缘"。直到中共中央十一届三中全会断然宣布全党的工作重心转移到以经济工作为中心,抛弃了"无产阶级专政下继续革命"的理论,"革命"的话语才开始由中心而走向边缘。

---

① 扬州师范学院历史系编《辛亥革命江苏地区史料》,江苏人民出版社,1961,397。
② 罗家伦《今日之世界新潮》,《新潮》1卷1期,1919年1月,19。
③ 《毛泽东选集》(四卷合订本),人民出版社,1969。
④ 王奇生《革命与反革命:社会文化视野下的民国政治》,社会科学文献出版社,2010,67。

自辛亥革命到中共十一届三中全会,在长达近 80 年的时间内,革命、暴力革命的话语占据了中国社会的中心。在"为了革命的名义"这一附着神圣的话语之下,无数忽视人的生命价值的屠杀事件在中国发生,在"四一二"清共中大批优秀的青年共产党员被屠杀,中国共产党亦对国民党还之以颜色,发动了南昌起义、秋收暴动、广州起义。1927 年 11 月中共中央临时政治局扩大会议的决议(《中国现状与党的任务决议案》)指出:"本党应当努力使农民暴动具有民众式的性质,极端严厉绝无顾惜地杀尽豪绅反革命派,即使在很小的游击战争之中也是如此。……如果小厂主怠工闭厂,便也没收他的工厂,歼灭一切工贼反革命派,征发有产阶级的财产。"①在这个"极端严厉绝无顾惜的杀尽豪绅反革命派"的要求下,苏区也发生了暴力失控与滥用的现象。这种暴力失控的现象也很快蔓延到党内斗争中——AB 团、富田事变、"肃反"以至后来"文化革命"中广西贺州、湖南道县江永等地的屠杀等等,都是"以革命的名义"对所谓的"反革命"予以暴力镇压的典型案例。百年后回首,这些借"革命"之名而实施的暴力杀戮,很多是可以归之于反人类罪的,真是"革命、革命,多少罪恶假汝名而行之"。正是基于对这种因"革命"的话语泛滥而导致暴力失控与滥用的反思,20 世纪末,李泽厚先生提出了"告别革命"之说。

李泽厚先生的"告别革命",是对百年"革命"话语的强势以至引发暴力失控与滥用而进行的反思。他说:"'革命'可说是 20 世纪中国历史的主题。一九一一年辛亥革命、一九二七年'大革命'、一九四九年革命、一九六六年'文化大革命'不过其荦荦大者。中国人经历了政治、社会、文化各方面的巨大革命。革命成了不可亵渎的神圣观念,反革命成了不可饶恕的最大罪恶。"从这个 20 世纪的"革命"谱系中可以很清晰地看出,1911 年的辛亥革命是后面所有革命的先行者。但由于国际国内各方面的影响,后来者没有看到辛亥革命中还有和平光复的非暴力模式,而简单地以偏概全,以暴力革命为辛亥革命唯一的遗产,予以继承并放大,而恰恰丢失了其宝贵的理性非暴力革命的经验。李泽厚要告别的正是这个以暴力革命为主导的革命谱系。"告别革命",其实就是要告别这种很容易失控和滥用并对社会与经济发展带来严重破坏的"暴力革命",也即辛亥革命中以武昌首义为代表的模式。

李泽厚先生说:"在毛以革命推行反资本主义的现代化失败之后,重新寻找中国的现代化道路和中国的现代性,成为告别革命之后的主要思想题

---

① 中央档案馆编《中共中央文件选集》(第三册),中共中央党史出版社,1989,459。

目。从思想领域的语言说,这是如何更准确而不是套用西方框架来阐释传统,但又不回避使用以西方词汇为基本工具的现代语言。……所以,出路只能是:在接受普世性的现代哲学词汇和语言的同时,注意这些语言、词汇、概念、范畴使用到中国文化上所具有的局限和缺失,从而注意更好地进行准确把握和解释阐说。"①也就是说在接受普世性的现代词汇和语言的同时要注意它们在运用到中国文化领域的局限性与缺失,从而注重于从中国本土的文化资源上去寻找"革命"一词的源头——它的中国文化传统内涵,并注重这种内涵与西方词汇相碰撞及相融合下的复杂内涵,最终走出革命等同于暴力、等同于暴动的思想误区,实事求是地看到:"革命"一词在中国从来就有着暴力与非暴力的双重模式。辛亥革命武昌首义的暴力革命与苏州和平光复的非暴力革命,正是辛亥革命得以成功的相辅相成的双轮。肯定一个、否定另一个都是有失公正的。新时期,我们需要告别的是暴力革命,而对于非暴力革命、中国版的"光荣革命",不但不应当否定,还应当发扬与光大。这就是邓小平同志说"改革是中国的第二次革命"的意境所在。

(二)"革命"内涵着暴力与非暴力两种形式

"弗兰克指出:现代汉语中的'革命'是'中国古代传统的革命概念和近代西方思想及西方'革命'概念的结合。'首先实现这一结合的是日本学者,然后才被引进到现代汉语中。"②日本学者在介绍法国大革命时首次将中国的传统名词"革命"用于其中,王韬又将之翻译引入中国。在中国的话语体系中,"革命"一词出于《易经·革卦》:"天地革而四时成。汤、武革命,顺乎天而应乎人,革之时义大矣。"显然,"革命"一词虽然有着"顺乎天而应乎人"的先决条件,但其价值判断是正面的则是无疑的——"革之时义大矣"。正由于"革命"一词在中国自始即有着这种正面性、正义性,所以,在日本人首称孙中山、陈少白等人是"革命党"时,孙中山十分高兴地"当即决定,'今后,我们就称革命党'"③。孙中山明敏地抓住了中国传统文化"革命"一词内涵的正义性,自称革命党,从而占据了传统文化伦理的价值高地,因此,他在与康有为等保皇党人的论战中始终占有文化与伦理的优势。

"革命",以鸟兽因应自然气候的变化而变换皮革与羽毛来比喻政治的变革,其中就有着顺时应命、自然而革的内在涵义,即一个以天命转移而顺时应命的自然过程。这个过程当然是非暴力的自然发展。但"革命"在借喻

---

① 李泽厚《思想史的意义》,《读书》2004年第5期。
② 李慎之、何家栋著《中国的道路》,南方日报出版社,2000,424。
③ 转引自史扶邻《孙中山与中国革命的起源》,中国社会科学出版社,1981,86。

于人类政治的过程中却有了暴力与非暴力的两种涵义。

"汤武革命,顺乎天而应乎人,革之时义大矣"。然而,在汤武革命的过程中,也发生了一定程度的暴力。《史记》载:"当是时,夏桀为虐政淫荒,而诸侯昆吾氏为乱。汤乃兴师率诸侯,伊尹从汤,汤自把钺以伐昆吾,遂伐桀。……汤既胜夏,欲迁其社,不可,作夏社。伊尹报,于是诸侯毕服,汤乃践天子位,平定海内";周武王伐商纣,"帝纣闻武王来,亦发兵七十万距武王。武王使师尚父与百夫致师,以大卒驰帝纣师。纣师虽众,皆无战之心,心欲武王亟入。纣师皆倒兵以战,以开武王。武王驰之,纣兵皆崩畔纣。纣走,反入登于鹿台之上,蒙衣其珠玉,自燔于火而死"。汤武革命的这种暴力伴生性,就使"革命"一词常与暴力相联结,其顺天应人的正义性亦使这种暴力革命在中国开始之时就有了正义性的内涵。

政治革命关系到国家政权的变更,而国家政权的主要支柱——军队本身就是一个暴力的政治工具。这就决定了政治革命与暴力有着内在的挥之难去的联结,"枪杆子里面出政权"的理论即因此而创发。但如果军队早已为革命者所掌握,再加上儒家经典中撰写了大量的三代圣王以天下为公、禅让传位的案例,所以,中国也常发生以"禅让"为名的政治革命。如王莽代汉,"今百姓咸言皇天革汉而立新。废刘而兴王"①,这就是一个典型的"禅让革命"的案例。这种"禅让革命",因为军队早已发生转化,所以往往以"非暴力"的形态出现,"革命"由之就有了暴力与非暴力的两种形态。而且,由于中国文化"天命观"、"顺天从命"、"仁者爱人"、"和为贵"等主导价值的影响,人们向往的是非暴力革命,而不愿看到"血流成河,死人如麻"的暴力革命,这也正是康有为等人反对革命的理由所在。"夫革命非一国之吉祥善事也,就使革命而获成矣,为李自成之入燕京,黄巢之破长安矣,且为刘、项之入关中矣。然以中国土地之大,人民之众,各省各府,语言不相通;各省各府,私会不相通,各怀私心,各私乡土,其未大成也,必州县各起,省府各立,莫肯相下,互相攻击,各自统领,各相并吞,各省屠城,血流成河,死人如麻,秦、隋、唐、元之末季,必复见于今日。加以枪炮之烈,非如古者之刀矛也,是使四万万之同胞死其半也。"康有为看到了暴力革命对社会带来的巨大的破坏,但他没有看到即使是他所极力主张的"君王立宪",如果军队这个暴力工具没有发生内在的转向,也是会发生暴力与流血的,有如章太炎所言:"近观日本,立宪之始,虽徒以口舌成之,而攘夷覆幕之师在其前矣。使前日无此血战,则后之立宪亦不能成。故知血流成河,死人如麻,为立宪所

---

① 《汉书》(卷九十九、中),中华书局,2006,4109。

无可幸免者。"至如康有为担心因民智未开而引发各省的内战问题,章太炎则应之曰:"人心之智慧,自竞争而后发生,今日之民智,不必恃他事以开之,而但恃革命以开之。……虽然,在李自成之世,则赈饥济困为不可已;在今之世,则合众共和为不可已。是故以赈饥济困结人心者,事成之后,或为枭雄;以合众共和结人心者,事成之后,必为民主。民主之兴,实由时势迫之,而亦由竞争以生此智慧者也。"① 章太炎与康有为的论战有一个共同的前提,即革命是暴力、流血的。而章则认为不但革命会流血,而且,立宪其实也需要流血,日本的明治维新就是"攘夷覆幕之师在其前"流血的结果,而中国戊戌变法也同样以谭嗣同六君子之血沃之。

由于"革命"一词中原有伴生暴力因素的含义,所以,辛亥革命前立宪派皆讳言"革命"。但在辛亥革命发生,特别是苏州和平光复非暴力革命的模式得以成功之后,由立宪派转向革命的张謇等人大受鼓舞,觉得可以对"革命"一词详加讨论,从中寻释出"非暴力革命"的原典意义。

张謇在1912年撰写的《革命论》中说:"吾读《易·革卦》,而叹圣人之言之大且远也。《革·彖辞传》曰:'天地革而四时成,汤武革命,顺乎天而应乎人。'""革命之文,盖本于《周书·多士》,虞义以为将革而谋谓之言,革而行之谓之命。程传以为王者之兴,受命于天,故易世谓之革命,虞纲本卦是也。革,鸟兽之皮也。鸟兽因凉燠而希革毨毛,故取象于牛与虎与豹,而其义为改为变,经概括之曰:'革,巳日乃孚,元亨利贞悔亡。'彖传'革而信之,文明以说,大亨以正,革而当其悔乃亡'。至矣哉!初九,'巩用黄牛之革',牛物顺而革用坚,传戒以不可有为。六二'巳日乃革',于象则位得体正,德应势顺,传以其时乎可而行有嘉。九三象阳刚居夫下之上而躁,曰'征凶贞厉,革言三就有孚',传以为能守正而恐惧,顺从公论而又审慎焉,至于三,则革必当而众可信。九四象刚柔相际当革之用,然必诚乎而后可革,传申之曰:'信,志也。'言上下咸信,革命之志为正而当也。九五则信之素矣,象'大人虎变,未占有孚',虎变,谓希革而毛毨之时,而虎之文修疏而著明,传故云:'大人虎变,其文炳也。'上六则命之革渐进,象豹文之茂密矣。然君子则然,小人不知革命之所以然,则止于面从而革。若更从而深治之,犹未免于凶,时当居正而顺,象曰:'君子豹变,小人革面,征凶居贞吉。'传儆革命之人,谓革之大效,至无知之人,面从而止也。革命之难如此,圣人言革命之慎如此。其体在离之文明,无不尽之理,无不察之事;……夫是故二千年来,革命不一,而约其类有四:曰圣贤之革命,曰豪杰之革命,曰权奸之革命,曰

---

① 章太炎《驳康有为论革命书》,《章太炎政论选集》(上),中华书局,1977,214、203。

盗贼之革命。"①张謇在这里对"革命"的实质进行了界定,即"易世谓之革命","其义为改为变"。而在两千余年的易世革命中,张謇将之分为四类,其中的圣贤、豪杰、权奸三类革命之中,就有很多是属于"禅让"类的非暴力革命形式。而张謇通过对革卦象的演绎,表明了"大人与君子"之"革"是"希革而毛毨之时"、"命之革渐进",这种循自然之演变、渐进的革命,往往就是非暴力的革命。以张謇的名义、由其挚友刘厚生执笔的《清帝逊位诏书》正是这一非暴力革命的杰作。"在《清帝逊位诏书》中,古今之天命实际上达成了某种富有积极意义的和解,并留下了一笔可供后人开发的遗产——清帝以和平逊位的方式,把君主政权转让与一个新生的立宪共和国,由此弭平了两个断裂:一个是古今政治天命之断裂,一个是民族畛域之断裂。"②这个中国版的"光荣革命",应属于张謇所言的"希革而毛毨之时"、"命之革渐进"的"大人虎变"之革,也即圣贤、豪杰之革命。

"革命"的内涵在于"易世",即对国家政权、制度进行根本性的改变与重建。所以,只要符合这个标准,无论是采取暴力方式还是采取非暴力方式,都可以称作革命,由是,革命就有了暴力与非暴力的两种形式。辛亥革命中的立宪派与革命派都要求改变清王朝的君主专制之国体,建立宪政之新国体。"这个基于变法改革的君宪建国路线同样是中华人民革命建国的一个有机部分,不是中国革命的补充或陪衬,而是革命建国的另外一个主体力量。改革也是一场革命,改良主义之制宪也是一场革命,甚至'逊位'也是一场革命。"③革命的形式可以多样,而革命的目的只有一个,即进行国家体制的改革。从这个意义上说"改革是中国的第二次革命"④就顺理成章了。

如前所述,近代"革命"一词是"出口转内销"的,是由中国的古义经日本人用以介绍法国大革命而来。所以,"革命"一词与西方工业化以来的政治变化有着内在的联系。如亨廷顿所言:"革命是现代化所特有的东西。它是一种使一个传统社会现代化的手段。……在政治上,革命的实质是政治意识的迅速扩展和新的集团迅速被动员起来投入政治。其速度之快,以致现存的政治制度无法溶化他们。革命是政治参与的爆炸性的极端事例,没有这种爆发,就不可能有革命。"⑤但如果统治集团适时地开放政治参与,让这些新兴的集团能有效地参与政治,那么,就有可能在这些新兴集团的参与

---

① 张謇全集编辑委员会编《张謇全集》(第5卷),江苏古籍出版社,1993,159—161。
② 柯伟林、周言主编《辛亥百年:回顾与反思》,社会科学文献出版社,2011,163。
③ 高全喜《立宪时刻:论〈清帝逊位诏书〉》,广西师范大学出版社,2011,54。
④ 《邓小平文选》,人民出版社,1993,113。
⑤ [美]亨廷顿著、王冠华译《变化社会中的政治秩序》,三联书店,1988,242。

下,对旧有的政权体制进行根本性的改革,从而发生不流血的非暴力革命。西方国家在现代化的过程中,既有法国大革命这类暴力革命的类型,同时也有英国"光荣革命"这一非暴力革命的类型。所以,革命,这个"现代化所特有的东西,它是一种使一个传统社会现代化的手段",这也就是张謇所说的"易世"的手段。这个手段有两种方式得以实现,即暴力与非暴力。随着人类文明的发展,人类共同体日益认识到暴力革命对社会与经济的巨大破坏作用,所以,20 世纪以来,以非暴力的形式而完成"传统社会现代化"——"易世"的革命越来越多,如印度甘地的非暴力不合作运动;南非曼德拉的非暴力抵抗;特别是 20 世纪末冷战结束后,美国著名政治学家亨廷顿继《文明的冲突》之后推出《第三波:20 世纪后期的民主化浪潮》,认为:人类在英法革命、俄国革命和中国革命后的第三波走向民主的过程中,"妥协、选举、非暴力是第三波民主化的共同特征"①。非暴力的革命——"易世"将取代传统的暴力革命,而成为世界发展过程中由传统社会向现代化社会转变的主要方式。这是人类文明的一大进步。李泽厚提出"告别革命",其合理性即在于此。

小 结

辛亥革命中存在武昌首义与苏州和平光复两大模式是不争的事实。百余年以来,由于种种原因,对于暴力革命的武昌首义模式我们宣传与研究较多,而对于和平光复的苏州模式,则冠以"投机革命"之名而弃如敝屣,使之掩埋在历史的尘埃之中。百年之后,历史的尘埃落定,实事求是地反思辛亥革命武昌首义与苏州和平光复两大模式各自的利弊得失,为中国的改革开放与社会和谐发展提供历史的借鉴,是时代赋予历史学者的重大使命。本章小结反思如下:

(一)暴力革命是人类不得已而为之的政治手段

人类自人、猿长揖别之后,就日益认识到暴力对于人类社会的伤害远远大过其所得,故而,随着人类社会文明的发展,暴力倾向就一步一步地减弱,到 20 世纪,尽管爆发了两次世界大战,但总体而言,死于暴力的战争与革命的人数远远低于前面的世纪与时代。而在第二次世界大战之后,尽管局部战争连续不断,但总体而言,暴力的战争与革命是日益减少,和平与发展成

---

① [美]亨廷顿著、欧阳景根译《第三波:20 世纪后期的民主化浪潮》,中国人民大学出版社,2013,157。

为时代的主流。

马克思曾说过"革命是历史的火车头",但马克思并没说这个"火车头"是暴力革命还是非暴力革命。实际上暴力革命是极容易发生暴力失控,从而伤及无辜,并给社会经济带来沉重的破坏与阵痛的。相形之下,非暴力革命不会有暴力失控,社会生产与生活依旧井然有序地进行,政权在和平的方式下完成"易世",并在"易世"后通过和平改革的方法建立新的制度与文化,潜移默化地推动社会的发展。因此,这种革命的模式是最得民众的拥护与支持的。反观辛亥革命武昌首义25天才有6省响应,苏州和平光复后6天内即有6省响应,这正反映了广大民众虽然极不满清王朝的暴虐统治,但对采取何种形式的革命还是有所顾虑与选择的。苏州"和平光复"模式最后影响到全国,正是这种非暴力革命的模式符合社会各阶层民众内心需求的一个体现。

(二)文化民族主义是中华民族文化的主流

辛亥革命武昌首义与苏州和平光复两大模式的动员口号虽然都是民族主义的,但有着本质的不同。武昌首义"驱逐鞑虏、恢复中华"是血缘种族主义的;苏州和平光复"满汉一体,五族共和"的口号是文化民族主义的。中国传统文化中虽然有着"夷夏之防"的原生型种族民族主义的存在,但占主流的则是"夷人用夏礼,则夏之;夏人用夷礼,则夷之"的以文化之礼来判定族属的文化民族主义。正是秉承这一文化民族主义,中国自北魏以来就逐步完成了合长城内外游牧、农耕诸多民族为一体的民族大融合,清王朝是这一文化民族主义的集大成者,正是借助文化民族主义,清王朝不但以开博学鸿词科、科举取士、祭孔等文化形式得到了汉民族的认同,而且还以佛教、喇嘛教等宗教文化得到了蒙古族、藏族等民族的由衷认同,在拓展中华民族版图的同时,也加强了国内数十个民族的文化联结。

"驱逐鞑虏,恢复中华"在种族民族主义强盛的湖北、湖南等地起到了极大的动员作用。但实际上这一口号是不利于中华民族团结与版图完整的。"满汉一体,五族共和"这一文化民族主义的口号,延续了北魏以来中华民族内数十个民族融合一体的需求,也符合满、汉、蒙、回、藏广大民众厌弃战乱、要求和平与安全的意愿,因而得到了社会各阶层的一致拥护,最终成为辛亥革命胜利、建立民国、创建五色国旗的内在的文化价值引导。时至今日,文化民族主义对于维系我们多民族国家的团结与统一仍然有着其积极的借鉴意义。

(三)统一战线是辛亥革命的伟大创造

无论是暴力革命的武昌首义还是非暴力的苏州和平光复,无独有偶的是它们从不同的途径创造了"统一战线"这样一个不但有助于辛亥革命成功,而且对中国近代若干的革命产生了重大影响的政治斗争形式。

革命党人、立宪派、旧官僚三者组成的统一战线,先后在武昌首义与苏州和平光复中都产生了,但二者也有着极大的不同。武昌首义是仓促之间、群龙无首之际由接近立宪派的下级军官吴兆麟倡议而得以形成的。事前三方没有统一,事后三方也未能形成内在的紧密联系,更为重要的是始终未能形成一个三方共同认同的核心权威人物,所以,很快形成内斗而为袁世凯所趁,最终解体。苏州"和平光复"模式则不然。在这一模式中,革命党人、立宪派、旧官僚在事前就有着充分的交流与沟通,事后更能形成紧密相连的内在团结,特别重要的是形成了三方共同认可的权威人物——程德全,所以,苏州和平光复的统一战线始终持续,直到"二次革命"失败。

(四)革命有暴力与非暴力两种模式

革命有暴力与非暴力两种模式,揆诸中外历史,这是一个不争的事实。如法国大革命是暴力的,英国的和平革命就是非暴力的。辛亥革命中的武昌首义是暴力的,苏州的和平光复就是非暴力的。两者都是辛亥革命的有机组成,都是"革命"。也许是考虑到人们对"革命"的误读,所以,苏州和平光复的幕后推手张謇专门在1912年写了《革命论》,引经据典地对"革命"的"易世"之本质进行了论述,强调"易世为之革命"、"其义为改为变",只要是"易世"、"为改为变",那么无论是暴力的还是非暴力的都是革命。张謇作为一个理性主义者,他所主张的就是"命之革渐进"的非暴力革命。同时,他还对暴力革命的失控提出了警告:"小人不知革命之所以然,则止于面从而革。若更从而深治之,犹未免于凶,时当居正而顺,象曰:'君子豹变,小人革面,征凶居贞吉。'传徼革命之人,谓革之大效,至无知之人,面从而止也。革命之难如此,圣人言革命之慎如此。"对暴力革命的"犹未免于凶"的担忧是张謇当时写作此文的内心反映。被他不幸而言中——暴力革命之凶,成为20世纪中国人挥之不去的梦魇。

张謇认为革命的本质在易世,"其义为改为变"。而这个"为改为变"其实还包括易世之后"为改为变"的制度建设与巩固阶段,即革命包含着新的政治制度建立与确立的阶段。新的政治制度的建立还需要一个新的、为全民族各阶层共同认可的文化价值观的引导,同时,也需要一个较长的试错与磨合的过程。辛亥革命百余年以来,无论是北洋政府还是南京国民政府,抑或是中华人民共和国政府,其实都是在某一个方面或某几个方面继承着辛亥革命的这个新文化价值观建设与新政治制度建设而努力前行着。"为改为变"的"改革开放"同样也是对辛亥革命这一遗产的继承,也是继续着共和、民主的新文化价值观与新政治制度的建立而努力前行。当然,这个继承主要是对辛亥革命苏州"和平光复"模式的继承,是一场非暴力革命。

第四章 地域文化与辛亥革命两种模式

地域文化又称区域文化,是指在一定地域范围内,以语言、服饰、饮食、建筑、民俗、宗教等文化符号展现出来的联结该地域居民内在认同的特有之文化。地域文化源起于特定的地域环境而产生的生产方式与生活条件;地域文化虽然受制于一定的地理限制,但并不封闭,而是处在一个不断与周边地域文化进行交流的开放状态之中。特别是移民迁徙,更为地域文化带来了新的文化元素,移民与土著的新旧文化互动促使地域文化发生演变;在移民之外,促进地域文化演变的最大动力就是国家意识。为在地域共同体之上建设国家共同体,国家政权力图整合地域文化至国家意识之中,地域文化因之而产生有利于国家意识普及的转变,但这种转变不是单向的,而是国家意识与地域文化的互动。国家意识的整合会受到地域文化的反弹,因此不得不做出顺应的调整,这就是中国自秦汉以来历朝历代都以国家意识整合各地域文化,而各地域文化依然有其各自的特色之原因所在。因为地域文化是建立在自然地理条件、气候条件所决定的生产方式之上的,在农业经济的条件下,国家无力完全泯灭这种建立在自然地理区别基础之上的文化区别。除了上述因素之外,宗教还是一个地域文化演变的重要元素。所以,地域文化的产生和发展实是自然与人为诸因素互动之合力的结果。

"人的存在永远不是重新开始,毋宁说它常常发现自己'被抛入'了某种它未曾寻求过的历史状况中。我们过去在社会里成长,现在在社会里生活,我们全都为社会的传统所塑造。我们也被我们自己的过去所塑造。我们是这份'遗产'的承担者,它也规定了我们未来的路线。"[1]人类的这种历史与文化的"被抛入"也因各地域历史文化的不同而带上了鲜明的地域文化对其"塑造"的色彩,并"规定"着他们的思维方式与行为准则。这种不同的地域文化"遗产"的"规定"也是辛亥革命中两种不同革命模式产生的重要原因。

---

[1] [德]兰德曼著、张乐天译《哲学人类学》,上海译文出版社,1988,210。

一、地域文化概述

地域文化是建立在不同的自然地理、气候等条件之上的。人类为了顺应不同的自然条件而采取了不同的生产与生活方式,由此而产生了不同的地域文化。

(一) 地理自然条件是地域文化的基石

地域,即一定的自然地理空间;文化,实即人类的一切物质文明与精神文明创造之总和。地域文化即:在一定的自然地理空间条件下,此地域之居民与自然环境及外界文化互动中而产生的具有鲜明地域特色的文化。这类特定的地域空间往往有自然的、具一定封闭性的界线。这个自然的封闭对文化发展而言是相对的。人类的流动会突破这种自然的封闭,而形成与周边地域文化、移民、国家意识、宗教等因素的交流,地域文化因之而获得发展与变化。所以说,地域文化是一个动态的、发展的系统。地域文化的动态发展如今还在进行着。众多的地域文化的动态发展,合成了多元而又绚丽多彩的中华文化。

辽阔的中国疆域被自然的山河湖海隔划成不同的地理区域,这些地理区域因所处之地球经纬度的不一,有着不同的气候状况与地质条件,这些自然的因素叠合起来,就成为一个地域居民生产与生活方式的先天元素。在这种先天的自然条件制约下,人类只能采用适合这类自然条件的生产与生活方式。这种自然条件决定与限制地域文化形成和发展的状况,中国古人早已窥测到其端倪。司马迁在《史记·货殖列传》中对当时中国的关中、三河、齐鲁、燕赵、楚越等地域自然特点与人类生产、生活方式等文化的关联一一进行了概述。"关中自汧、雍以东至河、华,膏壤沃野千里,自虞夏之贡以为上田,……故其民犹有先王之遗风,好稼穑,殖五谷,地重,重为邪。……栎邑北却戎翟,东通三晋,亦多大贾。……天水、陇西、上郡与关中同俗,然西有羌中之利,北有戎翟之畜,畜牧为天下饶。然地亦穷险,唯京师要其道";"三河在天下之中,若鼎足,王者所更居也。列国各数百千岁,土地小狭,民人众,都国诸侯所聚会,故其俗纤俭习事。杨、平阳陈,西贾秦、翟,北贾种、代。种、代,石北也,地边胡,数被寇。人民矜懻忮,好气,任侠为奸,不事农商。然迫近北夷,师旅亟往,中国委输时有奇羡。其民羯夷不均,自全晋之时固已患其剽悍,而武灵王益厉之,其谣俗犹有赵之风也";"越、楚则有三俗。夫自淮北沛、陈、汝南、南郡,此西楚也。其俗剽轻,易发怒,地薄,寡于积聚。江陵故郢都,西通巫、巴,东有云梦之饶,陈在楚夏之交,通鱼盐之货,其民多贾。徐、僮、取虑,则清刻,矜己诺。彭城以东,东海、吴、广陵,此东楚也。其俗类徐、僮。……衡山、九江、江南、豫章、长沙,是南楚也,其俗大类西楚。郢之后徙寿春,亦一都会也。而合肥受南北潮,皮革、鲍、木输会也。与闽中、干越杂俗。故南楚好辞,巧说少信。江南卑湿,丈夫早夭"……;等等。这些不同的地理区域之形成,是基于其周边的山河之自然屏障以及气候条件。如关中,东边黄河,北边草原沙漠,南边秦岭,西亦为沙漠,从而形成了一个具有一定封闭性的、较为完整的地理区域。其余如三河、越楚等大都类此,均依托自然的山河而形成相对独立、封闭的地域。

除了长城以内因山河阻隔形成众多的地域外,长城之外,因气候寒冷再加上土地以草原与沙漠为主,其居民只能选择"逐水草而居"的游牧生产方式,从而形成了与中原迥然有别的风俗文化,如匈奴:"其俗,宽则随畜,因射猎禽兽为生业,急则人习战攻以侵伐,其天性也。其长兵则弓矢,短兵则刀剑。利则进,不利则退,不羞遁走。苟利所在,不知礼义。自君王以下,咸食畜肉,衣其皮革,被旃裘。壮者食肥美,老者食其余。贵壮健,贱老弱。父死,妻其后母;兄弟死,皆取其妻妻之。其俗有名不讳,而无姓字。"① 草原游牧民族因地理气候条件而选择了与中原迥然有别的生产方式,其生活方式、饮食、衣着、习俗文化均与中原文化更有着醒目的差别。除上述之匈奴外,继匈奴而起的诸游牧民族其文化习俗大体相近。《后汉书·乌桓鲜卑列传》载:"乌桓者,本东胡也。汉初,匈奴冒顿灭其国,余类保乌桓山,因以为号焉。俗善骑射,弋猎禽兽为事。随水草放牧,居无常处。以穹庐为舍,东开向日。食肉寝皮肉饮酪,以毛毳为衣。贵少而贱老,其性悍塞。怒则杀父兄,而终不害其母,以母有族类,父兄无相仇报故也。有勇健能理决斗讼者,推为大人,无世业相继。邑落各有小帅,数百千落自为一部。……大人以下,各自畜牧营产,不相徭役。其嫁娶则先略女通情,或半岁百日,然后送牛马羊畜,以为聘币。婿随妻还家,妻家无尊卑,旦旦拜之,而不拜其父母。为妻家仆役,一二年间,妻家乃厚遣送女,居处财物一皆为办。其俗妻后母,报寡嫂,死则归其故夫。计谋从用妇人,唯斗战之事乃自决之。父子男女相对踞蹲。以髡头为轻便。……见鸟兽孕乳,以别四节";《金史·兵志》叙女真族:"俗本鸷劲,人多沉雄。兄弟子侄,才皆良将,部落保伍,技皆锐兵。加之地狭产薄,无事苦耕,可给衣事,有事苦战,可致俘获,劳其筋骨,以能寒暑,征发调遣,事同一家。"这些充分说明先后主宰长城外草原的众多民族虽然种族有别,但只要进入到这片严寒的草原地区,就不得不选择"逐水草而居"

---

① 《史记·匈奴列传》。

的游牧生产方式,也不得不沿用一些共同的生活与文化习俗。自然地理条件决定与制约着人类生产和生活,由此产生了不同的文化习俗,这是一个不争的历史客观存在。

对于地域之自然条件与人类文化创造的密切关系,古今中外的学者哲人均予以注意并留下了众多的记载。近代学者梁启超先生在其《中国地理大势论》和《地理与文明之关系》中引用了司马迁、洛克、黑格尔、亚里士多德等人对地理与人类文明的起源关系后总结说:"有适宜之地理,然后文明之历史出焉。寒带热带之地,其人不能进化者何也,人之脑力体力为天然力所束缚,而不能发达也。……极寒极热之地,其人穷日力,以应付天然界之滂迫,犹且不给,以故文明之历史,独起于温带";"水性使人通,山性使人塞,水势使人合,山势使人离";"海也者,能发人进取之雄心者也。陆居者,以怀土之故,而种种之系累生焉。……彼航海者,其所求固在利也,然求之之始,却不可不先置利害于度外,以性命财产为孤注,冒万险而一掷之,故久于海上者,能使其精神日以通猛,日以高尚,此古来濒海之民,所以比陆居者,活气较胜,进取较锐。虽同一种族,而能忽成独立之国民也"①。梁氏之总结,可谓一言中的。

从无数历史记载与先贤们的论述中我们可以清楚地看到,地域自然条件决定与制约着人们的生产和生活方式的选择,并在此基础上形成了其独特的语言、服饰、建筑、习俗、宗教等地域文化。地理自然条件是地域文化的基石,实是不移之论。

(二) 人在特定地理条件下的创造为地域文化之源

先天的地理自然条件奠定了地域文化的基石,但作为文化创造者的人,"既是自然界的承担者,又是由自然界养育而成的。但是人生活于其中的世界是他的文化"。人能创造属于人的文化,"首先人能够决定他自己的行为方式,即他是有创造性的;其次,人能够做到这一点的原因就在于他是自由的。人在双重的意义上是自由的:人'摆脱'本能的控制而获得自由;人'达到'生产性的自我决定的自由。因此,除了纯粹在理论能力上向世界开放以外,创造性和自由是两个附加的人类特征"②。人类根据不同的地理自然条件,创造与选择不同的生产和生活方式,这就创造出了不同的地域文化。所以,人在特定地理条件下的创造,实为地域文化之源。人类的历史充分证明了这一点。

---

① 梁启超《饮冰室合集·文集之十》,中华书局,2008。
② [德]兰德曼著、张乐天译《哲学人类学》,上海译文出版社,1988,201—202。

司马迁在《史记·货殖列传》中记载了不同地域的文化特色,它们无一不是在特定的自然条件下的人类创造。"贫富之道,莫之予夺,而巧者有余,拙者不足。故太公望封于营丘,地潟卤,人民寡,于是太公劝其女功,极技巧,通鱼盐,则人物归之,繈至而辐辏,故齐冠带衣履天下,海岱之间敛袂而往朝焉。"司马迁在这里强调了在自然条件限制下,人的巧与拙,即创造力的大小,是突破自然条件限制、创造适宜于人类生活与发展的文化之根本。齐国封于海滨,"地潟卤,人民寡",自然条件并不好。但齐太公"劝其女功,极技巧,通鱼盐",即动员与发挥人的创造性,实现"人'摆脱'本能的控制而获得自由;人'达到'生产性的自我决定的自由",最终形成"齐冠带衣履天下",通过纺织品贸易与鱼盐生产之利,齐国在突破"地潟卤"之自然限制的同时,还创造出了影响中国千年的稷下文化,为中华文化轴心时代的发展做出了巨大的贡献。

人类在特定的地理自然条件下的创造,是在学习自然、模仿自然的过程中逐步领悟到地域自然的规律性,从而进行选择与创造的。如生活在太湖边的古吴越人"断发文身",这一习俗其实是因为"常在水中,故断其发,文其身,以象龙子,故不见伤害"①。在水中游泳,头发长不方便,所以要"断发";而且,古吴越人看见水里的鱼类都有鳞,所以也就文身,让鱼龙生物认为是同类,而不受其伤害。吴越古人的"断发文身",究其实是在太湖水域这一特定的自然条件下、在生产性的自我决定的自由中创造出的习俗文化。当然,随着认识能力的提升,人类对自然规律的理解不断增强,在创造出更为先进的工具与理念后,旧的文化习俗也就逐渐消除了。如在有了船、网等生产工具后,古吴越人不必身体下水就能捕鱼,这种"断发文身"的文化习俗也就消除了。

人类在特定的地理自然条件下创造地域文化,这种创造既有对自然的学习,也有对自然的改造。人类在这种改造自然的过程中,会体悟到自身的力量以及这种力量的长期坚持对于改造自然之意义,从而产生出坚韧、顽强、剽悍、敢拼的文化习俗。如楚国初封,"僻在荆山,筚路蓝缕,以处草莽,跋涉山林"②,自然条件非常恶劣。楚人"筚路蓝缕,以处草莽",开荆辟莽,将原始大山开成可耕可居的农田与城池,同时,"跋涉山林",向外拓疆展土,灭汉阳诸姬之国,北上问周鼎之轻重,最后灭陈、蔡、隋、越,长江中下游尽为楚有。楚人在这种长期的与恶劣的自然条件抗争,与汉阳诸姬——隋、庸等

---

① 《史记·吴太伯世家》。
② 《史记·楚世家》。

国的人为封锁的搏斗中,形成了坚忍顽强、开拓好斗、"其俗剽轻,易发怒"①的文化特色。正是凭借"其俗剽轻"、勇于开拓的特色,楚国不但一直东进到大海,而且还南下岭南、远征西南,将整个南中国收入其版图之内。这种长期对自然环境与人为环境的抗争,养成了楚人勇于反抗、蔑视权威、自信"狂放"的文化习性。这种文化上的自信,使之长期不认同周之文化而以蛮夷自居,以问鼎之轻重的方式直接挑战周天子权威。对于强秦更是长期与之抗衡,即使在楚国灭亡之后,民间还有"楚虽三户,亡秦必楚"的民谣流传,这正是楚文化自信、狂放、坚忍顽强、剽轻敢死的一个写照。楚文化的形成充分说明了"人在改变他的生活条件的过程中也改变着他自己。人是唯一必须劳作的造物,但是,他的劳作不仅是一种艰难的命运,它也包含着人的伟大的种子"②。

  这类在恶劣艰难的自然条件下创造出坚忍顽强的地域文化之"伟大的种子"的事项,举不胜举,如以今广东惠州为中心的东江文化亦是如此:"惠之堤封,几千里。其中多崇山峻岭、群岗复嶂,绵亘不绝,南涉涨海,土瘠而民贫,归善、河源之境产矿,聚赣吉汀漳之逋逃,而治以为利焉,赢则贾缩则寇","然习骄旷喜斗讦,山气使然也"。崇山峻岭、群岗土瘠的自然环境,养成了惠州文化中"习骄旷,喜斗讦"、"重气轻死,动触法禁,岩洞不逞,走险挺顽"③之强悍敢斗、勇于反抗的文化习俗。古人认识到这种文化习俗"山气使然也",其实这也是惠州人在特有的群岗岩洞的环境下劳作的一个创造。

  "生产'不仅为主体生产对象,而且,也为对象生产主体'"。远古先民在地理自然条件限制下,为了生存,在开始生产活动的同时就开始了文化主体的创造,从而为各式各样的地域文化创造出了色彩斑斓的源头。人类在这种文化的创造中也获得了新的发展,并由此而成为一种文化的存在。"由于需要的满足,生产第一次引起了新的需要。看上去是我们的本性的东西,实际上是我们自己的自发活动的结果。正像人把自己塑造成一个经济主体并给以一种'完成'一样,人在非经济的事情中也是如此。"④人的创造性就这样不断地促进着地域文化的发展。在这种发展过程中,除了不断地在本土经验的基础上进行新的创造之外,地域文化的发展还有一个重要的渠道,

---

① 《史记·货殖列传》。
② [德]兰德曼著、张乐天译《哲学人类学》,上海译文出版社,1988,201—202。
③ 嘉靖《惠州府志》(卷六),上海古籍书店影印本,1982。
④ [德]兰德曼著、张乐天译《哲学人类学》,上海译文出版社,1988,208。

那就是吸纳周边的文化成果,实现地域文化的互动,在互动中实现文化的创造与发展。这种互动,主要是通过移民来实现的。

(三) 移民与地域文化发展

不同地域的文化互动,除了文字、书籍等载体之外,人是一个最重要的载体。虽然中国最早发明了活字印刷术,极大地降低了图书的成本,但由于小农经济的限制,民众识字率很低,所以,影响中国地域文化互动而发生变化的一个重要因素,就是经常因各种原因而发生的大规模的移民。

人创造文化与被文化所创造的统一决定了人一出生就被嵌入一个限定的地域文化之中,并在其中生活与成长,从而耳濡目染这特有的地域文化,成为这个地域文化的承载者。在自然与社会发生大的变故,发生主动或被动的移民时,这些移民就带着其原住地文化来到迁入地。其身上承载而来的原住地文化与迁入地文化自然而然地产生互动,在这两种文化的互动中,迁入地文化发生变化,发展出一种混合的新的地域文化。如吴地文化,其初,太湖波涛万里,初民们"被发文身,出没于风波里",春秋战国之际,太湖上游的楚国巫臣、伍子胥、伯嚭、项籍等大批贵族流亡到吴地,带来了楚文化"剽轻、易发怒"、勇斗敢死的尚武之风,因而养成了"吴、越之君,皆好勇,故其民至今好用剑,轻死易发"①。直到三国归晋之后,蜀人安定,吴人屡反,晋武帝为之而问计于吴人华谭:"武帝策曰:吴、蜀恃险,今既荡平。蜀人服化,无携贰之心;而吴人趑雎,屡作妖寇。岂蜀人敦朴,易可化诱;吴人轻锐,难安易动乎? 今将欲绥静新附,何以为先? 对曰:……蜀染化日久,风教遂成;吴始初附,未改其化,……吴阻长江,旧俗轻悍。"②这种"吴人轻锐,难安易动"、"吴阻长江,旧俗轻悍"的地域文化很快为东晋的大规模移民所带来的河洛崇文尚儒文化所改变,而一改旧风,由尚武而转向了尚文。

河洛所处三河之地,先秦时即为"都国诸侯所聚会,故其俗织俭习事",汉武帝确立"独尊儒术"之国策,崇文尚儒,东汉光武帝"爱好经术,未及下车,而先访儒雅,采取阙文,补缀漏逸",定都洛阳后,四方学士"莫不抱贲坟策,云会京师";汉明帝亲自到太学讲课,"帝正坐自讲,诸儒执经问难于前,冠带缙绅之人,环桥门而观听者盖亿万计。其后复为功臣子孙,四姓末属别立校舍,搜选高能以受其业。自期门羽林,悉令育孝经章句,匈奴亦遣子入学。济济乎,洋洋乎",太学中"游学日增,至三万余生"③。河洛地区成为中

---

① 《汉书·地理志第八》,中华书局,2006。
② 上海古籍出版社、上海书店合编《二十五史·晋书》,上海古籍出版社,1986,168。
③ 《后汉书·儒林传》,中华书局,2006。

国儒家文化士人最为集中、崇文尚儒之风最为强劲之处。

西晋末年,中原大乱,"中州士女避乱江左者十六七"①,大批的文化士族举族南迁,如以王导为首的琅琊王氏、以王承为首的太原王氏、以谢琨为首的陈郡谢氏、以袁谭为首的陈郡袁氏、以庾亮为首的颍川庾氏、以桓彝为首的谯国桓氏、以荀崧为首的颍川荀氏、以羊曼为首的泰山羊氏,以周凯为首的汝南周氏、以蔡漠为首的济阳蔡氏等等。据葛剑雄先生统计,东晋南北朝时期,南迁的总人口约为90余万。其中迁到旧吴地之江苏的最多,为26万。② 如此庞大的移民所带来之崇文尚儒之文化,很快将吴地原来的尚武习俗洗刷一空。"江东士族不独操中原之音,亦且学洛下之诵,张融本吴人,而临危难,仍能作洛生诵,虽由其心神镇定,异乎常人,要必平日北音习俗,否则决难至此无疑也。"③连地域文化的重要载体——方言都发生了替换,"中原之音,洛下之诵"从此形成了以"吴侬软语"著称的吴地方言。吴文化实现了由武转文的根本性转折,这个转折正是在中原移民的文化互动中得以实现的。

这类因移民文化与迁入地文化互动而发生的地域文化出现醒目的发展或转折的现象,在中国历史上屡见不鲜。如班固在《汉书·地理记》载:"南阳,本夏禹之国,夏人尚忠,其弊鄙朴。……秦即灭韩,徙天下不轨之民于南阳,故其俗夸奢,上气力,好商贾渔猎,藏匿难制御也"。南阳地域原有的"尚忠"、"朴鄙"的文化特色,就因秦始皇的移民而一变为"俗夸奢,上气力"、"藏匿难制御"的尚武之风了。又如关中"文王作丰,武王治镐,其民有先王遗风,好稼穑,务本业,……汉兴,立都长安,徙齐诸田、楚昭、屈、景及诸功臣家于长陵。后世徙吏二千石、高资富人及豪华兼并之家于诸陵,盖亦以强干弱支,非独为奉山园也。是故,五方杂错,风俗不纯,其世家则好礼文,富人则商贾为利,豪杰则游侠通奸"。汉初的政治大移民造成了关中地域文化之大变。"好稼穑,务本业"的重农之风一变而为"风俗不纯"的"商贾为利"、"游侠通奸"了。再如孔、孟之乡"邹、鲁滨洙、泗,犹有周公遗风,俗好儒,备于礼,故其民龊龊。颇有桑麻之业,无林泽之饶,地小人众,俭啬,畏罪远邪"④。邹鲁之民曾受儒学熏陶多年,崇文尚儒是其地域文化的显著特色。但在南北朝时期,经过五胡十六国多次反复的游牧民族之移民后,邹鲁之地

---

① 《晋书·王导传》。
② 葛剑雄主编《中国移民史》(第二卷),福建人民出版社,1997,410。
③ 余嘉锡撰《世说新语笺疏》,中华书局,1983,370。
④ 《史记·货殖列传》。

域文化大变。"隋末唐初之史乘屡见'山东豪杰'之语,此'山东豪杰'者乃胡汉杂糅,善战斗,务农业,而有组织之集团","其地实为北魏屯兵营户之所在。由此推测此集团之骁勇善战,中多胡人姓氏(翟让之翟,亦是西零姓)胡种形貌(如徐世勣之类),及从事农业,而组织力又强,求其所以然之故,苟非假定此集团为北魏镇兵之后裔,则殊难解释"。这个由游牧民族之屯兵营户移民而繁衍出来的"山东豪杰"集团,是"当时中国武力集团最重要者,为关陇六镇及山东豪杰两系统"①之一。这个庞大的武力集团正是游牧民族尚武之文化与"颇有桑麻之业"、"畏罪远邪"之当地文化互动结合之果。这个庞大的武力集团也彻底颠覆了邹鲁原来"尚文重儒、畏罪远邪"之文化习俗,使之形成了尚武善战的新文化特色。这一文化特色至今尚依稀可辨。

移民文化与迁入地文化互动,最后创造出新的文化。在这一新文化中,哪一方面文化元素保存的多少主要看移民的数量与质量。数量多,则承载而来的文化量就大,那么迁入地之文化很可能就会被新的文化元素所淹没,如东晋移民对吴地文化之影响。除了移民数量之外,还要看质量,即移民中文化精英数量的多少。文化精英掌握着文化传承的话语权,他们的文化习俗影响着一般社会成员的习尚。"颍川,韩都。士有申子、韩非,刻害余烈,高仕宦,好文法,民以贪遴争讼生分为失。韩延寿为太守,先之以敬让,黄霸继之,教化大行,狱或八年亡重罪因。南阳好商贾,召父富以本业;颍川好争讼分异,黄、韩化为笃厚。'君子之德风也,小人之德草也',信矣。"②颍川的地域文化在文化精英的引导下发生了前后鲜明的巨大变化,这就有力地证明了移民对文化的影响不仅与数量有关,而且还与移民的质量有关。而移民的质量往往是与政府的权力结合在一起的,文化与政权相结合,借助制度性的力量改变原地域文化,也是地域文化发展中的一个值得注意的问题。

(四)国家意识对地域文化的整合

国家意识即国家政权所确立的、用以整合社会的主导思想文化。国家作为高居社会之上的共同体,需要全社会的认同,也就需要一个得到社会认同的意识形态文化。而这种认同并不是与国家的意志同步的,往往需要国家借助各种制度对社会文化特别是社会中的各类地域文化进行整合,除掉地域文化中不利于国家统一的元素,而代之以有利于国家统一的元素。秦始皇建立大一统帝国之后,以"车同轨、书同文、人同伦"作为整合地域文化为国家共同体的制度规范,同时他多次巡游江南、山东,并刻石勒碑,以推进

---

① 陈寅恪《金明馆丛稿初编》,三联书店,2001,243—265。
② 《汉书·地理志第八》。

"人同伦"的文化整合,这是大一统帝国以国家意识对地域文化整合的起始。

秦始皇选定的国家意识是法家思想,"以法为教,以吏为师",就是他用来整合各地域文化于一统的制度与方法。但由于法家文化与关东六国广泛存在的农耕文化基础之上的血缘社会之"孝、义"文化相距太远,故遭到六国文化的强烈抵制。秦始皇又用"焚书坑儒"的暴力方法进行整合,结果激起了更大的反弹,"坑灰未冷山东乱",秦二世而亡,这次国家意识的整合完全失败。

汉初在选择国家意识文化类型上经历了近70年的试错,由法而道,由道而儒,最终定下"独尊儒术"的国家意识,并制定了"察孝廉、举方正"的"察举制"予"独尊儒术"以制度性的保证,实现了儒家文化与国家官僚选拔制度的内在结合,王统与道统由此合为一体。但仅此还不够,还需要辅以教育制度来整合地域文化,以将地域文化之主体纳入国家意识之中,由此而实现了国家与地方的共识同心,从而实现大一统帝国的长治久安。这个由政府官员用教育的方法改变地域文化中与国家意识不合之处而导入国家意识的方法,从汉景帝开始,到汉武帝大力推行,取得了很大的成效,其最有名的案例即是"文翁化蜀"。

"文翁,庐江舒人也。少好学,通《春秋》,以郡县吏察举。景帝末,为蜀郡守,仁爱好教化。见蜀地辟陋有蛮夷风,文翁欲诱进之,乃选郡县小吏开敏有材者张叔等十余人亲自饬厉,遣诣京师,受业博士,或学律令。减省少府用度,买刀布蜀物,裁计吏以遗博士。数岁,蜀生皆成就还归,文翁以为右职,用次察举,官有至郡守刺吏者。又修起学官于成都市中,招下县子弟以为学官弟子,为除更徭,高者以补郡县吏,次为孝弟力田。常选学官僮子,使在便坐受事。每出行县,益从学官诸生明经饬行者与俱,使传教令,出入闺阁。县邑吏民见而荣之,数年争欲为学官弟子,富人至出钱以求之。由是大化,蜀地学于京师者比齐鲁焉。"文翁通过"亲自饬厉"、保送京师、学成重用、开办学校等方法,使国家意识的"儒学"在"有蛮夷风"的蜀地"大化",受到汉武帝的重视,"武帝时,乃令天下郡国皆立学校官,自文翁为之始云"①。

国家通过举办各级学校开展基层教育实行国家意识对地域文化的整合,从而使国家共同体因文化道统之共识取得内在的联结,实现国家与社会秩序稳定的方法,自汉以后为历代王朝所重用,在宋代达到顶峰。

宋代有鉴于五代武人暴力乱政的教训,确立了右文抑武之国策,在完善隋唐创立的科举制的基础上,确立"'作相须读书人'由是大重儒者"与"文

---

① 《汉书》(卷八十九)。

人知州"①的制度。又在活版印刷发明、图书成本大幅下降的基础上,对官办教育的教学内容与形式进行了新的创造。而且,在大力举办官办郡学的同时,还鼓励民间兴办书院。这些遍布全国、由官和民各自兴办的书院在科举制的导引下,形成了以儒家文化为教学内容的国家意识对地域文化的整合网络。

北宋景佑二年(1035年),范仲淹在苏州知州任上以五代吴越钱氏南园旧地创立苏州郡学。"左为广殿,右为公堂,泮池在前,斋室在旁",同时,他改革旧制,首创将官学与祭祀孔子的庙堂合为一体的左庙右学新格局。庆历三年(1043年),宋仁宗任命范仲淹为参知政事,由范主持了庆历新政的改革,其中一项重要内容就是将范仲淹在苏州、镇江、鄱阳等地创建并取得成功的郡学推及至全国,"明年(1044年)三月,遂诏天下皆立学,置学官之员。然后海隅徼塞四方万里之外,莫不皆有学。……宋兴,故八十有四年,而天下之学,始克大立"②。经范仲淹创建的学庙合一的郡学模式因之而遍布全国,成为科举制度下的一个有力的基础支撑,"国家意识"经这些遍布国土的州郡之学与民间书院的支持,制度化地对各地域文化亦进行整合,江南地域文化经此整合而发生大幅度的转变。"当赵宋时,俗益丕变。有胡安定、范文正之遗风焉。及后,礼尽渐摩,而前辈名德以身率先,又皆以文章振动。今后生文词,动师古昔,而不梏于专经之陋,矜名节,重清义,下至布衣韦带之士,皆能摛章染墨,其格甚美"③;"其人耻为他业,自髫龄以上皆能诵习。举子应主司之试,居庠校中,有白首不自已者,江以南其俗尽然"④。江南地域文化之"不梏于专经之陋,矜名节,重清义"的特色由此而定型,直至近代。

宋代国家意识对地域文化整合最为成功的是对一些地处僻远、"蛮夷风"盛的地区,通过推广郡学、书院等教育方法而将之整合入儒家文化之中。如岭南惠州,在宋之前还是"人多为蛮僚,妇人为市,男子坐家"⑤。宋宣和年间,儒生陈鹤为惠州金判,"惠俗僻陋,士风不振,守吴达老与鹤同志,大兴学校,鹤亲典教事,执经者岁数百人。鹤乃捐金判厅所得盐仓箩头利市钱,置学田以增廪文,表置学官,自后文士彬彬,惠之倡学,实自鹤始",在陈鹤、吴达等官员的积极推动下,惠州一府八县诸学校、书院"皆宋时乡大夫所立

---

① 上海古籍出版社、上海书店合编《二十五史·宋史》,上海古籍出版社,1986。
② 欧阳修《欧阳修全集》(卷三十九),中华书局,2001,572。
③ 胡朴安编《中华全国风俗志·江苏》,上海书店影印本,1986。
④ 归有光《震川集·送王汝康会试序》,文渊阁四库全书本。
⑤ 《太平寰宇记·乐史》,中华书局,1982。

者"①,惠州所在之粤东地域文化因之而大变,"粤东为天南奥区,人文自宋而开"②,国家意识之儒学大行,出现了"合邑重农,以耕为务,近知向儒业,虽僻乡愚氓,多读书识字"③之文化特色。这一特色的产生,正是国家意识对原地域文化整合之结果。

宋代以大力推行教育的方法,将地域文化整合于国家意识之中,为大一统帝国奠定了不移之基。是故,严复先生有言:"中国所以成为今日现象者,为宋人之所造就十八九。"④此言不虚。

(五) 宗教与地域文化

宗教是人类与生俱来的欲求突破肉体生命局限、追求绝对自由的情结。其起源于人类在早期对无法突破之自然力限制的一个超自然力存在的幻想。所以,宗教在任何地域文化中都有不同程度的存在。但在不同地域文化中,宗教文化的浓淡强弱、表现形式、发展路径有着鲜明的不同,而造成这种不同的原因,其实也即上述地域文化的几个影响因素——地理环境与居民的互动而形成的生产方式、移民影响、国家意识整合等,而不同地域之不同的宗教文化色彩所构成的祭祀圈,则成为一种地域文化,并以其最为鲜明的文化特色而为人们所认识。

1. 地理自然条件因素

一般说来,地形环境复杂、风云变幻较多、水流交通便利之处,往往宗教发源较早,传播较广。因为地形复杂幽深,探源不易,神秘感油然而生;风云变幻,雾障霾生,毒气伤人,对超自然力的想象与恐惧随之而来;濒海临江,波翻浪涌,木漂帆来,原始宗教相互传播与影响频仍。这就是地域文化中宗教文化影响较大的原因。如处古云梦大泽的楚、黄淮水网的陈,原始宗教均十分发达。"楚有江汉川泽山林之饶;江南地广,或火耕水耨,以渔猎伐山为业,……信巫鬼,重淫祀","陈国,今淮阳地。……好祭祀,用史巫,故其俗鬼"⑤,而常有海市蜃楼出现的齐燕、吴越、交广滨海之地,原始宗教更为浓厚。如陈寅恪先生所言:"自战国邹衍传大九州之说,至秦始皇、汉武帝时,方士迂怪之论,据太史公书所载,皆出于燕、齐之域。盖滨海之地理应早有海上交通,受外来之影响。以其不易证明,姑置不论。但神仙学说之起源及其道术之传授,必与此滨海地域有连者,则无可疑";"交广二州之区域不但

---

① 嘉靖《惠州府志》(卷十一),上海古籍书店影印本,1982。
② 屈大均《广东新语》(上、卷九),中华书局,1985。
③ 胡朴安《中华全国风俗志》(上篇卷八),上海书店影印本,1985。
④ 转引自陈植锷《北宋文化史述论》,中国社会科学出版社,1992,1。
⑤ 《汉书·地理志第八下》。

丹沙灵药可为修炼之资,且因邻近海滨,为道教徒众所居之地。以有信仰之环境,故其道术之吸收与传授,较易于距海辽远之地域欤"。陈先生还用大量的史籍案例论证了天师道等道教与滨海之琅琊、淮扬、吴会、交广等地域之关系,有力地论证了中国原始宗教之"神仙学说之起源及其道术之传授,必与此滨海地域有连者"的结论。

2. 移民的影响

移民对地域文化中宗教因素的影响有两类:一类是以传播特定宗教为目的的专职传播者,如最早到江南传播道教的于吉、佛教的支谦等;另一类则是普通移民。这两类人对于地域文化的宗教元素之演变均有着重大的作用。

东汉末年,"时有道士琅琊于吉,先寓居东方,往来吴会,立精舍,烧香,读道书,制作以符水以治病。吴会人多事之。(孙)策尝于郡城门楼上集会诸将宾客,吉趋度门下,诸将宾客三分之二下楼迎拜之。掌宾者禁呵不能止"①。于吉在传教中,因宗教的权威侵凌了俗世王权的权威,而为孙策所杀,但他传播的早期道教取得了很好的效果,为后来东晋南北朝大移民中道教因素在吴地的传播奠定了基础。

东晋南北朝,大量北方士族移民吴地。这些士族移民中有很多是滨海地区的道教世家,如长期执掌东晋政权、有着"王与马,共天下"之称的琅琊王氏家族,"琅琊王氏世奉天师道",王羲之、王献之、王凝之等均是著名的道家信徒;与王家齐名的谢氏家族,亦是道教之世家,如谢玄、谢灵运等;此外,还有郗氏家族之郗"愔及弟昙奉天师道"。这些南下的道教世家与吴地原有之老庄玄学相结合,造就了"东晋士大夫不慕老、庄,则信五斗米道"②吴地文化之突出的道教特色。"吴中师巫最黠而悍","若夫巫祝之守,城隍里社之神,祈禳者踵接"③。道教神庙遍布吴地苏城之中,如玄妙观、福济观、城隍庙、刘猛将庙、韩蕲王庙、五通神祠等等,有数十所之多。而且,很多道教文化与明清兴起的商业文化相结合,更成为以苏州为中心的吴地之民俗,如新年初五之迎财神、正月十三祭刘猛将庙、八月十八上方山五通神庙会等等。特别是脍炙人口的四月十四日"轧神仙"民俗,则充分体现了吴文化的和合精神。这一天陌生人以相互碰挤为乐,无以为忤,反以为乐。无贵无贱,无富无贫,神仙化为乞丐,挤着就沾了仙气,商家由此而赚了人气。这一

---

① 《三国志·吴书》(卷四十六)。
② 陈寅恪《金明馆丛稿初编》,三联书店,2001,2、36。
③ 顾沅辑《吴郡文编》(三),上海古籍出版社影印本,2012,47—48。

文化正是道教文化"与时迁移,应物变化"的反映,它与商业文化祈盼人气、和合发财的愿望和合相融,而成为数百年来吴地苏州文化的一道亮景。

3. 国家意识的作用

孔子本"不语怪力乱神",但汉儒董仲舒创建汉儒体系时,却将墨子的设鬼神以立教、阴阳五行的灾异说均纳于其体系之内,创"天人合一"说,从而使汉儒体系中有了较强的宗教色彩。宋儒更是援道、佛入儒,宗教色彩较之汉儒有增无减。由是,自汉以来的中国国家意识之儒学之中,道、佛等宗教元素十分突出。同时,历代帝王为了论证自身的神圣性,为了更好地维护大一统帝国的统一,也经常有意识地运用宗教因素对地域文化进行整合。这种整合主要是根据国家的需要,对某些宗教或扬或抑。如中国著名的"三武灭佛"即是国家意识对佛教的摧抑,而李唐王朝、宋徽宗等对道教的尊扬,武则天对佛教的尊扬,清王朝利用藏传佛教对西藏、蒙古的羁縻之策,则是将宗教元素纳入国家意识之中的典型。

国家援引宗教因素进入国家意识,并进而利用其整合地域文化,其根本点是以有利于国家王权的统治为目的。有利的就加以尊扬,不利的就加以打抑。如城隍崇拜,本起自六朝城市兴起之后的江南,唐宋后遍布国中,而且每个朝代都对之予以爵封,封号十分混乱,这对于大一统帝国整齐官制是十分不利的,于是朱元璋于洪武三年(1370年)下诏:"夫礼所以明神人,正名分,不可以僭差。今宜依古定礼,凡岳镇海渎并去其前代所封名号,止以山水本名称其神。郡县城隍神号一体改正;历代忠臣烈士依当时初封以为实号,后世溢美之称皆与革去,庶几神人之际名正言顺,于礼为当,用称朕以礼事神之意。"①这是国家意识借助宗教而整合地域文化的一个典型案例。其实质就是,明王朝政治上的一统,不但要落实于世俗政治中,而且还要将地域文化中的城隍系统也纳入国家的一统之中。

在国家意识对地域文化的整合中,一个突出的现象就是对地域文化中不合乎国家意识的宗教因素与现象进行摧抑。这种现象在历史上屡见不鲜,如东汉末年王权对黄巾起义的太平道之摧抑,宋代对江浙"吃菜事魔教"的镇压,清代对白莲教的镇压,都是这类国家意识强力整合地域文化中不利于国家统治的宗教元素的表现。为了这一目的,很多地域文化中的庙宇、神像均因邪教、淫祀之名而被拆毁。如苏州上方山上五通神庙的多次拆毁就是典型。"五通山神祠,起于宋末,滥于明季,家祀而户尸之,以其能祸福人也。故人人惑之。病者之而祝祷焉,饮之食之,俚语名其山曰肉山,名其湖

---

① 转引自顾炎武《日知录集释》,岳麓书社,1994,1076。

曰酒海。诚可叹也。又有市井小人,谓贷于神可以致富,请以若干直为母,岁时增以若干直为子,惟恐后时神降之罚。贪于财也。尤可恶者,有女巫见里中妇人病,辄贻其家人曰,神为祟,欲某氏女、某氏妻妾荐枕席,其家父母或其夫叩头流血,求神释之。幸而获免,则曰祷之力。其不免者,曰神不从。此神之狁于色也。呼!习俗之败坏,至此极矣。吾思福善祸淫,天之道也,神奉天之道以祸福人者也。神而利人之口腹,贪人之财利,淫人之妇女,是不奉天道也。设有司不奉天子之号令,其褫革僇辱久矣,尚能祸福人哉?中州汤潜庵先生抚吴,刚毅不阿,凡有司之不奉令旨者,悉罢去之。而又痛习俗之陋,人心之纳于邪也。一日檄令毁神之像。木者投之火,土者投之渊,祠宇改奉关武圣王像。于是人无智愚贤不肖,皆称快先生"①。这就将国家意识强力整合地域文化中与之不合的宗教元素的内在原因讲得非常清楚,如果地域文化中的神祇违背了国家意识,即与世俗官员违背了大一统国家君主一样,是要被"褫革僇辱",予以拆除焚毁的。

国家意识对不符合其规则的地域宗教文化予以摧抑,而对于有利于其规则的地域宗教文化则加以推广与援引,使之成为准国家意识。如山西地域文化中的关公崇拜,因晋商在清兵入关之前后长期与之进行粮草方面的边贸,同时,清王朝也要利用关公义气之精神笼络汉人,所以,清王朝极力推行关公崇拜,不但在沈阳、北京等地大建关公神庙,而且清朝诸帝一再对关公进行敕封,"顺治九年,敕封忠义神武关圣大帝";"乾隆三十三年,以壮缪原谥,未孚定论,更命神勇,加号灵佑。后又改曰忠义";"嘉庆十八年,以林清扰禁城,灵显翊卫,命皇子报祀如仪,加封仁勇";"道光中,加威显。咸丰二年,加护国;明年,加保民";"同治九年,加号翊抚。光绪五年,加号宣德"②。一个地域文化的神灵,就这样为国家意识所援引,而成为一种准国家意识了。

4. 地域文化中的宗教祭祀圈

地域文化中独特的神灵宗教信仰,往往成为地域文化的核心组成部分,由此而形成不同特色的地域宗教"祭祀圈"。这个祭祀圈的宗教信仰由于适应了该地域社会经济发展的内在要求,因而具有极强的生命力,国家意识往往无法强力将之整合乃至于去除干净。如上述的苏州上方山五通神祠,因为适应了宋明以来徽商集团以苏州为主要据点的兴起,此神之贪财、贪色、贪口腹之欲,正是商品经济发展中商人及市民阶层的世俗、人性需求之折

---

① 顾沅辑《吴郡文编》(三),上海古籍出版社影印本,2011,44。
② 《清史稿》(卷84),中华书局,2006。

射,故虽被清代汤斌等官吏多次拆毁,但往往隔不了多久就又在原地兴起,形成了一个以五通神祠为中心的苏南、浙北之"祭祀圈",每年八月中秋,从周边各县市来进香还愿的信众人山人海、车水马龙,其庙会之兴盛,无可言表。它与苏州年初五之迎财神、四月十四之"轧神仙"等组合成极富苏州市民特色的宗教色彩之地域文化。

这类因生产与生活方式的变化而产生的地域文化中的宗教元素,生命力非常强大,如妈祖崇拜就是随着宋代沿海海洋经济的发展,在海洋渔业、商贸发展过程中诞生的。它适应了人们在海洋生产与生活中祈望平安的要求,故而不但在中国沿海形成了妈祖崇拜之"祭祀圈",而且,这个"祭祀圈"还扩展到海外华人之中,如日本、印尼、马来西亚、越南、新加坡、中国琉球等地。这种地域文化中的宗教元素往往也成为该地域文化的一个标志。其所属地域的居民将此神灵视为本地域之保护神而随时将之携带,共同迁移。海外很多妈祖庙其实都是中国沿海居民迁移的结果。在这种迁移过程中,这类宗教元素的起始原因开始模糊,而地域保护神的文化特色却始终保持。如福建、广东沿海很多移民在清代时移往四川内陆,但他们却将海洋的保护神——妈祖也一同带到了四川内陆之中。四川境内,凡是福建、广东移民集中的地方,一般都建有妈祖庙。妈祖祭祀圈成为沿海移居四川的移民的一个地域文化认同的标志。

地域文化中的宗教祭祀圈,很多与其所属地域的自然、文化界限重合,从而成为本地域文化的一个标志。但由于地域文化是一种他者的存在,即在他者的环境中地域文化认同就更为迫切,所以,地域文化的标志性的宗教祭祀圈往往会成为该地域移民在一个新的迁入点的集聚之地。这也就是在明清之后,随着流动人口的增多,很多地域祭祀圈的神灵庙宇往往成为该地域流动人口、移民的会馆所在地的原因所在。如各地的万寿宫就兼有江西会馆的职能,禹王宫则兼有湖广会馆的职能。这是地域文化宗教祭祀圈延伸出的一个适应社会发展的功能。除了为地域移民提供聚会之地外,很多宗教祭祀地方神祇还随着经济的发展而转化为行业神,如鲁班转化为泥瓦工、木工的祖师,伍子胥转化为丐帮祖师等等。这些都是地域文化宗教祭祀圈随着社会经济发展而不断扩大与外延的一个表现。

二、吴文化的历史演进

吴文化即吴地文化,是以苏州为中心的环太湖地域文化。这个环太湖文化区域除了现在位于苏南的苏州、无锡、常州外,还包括钱塘江以北的浙北地区,即杭州、嘉兴、湖州,当然也包括原来的苏州属地上海了。这也就是人们常称的狭义之"江南",所以,狭义的江南文化也就是吴文化。

吴文化一个最为突出的特色即和合、包容、崇文、柔慧。这个特点既与其自然地理条件有关,也与其历史上多次容纳四方移民以及国家意识导引、宗教信仰等因素有关。吴地文化其实最集中地反映了地域文化形成与发展的诸因素的互动作用。

(一) 太湖流域包容和合的自然地理条件

梁启超先生言:"古代初民,无有资本,必其地之天然力极丰饶,常足偿其劳力而有余者,然后文明生焉。此义前既屡言之矣。地何以丰饶,多湿气、多热气,而两者又相和合者是也,反是则贫瘠也。"吴地所在之太湖流域正是这样一个地处"多湿气,多热气,而两者又相和合"的亚热带气候区、由长江与太湖淤积而形成的丰饶之地。古吴文化就是在这片丰饶之地上形成的,良渚文化即古吴民在这片丰饶之地上的第一个创造。湿、热二气"两者又相和合"就成为吴文化远古的自然气候之基因。湿、热二气"相和合"的温带气候不仅使古吴先民可借自然之地力"偿其劳力而有余者",而代代在这片土地上繁衍生息,同时,也使吴地先民在文化创造上自始即有了"相和合"的重要基因。

除了自然气候的"相和合"外,吴地所处之太湖水系及其流域则是吴地文化和合核心的另一自然地理基因。

太湖由浙西山地、皖东南徽州山地的数十条河溪汇集而成,众多的河流从周边的高地流向太湖,太湖就这样形成了一个虚以受纳、汇融上流之各灌输水系的大蓄水池。众水和合,以成太湖。同时,太湖又不是完全封闭的内陆湖,而是东向通过黄浦江等水系将太湖之水扇形般地倾流向大海,向大海敞开了开放的胸怀。西纳东吐,吐纳互动,太湖始终处于川流不息的运动过程之中。这种和合众水、虚心受纳的自然因素,也自然而然影响到了古吴地先民的文化创造,成为古吴文化的先天基因。

"德儒黑革(尔)曰:水性使人通,山性使人塞;水势使人合,山势使人离。诚哉是言。"①众多向太湖汇融的水系,使太湖吴地古居民自始就有着借助这些发达的水网而与周边居民相通的条件与实践,太伯奔吴、巫臣奔吴、子胥奔吴、孙子奔吴……都是借助这些水系交通而实现其"奔"的计划的。他们其实是踵远古之徐夷、淮夷、百越、荆蛮等太湖周边居民迁徙之旧径而已。"水性使人通",太湖的古吴居民借助太湖周边四通八达的水系交

---

① 梁启超《饮冰室全集》(二),中华书局,1989,111、108。

通条件,在与周边古初民进行生产与生活的交通和互动中,也形成了和合诸方文化、开通、包容的文化特色,对于因水系之通而来的外来移民,不拒斥,不排挤,而是以开放的胸怀予以汇融、和合。"太伯之奔荆蛮,自号句吴,荆蛮义之,从而归之者千余家。"①吴国开创之初就是因为古吴地居民"荆蛮义之,从而归之者千余家"而得以建国的。正是这千余家古吴居民与吴太伯部属的和合,才奠定了吴国与吴文化的基础。这充分说明,太湖水性的"通"与"合"是吴文化的先天基因。

(二)移民与古吴文化的互动

1. 东西和合,造就早期吴文化

自然气候的"和合",地理水性的"通"与"合",使吴地在物产丰饶的同时还具有汇融百家、吸纳移民、和合异方的魄力与能力。在丰饶的地理条件与"和合"、"通合"的人文条件的吸引下,特别是借长江与太湖水系由西向东漫延而下的自然交通优势,西部之夏、周、楚等地移民顺流而下,他们与古吴地文化相和合,创造出了早期吴文化。

傅斯年先生在《夷夏东西说》中提出:"三代及近于三代之前期,大体上有东西不同的两个系统。这两个系统,因对峙而生争斗,因争斗而生混合,因混合而文化进展。夷与商属于东系,夏与周属于西系。"②古吴文化正是基于这种夷夏东西之文化的混合而获得发展并最终形成的。

太伯与仲雍"皆周太王之子",是当然的西系之夏周文化系统之人,而古吴之地处于东南,明显属于东夷文化系统。太伯与仲雍在王位继承无望后,"于是太伯、仲雍二人乃奔荆蛮,文身断发,示不可用"③,这其实是对吴地东夷旧有之文化元素的吸纳与和合。同时,太伯"自号句吴",其实质是将西夏文化早期国家的文化概念引入吴地。所以,自太伯立国之日起,吴文化就是在东夷与西夏两个体系的文化元素的混合与和合的互动中而获得"进展"的。其媒介,就是由西而东的无数移民。由于吴地之自然条件优越、物产丰饶,这些西来的移民往往是西部夏、周、楚、晋等方国的政治与文化精英,他们不断地将上游的先进文化元素顺着太湖水系带入吴地,使吴地文化迅速地达到与周、楚、晋等中原文化比肩而立的地步。

吴"王寿梦二年,楚之亡大夫申公巫臣怨楚将子反而奔晋,自晋使吴,教吴用兵乘车,令其子为行人,吴于是始通中国";吴"王余祭三年,齐相庆封有

---

① 司马迁《史记》,中华书局,1986,1445。
② 刘梦溪主编《中国现代学术经典·傅斯年卷》,河北教育出版社,1986,188。
③ 班固《汉书》,中华书局,2006,1445。

罪,自齐奔吴。吴予庆封朱方之县,以为奉邑,以女妻之,富于在齐";吴王僚"五年,楚之亡臣伍子胥来奔,公子光客之";"王阖闾元年,举伍子胥为行人而与谋国事,楚诛伯州犁,其孙伯嚭亡奔吴,吴以为大夫"。巫臣、伍子胥、伯嚭等均为吴之上游楚国之贵族、重臣,这些先进文化的精英奔吴,带来了车战、筑城、外交礼仪等先进的文化,这些先进文化与吴地原有之文化相和合,吴国才由一个落后的国家一跃而进入胜楚、战晋、威齐、灭越的春秋霸国之列。

早期吴文化主要是由上游之周、楚等贵族精英奔吴而与吴当地文化产生互动、和合而成。西周初"而封熊绎于楚蛮,封以子男之田,姓芈氏,居丹阳","僻在荆山,筚路蓝缕,以处草莽"。楚在立国之初就处在周边"楚蛮"——庸、杨越、鄂、巴等族的环围之中,受之影响,楚亦自号"我蛮夷也,不与中国之号谥",并乘周室衰微、诸侯相侵之机,先后攻灭周边之庸、邓、鄂、申、随、蔡、奄、濮等方国,并进攻中原之宋、郑,问周室鼎之轻重,与齐、晋、秦先后称霸于春秋之际。楚自立国以来,征战几未停,故楚国文化中有着极强的重兵尚武,"其俗剽轻,易发怒"①之文化特色,这种文化传播到吴地,与吴地原来"被发文身,出没于风波"之轻悍文化互动,就形成了早期吴文化中"吴、越之君皆好勇,故其民至今好用剑,轻死易发"②的特色。轻死易发、好勇斗狠是早期吴文化的一个醒目的特点。这一特点一直持续到三国时期。"孙氏建国乃由江淮地域之强宗大族因汉末之扰乱,拥戴江东地域具有战斗力之豪族,即当时不以文化见称之次等士族孙氏,借其武力,以求保全而组织之政权,故其政治社会之势力全操于地方豪族之手。"③孙吴政权以吴地"轻死易发"之刚勇文化基础之上的武力豪族为依托而建国,故对于武勇之豪族予以蓄养部曲家兵且世代相袭之特权,吴国也因此形成了"名宗大族,皆有部曲,阻兵仗势,足以建命"④的状况。在这种举国上下尚武崇兵的文化熏陶之下,吴地之轻死易发文化习俗得到进一步张扬,以至在晋灭吴之后的若干年内,吴地武装叛乱时起时伏,晋武帝为之忧心忡忡而问计于吴国降臣华谭:"武帝策曰:吴、蜀恃险,今既荡平。蜀人服化,无携贰之心;而吴人趑雎,屡作妖寇。岂蜀人敦朴,易可化诱,吴人轻锐,难安易动乎?今将欲绥静新附,何以为先?"华谭"对曰:蜀染化日久,风教遂成,吴始初附,未改其

---

① 司马迁《史记》,中华书局,1986,1446、1691。
② 班固《汉书》,中华书局,2006,1667。
③ 陈寅恪《金明馆丛稿初编》,三联书店,2001,57。
④ 陈寿《三国志》,中华书局,1982,777。

化,非为蜀人敦厚而吴人易动也。然殊俗远境,风土不同,吴阻长江,旧俗轻悍。"①由此可见,古吴文化的断发文身、出没于风波里的轻悍文化基因,与春秋列国争霸后楚国贵族移民所带来的兵家文化相和合,形成了早期吴文化中"其民至今好用剑,轻死易发"、"旧俗轻悍"、"吴人轻锐,难安易动"的刚勇、轻悍的文化习俗,这一文化习俗至西晋时依然存在。

2. 南北和合,转刚为柔

春秋战国时期,由东西吴楚文化互动而形成的"吴人轻锐,难安易动"的早期吴文化特色在东晋南朝时发生了根本性的变化,而导致这一变化的根本原因就是东晋永嘉之乱使得大量的北方中原移民肩荷着中原儒、道、佛文化而进入吴地。这股强大的文化洪流,在与吴地文化的互动中,因其文化涵量大、势能强,故很快将早期吴文化中"好用剑,轻死易发"的刚勇之气淡化、消磨净尽,而代之以雍容、淡定、内敛、崇文之文化习俗。经此时期南北文化之和合,吴地文化弃武崇文,弃刚转柔,在中州语音基础上形成的"吴侬软语"成为这一以柔慧著称的文化之典型。

晋本为儒学大宗司马氏所建立,以尚文偃武为治国之圭臬,故极力培植自东汉以来开始形成的儒学之世家大族,"汉末大乱,首都洛阳之太学,失其为全国文化学术中心之地位,虽西晋混一区宇,洛阳太学稍复旧观,然为时未久,影响不深。故东汉以后学术中心之地位,其重心不在政治中心之首都,而分散于各地之名都大邑。是以地方之大族盛门乃为学术文化之所寄托"②。永嘉之乱,中原地区的儒家文化士家大族以王导为首的琅琊王氏、以王承为首的太原王氏、以谢琨为首的陈郡谢氏、以袁谭为首的陈群袁氏、以庾亮为首的颍川庾氏、以桓彝为首的谯国桓氏、以荀崧为首的颍川荀氏、以羊曼为首的泰山羊氏、以周凯为首的汝南周氏、以蔡谟为首的济阳蔡氏等一大批文化士族纷纷随东晋司马政权而奔向东南,其中主要部分则分布在吴地,常熟甚至在一个时期内专为这些北来的侨民而建立侨县,可见其北来士人之多。

这些北来的文化士族与皇室一道南奔,在政治上具有强势,但他们知道,如果不与南方吴地旧有之豪宗大族相和合,得到南方士族的拥护,他们就很难长期在吴地生存;同时,吴地的士族也明白,东晋皇室与随之而来的文化士族在文化与阶级上跟他们是属于同一阵营的,只有保持东晋皇室的地位,吴地社会才能在政治上得到保护与发展,所以,他们也主动与东晋皇

---

① 上海古籍出版社、上海书店合编《二十五史·晋书》,上海古籍出版社,1986,168。
② 陈寅恪《金明馆丛稿初编》,三联书店,2001,147。

室及随从的北方士族和合。南北双方士族的这种明智的和合互动,不仅使东晋王朝顺利地在吴地之江南建基立业,更重要的是在这一南北士族文化之互动中,吴文化发生了根本的变化。

"东晋初年,孙吴旧统治阶级略可分为二类,一为文化士族,如吴郡顾氏等是,一为武力强宗,如义兴周氏等是,前者易于笼络,后者则难驯服。"前者"易于笼络"是因为他们与南下的文化士族有着共同的文化儒家认同,双方在此基础上相互和合,融为一体,共同创造出了新的吴地文化。"(琅琊王睿)徙镇建康,吴人不附,居月余,士庶莫有至者。(王)导患之。会(王)敦来朝,导谓之曰:琅琊王仁德虽厚,而名论犹轻。兄威风已振,宜有以匡济者。会三月上巳,帝亲观禊,乘肩舆,具威仪,敦、导及诸名胜皆骑从。吴人纪瞻、顾荣,皆江南之望,窃觇之,见其如此,咸惊惧,乃相率拜于道左。导因进计曰:古之王者,莫不宾礼故老,存问风俗,虚己倾心,以招俊艾。况天下丧乱,九州分裂,大业草创,急于得人者乎?顾荣、贺循,此土之望,未若引之,以结人心。二子既至,则无不来矣。帝乃使导躬造循、荣,二人皆应命而至,由是吴会风靡,百姓归心焉。"①北方文化士族主动示好江南文化士族,以求南北文化和合,除了主动登门笼络江南文化士族领袖顾荣、贺循之外,还用婚姻联结,"王导以笼络吴人之故,求婚陆氏,强作吴语",并且在文化符号——语言上也"强作吴语"。对此,吴地文化士族也投桃报李,推诚拥戴,"元帝始过江,谓顾骠骑曰:'寄人国土,心常怀惭。'荣跪对曰:'臣闻王者以天下为家,是以耿、亳无定处,九鼎迁洛邑,愿陛下勿以迁都为念。'"这番对话其实是南北士族相互和合、接纳的一个典型。"东晋元帝,南来北人集团之领袖,吴郡顾荣者,江东士族之代表。……顾荣之答语乃允许北人寄居江左,与之合作之默契,此两方协定既成,南人与北人戮力同心,共御外侮。而赤县神州免于全部陆沉。东晋南朝三百年之世局因是决定矣。"②南北文化士族相和合,共同打压、抑制以义兴周、沈二氏为代表的吴地武力强宗,最后以周、沈二氏为代表的吴地武力强宗在内外排抑下弃武尚文,至南朝齐、梁时,义兴沈氏后裔沈约已是著名文人了。而吴地原存的"轻死易发"的轻悍尚武之风,亦随之而消减、淡出,吴地文化开始了根本性的转折。"江东士族不独操中原之音,亦且学洛下之诵,张融本吴人,而临危难,仍能作洛生诵,虽由其心神镇定,异乎常人,要必平日北音习俗,否则决难至此无疑也。"③

---

① 上海古籍出版社、上海书店合编《二十五史·晋书》,上海古籍出版社,1986,203。
② 陈寅恪《金明馆丛稿初编》,三联书店,2001,62、59。
③ 余嘉锡撰《世说新语笺疏》,中华书局,1983,370。

至此,北音已成吴地之习俗。吴地文化的重要载体——语言,亦与北来文化之"洛下之音"相和合,形成了后来之"吴侬软语"。

(三)国家意识与地域文化相和合

随着魏晋南北朝时期数百万北方文化精英与人口的南移,南北文化发生了大规模的互动、和合,古吴文化之"轻死易发"、"易动难安"的刚武之特性一变而为"人性柔慧"、"士习诗书"①的"崇文、柔慧、内敛、贵静"之社会文化习俗。这一文化习俗与赵宋立国之旨"右文抑武"有着内在的和合,二者互动,吴地"崇文"之和合文化发展到了一个新的历史高度。

赵宋立国,惩五代藩镇武人暴力相代、屠戮相加、社会混乱之弊,故立崇文抑武之国策,明确规定"'作相须读书人',由是大重儒者",同时"外官则惩五代藩镇专恣,颇用文人知州,复设通判,以贰之"。由是,"宋有天下,先后三百余年,考其治化之污隆,风气之离合,虽不足以拟伦三代,然其时君汲汲于道艺辅治之臣莫不以经术为先务,学士搢绅先生谈道德性命之学不绝于口,岂不彬彬乎进于周之文哉!宋之不竞,或以为文胜之弊,遂归咎焉。此以功利为言,未必知道者之论也"②。在宋代以"右文抑武"之国家意识,辅以"作相须读书人"、"文人知州"、"科举选士"、"郡县立学"等制度化导引,矫枉过正地矫正五代以来武人乱政的同时,中国社会文化亦发生了根本性的变化。这个变化在吴地体现得最为明显。

宋朝"右文抑武"国家意识的制度化主要是通过科举取士与大办书院这两个途径实行的。以苏州为中心的吴地则是这两个制度的滥觞与成果最为显著的地方。

宋朝改进与完善了隋唐所创的科举制,不仅在形式上扬弃了唐代的"温卷"、"请托"、"公荐"等陋习,而以"糊名"、"锁院"、"誊录"等代之,堵绝了徇私舞弊之门;更重要的是宋王朝在科举取士的内容上进行了重大改革,去掉了原来那种追求机械记忆的"帖经"、"墨义",而代之以范仲淹在庆历新政中所提出的:"进士先策、论而后诗赋,诸科墨义之外,更通经旨……内欧阳修、蔡襄更乞逐场去留,贵文卷少而考校精"。这个改革,重在考察士人的真才实学。特别是压轴的诗赋,更是考察士子的文采精华,如马端临在《文献通考》卷三十一《选举四》中所言:"盖欲以论策验其能否,而以诗赋定其优劣,是以粗浅视论策,而以精深视诗赋矣。"而吴地江浙,得六朝遗风,诗赋

---

① 胡朴安编《中华全国风俗志·江苏》,上海书店影印本,1986,10。
② 上海古籍出版社、上海书店合编《二十五史·宋史》,上海书店出版社,1986,22、487、633。

美文,代有所传,"江、浙士人,专业诗、赋,以取科举"①。国家意识层面的科举改革,与吴地江浙士人之文化习俗深相和合,从而造就了吴地进士甲天下的历史现象。

国家意识通过科举取士这一制度化杠杆,引导着吴地南北朝以来逐渐形成的"崇文、柔慧"社会文化与国家意识和合一体。与这个制度化导引和合一致的就是从吴地发源而被宋王朝推向全国的书院教学制度。

宋代创建学院,苏州名臣范仲淹实有筚路蓝缕开辟之功。北宋景佑二年(1035年),范仲淹在苏州知州任上以五代吴越钱氏南园旧地创立苏州郡学。"左为广殿,右为公堂,泮池在前,斋室在旁",同时,他改革旧制,首创将官学与祭祀孔子的庙堂合为一体的左庙右学新格局。第二年,范仲淹因为反对宰相吕夷简而被贬知饶州(鄱阳),他又创立饶州郡学。又一年,范由饶州移知润州(镇江),又创建润州郡学。3年之内,范仲淹在江南创建了3所郡学,而其创建的左庙右学之格局,也随之在江南三州得以确立。庆历三年(1043年),宋仁宗任命范仲淹为参知政事,由范主持了庆历新政的改革,其中的一项重要内容就是将范仲淹在苏州、镇江、鄱阳等地创建并取得成功的郡学推及全国。据欧阳修庆历四年作《吉州学记》载:"庆历三年秋,天子开天章阁,召政事之臣八人(范仲淹、韩琦、富弼等)问治天下其要有几,施于今者宜何先,使坐而书以对",范为此而条陈了"明黜陟、抑侥幸、精贡举、择长官、均公田……"等10条主张,宋仁宗深为所动,"明年三月,遂诏天下皆立学,置学官之员。然后海隅徼塞四方万里之外,莫不皆有学。……宋兴,故八十有四年,而天下之学,始克大立"②。范仲淹在吴地和合、包容、崇文、柔慧文化基础上创建的学庙合一郡学模式因之而遍布全国,成为科举制度下一个有力的基础支撑。崇文抑武之"国家意识"经这些遍布国土的州郡之学的支持,制度化地转化为社会意识,为中央集权国家的安全与稳定奠定了牢实的基础。

范仲淹不仅创建了新的地方官学的建筑模式,更重要的是他还通过聘请理学先驱、教育名家胡瑗到苏州郡学任教,使胡瑗在湖州试行的经义、治事并重的教学方法在苏州得以完善,"苏湖之教"由此而得名。范仲淹在主持庆历新政时又推荐胡瑗主持国家太学,"苏湖之教"经此而推向全国,对宋王朝的学院教育、科举兴盛起到了基础性作用。

在范仲淹、胡瑗的全力经营之下,吴郡之学甲于天下,如元人杨载《平江

---

① 李焘《续资治通鉴长编》(卷一百四十二),中华书局,2004。
② 欧阳修《居士集》(卷三十九),中华书局,2001。

路重建儒学记》所言:"天下州县之学莫盛于江浙之间。江浙之间之学莫盛于吴。前代之制,州县有文宣王庙而无学。宋景佑间,范文正公守乡郡,始割钱氏南园地而创之。又择沃壤为赡学田。公参预大政,首为仁宗言诏郡县皆立学。然则天下之有学,自吴郡始也。……当文正公立学时,首迎安定胡先生,以为学者师。……自孔孟以来,为五经大儒能传圣人之学,唯河南二程先生,然则尝游胡安定胡先生之门。吴郡之学,重之以大二贤之遗迹。"①范仲淹、胡瑗开创的苏湖之教,实为宋代理学发展的一个根本性基础。同时,他也有效地将国家意识之儒家文化通过苏湖之教制度化地与吴地的柔慧文化和合为一,吴地因此在宋以后历朝的科举取士之中取得了骄人的成绩。从明、清两代进士数目来看,苏州的长洲、元和、吴县三县在明朝有科分可考者431人,占江苏全省进士人数的15.8%,占全国进士总人数的1.9%;清朝苏州有科分可考者600人,占江苏全省进士人数的20.5%,占全国进士人数的2.2%。有清一代全国共有状元112人,江苏省49人,而苏州一府则占26人,超过全省状元之半数,为全国的20%以上。② 更为重要的是,通过吴地众多官学与私学的传播,作为国家意识的儒学与吴地崇文、柔慧的社会意识相和合,而造就了吴地向学之社会习俗。"当赵宋时,俗益丕变。有胡安定、范文正之遗风焉。及后,礼尽渐摩,而前辈名德以身率先,又皆以文章振动。今后生文词,动师古昔,而不梏于专经之陋,矜名节,重清义,下至布衣韦带之士,皆能摛章染墨,其格甚美"③;"其人耻为他业,自髫龄以上皆能诵习。举子应主司之试,居庠校中,有白首不自已者,江以南其俗尽然"④。国家意识与社会文化相和合,吴地崇文、柔慧、和合之文化在学院与科举的制度化导引下渐趋固化,引人注目。

(四) 宗教文化之和合

1. 道教文化之和合

吴地面湖滨海,云蒸雾障,变幻莫测;海市蜃楼,奇景屡见;海外交通,亦时有发生。不同人种与文化的交流,早已存在。滨海之境、吴齐交界的琅琊东海(今连云港东海)成为中国道教的滥觞之地。"盖滨海之地应早有海上交通,受外来之影响。以其不易证明姑置不论。但神仙学说之起源及其道术之传授,必与此滨海地域有连,则无可疑者。"⑤滨海交通的便利使原始道

---

① 顾沅辑《吴郡文编》(二),上海古籍出版社,2012,398。
② 张海林《苏州早期城市现代化研究》,南京大学出版社,1999,249。
③ 胡朴安编《中华全国风俗志·江苏》,上海书店影印本,1986。
④ 归有光《震川先生集·送王汝康会试序》,上海古籍出版社,2007,200。
⑤ 陈寅恪《金明馆丛稿初编》,三联书店,2001,59。

教很快就由吴齐交界之地传播到苏州等吴地中心,成为吴地文化的一个重要组成。

东汉末年,"时有道士琅琊于吉,先寓居东方,往来吴会,立精舍,烧香,读道书,制作以符水以治病。吴会人多事之。(孙)策尝于郡城门楼上集会诸将宾客,吉趋度门下,诸将宾客三分之二下楼迎拜之。掌宾者禁呵不能止。"①孙策为此怒而欲杀于吉,但孙策的母亲却亲自为于吉说情。可见以于吉为代表所信奉的早期道教在吴地民众中信徒之多与深。

东晋南北朝,大量北方士族移民吴地。这些士族移民中有很多是道教世家,如"琅琊王氏世奉天师道"②,与王家齐名的谢氏家族亦信奉道教;此外,还有郗氏家族之郗"愔及弟昙奉天师道"③。陈寅恪先生在"天师道与滨海地域之关系"一文中,在论证了东晋、南北朝皇室、孙恩、卢湛、谢玄等家族崇奉道教之后,又一口气列出了琅琊王氏、高平郗氏、吴郡杜氏、会稽孔氏、义兴周氏、陈郡殷氏、丹阳葛氏及东海鲍氏、丹阳许氏、丹阳陶氏、吴兴沈氏等十几个道教之世家大族。这些世家大族既有从北方移民南下的,也有吴地原来之土著,如义兴周氏、吴兴沈氏等。道教与老庄玄学的内在一致性,造就了"东晋士大夫不慕老、庄,则信五斗米道"④。老庄玄学与五斗米道相和合,吴文化亦因之发展到一个新的阶段。

东晋南北朝南下的北方士族将其文化意识中的玄学思辨融入早期道教之中,促使道教走向教义的成熟与仪式、体制的成型。如葛洪著《抱朴子》,将道教理论进行哲学的整理,合道、儒为一,倡导:"为道者以救人危,免祸,护人疾病,令不枉死,为上功也。欲求仙者,要当以忠孝和顺仁言为本。若德行不修,而但务方术,皆不得长生也"。道教由此实现了国家意识与滨海地域文化的和合。此后,刘宋著名道士陆修静在葛洪的基础上进一步将原始天师道等道教教义与儒学融合,发展了道教教理与宗教仪式。而梁朝的陶弘景则成为道教之集大成者,理论上他将老庄之玄学与早期道教之神仙理论和合为一;体制上,他在儒家等级制度基础上参引佛教诸神,创制了道教庞大的神仙谱系。也正是因为葛洪、陶弘景在道教发展史上如此重要的地位,所以他们才位居道教"四大天师"之列。

"唯道家之教,使人精神专一,动合无形,包儒、墨之善,总名、法之要,与

---

① 陈寿《三国志》,中华书局,1982,1110。
② 陈寅恪《金明馆丛稿初编》,三联书店,2001,10。
③ 上海古籍出版社、上海书店合编《二十五史·晋书》,上海古籍出版社,1986,368。
④ 余嘉锡撰《世说新语笺疏》,中华书局,1983,41。

时迁移,应物变化,指约而易明,事少而功多,务在全大宗之朴,守真正之源者","夫道者,内以治身,外以为国,能令七政遵度,二气告和,四时不失寒燠之节,风雨不为暴物之灾"①。究其实,道教实为和合儒、墨、名、法诸家之理论,而强调"阴阳和合","天人合一",修性成仙,崇拜多神。这种多神崇拜适应了苏州各地商人借本地之保护神之内在文化联结而实现联谊互助的需要,故以道教多神崇拜为特色的各类神庙会馆在苏州甚多,如《漳州天后宫记》所言:"自古仕商往来聚会之所,必建有会馆以事神而洽人联情笃谊,所系甚重。"又如被恪守儒家"不语怪力乱神"的官员屡次拆毁的上方山五通神庙"巫觋家言混沌初开,即有太母生五子,舜为公侯。其说荒唐可笑,然吴之人无不家尊而户信之。凡女子婚嫁,必先祖五圣,名曰花筵,鼓乐牲醴甚,或竟日夜。"②道教文化与商人的祈盼人气联谊发财需求合而为一,而成为数百年来苏州文化的一个醒目亮点。

2. 佛教文化之和合

佛教自东汉末年从印度传来,三国之际就传到了吴地,高僧支谦应东吴孙权所请,从武昌来到建业(南京)。在此两地,他翻译了大量的佛教经典,如《维摩诘经》《大明度无极经》《大阿弥陀经》《瑞应本起经》等。支谦在翻译中注意文字能为中国俗众所理解,实为佛教与中国文化相和合之开山者。

东晋南渡,不少佛学高僧亦随之而到吴地。为适应吴地文化,便于佛学传播与已之"得食",他们开创了将佛学和合于吴地之儒学、道学,佛学由之而中国化的"方便法门"。"(支)敏度道人始欲过江,与一伧道人为侣,谋曰:'用旧义在江东,恐不便得食'。便共立'心无义'。既而此道人不得渡,敏度果讲义积年。后有伧人来,先道人寄语云:'为我致意敏度,无义那可立?治此计,权救饥耳!无为遂负如来'"。而支敏度这一因缘和合江东文化,创立与玄学有着内在联系的"心无义"之新义,则与玄学之"虚澹无为"契合。不仅"权救饥"支敏度,更促使一批文化士族从玄学的角度开始转向佛教,如"司徒会稽王,天性虚澹,与法师(竺法深)结殷勤之欢"③。士族之领袖王氏家族如此,其他家族亦然,如郗氏之"(郗)愔事天师道,而(郗)超奉佛"④;"至典午氏,一时诸胜流辈喜谈名理,而佛氏之教奕奕玄胜,故竞相宗尚。如王丞相父子、谢太傅叔侄、刘尹、王长史、郗嘉宾、许玄度诸人,与支

---

① 陆学艺等主编《中国社会思想史资料选辑·秦汉魏晋南北朝隋唐卷》,广西人民出版社,2006,177、187。
② 顾沅辑《吴郡文编》(二),上海古籍出版社,2012,47、42。
③ 余嘉锡撰《世说新语笺疏》,中华书局,1983,41。
④ 上海古籍出版社、上海书店合编《二十五史·晋书》,上海古籍出版社,1986,209。

道林、竺法深、法汰、于法开、高座、法岗诸道人往复论难,研核宗本。其理愈为精深,而佛教始大行于中国矣"①。佛教借道教之名理而与南朝诸世家大族因缘和合,开始了佛教中国化的历史进程,而在这一进程中起到重大作用的是慧远。

慧远为竺道安的弟子,佛图澄的再传弟子。他在竺道安门下时,就因能用佛学与玄学相通之处在士大夫之中弘扬佛学,而为师特许在学佛学的同时不废"外道"之学。他离师之后,南下到庐山创建东林寺与白莲社,与谢灵运、陶渊明常相往来,其门下常有僧、俗学者数百人,庐山由此而成为南方佛学之重镇。而南传佛学的另一重镇则由佛图澄的另一再传弟子竺道壹在吴地中心之虎丘创建,"盖虎邱,亦南方佛教中心之一也"②。佛教在支敏度、慧远、竺道壹等人的努力之下,与吴地旧有之文化相和合,并因之而在江南大行,特别是在得到南朝历代皇帝的扶持后更是寺庙林立,梵鼓佛钟响彻江南。"南朝四百八十寺,多少楼台风雨中",即是这一佛教胜景的写照。

由慧远开始的佛教中国化在唐代得以大成,其根本性的标志就是禅宗的确立。禅宗讲求"不立文字,顿悟成佛"、"识心见性,心外无佛",而这些都与"柔慧"之吴地文化有着内在的契合。为禅宗六祖慧能在广州法华寺落发的印宗法师,恰为吴郡人。他在为慧能落发前后,曾与慧能就禅宗要义进行过认真的探讨。慧能为其讲授了佛法"唯论见性,不论禅定解脱,无为无漏"、"善根有二:一者常,二者无常,佛性非常非无常,是故不断,名之不二;一者善,二者不善,佛性非善非不善,是故不断,名之为不二。又云:蕴之与界,凡夫见二,智者了达其性无二,无二之性即是实性;明与无明,凡夫见二,智者了达此性无二,无二之性即是实性。实性无二"③。印宗得六祖真传后,返回故里,苏州刺史王胄置坛请其传戒,先后度人数千,禅宗由此而滥觞于吴地,成为吴文化的一个显流。禅宗"一花开五叶"繁衍的五大流派——临济宗、沩仰宗、云门宗、法眼宗、曹洞宗的一些创始人与著名高僧中有很多是以苏州为中心的吴地人。"六祖下传南岳怀让与青原行思二系。昆山定觉嗣马祖道一,为南岳下二世。苏州西禅和尚嗣南泉普愿、苏州法河嗣永泰灵湍,为南岳下三世。苏州宪禅师嗣黄檗希运,为南岳下四世。酒仙遇贤,长洲人,俗姓林,参龙华彦球得悟,为青原下八世。"法眼宗为清凉文益所创,传其衣钵者为苏州人希泰法师,此宗著名法师明彦广法、希辩、永安道原、翠

---

① 何良俊《四友斋丛说》(卷二一),中华书局,2001。
② 蒋维乔撰《中国佛教史》,上海古籍出版社,2004,55。
③ 杨增文校写《六祖坛经》,宗教文化出版社,2001,123。

峰洪禅师、颛遥、志升等均为吴地人士,常州正勤院、苏州荐福院、长寿院、承天寺、翠峰山、尧峰山、常熟本山院、吴江圣寿寺等均为他们弘法之所;云门宗的创始人文偃即为吴郡嘉兴人,其后续之高僧重显、慧林宗本、义怀、慧辩、澄照慧慈、定慧云、智觉广灯、广慧宝林等亦均为吴郡人,苏州翠峰山、承天寺、瑞光寺、灵岩山、慧日寺、西竺寺、妙湛寺、万寿寺,吴江圣寿寺,扬州建隆寺等均为他们的弘法所在;临济宗法子慧月"居苏州洞庭翠峰,……慧月有法子亮,居苏州荐福寺。惟广,嗣石霜楚圆为南岳下十一世,居苏州南峰。……超信海印,嗣琅琊慧觉,住持苏州瑞光寺,……善端,嗣金山昙颖,居昆山般若寺。智圆,嗣定慧超信,为南岳下十二世,信穿窿山福臻禅院"①。自唐而后,禅宗在吴郡之地异常发达。"大江以南,所在梵刹称丛林者以千数,大约称禅者十之七,称教者十之三,而称律者百或得一二。吾苏名胜甲他方,属内丛林以百数。称禅称教者所在而是,称律者百且不得一。"②禅宗因其"直指心性,明心见佛"与吴地文化之柔慧、巧智有着内在的和合,故而大行于吴地,吴地民众信佛与重佛成为吴地文化的一个醒目的特点。

  吴地因太湖之汇聚四方,濒海近江,为古文化之和合、汇融之地,吴文化因而自始即有和合多元的基因。随着各方移民的不断汇入,在不同文化的和合、交融之中,古吴文化不断发生蜕变,而开始了由武转文的历程。这一历程在魏晋南北朝之际发生了根本性的转变,由"易动难安"、"轻锐敢死"的尚武文化一转而主"崇文"、"柔慧"之尚文之文化。这一文化转型在赵宋王朝以国家意识的推行下得以普及、巩固,再加上佛、道宗教文化的润泽,吴文化和合、崇文、柔慧之特性得以告成。正如前人所言:"朱买臣、陆机、顾野王之徒显名于历代,而人尚文;支遁、道生、慧响之俦唱法于群山,而人尚佛,故吴人多儒学,喜信施,盖所由来也。"③和合、包容、崇文、柔慧,即此成为以苏州为中心的吴地文化的一个重要特色。这种地域文化的特色对于辛亥革命苏州"和平光复"模式的形成有着内在的导引与"规定"作用。

三、地域文化与辛亥革命两种模式

  不同地域有着不同的文化,这种文化制约、影响着在此地域生活的民众

---

① 聂士全《苏州佛教志:禅宗》,《第六届寒山寺文化论坛论文集》,上海三联书店出版社,2012,227。
② 顾沅辑《吴郡文编》(二),上海古籍出版社,2012,437。
③ 朱长文修《吴郡图经续记·风俗》,江苏古籍出版社,1999。

的思维模式、行动路径、行为方式。辛亥革命中之所以产生武昌首义的暴力革命模式与苏州和平光复非暴力革命模式，与两地的地域文化之内涵有着内在的联系。武昌首义的暴力革命模式主要是在两湖文化区与山陕文化区，这两大文化区的地域文化中，都有着尚武崇暴、刚劲勇悍的特点；苏州和平光复的非暴力革命模式则十分显然地带有吴文化崇文、柔慧、和合、包容的特点。与苏州"和平光复"模式基本一致的上海、杭州本身就属吴文化圈，所以基本上是和平光复也就毫不奇怪了。安徽的独立是苏州和平光复的再版，这也与其长期为江苏辖地且受吴文化影响较大有关。安徽文化中心在皖南，皖南亦处于环太湖流域之范围内，所以，吴文化与徽文化自古即通过流入太湖的众多水系联为一体，有着密不可分的内在联系。明清时期的徽商正是依托苏、杭、扬三州为海内外贸易的转输之地而得以崛起的。常年来往不绝的徽商亦成为吴、徽文化交流的使者，从而使两地文化几乎融而为一。同样，福建、广东也基本上是按苏州和平光复的模式而完成辛亥革命的。虽然福建因旗营的反抗而发生了小规模的战斗，但很快被平定。与苏州一样的是福州、广州的文化精英与商人在地方的影响力很大，所以，在他们的左右下，这两省也基本上是和平光复。由此可见，辛亥革命中的两种模式实与其所处的地域文化有着内在的联系。

（一）地域文化与武昌首义模式

武昌首义模式主要是在两湖文化区的湖北、湖南以及山陕文化区的山西与陕西，也即古楚文化区与秦晋文化区。这两大文化区中的四个省虽然也有着很大的文化不同，但基本上有一个共同点，即尚武敢斗、刚强劲悍。正是在这种共同点的驱使下，四省辛亥革命中都采用了武昌首义的暴力革命模式。

1. 楚文化与武昌首义

前面说过，楚文化自古即有"其俗剽轻，易发怒"、尚武敢斗、开拓进取的特点。楚，为三苗之后裔，远古即已存在，因随同周武王伐商而被封为"楚子"，居于荆山，《史记》集解《舆地志》云："秭归县东有丹阳城，周回八里，熊绎始封也"，封地不过五十里左右。所以，熊绎与普通族人一样"筚路蓝缕，以处草莽。跋涉山林，以事天子；唯是桃弧、棘矢，以御王事"①。这种"筚路蓝缕"的精神成为楚文化的源头，楚庄王在灭庸后施行"无日不讨国人……训之以若敖、蚡冒筚路蓝缕，以启山林"②的传统教育。这就决定了楚文化

---

① 《左传·昭公十二年》。
② 《左传·宣公十二年》。

自始即具有草根性与开拓性。这种开拓性不可避免地与周朝分封在其周边、限制其向北发展的"汉阳诸姬"之随、曾等国发生矛盾,在伐随并要求改封楚为王被周天子拒绝后,"楚熊通怒曰:'吾先鬻熊,文王之师也。早终。成王举我先公,乃以子男田令居楚,蛮夷皆率服,而王不加位,我自尊耳。'乃自立为武王"。其后,楚不断地向周边开拓,尽灭"汉阳诸姬",并向周王室"问鼎小大轻重"①。楚文化的反抗性与"易怒"的特点昭然若揭。即使到了战国末年楚为秦所灭,这种草根性与反抗性之楚风也并未衰减,"楚虽三户,亡秦必楚"的誓言正是这一强悍民风的反映。

秦之后,楚地之湖北因处在兵家必争的九省通衢之地,战争频仍,这进一步强化了湖北地域文化中的尚武敢斗之风。而战争后的无数次移民涌入,使得"筚路蓝缕,以启山林"的开拓进取一次又一次地重演。这就造成了湖北文化中尚武敢斗、劲悍决烈之风千年不绝。1921 年刊行的《湖北通志·风俗》篇中有很多这种记载:"鄂州土沃民剽,非用威莫能治";"咸宁境少沃野,人多劲悍决烈,其风斗狠,僭越名分,明末渐积使然";"广济风俗淳朴近古,然好气任侠";"郧(县)介荆陕之间,万山盘互,其民刀耕火种易动难戢,盖楚之轻剽,秦之强悍,兼而有之"——美国学者罗威廉对湖北这种剽悍、崇尚暴力的民风产生了浓厚的兴趣,因而以麻城为背景,写出了《红雨:一个中国县域七个世纪的暴力史》一书,其在导论中写道:"麻城人民的集体意识和地方认同中,深深铭刻着穿越过去的记忆:动乱时期一再发生的同样血腥的杀戮,以及和平时期数不清的日常暴行。他们很清楚,自己的家乡就是一个暴力之地。"②在这个浸润千年的"暴力之地"中爆发出武昌首义的暴力革命模式也就毫不奇怪了。

湖北楚文化基因中的草根性、开拓性、反抗性、敢为天下先的特性在辛亥革命的武昌首义模式中有着充分的展示。近人卢弼对湖北文化不振的原因予以总结说:"楚士多自潜修,耻尚夸耀,黯然日章,期合古道,声华标榜,未之前闻,此因一也;里无素封,士鲜世族,名编遗稿,多付劫灰,子姓舆台,论斤复瓿,其因二也;学由创获,事无师承,偶有篡述,珍秘自缄,未收丽泽,通志艺文,仅存标目,其因三也。硕彦闳儒,大都寒酸,翼首有心,杀青无力,异代知音,千秋有几?世无申耆,《绛志》湮没,其因四也。"③"里无素封,士

---

① 《史记·楚世家第十》。
② 〔美〕罗威廉著、李里峰译《红雨:一个中国县域七个世纪的暴力史》,中国人民大学出版社,2014,1。
③ 转引自罗福惠《湖北近三百年学术文化》,武汉出版社,1994,11。

鲜世族"使湖北的文化精英没有贵族气,而多草根性。这也就是湖北新士绅、立宪派汤化龙等人在清末的国会请愿运动与保路运动中远比他们的江浙同僚张謇、汤寿潜要激进得多的原因所在。1911年4月,在湖北绅商界送汤化龙赴京拒款争路的钱行会上,汤化龙等多人发表演说:"多以国陨危,外患频仍,豆剖瓜分已在眉睫,而腐败政府尚在梦中,专持消极主义,大好河山断送若辈之手","谈者伤心,闻者坠泪,名则为汤君饯别,实则勉汤君死殉,武汉各团当为后盾,如有不测,汉口各镇闭市为汤君开追悼大会,然后相继入都接续拼之以死"①。正是由于汤化龙等立宪派有请愿不成就与清王朝"接续拼之以死"的思想准备,所以,武昌首义一爆发,他们就马上站在革命派一边,最早实现了立宪派与革命派的合作。

湖北"里无素封,士鲜世族",其文化精英"大都寒酸",具有先天的草根性。这种草根性决定了湖北文化并没有被宋以后的重文抑武之国家意识完全同化,相反,因其楚文化遗传的反抗性,湖北文化中没有抑武、鄙武的陋习,这就造成了湖北新军建立时,"凡知识分子,见科举已停,贫士无进身之阶,遂相属投军","适军队鼓励秀才从军,故上进只有投军一途"②。秀才投军成为湖北新军成军中的一个突出现象,1905年黄陂招新军,"九十六人中,就有十二个廪生,二十四个秀才"③,廪生、秀才超过总数的三分之一。"时湖北新军,知识分子先后投入各军营当兵的不在少数,本标(八镇三十二标)即占百分之二三十"④。湖北新军中除了有秀才当兵外,还从本地各类军校中培养了不少人,"估计在清季的16年间,共约造就4500—5000人,分布在湖北新军各级领导阶层,还有许多调到中央及他省工作"⑤。大量的知识分子进入军队,他们在接受新式军事训练的同时"形成了使其疏远现有秩序的观念,如效率、诚实和民族主义"⑥,这些就成为湖北新军在辛亥革命中发动首义的内在原因。

湖北地域文化中有着尚武敢斗的基因,新军作为一个武装的军人集团,

---

① 《时报》1911年4月4日。
② 朱峙三《辛亥武昌起义前后记》,中国人民政治协商会议湖北省委员会编《辛亥首义回忆录》(第三辑),湖北人民出版社,1980,134、149。
③ 陈孝芬《辛亥武昌首义回忆》,中国人民政治协商会议湖北省委员会编《辛亥首义回忆录》(第三辑),湖北人民出版社,1980,58。
④ 王时杰《第三十二标辛亥首义真相》,中国人民政治协商会议湖北省委员会编《辛亥首义回忆录》(第二辑),湖北人民出版社,1980,105。
⑤ 苏云峰《中国现代化的区域研究:湖北省:1860—1916》,台湾"中央研究院"近代史研究所,1984,260。
⑥ [美]亨廷顿著、王冠华等译《变化中的政治秩序》,三联书店,1988,202。

其内在具有尚武好战的元素,两相结合,就形成了弥布于湖北新军中的崇尚铁血、主张暴力打破现存秩序、以破坏求进步的躁烈情绪。学兵梁邦福"考入陆军特别学堂肄业,是时知识日开,思想日张,尝与同学痛论时事,如国会请愿而视若仇敌,民办铁路而夺诸国家,假立宪之名称行专制之手段,凡我国民,宁不愤懑?是故欲求完善之建设,势不得不先求血肉之破坏";聂洸"及入陆军小学,以为天下强有力者,莫如军人";蒋翊武"以学界中人只能以文字鼓动革命,无大宗武器不能举事"①;李鹏升"时侧身军界,以铁血为举义之资,兵术为革命之助"②。尚武之地域文化与铁血之军队特性相结合,"血肉之破坏"的铁血主义自然就走向暴力革命了。

楚文化的开拓性与反抗性使湖北文化先天就有着敢为天下先的创新性。湖北士人"学由创获,事无师承",没有先业可守,没有先师可询,也就造成了湖北士人不墨守成规、敢于标新立异、敢于为天下先的创新精神。如张居正首创一条鞭法,"慨然以天下为己任","其相业为明一代所仅有"③。清代名臣熊赐履以"直声"敢言震天下,多次上疏指斥朝政,并将朝政种种弊病归之于皇上而直谏:"根本切要,端在皇上。皇上生长深宫,春秋正富,正宜慎选左右,辅导圣躬,熏陶德性优以保衡之任,隆以师傅之礼。……佞幸不置于前,声色不御于侧,非圣之书不读,无益之事不为……又何吏治之不清,民生之不遂哉","促使清朝君主信仰并尊崇理学,熊赐履既是最早,也是极为关键的一人"④。这类敢为天下先的文化特色不仅在湖北士人中历代不衰,在湖北民间同样如此,元末红巾军大起义,湖北圻春、黄州、麻城的徐寿辉、彭莹玉、明玉珍、陈友谅等人即为典型。武昌首义正是这一敢为天下先的开拓性与反抗性在新的历史时期的展现,其根子还在于湖北地域文化的内在"规定"之中。

2. 湖南地域文化与辛亥革命

湖南、湖北自古即同为楚文化区,也长期是一个行政区划,清中叶后才改为两省。所以,湖南文化与湖北文化一样,有着浓烈的楚文化之基因。其最为相似的就是两省文化中都有着强悍、敢斗、尚武、刚劲之民风。

"翻阅湖南地方志,形容湖南人性格的语词,诸如'劲直任气'、'人性劲悍'、'人性悍直'、'民好斗讼'、'率多劲悍'、'其俗剽悍'、'其民尤尚气

---

① 武汉市档案馆编《武昌首义档案资料选编》(中),湖北人民出版社,1980,580、582、645。
② 中国人民政治协商会议湖北省委员会编《辛亥首义回忆录》(第二辑),湖北人民出版社,1980,93。
③ 孟森《明清史讲义》(上),中华书局,1981,250。
④ 罗福惠《湖北近三百年学术文化》,武汉出版社,1994,36—37。

力'、'其俗好勇'、'好武少文'、'任性刚直'、'赋性刁悍'、'刚劲勇悍'、'劲悍尚讼'、'悍直梗朴'、'好勇尚俭'……种种评估,不一而足,大多转绕着强悍的性格而言。这些不同的评语,分布在全省各州县,几乎无地无之。"①湖南这种强悍的民风亦与湖北一样是受其地理条件、古楚文化基因、移民、汉苗通婚等影响而成。

湖南与湖北一样,也是"里无素封,士鲜世族",在中国近代史上产生过重大影响的贺长龄、曾国藩、胡林翼、左宗棠、郭嵩焘等人,基本上都是出身于耕读之家,楚文化的草根性在他们身上表现得十分明显。同时,由于湖南的农业耕作条件比湖北更差,所以,楚文化中的"筚路蓝缕,以启山林"的韧性与执拗性,湖南人表现得更为突出,"湖南骡子"的俗谚恰是湖南地域文化执拗性的写照。而与湖北有所不同的就是,湖南在南宋之后夷夏之防的民族主义更为强烈。元末、明末,湖南始终是汉族政权抵抗蒙古族、满族南下的重镇。明末之王夫之(船山)更在抗清失败后遁入深山数十年,以湖南人的执拗性埋首深研历史上夷夏之防的理论与实践,形成了系统的攘夷排满之民族主义理论体系。这一理论体系经曾国藩湘军张大后,成为影响到湖南近代文化发展的最强力因素,谭嗣同、唐才常等维新派从中吸取了营养,黄兴、陈天华等革命派更是直接将"攘夷排满"转化为"驱逐鞑虏,恢复中华"的口号,湖南亦因之而成为武昌首义后最早响应的省份之一。

"曾国藩以儒臣治军长沙,罗泽南、王鑫皆起诸生,讲学敦气谊,乃选士人领山农,滑弁、游卒及市井无赖,摈斥不用"②,"儒臣、诸生治军,士人领山农",湘军的这一特性正是湖南文化中草根性、尚武性的一个体现。而湘军组军的精神纽带则是夷夏之防的民族主义。曾国藩的《讨粤匪檄》就大声疾呼:"粤匪窃外夷之绪,崇天主之教,士不能诵孔子经,而别有所谓耶稣之说,《新约》之书,举中国数千年礼义人伦,诗书典则,一旦扫地荡尽。此岂独我大清之变,乃开辟以来名教之奇变,我孔子、孟子之所痛哭于九泉,凡读书识字者,又乌可袖手安坐,不思一为之所也。"③这一檄文直攻太平军窃西方中世纪天主教"之绪","和它力图加以统治的农村社会间存在着文化上的鸿沟"④的软肋,得到了三湘士人的踊跃支持,"曾国藩作檄文与军歌,而乡里子弟,鼓噪而起"⑤,湘军得以成军,湘军成军的精神纽带就是夷夏之防的文

---

① 张朋园《湖南近代化的早期发展(1860—1916)》,岳麓书社,2002,347。
② 王定安《湘军记》,岳麓书社,1983,2、337。
③ 《湖南省志》(卷一),湖南人民出版社,1979,49。
④ 费正清主编《剑桥中国晚清史》(上册),中国社会科学出版社,1983,343。
⑤ 杨笃生《新湖南》,张枬、王忍之编《辛亥革命前十年时论选集》(第一卷下),三联书店,1977。

化民族主义,所以,曾国藩兄弟及其将帅们十分服膺王船山的思想。

曾国藩对王船山视若天人,《船山全集》是他在军务倥偬之际须臾不可无的伴侣。查阅曾氏日记可以看到:从同治五年(1866年)五月开始,曾国藩先后反复阅读了王船山《礼记章句》《四书稗疏》《船山文集》中的《先世行述》《九昭》《六十自定稿》《诗经稗疏》《周易稗疏》《张子正蒙注》《周易内传》《叶韵辨》等,并再次研读《读通鉴论》。从这年七月六日的日记开始,每天都有"阅《读通鉴论》"数十页的记载。到八月初三日,"凡三十卷阅毕",并马上接着"阅《宋论》十二叶,陆续看至末初毕",第二天又重温"《读通鉴论》五十二页,陆续看至末初止";以后每天又都有"阅《宋论》"数十页的记载,至八月初十日"阅《宋论》二十八页,《宋论》十五卷阅毕"。在八月初三阅完《读通鉴论》后,曾国藩意犹未尽,当即写信给其子纪泽、纪鸿:"尔拟于《明史》看毕,重看《通鉴》即可便看王船山之《读通鉴论》,尔或间作史论或作咏史诗。惟有所作,则心自易入,史亦易熟,否则难记也。"①——此时,曾国藩不仅正在剿捻的征途上,而且"始为酷热所困,中为风波所惊,旋为疾病所苦",还如此谆谆告诫其子要重看王船山之书,可见其对王船山之看重。

攻下南京后,曾国藩重刻《船山遗书》,并将之作为礼物赠送湘军将帅及戚友。而且,不但自己苦读,还将其作为弟弟、儿子们的必读书反复推荐。其中有一个重要原因,就是王船山在《读通鉴论》与《宋论》诸书中不但有浓厚的攘满排夷、夷夏之防的原生型民族主义思想(曾国藩偷梁换柱地将其中的"鞑虏"换成太平军背后的西夷),而且,王船山对于历史上兵乱之后如何裁撤兵员、如何安置散兵有很多论述,曾氏兄弟都将之作为裁撤湘军的实用良方而予以仿照。虽然,曾氏兄弟得以顺利地裁撤了数十万湘勇,但曾氏兄弟没有想到的是,他们所刻印的《船山遗书》很快鼓起了湖南地域文化的夷夏之防、攘满排夷之风,湖南不但成为全国反洋教运动的策源地,更成为辛亥革命的重要策源地之一。湘军的精神纽带——夷夏之防的民族主义,在新的形势下很快成为湖南辛亥革命最大的号召力。

"自将《船山遗书》刻成之后,一般社会所最受欢迎的是他的《读通鉴论》和《宋论》。这两部自然不是船山第一等著作,但在史评一类书里头,可以说是最有价值的。他有他的一贯精神,借史事来发表。他有他的特别的眼光,立论往往迥异流俗。所以,这两部书可以说是有主义有组织的书。……'攘夷排满'是里头主义的一种,所以,给晚清青年的刺激极大。"②

---

① 钟叔河汇编《曾国藩往来家书全编》(上卷),海天出版社,1997,257。
② 朱维铮校注《梁启超论清学史二种》,复旦大学出版社,1985,184。

王船山当明亡之际,在任职南明王朝的历程中,深痛世事之乱与人才之难求,而发出"求一操、莽而不可得"的激愤之语,这种激烈愤世情绪深得激进之谭嗣同之欣赏:"衡阳王子愤明季之乱,谓求一操、莽不可得,今即求如李自成、张献忠尚能跳梁中原十数年者,何可得哉?中国今日之人心风俗,政治制度,无一可比数于夷狄,何尝有一毫所谓夏者,即求并于夷狄犹不可得,乃云变夏乎?"①谭嗣同虽然思想激进,但还是停留在拥君主而改良的境界,在他失败之后继起的黄兴、陈天华、杨笃生等人则直接承袭王船山"攘夷排满"之精神,投奔入"驱逐鞑虏,恢复中华"的革命之中。

湖南革命党宣传家杨毓麟在《新湖南》中说:"王船山氏平生所著书,自经义史论以至稗官小说,于种族之戚,家国之痛,呻吟呜咽举箸不忘,如盲者之思视也,如痿者之思起也,如喑者之思言也,……故种界之悲剧流传于我湖南人之脑蒂者,最为浓深微至";"湘阴郭嵩焘远袭船山,近接魏氏,其谈海外政艺时措之宜,能发人之所未见,冒不韪而勿惜。至于直接船山之精神者,尤莫如谭嗣同,无所依傍,浩然独往,不知宇宙之圻垺,何论世法,其爱同胞而急仇虐,时时迸发于脑筋而不能自已。是何也?曰独立之根性使然也。故吾湖南人之根性,虽经十一朝之栽培浸灌,宜若可以深根而固蒂矣。然至于今日,几几乎迸裂爆散,有冲决网罗之势均力敌"②。"湖南人之根性"之一即强烈的夷夏之防的民族主义经湘军张扬、船山思想灌输后,形成了强大的社会动员力,人们的思想"几几乎迸裂爆散",由此而投入革命在湖南蔚为风气。如陈天华在新化求实书院读书时,"当时风气,喜读顾亭林、黄梨洲、王船山三先生之学"③;禹之谟"生平喜读先儒王船山遗著"④;仇鳌"早年好读《船山遗书》,后来看到清朝一些大兴文字狱和扬州十日、嘉定三屠等记事以及黄菊人的《黄帝魂》、邹容的《革命军》、陈天华的《猛回头》等书,愤恨清朝的专横暴虐,起了参加革命的念头,就改名'楚遗'"⑤。曾国藩兄弟以王船山思想作为镇压太平天国的利器,没想到数十年后王氏的攘满排夷之说成为辛亥革命最大的思想资源。其实,无论是王船山本人还是其思想,其骨子里都浸润着楚文化"楚虽三户,亡秦必楚"的反抗性与执拗性,正是这样,王船山才能在南明政权覆灭之际,窜处大山草莽之中蛰居数十年,苦心孤诣

---

① 蔡尚思、方行编《谭嗣同全集》(上册),中华书局,1981,156。
② 张枬、王忍之编《辛亥革命前十年时论选集》,三联书店,1977,616、617。
③ 《陈天华殉国记》,《湖南文史资料》1959年1期。
④ 《禹之谟史料》,《船山学报》1989年1期9页。
⑤ 仇鳌《辛亥革命前后杂忆》,中国人民政治协商会议全国委员会文史资料研究委员会编《辛亥革命回忆录》(一),文史资料出版社,1981,437。

地总结历史经验,写出《读通鉴论》《宋论》等充满攘满排夷思想的巨著。同样,湖南文化的执拗性造就了曾国藩"屡败屡战"、"打落牙齿和血吞"的性格,也造就了唐才常"七尺微躯酬故友,一腔热血溅荒丘"①的视死如归精神;更造就了陈天华、杨笃生的奋然蹈海,以死来警醒民众投入革命……这些其实都是湖南地域文化中的执拗性、反抗性之根因所致,而湘军则起到一个启幽重光、发扬光大的作用。

除了启幽重光王船山"攘满排夷"民族主义之外,湘军的暴起还进一步张大了湖南文化尚武、劲悍、好勇、敢斗的激烈之民风。

湘军本为一暴力集团,在镇压太平天国之役中,湘军势力横绝天下,造成了"无湘不成军"、"无湘不成衙"的局面,"当时湖南人担任督抚的达10人,开藩陈臬者9人,为监司者7人,为提督者6人,为总兵者、副将者32人,为知府知县等各类官职理旬不计其数。……仅据光绪十一年刊《湖南通志》所列名单,全省因军功保举武职游击以上人员即达6319人之多,其中提督478人,总兵1077人,副将1534人,参将1464人,游击1766人。这在全国各省是绝无仅有的"②。如此庞大的以血肉相搏、拼死厮杀而取得的军功绅士的出现,必然进一步强化湖南地域文化原有的尚武、敢战、崇尚铁血的激烈之风,这些军功绅士的出现,也使湖南绅权大张,有"湘军灵魂"之称的胡林翼在世时即感叹"自寇乱以来,地方公事官不能无绅士而有为"③,绅权大张其实蕴含着清王朝国家权力与权威的衰落以及绅士所代表的地方社会力量的崛起。在湖南崛起的绅权之中,主体则是与湘军有着千丝万缕内在联系的军功绅士及其后代。此亦加剧与张大了湖南地域文化中的尚武和敢战之气,使湘军之后的湖南政治与社会的演进带上了其他各省均没有的激烈之风。

"自咸丰以来,削平寇乱,名臣儒将,多出于湘。其民气之勇,士节之盛,实甲于天下,而恃其忠肝义胆,敌王所忾,不愿视他人所长,与异族为伍。其义愤激烈之气、鄙夷不屑之心,亦以湘人为最。"④这种因湘军而张大的夷夏之防的"义愤激烈之气",不仅导致长江中下游湘军势力范围内反洋教运动的兴起,也导致戊戌变法在湖南推进得最快,新旧两派的斗争在湖南也最为激烈。其重要原因就是,在戊戌变法领袖群体中谭嗣同的思想是最为激烈

---

① 湖南省社会科学研究所编《唐才常集》,中华书局,1980,265。
② 许顺富《湖南绅士与晚清政治变迁》,湖南人民出版社,2004,33。
③ 《胡文忠公遗集》卷86,33。
④ 《湖南巡抚陈宝箴奏折》,《戊戌变法档案史料》,中华书局,1958,243。

的。他在激烈地批判清王朝统治之腐败时公开扬言:"志士仁人求为陈涉、杨玄感,以供圣人之驱除,死无憾焉","法人之改民主也,其言曰誓杀尽天下君主,使流血遍地球,以泄万民之恨"①。"每言变法,必拼得人杀,非流血遍地,流血插刀,中国断不能变法"②。这种以陈涉、杨玄感、法国大革命为榜样,"流血遍地球"、"拼得人杀"、"流血插刀"的激烈变革之思想,其实质已经是一种暴力革命的主张了。所以在变法危急之际,谭嗣同才能不顾个人安危夜访袁世凯,希图以军事政变的极端方法来强行推进变法,此举失败后,谭嗣同在谢绝梁启超共同出亡时说:"不有行者,谁图将来?不有死者,谁鼓士气?""我国二百年来,未有为民变法流血者,流血请自嗣同始"③。最终谭嗣同慷慨赴死,实践了其以流血鼓动"士气"的思想。

  作为湘军后裔的谭嗣同以流血求变法的激烈思想为唐才常所继承,唐与谭嗣同同为莫逆之交,思想观点相同,两人有"浏阳二杰"之称,为死友复仇与湖南人的执拗性相结合,使之在1900年义和团运动兴起、北京大乱之际,于武汉联络会党,发动自立军起义。自立军起义虽然还是打着"勤王"的旗号,但与革命派的孙中山、秦力山均建立了紧密的联系,开始了维新派中激进派与革命派的合作。而无论是谭嗣同、唐才常,还是后起的立宪派杨度、熊希龄、谭延闿,他们身上都洋溢着极为浓厚的湖南尚武、执拗、慨然以天下为己任的敢于担当之风气,如杨度在《湖南少年歌》写道:"中国于今是希腊,湖南当作斯巴达;中国将为德意志,湖南当为普鲁士;……若道中华国果亡,除是湖南人死光。"④斯巴达、普鲁士均以尚武而著名,杨度此歌,既反映了湖南以尚武而自豪的社会习气,同时也展现了湖南人自湘军而后慨然以天下为己任的敢于担当之风。正是基于这种敢于担当之风,所以湖南才能信守革命之承诺,成为武昌首义后最早响应的省份。同时,湖南的立宪派人士与湖北的汤化龙一样,也是最早与革命派结成同盟的辛亥革命的主动参加者。

  湘军之后,湖南尚武之风高炽,与数十万湘军被裁撤后散向社会有关。这批人在军营中出于生死之助,而形成了哥老会等会党。散回湖南社会后,军营中的哥老会就遍地开花,形成了遍布湖南城乡的哥老会组织。这些组织的领导者往往就是被裁撤的湘军各级军官,如湖南会党首领马福益就曾

---

① 梁启超《饮冰室合集》(文集之六),中华书局,2008,54。
② 欧阳中鹄《复艮生书》,《谭嗣同研究资料汇编》(内部资料),1988,249。
③ 蔡尚思、方行编《谭嗣同全集》(上册),中华书局,1981,3。
④ 张朋园《湖南近代化的早期发展(1860—1916)》,岳麓书社,2008,359。

是湘军的镇将。哥老会受到清政府的打压而产生反抗,在反抗的过程中,"士人领山农"的湘军传统使他们与革命派中的"士人"——黄兴、宋教仁、谭人凤、刘揆一等一拍即合,结成"攘满排夷"、"驱除鞑虏,恢复中华"的革命同盟。所以,从湘军到戊戌变法,再到辛亥革命,在湖南风起云涌的政治大变局中,尚武、任气、敢战、敢为始终是映衬其中的文化底色。

曾国藩创造的"以士人领山农"的湘军组织特色,其实是利用了士人文化民族主义的卫道避邪之心理,再利用了山农朴野敢战之气而获得成功的。同样,湖南辛亥革命的"士人"也都是民族主义极为强烈者,而哥老会同样也充满着朴野敢战之气,二者因是而结成同盟。但在"士人领山农"的组织原则中,士人是明显的领导者,这是中国传统社会士人为领导阶层的内在结构特性使然。而湖南辛亥革命在开初几天则违背了这个组织原则,"山农"的哥老会以其尚武敢战之气先声夺人,发动起义,其首领焦达峰、陈作新当上了正副都督,但其社会声望不够,"市民讶其人。陆军小学校长夏国桢,率全校生到咨议局抗词诘问,军界和之,几同哗变"①。而由于焦达峰、陈作新等起义领导人在暴力革命的模式中无法控制暴力失控,杀掉了在湖南军队多年、部属众多、威信较高并与黄兴等革命党人有较深往来的黄忠浩,结果,很快引发黄忠浩原部下梅馨发动兵变,焦、陈二人均遇难。这个事件使湖南的辛亥革命陷于危急之中,如果不能平和处理,内战一触即发,首义的湖北将陷入孤立无援的境界。所以,黄兴等人非常明智地向湖南的同盟会员发出了拥护新上任的立宪派领袖谭延闿主政的指示,谭延闿也十分明智地在礼葬焦、陈之后继续向湖北派出援兵。湖南的政权得以稳定,辛亥革命也得以发展。湖南辛亥革命的政权体现的还是"以士人领山农"的湘军原则。这个原则因为植根于深厚的湖南地域文化土壤之中,所以,在湘军、在辛亥革命中都得到了反复的体现。这再一次证明了地域文化对于产生于其地的政治、社会发展的内在规定性影响之强大与有力。

3. 地域文化与晋、陕辛亥革命

夷夏之防的民族主义文化传统与尚武、劲悍、拼得人杀的敢战之地域文化因素,使湖南最早采用武昌首义的暴力革命模式响应辛亥革命,同样选择暴力革命的陕西、山西两省,其地域文化中也充满着尚武、敢战之风。

与湖南同一天起义响应武昌首义的陕西,古为三秦之地,因地近戎狄,与游牧民族争战很多,故其民善战,特别是商鞅变法,鼓励军功,使"民勇于

---

① 栗勘时等《湖南反正追记》,转引自许顺富《湖南绅士与晚清政治变迁》,湖南人民出版社,2004,372。

公战,怯于私斗"①,人称之虎狼之国。"汉兴,立都长安,徙齐诸田、楚昭、屈、景及功臣吏家于长陵,后世世徙吏二千石、高訾富人及豪杰并兼之家于诸陵,是故五方杂厝,风俗不纯。其世家则好礼文,富人则商贾为利,豪杰则游侠通奸"②,"关西诸郡,自顷以来,数与胡战,妇女载戟挟矛,弦弓负矢"③。北魏之后,羝、羌、匈奴、鲜卑等游牧民族在陕西争战不休,并多次移民,陕西形成了胡汉民族的大融合。《隋书·地理志》载:"京兆皇都所在,俗具五方,人物混淆,华戎杂错。去农从商,争朝夕之利。游手为事,竞锥刀之末。……桴鼓屡惊,盗贼不禁。……延安弘化,连接山胡,性多木疆。……沔连杂羝羌,性质直,务农习猎,民多劲悍";"唐人大有胡风"。这些文化特色其实是直袭北魏以来西北、华北农耕民族与游牧民族大融合的趋势而形成的,陕西是这个胡汉民族文化融合的中心地之一。宋代陕西又成为与西夏反复争夺的前线,战争频仍,更进一步强化了此地自古即有的敢战、尚武、劲悍的地域文化。《宋史·地理志》载:"陕西路,盖禹贡雍梁冀豫而雍全得焉。其民慕农桑甚,好稼穑,雩杜南山,土地膏沃,二渠灌溉,兼有其利。大抵夸尚气势,多游侠轻薄之风。甚者,好斗轻死,被边之地,以鞍马射猎为事。其人劲悍而质木。"

陕西南部汉中地连荆楚。"汉高祖发巴蜀,伐三秦,迁蜀七姓居商洛,其俗多猎山伐木,深有楚风"④,楚文化在这里根深蒂固。清末,陕西回民大起义,左宗棠带湘军入陕平"乱",数十万尚勇好战的湘军进入陕西,与当地劲悍敢死之气相融合,陕西的尚武之风也就进一步飙炽。特别是遍布湘军中的哥老会也随着进入陕西,以致陕西清军中,无论是巡防营,还是新军,哥老会几乎无营无有,"陕西辛亥革命的胜利,应该说是同盟会和哥老会联合行动的结果"。这种联合,其实是以哥老会为主体的,所以,辛亥革命中陕西才出现了"六都督的设置"。也正是由于哥老会在陕西辛亥革命中的主导地位,所以,"陕西光复后,哥老会各首脑积极扩充势力,除在编组军队中召集自己的哥弟成立队伍外,还在省城和各县遍设'码头'","码头兼办粮台,派款项,有的还理讼事,设私刑,其权居然在县官以上。码头与码头之间,为了争权夺利,大欺小、强凌弱的现象,更是不一而足。张云山所发的告示,除盖

---

① 《史记·李斯传》。
② 《汉书·地理志》(八下)。
③ 《三国志·郑浑传注》。
④ 胡朴安编《中华全国风俗志·陕西》(上编卷七),上海书店影印本,1986。

有兵马大都督关防,还必须加盖'洪会公议'戳记,方能有效"①。也正是依凭着遍布陕西的哥老会与刀客这些尚武好战的社会基层组织,陕西辛亥革命在经过激烈的战斗攻破西安满城的同时,还抵抗住了清王朝军队的东西夹击,保卫了辛亥革命的胜利。但不可讳言的是,由于哥老会的散漫性、无纪律性,陕西辛亥革命中的暴力失控是十分突出的。

山西与陕西山水相连,自古即有"秦晋之交"、"秦赵同源"来说明其文化的内在联系。秦赵文化一个最突出的特点就是他们都与北边的游牧民族紧密为邻,从而在与游牧民族不断融合的过程中,濡染了很多游牧民族的尚武之风,赵武灵王胡服骑射就是一个著名的案例。《汉书》载"太原上党又多晋公族子孙,以诈力相倾,矜夸功名,报仇过直,嫁娶送死奢靡。汉兴,号为难治,常择严猛之将,或任杀伐为威。父兄被诛,子弟怨愤,至告讦刺史二千石,或报杀其亲属。钟、代、石、北,民俗矜忮,好气为奸,不事农商,自全晋时已患其剽悍,而武灵王又益厉之,故冀州之部,盗贼常为它州剧"。北魏建都大同,大量游牧民族进入山西,北齐又将北魏六镇的数十万战俘全部安置在山西、河北、山东一带,从而形成了陈寅恪先生所言的"山东豪杰集团"。这个集团其实就是由六镇之乱的败卒与战俘转化的胡汉融合、尚武、好战的地域武装集团。这个地域武装集团以其敢战、善战而成为隋末唐初各政治力量极力拉拢的对象。李世民集团在争权斗争中胜出,其根本原因就是与这个集团结成了一体。正由于山西自北魏以来即为游牧民族与汉民族融合的主要地域,所以《隋书·地理志》载山西:"其俗刚强,亦风气然乎。太原山川重复,实一都之会,本虽后齐别都,人物殷阜,然不甚机巧。俗与上党颇同,人性劲悍,习于戎马。离石、雁门、马邑、定襄、楼烦……皆连接边郡,习尚与太原同俗,故自古言勇侠者,皆推幽、并云。""人性劲悍,习于戎马",山西文化尚武、敢战的特点是在近千年胡、汉民族的互动与融合中得以形成的。这一地域文化形成之后,又成为此地新诞生居民的先天文化基因,"规定"着这一地域居民思维与行为的内在走向。如唐王朝就是依恃山西地域文化之敢战、尚勇之气而于太原起兵,直取长安,实现陕晋一体,而后争得天下的。

唐王朝以关中与河东为根本重地。李世民击败突厥后,将数十万突厥战俘安置在山西的河东,这数十万敢战的突厥战俘在与山西尚武文化的互融中,又进一步强化了山西地域文化中"人性劲悍,习于戎马"的敢战之气。

---

① 朱叔五、党自新《陕西辛亥革命回忆》,中国人民政治协商会议全国委员会文史资料研究委员会编《辛亥革命回忆录》(五),中国文史出版社,1980。

郭子仪依靠河东敢战之民气,平定了"安史之乱";晚唐时,突厥后裔沙佗族李克用也是凭借遍布山西的胡汉混融居民的敢战之气,建立了后唐政权。宋、元、明、清时期,山西始终是游牧之少数民族与农耕汉族的互动融合之地,因此,少数民族的敢战之气两千年来在山西未有稍歇,而且日益张大,从而对山西社会与经济、文化生活的各个方面都产生了极大的影响,不但社会习俗形成了尚武、敢战之风,而且即使是商人也因敢战之风而得到发展,如在中国近代影响甚大的晋商集团,最初也是在明代的边疆军需供应以及明军、清军的军需供应中得以发展成型的。

在长达数千年农耕民族与游牧民族的互动中,山西是中原王朝与少数民族政权进行"和亲"、"朝贡"、"茶马互市"等贸易交流的主要市场。北魏时期,这个市场甚至延伸到波斯等西域国家。明代,太原、大同均为九边重镇,数十万重兵的粮食供应成为大问题,为解决这个问题,明代创建了"开中法",即民间商人在将粮食运到山西后,即领取朝廷准予贩盐的"盐引"进行食盐贸易。大量的山西商人因参与这一贸易而形成了富甲天下的晋商集团。这个"开中法"实际上是明清以来晋商围绕着军队军需而进行贸易的一个典型事例。军事供应是晋商的中心贸易点,而从事这种贸易是需要尚武敢战之气为底气的。所以,清人纳兰常安在《行围风土论》中说:"塞上商贾,多宣化、大同、朔平三府人,甘劳瘁,耐风寒,以其沿边居住,素习土著故也。其筑城驻兵处建屋集资,行营进剿,时亦尾随前进,虽锋刃旁舞,人马沸腾之机,未肯裹足,轻生而重利,其情乎。"①正是因为长期与少数民族互动共融,晋商才得以"素习土著";也正是因为受千年积淀的敢战之气之地域文化熏染,所以,晋商能"虽锋刃旁舞,人马沸腾之机,未肯裹足"。这是与晋商齐名的徽商所无法做到的,因为双方根植的地域文化不同。

山西地域文化既有数千年民族互动、互融中形成的"人性劲悍,习于戎马"、尚武敢战之气,同时亦有晋商敢冒风险、精于算计之特色。所以,山西的辛亥革命,既有着同于陕西的武昌暴力革命模式,同时亦有其鲜明的晋商精于算计的特色。如起义之前,新军军官阎锡山、姚以价等人以防范陕西为名,使驻城外的姚部领到了子弹,随后即起义攻城。"二标标统阎锡山闻枪炮声始令其营长乔煦、张育堂等同志以保护为名,分兵开向抚院、藩库及子弹库、官钱局;一面又在九仙桥坊堵驻城之巡防队。同时,温寿泉亦带陆军小学学生队张子奇等,杨芳浦亦带警局消防队齐赴咨议局策善后,议长梁善

---

① 转引自中国人民政治协商会议山西省委员会编《晋商史料全览·大同卷》,山西人民出版社,2006,14。

济主选举,各同志主推举,以阎锡山军职较高,且属同志,推为都督,温寿泉为副都督,姚以价以首功推为全省总司令"①。整个起义是新军的中级军官领导的,而不是像陕西一样由哥老会控制。因此,虽然在起义的过程中也是依恃新军之暴力,但无论是进攻抚署,还是进攻满城,暴力的程度与暴力失控的现象均低于陕西。

鄂、湘、陕、晋是辛亥革命中采用武昌首义暴力革命模式的同一类型。其中鄂、湘之两湖地区自古同属于楚文化区,两地文化延续了古楚文化的平民性、反抗性之特点,只不过湖南比湖北民众反抗性更强、更执拗,夷夏之防的原生型民族主义更为强烈。陕、晋山河相连,"秦赵同源"更说明两地文化的共同性,即他们都是在长时段的与游牧民族的战争与和平的互动、互融中形成了"人性劲悍,习于戎马"的尚勇好战之风。明清以来,晋商的崛起,使山西文化在尚武敢战之余有了商人的精于算计的文化特色,而陕西在这方面远逊之,由此,陕西主要由哥老会等社会下层主导了起义,而山西则主要是新军的中级军官与咨议局合作而掌控着革命的发展。尽管有着种种的不同,但它们都有一个共同点,即这四个省的地域文化中都有着极为强烈的尚武、敢战的暴力文化土壤,从而内在地决定了这四个省在辛亥革命中采用的是武昌暴力革命的模式。

(二) 地域文化与苏州"和平光复"模式

"文化创造的范围和深度比从前人们所相信的要大得多。在人类生活中,较少的东西是建筑在自然支配的基础上的,较多的东西奠立在由文化所塑造的形式和惯例的基础上。"②辛亥革命中出现的苏州"和平光复"模式同样是"奠立在由文化所塑造的形式和惯例的基础上"的。这个文化与基础即是从宋开始,经明清而得以大发展的中国精英文化南移与前工业社会工商经济在东南沿海的大发展,商业理性、经济理性成为东南文化的一个重要基因。东南精英文化教育的发展与商业经济发展相结合,就形成了东南文化中突出的儒商互补、儒商互动、儒商互融,最终形成了文化精英与商业精英融为一体的近代绅商阶层。他们的一个共同特点就是既希望社会变革,去除封建专制对工商经济发展的桎梏,同时又希望这个变革是理性、有序进行的,而不希望采用暴力的破坏来推动这个变革。苏州的和平光复就是建立在这样的社会文化基础之上的。

---

① 王用宾《记山西在辛亥革命前后的几件事》,中国人民政治协商会议全国委员会文史资料研究委员会编《辛亥革命回忆录》(五),中国文史出版社,1980,2。

② [德]兰德曼著、张乐天译《哲学人类学》,上海译文出版社,1988,214。

1. 吴文化与苏州和平光复

前面说过,吴文化自魏晋南北朝而发生了根本的变化,由"吴人轻锐,易动难安"而转为吴人柔脆、弱不知兵。经宋代国家重文抑武的制度性导引之后,吴地崇文、柔慧、和合、厌武的社会文化基本形成。明清时期江南经济进入前工业化,江南崇文、柔慧、和合、精进等文化特色与工商经济所要求的诚信、公平、有序、理性有着内在的契合,二者相得益彰,互动发展,江南经济出现了前所未有的繁荣。

明清以来,吴地崇文抑武的地域文化特点十分突出,"田野小民皆知以教子孙读书为事","敏于习文,疏于用武"①成为普遍的社会习俗,亦成为吴地文化的突出特色。

正由于吴文化有着强烈的崇文抑武之风,所以,在辛亥革命前夕,吴地基本上无人参与革命党人举行的暴力革命与暗杀活动。据王树槐先生统计:"就发生地点而言,华南十六次,华北三次,华中十次,东北一次,关外一次,只有一次预谋暗杀端方在江苏省。由以上统计可知,江苏人重文轻武,对激烈事业一向不甚感兴趣,与其民性稳健有关。"②崇文抑武、民性稳健的地域文化与"生平稳健持重,非有十分把握,不肯贸然行事"③的程德全及"生平万事居人后"④、沉稳持重的张謇有着内在的契合,由他们主导的苏州辛亥革命就自然是"和平光复"的非暴力革命了。

辛亥革命苏州的和平光复除了与其主导人物程德全、张謇性格稳健密切相关外,更重要的是受到苏州文化中尚文抑武、民性稳健的内在导引。时人茅乃登记载:"苏民故文弱畏兵祸,德全不杀一士,不发一弹,卒告光复之功,舆论多之,盖非偶然也"⑤;对革命十分向往的学生叶圣陶在闻知武昌首义的第二天于日记中记载:"第三课汉文,胡先生论及近事,谓扫除恶朽,改造神州,本属大英雄之事,若其人者,固当顶礼膜拜之,而或有不逞之徒乘机淆乱,则大英雄之信用名誉将为所玷污,而众同胞之身家性命且辗转沟壑矣。一再思之,势殊可危。噫,是实大可虑,不知彼大英雄者其有以补救之乎"。叶圣陶师生担心革命会引发不逞之徒乘机淆乱,致使普通百姓身家性命辗转沟壑,"势殊可危,实大可虑",正是吴民"文弱畏兵"的反映。所以,

---

① 胡朴安编《中华全国风俗志》(上编卷二),上海书店影印本,1986。
② 王树槐《中国现代化的区域研究:江苏省,1860—1916》,台湾"中央研究院"近代史研究所,1988,153。
③ 政协苏州市文史委编《苏州文史资料》(1—5辑),1990,72。
④ 张謇全集编辑委员会编《张謇全集》(第5卷下),江苏古籍出版社,1993年,107。
⑤ 扬州师范学院历史系编《辛亥革命江苏地区史料》,江苏人民出版社,1961,385。

在苏州和平光复后,叶圣陶于当天的日记中记载说:"叔父适自街头归,谓吾苏已于昨夜起事,今则中华民国军政府之示遍贴路侧矣。闻之喜极。……徐悉昨日之事,系此地巡抚程公德全主其谋。程公夙有兴汉之志,惟秘而不能宣,其后上下各相授意,乃于昨日召各官长会议,皆喜悦赞成,于是命巡警加意卫护,居民毋自惊慌,召新军若干卫护督练公所。而督练公所即为军政总机关,程公则公推以为江苏都督。不流血,不放枪,安然革命,皆程公明察之德所致也,吴人得公,亦云福矣"①。即使是坚决反对革命、以遗老自命的叶昌炽也不得不叹服:"革军何自而来,官军何以一无抗拒,耕市场者弗止,芸者旨变,汤武所不能有者,何功德而至此,真不可思议。"②这些充分说明,程德全主导的辛亥革命苏州和平光复,与吴地文化的崇文抑武、文弱畏兵有着高度的契合,社会各界对非暴力的和平光复模式有着高度的认同与共识,革命者(叶圣陶)如此,同情革命者(叶之老师、叔父)亦如此,反对革命者(叶昌炽等)同样如此。"苏州人因为这是推翻几千年专制政体的大变革,能够不开一枪,不伤一人,一夜之间,大局已定,应当归功于程德全的识大体,所以对他很有好感,当时间巷之间儿童流行歌唱有'苏州光复苏人福,全靠程都督……'这就充分说明因为程德全能赞助革命,才得到群众的拥护"③。程德全主导的非暴力苏州和平光复得到苏州人间巷之间的传唱,其根本就在于这一非暴力的革命模式迎合了苏州人盼望改革但不希望发生暴力,"文弱畏兵祸","对激烈事业一向不甚感兴趣"的地域文化的内在规定性。

2. 浙江地域文化与辛亥革命

江浙山水相连,人文相接,故常以江浙而连称。辛亥革命中苏州和平光复与浙江光复发生于同一天(夏历9月14日),虽然具体的细节有所不同,但整体而言,浙江辛亥革命是可归入苏州"和平光复"模式之中的。其根本原因就是江、浙两地的地域文化有很多相同、相近之处。

浙江的地域文化因其地理条件可分为三大块。其一,钱塘江以北的浙北如杭州、嘉兴、湖州三地,这三地其实是吴文化圈的一个组成部分。其二,宁波、温州、绍兴等地为浙江沿海地区,其文化有着浓厚的海洋文化的印痕,富有开拓性、创造性且注重事功与实用的永嘉学派,其实正是建立在温州地域中这一海洋文化的基因之上的。其三,浙西的金华、衢州、严州三府因地

---

① 叶圣陶《辛亥革命前后日记摘抄》,《新文学史料》,1983,1。
② 叶昌炽撰、王季烈编《缘督庐日记钞》(四),北京图书馆出版社,2007,225。
③ 胡觉民《辛亥革命后的程德全》,政协苏州市文史委编《苏州文史资料》(1—5合辑),1990,98。

接徽州与江西,同时又处在浙西山地,故有着山民的剽勇敢斗之风。明代戚继光因"金华义乌俗称彪悍,请招募三千人,教以击刺法,长短兵迭用,由是继光一军特精……戚家军名闻天下"①。戚家军在抗倭战场上屡建奇功,其实质上就是依托了浙西山民剽勇敢斗之地域文化。曾国藩组建湘军以戚继光的《纪效新书》为圭臬,同样也是以湖南山民的剽勇敢战为基本依托的。

浙江的这三部分不同的地域文化在辛亥革命中有着突出的显现。光复会领袖徐锡麟、秋瑾、陶成章均为浙东绍兴人,受浙东文化影响甚深,而他们所联络的会党首领王金发、竺绍康等亦都是温州人,辛亥革命中蒋介石率领的敢死队也是由奉化渔民组成的。浙东地域文化注重事功与实用的永嘉学派之遗风以及海洋文化的开拓性、创新性、冒险性在辛亥革命中都表现得十分明显。浙西山地文化的朴实敢战,亦使金华人张恭及其所掌控的龙华会始终是浙江辛亥革命的一支生力军。总之,浙江地理的复杂性,使其在地域文化上出现了三种明显不同的特性,而这三个明显不同的特性在辛亥革命的过程中都留下了明显的烙痕。

浙江的省城是杭州,杭州属于吴文化圈,所以,吴文化影响下的苏州光复模式在浙江的辛亥革命中表现得十分明显。

苏州的和平光复:"吴中领袖二氏,一官一绅,掀此巨浪。"即由巡抚程德全与绅士领袖、咨议局议长张謇主导而成。浙江辛亥革命也有这样的走向。

辛亥革命时浙江巡抚是蒙古族人增韫。他和程德全一样,也仅是附生出身,而且也是凭个人的能力在清末脱颖而出的。十分巧合的是,他同样也是在庚子东北后的乱局中崭露头角、显出峥嵘的。1902年东北因抗俄而出现了大量的民间武装,增韫时任新民府知府,他将当地名称"保险队"的张作霖部收编为"新民府巡警前营马队",迅速恢复了当地治安,增韫因此而被破格提拔为奉天府尹,1905年提为湖北按察使,随后转直隶按察使、布政使,1908年调任浙江巡抚。在任内,他接受前任张曾敭因秋瑾案而为舆论与绅情不满的教训,竭力与浙江绅士领袖汤寿潜、沈钧儒、汤尔和等处理好关系,同时,对于清廷要求他对西湖秋瑾墓"平墓、铲碑、抓人"的旨意阳奉阴违,暗中通知秋的家属提前将墓迁走,然后向上交差,由此得到了浙江绅论与舆情的好评。

辛亥革命武昌首义后,增韫看到大势不可违,也如程德全一样,开始准备转变立场,投向革命。为此而于夏历9月13日派沈钧儒、汤尔和赴上海探听信息,"1911年农历9月14日中午,抚署电话于午后召集官绅紧急会

---

① 《明史·戚继光传》。

议。届时到者寥寥,除巡抚增韫外,出席者仅藩司颜某、督练公所总参议袁思永(巽初)、杭嘉湖分巡道旗人约某、杭州府知府英霖(旗籍)、仁和县知县沈思齐数人,臬司、提学司、盐运使、粮道、劝业道、巡警道、交涉员及其他各局所的官员均未露面。所谓绅者仅有陈汉第(促恕)及许炳坤两人而已。延至下午四时,势难更待。于是增韫开口说:'昨日沈衡山、汤尔和二位先生赴沪,约今日早车回杭,至今未到,形势紧逼,如何办法?'四座闻言,皆默然不答。……增韫乃令沈思齐起草浙江独立文告。沈即席起草毕,先抄送增韫过目,增阅后转交藩司,依次传阅,皆无异议。增嘱即抄印分贴十城门。英说:刻板(抚署告示向来刻板印刷)已来不及,可着十人分写,送将军署会印。增允照办,即散会。时已夜八点余。至十一时左右,市上发现枪声,旋见抚署火起,党人已开始行动矣。据陈汉第(时在抚署任幕僚)事后说:官绅会议后,独立布告写好已夜十点,即送旗营会印,但营门已闭,拒不肯开,因此会印不成,布告始终未曾贴出"①。阴差阳错,因为这个会议拖得过长,增韫又过于泥守清王朝的会签制度,独立的布告要等旗营驻防将军会签;并且,他虽注意到与绅士、咨议局处理好关系,却忽略了与新军军官的联络,因此没有像程德全那样与新军军官早就建立起联系的渠道。后者在开会时所有的人都可以到齐,并统一行动,从而一举成功;而浙江,当增韫的会正在开时,浙江新军就已开始采取行动了,仅仅几个小时的差别,增韫就由可能的民国功臣而一下子沦为新军的阶下之囚。这里除了一些客观因素之外,增韫的主观决断能力有限也是一个重要原因,也正是这种主客观原因的偶然性集合,浙江辛亥革命就出现了与苏州和平光复不一样的色彩,其最为突出的就是地方主官未成为主导,而成为革命的阶下之囚。

　　苏州和平光复"一官一绅,掀此巨浪",浙江阴差阳错,造成"一官"缺位,而"一绅"——汤寿潜,"其一生之大事,人皆知其于浙江铁路事最尽心力,不知其尤有大于此者,而人不及闻也,厥事者何? 即拳匪事起,保障东南是已。……当时,汤寿潜见识,虽不独高于南中他人,而其任奔走,为说客,较他人为烈"②。其实,汤寿潜得名更早在东南互保之前。他于1890年作《危言》一书,对当时歌舞升平"同光中兴"之假象提出了质疑,并针对性地提出了精减冗员、改革科举、推广学校、开发矿藏、修筑铁路、兴修水利、加强

---

① 许炳坤《杭城光复之夜的一次官绅紧急会议》,中国人民政治协商会议全国委员会文史资料研究委员会编《辛亥革命回忆录》(四),1963,165。

② 许炳坤《杭城光复之夜的一次官绅紧急会议》,中国人民政治协商会议全国委员会文史资料研究委员会编《辛亥革命回忆录》(四),1963,165。

海军防务等改良主张。汤此书一出即洛阳纸贵,与后来继起仿之的郑观应的《盛世危言》、邵作舟的《邵氏危言》并称"三清末《危言》"。

汤寿潜以《危言》而名动天下,远在黑龙江的程德全也慕名于1908年返乡时到上海专程拜望,"与汤蛰仙时相往还"①,深相交结。张謇与汤更是莫逆之交,张晚年回忆:"予获交汤君,垂三十年,粗能详其志事。方是时,朝野汹汹,争欲致力革新之业,予与君亦各树议立事,国人并称之'张汤'。"②据《张謇日记》记载,两人结识于1889年,即汤寿潜《危言》大体成书之时。张与汤结交正是建立在双方对中国政局都抱持一种改良、维新、立宪,即以秩序求进步、以理性推改良的思想共识基础上。而汤与张一样,除了在中国文化上极具根底,进士及第,为绅士之上层之外,两人还都接受到西方政治经济思想,将实业救国与教育救国并重,共同投身于实际的经济事业与教育事业之中。汤曾多次辞去清廷的官职,而出任各种教职,先后担任过金华丽正书院、南浔浔溪书院、上海龙门书院等书院的山长。1904年,汤寿潜又和沈炳经在杭州大东门直街创办了初级师范学堂(后迁金衙庄)。再加上他与上海各新闻媒体长期保持密切的关系,经这些媒体宣传,汤即于沪甬杭铁路的争路运动中声名为全国各阶层所知。具有革命派倾向的留学生杂志《云南》亦特别推重道:"丁未(1907年)之岁,秋冬之交,我国人民与政府立于反对之地,有最平和最激烈之竞争,数月之久犹未了结,他日史官秉笔,必大书特书于简端者,则苏杭甬铁路问题是也。……自此问题之出已数月矣,最平和、最激烈,尽秩序之能事,有坚固之实力,无他法焉。有汤(寿潜)、刘(锦藻)、张(謇)君等为之代表也。讲重学者,必定重心;熟驾练者,必定方针;物理有然,人事之则也。"③汤寿潜由此不仅成为沪杭甬路事的重心与中心,而且也成为全国声望之所在,是东南精英中与张謇并称"张汤"的大佬,众望所归。所以,不但增韫等官方常依其趋向而动,即使是激烈的新军官佐,在举事前的军官会议上就一致议定由汤出任浙江省都督,在他未回杭之前,由新军军官童保暄暂时代理。

汤寿潜与张謇、程德全的政治主张是完全一致的。汤在接任总督之前,就与推举他出任的新军官兵约定维持秩序、不杀满人,从而将浙江以新军暴力发其端的革命导入到苏州和平光复的模式中,将"驱逐鞑虏"的口号变为

---

① 成其昌、翟立伟编注《成多禄集》,吉林文史出版社,1986,37。
② 《汤蛰仙先生家传》,政协浙江省萧山市文史委编《汤寿潜史料专辑》,1993,125。
③ 吕坤《呻吟语》,张枬、王忍之编《辛亥革命前十年间时论选集》(第三卷),三联书店,1977,106—108。

"满汉一体"、"五族共和"。所以,浙江辛亥革命的主导力量是新军,虽在进攻抚署中有过暴力,但暴力规模非常小,除了会党首领王金发带的敢死队在攻进抚署后杀掉两名卫队长外,其他地方并无暴力发生。而且,由于汤寿潜的力保,沦为阶下囚的增韫也被予以释放。虽然后来由于满族将军德寿的告密,新军逮捕并处决了满军中私藏军火、密图暴动的贵林父子,但这是贵林父子罪有应得,而且是出自满族将军的告密。从当时情况可见,新政权满汉一体、五族共和的政策是得到满族将军及广大百姓的拥护的。

浙江辛亥革命不同于苏州和平光复的突出方面不但在于其主官的缺位,而且还在于其主导力量是新军。但浙江新军的领导主体——中下级军官受吴文化影响较深,所以,浙江新军在起义的过程中,不但没有武昌、西安、太原等地新军的大规模的暴力,也未出现过暴力失控、滥杀满人的现象。

浙江新军的革命思想最初即由江苏人伍元芝而予以传播。"伍元芝号兰荪,江苏省江宁府上元县人,前清进士,改官浙江,任浙江武备学堂总办(校长)。他可以说是浙江新军中革命思想的传播者。……他表面上沉默寡言,暗中却支持革命不遗余力。他在武备学堂经手招收的学生,有第三、第四、第五正则科和两班速成科。这三期正则科的学生是全校最优秀的,也是后来在革命事业中最为积极,最为得力的。……武备学堂全体数百名学生毕业后,先后调进了新军部队,充当各级军官。"①他们后来都成为辛亥革命中的主力,如葛思敬任起义军参谋,黄郛任沪军都督府参谋长,夏超任浙江警察厅长,等等。光复会及其属下的会党在浙江辛亥革命中是作为"敢死队"的偏师所用,而在陈其美派蒋介石暗杀了光复会领袖陶成章后,浙江的光复会基本上陷入瓦解状态。浙江新军的主导者朱瑞,在率部攻克南京后回浙江继任总督。他对于危害社会秩序的会党毫不手软地予以镇压,《申报》1912 年 10 月 26 日载:"金华巨匪管伟,假共进会名义,设立分部,大开香堂,散卖票布,种种不法行为,业经该处军队访查确凿,禀明朱都督惩办在案";11 月 18 日《申报》又载:"匪首彭进,仗共进会声势,在嘉禾(嘉兴、秀水合并后一度改名)一带横行不法,经嘉防水陆两统领查实拿获,禀奉朱都督电饬正法"。12 月 11 日,朱瑞又明令在全省解散共进会,"以弭巨患而保治安"②。由此可见,新军领袖朱瑞等人在维护社会秩序稳定方面与江苏程德全是不谋而合的。浙江新军领袖集团中朱瑞、黄郛、夏超、葛思敬等人受吴

---

① 葛思敬《辛亥革命在浙江》,中国人民政治协商会议全国委员会文史资料研究委员会编《辛亥革命回忆录》(四),1963,91。
② 《申报》1912 年 12 月 13 日。

文化影响较大是其中一个很重要的原因。

浙江的"一官"——增韫，虽然没有像程德全一样主导反正，成为民国元勋，但他在杭州新军起义当天下午主持的这个会议实际上是做了和平光复的工作，从而减少了杭州官员特别是满城旗营的反抗阻力。

浙江的"一绅"——汤寿潜，与张謇一样主张以改良、渐进的方法促进社会进步，所以，他在就任浙江都督之后就努力地将浙江辛亥革命导向苏州"和平光复"模式之中，以不杀满人、满汉一体、五族共和的口号代替了"驱逐鞑虏，恢复中华"的口号，同时，他还与程德全一道积极组织江浙联军，为攻克南京起到了重大作用。虽然他任浙江都督的时间不过数月，但这数月中他为将浙江辛亥革命导入苏州"和平光复"模式的走向起到了重大的作用。

浙江与江苏和平光复一个很大的不同就是，在"一官一绅"之外新军是实际的主动发起者。而浙江辛亥革命最终走向苏州"和平光复"模式，与浙江新军中的军官团体文化教育程度较高、受吴文化影响较大有相当大的关系。"主持这次革命的多数是少校和上中尉级的"军官，朱瑞是代理统领，即团长，为中级军官。"多数是少校和上中尉"则为营连级军官，说明浙江辛亥革命不像武昌首义是以一批士兵为主体。浙江与同样是中下级军官主导的山西也有着明显的不同，那就是浙江新军军官的文化程度相对较高。浙江这批中下级军官主要为浙江武备学堂、保定军校等正规军校的毕业生，对于军纪与社会秩序有较强的认同。由是，他们对囿于积习而常以暴力破坏社会秩序的会党采取了坚决的镇压手段，这与程德全镇压"洗城会"实际上是异曲同工的。只不过程德全因为行政经验老练，用剿、抚相结合的方法对付革命后的会党分子，而朱瑞则是以军人的方法只剿不抚而已。

我国台湾学者张朋园先生对浙江辛亥革命评论说："设若增韫能及早交出政权，贵林不隐匿一部分军械，浙江本可兵不血刃而独立。及贵林被杀，立宪派乃竭力维持，秩序得以不乱，又属不幸中之大幸。"①这个评论是十分精确的，所以，浙江辛亥革命还是应当归入苏州"和平光复"模式之中。

3. 岭南文化与两广和平光复

岭南文化与吴越文化有同祖共根的关系，都属于古百越族系。秦统一中原，大量越族人南下，吴越文化与古粤文化产生交融，"肇人自称曰俍，与吴近同"，"广音柔而直，颇近吴越"，"东晋南宋，衣冠望族向南而趋，占籍各郡，于是方语不同。省会音柔而直，歌声清婉呆听。唯东新各邑，平韵多作去声，韶南连州，地连楚豫，言语大略相通，其声重以急。惠之近广者，其音

---

① 张朋园《立宪派与辛亥革命》，吉林出版集团，2007，133。

轻以柔。唯齐舆灰、庚舆阳四韵音同莫辨。宁长乐,音近于韶,谓我为哎,广人呼为哎子。东至潮,语同闽,有音无字,与广人语多不通"。这种因移民来自不同地域而造成语言不一的现象,至今在广东仍然存在。广东地域文化中有三大语系,即广府、潮汕、客家。其中广府与潮汕两大语系主要是南宋之前古吴越、闽越移民形成的,客家则是南宋前后大量中原移民而带入的。

由于五岭的屏蔽,中原儒家文化进入岭南十分困难,岭南长期被儒家文化视为化外之区。唐代白居易《送客春游岭南》诗曰:"瘴地难为老,蛮陬不易驯。士民稀白首,洞主皆黄巾。战舰犹惊浪,戎车未息尘。红旗围卉服,紫绶裹文身。"①可见唐代时岭南文化还保存着古吴越文化"披发文身"的积习。南宋后大量中原衣冠进入岭南,中原文化在岭南获得巨大的发展,"粤东为天南奥区,人文自宋而开","至明乃大盛,名公巨卿,词人才士,肩背相望"②。清代以儒学为代表的中原文化在岭南继续发展,"道咸以降,粤学乃骤兴",一个新会县"应试文童多至三千余名"③,几近人文渊薮之江浙。但这仅是珠江三角洲人文发达之区,整个岭南由于其地理形势的外倾性,所以北来的中原儒家文化虽然在宋、元、明、清四朝获得了很大的发展,但不仅远不能与儒家精英文化的集中区江浙相较,即使与相邻的湖北、湖南、江西数省相较,距离也是明显的。根据商衍鎏《清代科学考试述录》第169页数字统计,岭南之广东、广西两省,有清一代科举取得前五名成绩的共27名,为全国总比例的4.93%,湖南、湖北两省总数为36名,占全国总比例的6.57%,江浙两省为321人,占全国总比例的58.63%。可见,岭南儒家文化直到清代还是落后于两湖,更远不逮江浙了。

"一种文化就是一种与自然界和其他文化成分发生相互联系的开放系统。他的地域特征会影响他的技术成分,并通过技术成分再影响他的社会成分和观念成分"④。岭南地域特征是向东南大海倾斜、开放,而且"土田少,人竞经商"⑤,农业生产受到田少人多的限制,而东南方的大海不但提供了很多水产品,更重要的是提供了与东南亚国家乃至中东、东非诸国的贸易往来,形成了"海物往错,民多仰机利而食"⑥的生产与生活方式。由是,商贸特别是海洋贸易成为岭南文化的一个重要特色。岭南"人多务贾与时

---

① 胡朴安编《中华全国风俗志》(上篇卷八),上海书店影印本,1986。
② 屈大均《广东新语》(上卷九),中华书局,1985。
③ 郭嵩焘著、杨坚枝补《郭嵩焘奏稿》,岳麓书社,1983,12。
④ 托马斯·哈森等著《文化与进化》,浙江人民出版社,1987,46。
⑤ 胡朴安编《中华全国风俗志》(上篇卷八),上海书店影印本,1986。
⑥ 张翰《松窗梦语》(卷四)。

逐,……获大赢利。农者以拙业力苦利微,辄弃耒租而相从之"。秦汉王朝"重农抑商"的国家意识在岭南被置若罔闻,明清之后,商业经济更浸润到封建官场之中,在"居奇动赢百万"厚利的诱惑下,广东的官吏竞相经商,以至出现了"民之贾十三,而官之贾十七","官与贾固无别也,贾与官亦复无别,无官不贾且又无贾不官"①。官贾合一使岭南官方对商业的垄断与控制流为虚名,"他省货物皆有官帖牙行总持贸易大纲,……广东则货不归行,悉听商贾自便,既无总汇之所,又乏稽核之方"②。官员经商也就必然导致"吏治败坏已极,风俗益因之而波靡。自缙绅以至走卒,傲狠嗜利,莫不皆然"③。官员嗜利而经商,官商一体,清末广东完全颠覆了"士农工商"之社会结构序列,"商人渐有势力,而绅士渐退。商与官近,至以官商并称。通常言保护商民,殆渐打破从来之习惯,而以商居四民之首"④。商人以及他们所具有的商业文化成为岭南地域文化中最为显著的特色。

商业交易的基本原则是等价交换,由此衍生出平等的文化观念,形成了"粤人性情高亢,不为人屈,酒楼茶肆之役,人呼以伙计则应,呼之堂倌则怒目相视。仲富之家,雇用舆夫,或男或女,均称请而不称雇。其主人则多与仆役共饮食,唯遇有生客则否"。在注重人格平等时,"对于官厅,其初至也,一事之合,奉之若天人。其苟久也,一事之失,恨之若仇雠"⑤。特别是明清以来,岭南因人多地少,大量人口移往海外,形成了岭南地域文化中的侨民文化特色。侨民在海外生活,对于海外的民主与平等思想接受得更多,再加上岭南文化长期处在移民的不断进入与外流的动态之中,未形成文化的"专化",这就使得广东"商民又富有知识,长于才力,敢冒险,善开创","可推为华商之冠"⑥,由是而形成了"粤人好大喜新,急功而易动。……有能以新学说新主义相号召,倡者一而和者千,数日之间,全省为之响应。虽以势力制之,此仆而彼起,莫能遏其焰。故有利用之以作奸犯科者,有善导而创立功业者,皆较他省易于措施"⑦。商人阶层与商业文化在广东岭南的巨大存在与影响,直接影响到辛亥革命广东、广西的和平光复。

广东是孙中山华兴会的兴起之地,在孙中山的文化底色之中就有着浓

---

① 屈大均《广东新语》(下卷十四、十七),中华书局,1985。
② 郭嵩焘著、杨坚枝补《郭嵩焘奏稿》,岳麓书社,1983,4。
③ 郭嵩焘《郭嵩焘日记》(第二卷),湖南人民出版社,1981,116。
④ 广东省政协编《广东文史资料·孙中山与辛亥革命专辑》,广东人民出版社,1961,112。
⑤ 胡朴安编《中华全国风俗志》(下篇卷七),上海书店影印本,1986。
⑥ 《粤省近年商况》,《东方杂志》(第六卷第三号)。
⑦ 胡朴安编《中华全国风俗志》(下篇卷七),上海书店影印本,1986。

厚的求新、求变、追求平等、敢于反抗的华侨文化特色。所以，孙中山在广东组织了多次的武装起义，特别是辛亥革命前夕的黄花岗起义，虽然这次起义失败了，但革命者视死如归的勇气却给了清统治者与广州社会以巨大的震撼，从而为广州的和平光复准备了条件。而正由于广东地域文化中"商居四民之首"的特色，广东的和平光复主要是由商界中的同盟会员运动绅商界而促成的。

黄花岗之役后，"在广州主办《平民日报》之同盟会员潘达微、邓慕韩、邓警亚默察局势，决定用和平策略，使广东唾手可得，免再蹈前两次覆辙（指新军之役和黄花岗之役）。时张鸣岐任两广总督，与在籍翰林江孔殷友谊密切，且奏保江为广属清乡督办，故江拥有一部分兵权。乃决定先运动江向张氏进言，谓革命党非武力所能屈服，不若改用怀柔政策，以缓和其进攻，便可保境安民，不至陷入旋涡。江闻说动容，急问怀柔办法，乃请其劝张立电清廷特赦汪精卫、陈景华二人，调粤差遣。……江甚赞成，张亦首肯，即电奏清廷，并汇三千元与民政部转给汪氏做川资。此招既收效，知鸣岐易与，且畏革命党人与其为难"。"十一月八日，由（咨议）局发出通知，潘、邓返平民报，刊就广东大都督印一颗，届期先由邓警亚将印信及革命方略一本送至咨议局备用。适陈景华从香港乘日船抵省，先往访江孔殷，遂偕同抵局，介绍其与各议员与社团领袖会晤。开会后，首由景华发言，谓目前本省各属均已有革党潜伏，一触即发，便不可收拾，欲免广东地方糜烂，非趁此时机宣布独立不可，大家欲保存身家财产，宜立下决心，方能挽救。语毕，掌声雷动，咸呼赞成。于是全场一致通过。……在咨议局取出一批黄纸发贴安民告示。由江孔殷取出青天白日旗，使人竖于屋顶。时水师提督李准遣人送来通告全省水陆部队一律改竖白旗不得与革命军抵抗电文一份（盖有水师提督大印），江交与邓警亚往电局拍发，于是广东全省遂兵不血刃而告独立矣。"①

广东和平光复与苏州和平光复不同的是，其主官张鸣岐、李准等虽然都同意了和平光复，但由于在前此的新军之役、黄花岗之役中对革命党人有过镇压，所以，二人在光复后不安于位而遁往香港。而且由于广东绅士力量不如商人，所以，广东和平光复的主导力量是加入同盟会或与同盟会有密切联系的商人及华侨，如陈景华即香港惠记洋行买办。他们也是利用了商人害怕暴力革命造成"广东地方糜烂"的心理，而得到各议员与社团领袖"掌声雷动"的一致支持的。

---

① 邓警亚《辛亥广东独立传信录》，中国人民政治协商会议全国委员会文史资料研究委员会编《辛亥革命回忆录》（第二辑），中国文史出版社，2012，292—294。

广西与广东同属岭南文化区,两地文化基本一致,只不过广西更是人多田少,更贫困,更落后。"锦绣文绮,明珠象贝,实产粤东,此间无有也。土著者居于乡,率皆桀黠,傲慢不畏官府也。"①这种民不畏官的现象与广东如出一辙,所以,广西与广东一样,也是以和平光复的模式完成了辛亥革命,而且其主要的推动力量也是商界人士。"桂林商界怕发生战事使地方糜烂,自己利益受损失,也动了起来。因此,桂林商会开会请求宣布独立。咨议局多次对沈秉坤(巡抚)、王芝祥(藩司)分析形势,指出利害。……沈秉坤、王芝祥权衡利害,最后才同意广西宣布独立,当即决定九月十七日开大会宣布,九月十九日举行庆祝。推举沈秉坤为都督,王芝祥、陆荣廷为副都督。"与广东一样,在广西社会没有根基的沈秉坤、王芝祥也不安于位,"以援鄂为名,先后离开广西,陆荣廷继任都督。广西宣布独立就是这样过去了"②。

4. 徽州文化与安徽的和平光复

安徽省的皖南部分与吴文化圈紧密相连。安徽建省前后都属于两江总督的管辖范围。明清兴起的著名商帮——徽商,其主要的经营地也是在吴文化圈内的苏、杭、扬三州。所以,徽文化与吴文化在长期互动中形成了很多的共性。在这个吴、徽文化的共性作用下,安徽的辛亥革命基本上沿袭了苏州和平光复的模式。

安徽的地域文化其实也分为两大块,即以徽州为中心的皖南文化以及长江以北的皖北文化。由于安徽省会安庆、芜湖都处在皖南文化圈内,所以,安徽文化的主体是皖南的徽文化。同时,由于皖南山地众水东流入太湖,自古即与吴地发生了紧密联系,所以,皖南文化其实也属于吴文化圈。由于长期的行政隶属关系,吴文化得以以其高位优势而向皖南文化渗透。再加上明清以后的徽商以吴文化圈的苏、杭、扬为主要的贸易地与居住地,两地人员与文化交流频繁,所以,两地文化在长期的互动与共融之中有着很大的相似性。

吴文化与徽文化最大的相似性在于其文化的精英性与宗族世家性。吴文化的转型得益于东晋永嘉南渡,大量衣冠文化士族移民吴地。徽州文化的兴起则要稍晚数百年,因徽州四处多山,难以进入,所以在南朝后期战乱之际才开始有一些文化士族为避战乱进入徽州。唐末黄巢之乱,北方中原士族与吴地士族更大规模地迁往徽州。"这个阶段,迁徽定居的有二十四

---

① 胡朴安编《中华全国风俗志》(下篇卷七),上海书店影印本,1986。
② 李任仁《同盟会在桂林、平乐的活动和文西宣布独立的回忆》,中国人民政治协商会议全国委员会文史资料研究委员会编《辛亥革命回忆录》(第二辑),2012,409—411。

族,其中近二十族迁自唐末。值得注意的是他们中的大多数并不是直接由北方南迁进入徽州的,而是从邻近的地区迁入"。这个"邻近的地区",主要是太湖周边的吴文化区。这些文化士族是一批文化精英,他们所肩荷而来的精英文化与徽州古存的"山越文化"进行了互动与消融,由于迁入的精英文化量大质优,所以很快将原古山越文化消融、同化于无形之中,儒家精英文化则成为徽文化的一个醒目的特色。明人汪道昆在总结这一文化世家与徽文化传承的关系时说:"新安多世家强盛,其居室大抵务壮丽,然而子孙能世守之,视四方最为久远,此遵何德哉?新安自昔礼义之国,习于人伦,即布衣编氓,途巷相遇,无论期功强近,尊卑少长以齿。此其遗俗醇厚,而揖让之风行,故以文特闻贤四方。"精英文化的积累诞生了有"东南孔子"之称的朱熹,他反过来又进一步推动了徽派文化的精英化发展。《徽州府志·风俗》说:"徽州自朱子而后,为士者多明义理,称为'东南邹鲁'";《绩溪县志续编》记载:"新安为朱子阙里,而儒风独盛,岂非得诸私淑者深欤!"中国儒家精英文化特别重视家族、宗族的文化传承与血脉相继,所以,徽州不但宗族组织发达,而且对宗族组织中的精英文化教育更为重视。徽州《吴氏家典》强调:"我新安为朱子桑梓之邦,则宜读朱子之书,取朱子之教,秉朱子之礼,以邹鲁之风自待,而以邹鲁之风传之子若孙也。"这种子孙相传的儒家精英文化教育,特别是朱子之学的教育,与明清科举以程朱理学为取士标准的指导方针不谋而合,所以,清代歙县本籍、寄籍的京官和科场及第者,"计有大学士4人,尚书7人,侍郎21人,都察院都御史7人,内阁学士15人,状元5人,传胪5人,会元3人,解元13人,进士296人,举人近千人。明清两代徽州府科举居于全国领先地位,科举之盛是徽州望族重视教育的结果,也是造成望族之势久盛不衰的前提"。这种以精英文化世代相传而形成望族的情况,与吴地文化如出一辙,其实都是永嘉南渡之遗风。徽、吴两地域经济、人员与文化的频繁交流,使苏州很多文化望族均源出于徽州,如近代著名的潘(祖荫)家、程(肇清)家等文化家族都是从徽州移民到苏州的。

徽州文化在明清之后有一个醒目的变化,即徽州商帮的出现。徽州因处大山之中,人多地少,特产丰富,加上徽州山区大量的河溪向江流入太湖,水运交通便利,所以,徽州自古即有经商之风。"吾徽居万山环绕中,以人口孳乳故,徽地产之食料不足以供徽地所居之人口,于是经商事业以起";"新安土墝狭,田蓄少,人庶仰贾进食,即阀阅家不惮为贾"。徽州文化世家"不惮为贾",实是地理环境所致,万历《歙县志·货殖》载:"今邑之人众几于汉一大郡,所产谷粟不能供百分之一,安得不出而糊其口于四方也。谚语以贾为生意,不贾则无望,奈何不亟亟也";"人人皆欲有生,人人不可无贾矣"①。明清时期苏、杭、扬等地运河、长江、沿海三条贸易线竞相发展,工商经济获得前所未有的繁荣,大量江南市镇兴起,对于徽州的建筑木材、油漆、石料、河砂等的需求大增,徽州顺水而到的木料集中于苏州木渎,木渎即因此得名而成镇。工商经济的大发展使得社会对于徽州山地的茶叶、宣纸、徽墨、歙砚等亦产生了强劲的需求,这些给徽商带来了原始积累的第一桶金。在资本原始积累完成之后,徽商借明弘治盐法由开中制改为折色制之机,以雄厚的资本进入这个垄断性极强的行业,将原来借开中制时进入的晋商挤到了后排。万历《扬州府志·序》说:"扬,水国也。……聚四方之民,新都(徽州)最,关以西(陕西)、山右(山西)次之。所以,《扬州画舫录》说:'吴氏为徽州望族,分居西溪南、长桥、北岸、岩镇诸村,其寓居扬州者,即以所居之村为派。'"《汪氏谱乘·序》亦言:"吾汪氏支派散衍天下,其由歙侨于扬,业盐两淮者尤甚焉。"所以,近人陈去病说:"扬州之盛,实徽商开之,扬盖徽商殖地也。"②扬、苏、杭等江南城市成为徽商的"殖地",但其与"母地"——徽州的联系却始终未能剪断,如苏州著名的徽商后裔潘氏家族其28世祖潘冕在《潘氏私祠记》中说:"我高祖筠友公懋迁于吴,遂移家寓吴。至曾祖其蔚公、祖敷久公,虽在苏日久,而岁时伏腊,必回里祭祀,以故往来于青山玉岭间者岁凡数四,而吴中未设专祠,所以示子孙不忘故土,惟恐轻去其乡也。"③潘氏此时已迁苏四代,每代返乡"岁凡数四",可见徽商两地来往之频繁。同时,血缘宗族的互助性,又使得移居苏州后变泰发迹、有着"祖孙父子叔侄兄弟翰林"之称誉的潘氏对于徽州大阜族人从各方面予以照顾,不仅从家乡引入大量族人进入苏州商界,更重要的是将苏州崇文重教的文化特色灌输到大阜族人中,并援引他们到苏州接受较好的精英教育,如潘尚志18岁时因家贫而"就馆于苏垣,为同族顺之(遵祁)太史所识拔,会课惜阴书院,屡列前茅。光绪甲申(1884年),苏抚卫公荣光甄别紫阳书院,三千人中拔置第一,文誉大噪"④,潘尚志最后也因此而成为大阜村潘氏族人中唯一的进士。徽商对于家乡族人的文化反馈不限于潘氏一族,其他的徽商家族同样如此。正由于移居苏州的徽商广泛地接受了苏州文化的重文之特色,

---

① 转引自唐力行《论徽州宗族社会的变迁和徽商的勃兴》,李禹阶等编《区域·社会·文化》,重庆出版社,2000。

② 转引自唐力行《论徽州宗族社会的变迁和徽商的勃兴》,李禹阶等编《区域·社会·文化》,重庆出版社,2000。

③ 民国十六年修《大阜潘氏支谱》附编卷10《潘氏私祠记》,8。

④ 民国十六年修《大阜潘氏支谱》附编卷9《潘心存明府传略》,101。

所以,苏州在清代出的 26 名状元中有 6 名是徽商的后代,如彭定求、彭启丰就是祖孙状元。彭氏在有清一代就出了 14 名进士、33 名举人,104 名拥有各种职务与官衔者;潘世恩家族则有 140 余人获得生员以上功名——徽商实为苏州状元文化的主要支撑者。

由徽商所承载的吴、徽两地频繁的人员互动、互助、互教、互育,促进了吴、徽两地双向的文化交流。吴、徽两地文化经数百年的互动、交融,形成了很多共识与共同的特点,如重视儒家精英文化教育,重文不抑商,文、商互补、互助,以商养儒,以儒促商,儒商互补,互动互融,最后在近代逐渐形成了一个亦商亦儒(绅)的绅商阶层。这个阶层的精英文化崇文抑武之特性与商人所具有的经济理性合力,形成了绅商追求稳定的社会秩序的特性,这就决定了安徽在辛亥革命中基本上是仿效苏州模式而和平光复。

当然,徽州只是安徽省的一部分。安徽因其地理的特殊性,其地域文化也有着特殊与复杂之处。"大抵江北风气近厚,故其习高多类中州";"荆楚饶劲士,吴越多秀民,皖介两服之介,沉潜高明,盖兼具矣"①。安徽西邻荆楚、北接河洛,这两地都是自古以来尚武敢战之地,所以,皖西北、皖北文化与皖南徽州文化有着明显的差别。虽然,皖南文化是安徽地域文化的主流,但其北部文化对安徽整体社会文化依然有着一定的影响。这就决定了安徽在辛亥革命中虽然想走苏州和平光复之路,但受地域文化差异的影响,走得有点变样。

辛亥革命时,安徽巡抚朱家宝虽在清末也以能吏而著称,但其思想始终停留在君主立宪的层次上,所以,武昌首义后,他积极派兵到皖、鄂交界处防守。而随着形势的变化,特别是袁世凯给其密电要他顺应形势后,他即幡然醒悟,于 11 月 8 日(苏州和平光复四天后)"乃与咨议局议长宣茂仙、窦子敬等联名宣布独立"②。但居于"官"位的朱家宝并没有程德全那样的威望与才干,而且,他与安徽绅界也无程德全与张謇那样牢固的关系。同时,安徽咨议局的这两位议长也缺乏张謇、汤寿潜那样的威望与团队。这样的官与绅结合,形不成对全社会的统摄力;特别是安徽的"官"与"绅"均未能与革命派建立统一战线关系,所以,这个和平光复的政权要员很快即被革命派请来的江西军队赶走,革命党人以孙毓筠、柏文蔚先后继任都督。不过,除了一些小规模的兵变之外,安徽在辛亥革命中社会秩序基本稳定,也没有大规模的暴力失控现象发生,所以,安徽的辛亥革命基本上是按苏州"和平光复"

---

① 胡朴安编《中华全国风俗志》(上篇卷二),上海书店影印本,1986。
② 朱蕴山《辛亥前后安徽的几个杰出人物》,中国人民政治协商会议全国委员会文史资料研究委员会编《辛亥革命回忆录》(八),文史资料出版社,1980,119。

模式而前行的。

5. 福建地域文化与辛亥革命

福建地域文化与吴越地域文化一样,也是永嘉南渡而开始改变原古越文化的。"晋永嘉中,衣冠多趋闽,自是畏乱,无复仕者"。这方面,它与徽州文化有些类似,即由于自然条件恶劣,南来闽越的衣冠主要是下层的百姓,缺乏文化世家大族,所以,在畏乱的同时,也"无复仕者",没有高官显宦的世家,也缺乏精英文化世家的传承。闽文化发生醒目的变化是在唐末五代间,王潮、王审知兄弟率河南固始数万军队入闽,在建立割据政权之后创建"四门学",推广儒家文化教育,从而使闽文化开始了儒家化的发展。"宋黄公度《学记》云:莆田文物之邦,自常衮入闽后,延礼英俊,儒风大盛,僻在南隅,而习俗好尚,有东州齐鲁遗风。""莆之科目,肇于唐,盛于宋,又盛于明。每科与试者视闽居半,与计偕者,视解额恒得三之一。祖孙父子兄弟叔侄登科第者,先后接踵。科目得人之盛,天下罕俪。"延平"家乐教子,五步一塾,十步一庠。朝育暮弦,洋洋盈耳。杨文靖、罗文质、李文靖、朱文公四先生倡明道学,称为邹鲁之邦"①。清代,儒学精英文化在闽地继续发展,理学大师李光地、陈梦雷、林则徐、严复、林长民、郑孝胥等闽籍精英相继出现,正是闽文化中儒家精英文化开始成为主流的象征。

福建文化自王潮、王审知兄弟率数万中州军队而开,所以,闽文化有一个十分突出的特点,即没有徽文化那样突出的宗族性,更多的是军营中异姓兄弟的拟血缘性。这种军营异姓兄弟的拟血缘性使得福建先民在地少人多、"背山面海,多泄卤,有海舶之利"的地理条件下形成了勇于开拓、远航大海、以海外贸易补农业不足的经济与文化特色。这种海洋文化与军营敢战敢拼、重战友、重互助的文化相交融,就形成了福建"其人刚劲尚气,多行贾于四方,以其财饶他邑"的文化特色。明中叶以来,以海外贸易为主体的闽商就大量出现在东南亚的大海上,福建人军营文化拟血缘性的特色在海上贸易中得到进一步强化,很多以福建人为主体的武装海盗集团由此而形成,如郑芝龙、郑成功父子等。清中叶后,福建人多地少的矛盾进一步加剧,闽商得以进一步发展,他们的发展也带动了为之服务的物流业、航运业的发展及大批水手、搬运工的出现。在这些沿海、沿江码头与新兴的工商市镇讨生活的流动人口,在竞争激烈的陌生的环境中,为了生存,为了自卫,为了互助,借助福建文化中军营拟血缘兄弟的文化基因,创造了中国下层流动社会的最早的自组织——天地会。清王朝拙于应对天地会,一味地武力镇压。

---

① 胡朴安编《中华全国风俗志》(上篇卷四),上海书店影印本,1986。

天地会由是打出"反清复明"的口号,由一个原来下层流动人民的自卫性、互助性组织而变成了政治性组织,并衍生出小刀会、金钱会等众多的会党组织。这些组织中有很多融入随左宗棠入闽的湘军之中,演变成哥老会,成为辛亥革命的主力军。

"闽中诸郡,惟漳为剽悍,外发愤抗张,内实畏法而惧罪。族大之家,多入海贸易,易散之他郡。其君子彬彬有文,翩然意气,而多自喜于千秋之业。漳浦其民殷庶,士娴文辞。海澄有番舶之饶,行者入海,居者附资,或得婆子弃儿,抚如己出。长使通夷,其存亡无患所苦。"①福建沿海因外贸通商而富饶,军营文化基因中的暴力性与服从性使之形成了"外发愤抗张,内实畏法而惧罪"的文化特点并转化为整个社会的文化习俗。这一文化习俗不仅影响到福建的汉民,同时,由于满族旗营在福建驻扎两百余年,所以,旗营军民也深受其熏染,在辛亥革命中驻防的满军开始时也是"外发愤抗张",将军濮寿"决心主战不主和,拟与城俱亡,并令旗民各户准备煤油,到了危急之际集体自焚";但在9月19日(夏历)拂晓新军第十镇起义后,炮兵对将军衙门一开炮,将军濮寿就打出了降旗,起义军逮捕并杀掉濮寿,而对其他旗营官兵则在缴械后全部放归。同时,新军还根据五族共和的原则,成立"旗民生计筹备处","发放仓米,按口给粮每人三升,我家五口人,计领得一斗五升的米票。又在粜米处见到都统胜恩在那里给人量米,我这才知道他是在昨天下午亲身到于山临时指挥部去投诚,得到宽大处理,并命其筹备旗民生计处,以便谋生"。由于旗营只是"外发愤抗张,内实畏法",而革命军方面新兵很多,所以,"战斗一天,双方也不见有一人伤亡。战争结束后互相了解,原来都是未经过战斗的士兵,没有战场经验,你怕我,我怕你,只是放枪,用枪声壮胆助威,其他方面就没有战斗"②,所以,福建的辛亥革命基本上是和平光复的,也是遵照苏州和平光复的模式,采取五族共和的方针,对满人除了顽固不化的濮寿之外,其他官兵不但不杀,而且还帮助他们筹组"旗人生计筹备处",切实地解决旗民的生活困难。

福建辛亥革命虽然大体上是和平光复模式,但它与苏州有几个不同的地方,即没有主要官员投向革命:"总督松寿吞金自杀,将军濮寿被捕砍头。其他清廷所派官员或逃跑或自杀或投降。多年来身世显赫的大人老爷,一旦土崩瓦解,福建省城遂告光复。其他各府州县亦闻风响应,由革命党人、学生、军队

---

① 胡朴安编《中华全国风俗志》(上篇卷四,福建一),上海书店影印本,1986,9。
② 伊通甫《辛亥革命时的福州满族满营》,中国人民政治协商会议全国委员会文史资料研究委员会编《辛亥革命回忆录》(八),文史出版社,1980,124—130。

群起而轰走官吏,改悬青天白日旗,市民商店结彩,燃放爆竹、唱光复凯歌。各府各县也于旬日之间,先后宣告光复","省城光复后,组织军政府,……并公推孙道仁为都督府都督,孙道仁原系驻闽湘军第十镇统领。……遂公推高登鲤(咨议局议长,君宪派)任民政司长,推陈之麟任财政司司长(陈系咨议局议员、华侨),推林长民(咨议局秘书长,君宪派)为外交司司长","聚革命党、旧官僚、君宪派、新军阀、世家子弟、咨议员等冶为一炉,共同参政,薰莸同器,自然矛盾丛生。各人意志不同,见解复杂,设施措置,各走一端,原所期望之共和政治,成了共而不和"①。可见,福建的新政权也是由革命派、旧官僚、立宪派组成统一战线的军政府,这与苏州和平光复的模式也是一致的。至于"共而不和"局面的出现,主要是由于福建缺乏一个由程德全、张謇这样有威望、有能力、众望所归、人心所向的地方主官、社会绅士领袖结合形成统一战线的核心。但由于新军高级军官主动投向革命,所以新军内部的阶级与管理体制没有出现混乱,军纪得以维持,暴力失控的现象没有发生。这些就决定了福建的辛亥革命基本上可纳入苏州和平光复的模式之中。

"作为一种文化的存在的人也是一种历史的存在。这蕴含着双重意义,他既有高于历史的力量又依赖于历史;他既决定历史又为历史所决定。"②活跃于辛亥革命之中的人们,他们同样在创造历史的同时也被历史所创造,他们在决定历史的同时又为历史所决定。这种"决定历史又为历史所决定"的文化现象在辛亥革命中得到了充分的显现,产生了武昌首义的暴力革命模式与苏州和平光复的非暴力革命模式。鄂、湘、陕、晋等省的地域文化基因中尚武、易怒、崇尚暴力的因素较重,所以,这几个省基本上是武昌首义暴力革命之模式;苏、浙、粤、桂、徽、闽几省,则因为明清以来商业化、经济理性的发展带动了这几个省以商人为主体的民众大规模流动,如雍正初年时苏州"阊门南濠一带客商辐集,大半福建人民,几及万有余家",绍兴商人道光初年"在长、元、吴三邑各处开张浇烛铺,城乡共计一百余家"③;粤商、徽商更把以苏州为中心的江南地区作为主要的经营地,人员来往、流动频繁。这几个省的商民的频繁往来,不可避免地将吴地文化崇文、重商、柔慧、理性的因素融入当地文化之中,再加上商人的职业需要和平、稳定的社会秩序,特别是这几省的商人在清末发展迅速,由此而形成了一个具有一定规模的"绅

---

① 刘春海《光复后福建的政治、人事变迁》,中国人民政治协商会议全国委员会文史资料研究委员会编《辛亥革命回忆录》(八),1982,131—132。
② [德]兰德曼著、张乐天译《哲学人类学》,上海译文出版社,1988,221。
③ 方行等编《中国经济通史·清代经济卷》(中),经济日报出版社,2000,1182。

商"阶层,并成为影响与左右地方政局的重要力量。在他们的推动下,东南数省采取苏州和平光复的模式就顺理成章了。

当然,东南诸省的辛亥革命虽然有着和平光复的共性,但也因各自地域文化的差别而有一些差异,如杭州敢死队杀了抚署卫队长,福州革命军与旗营"用枪声壮胆示威"战斗了一天,并杀了满族将军濮寿。但这些微小的暴力无损于它们共同的主体所在,其共同的特点主要在于:

1. 基本上是用和平的方式完成光复,社会秩序稳定,没有发生暴力失控的事件。
2. 咨议局议长与旧官僚起到了重大的主导性作用。
3. "五族共和"取代"驱除鞑虏",没有发生对满人的虐杀,而是对其予以安抚与救济。
4. 旧官员、立宪派、革命派有着建立统一战线的愿望与行动。

以上这些都是苏州"和平光复"模式的主体。在这些主体之外存在些许差异也是正常的,即使是在鄂、湘、陕、晋等省,虽然是以暴力革命模式为主导,但在很多地区也有非暴力的和平光复,如湖北的郧阳等县。所以,应当说辛亥革命中武昌暴力革命模式与苏州"和平光复"模式在每个省区都有交替出现,正是在交相出现的暴力革命与和平光复的共同作用下,辛亥革命取得了最后的成功。

一位江苏绅士曾对辛亥革命中武昌与苏州这两种模式做了这样的评价:"山陕情形极为野蛮,掳掠富绅不可理谕,恐非武汉所能操纵。下走窃谓江浙之文明与彼野蛮,虽似处于两极端,而轨道适合。"①"恐非武汉所能操纵"的正是这些暴力革命模式中不可避免的暴力失控。作者将之视为野蛮并与江浙之"文明"对比称为"两极端",而形成这个"两极端"的重要原因就是各地的地域文化之内在影响。但这位绅士也看到这两种表面上极端的模式其实"轨道适合",都是辛亥革命过程中交相作用的合力。正是这两种模式的相辅相成的"轨道适合",最终辛亥革命得以收竟全功。

小 结

(一)中华文化由不同的地域文化汇聚而成

中国人很早就认识到地理条件与地域文化的关系,如刘勰所言:"风者,

---

① 徐兆玮《棣秋馆日记》,扬州师范学院历史系编《辛亥革命江苏地区史料》,江苏人民出版社,1961,81。

气也;俗者,习也。土地水泉,气有缓急,声有高下,谓之风焉;人居此地,产以成性,谓之俗焉。"①这里的"风"与"俗",其实就是人与地理自然条件互动,"人居此地,产以成性"的结果。除此之外,移民所带来的文化基因、国家意识的摧抑或褒扬、宗教祭祀圈的成长与发展等等,都是地域文化发展的一个有机组成。正是这些自然与人为创造的诸因素合力,才造就了世界与中国多元、灿烂的地域文化。在现代化的发展中,有很多地域文化元素会消失,如很多方言、一些迷信祭祀等等。但也有很多的地域文化特色会汇集到中华文化发展的江河之中,如吴文化的崇文、柔慧,楚文化的坚韧、自信,粤文化的独立、自强,闽文化的"敢拼才会赢"的拼搏、耐劳,越文化的卧薪尝胆、开拓创新,晋文化的诚信待人、勤奋精明等等。众多的地域文化汇聚于中华文化一体之中,形成了多元一体的中华民族文化。这个基本的格局虽然会随着世界一体化的进程而加快融合,但其基因不会消失,因为民族文化与世界文化也是一个互动与合一的辩证关系。民族的才是世界的,世界内含着民族的。从世界的视角看,民族文化也是一种地域文化,也是地理自然条件与人为诸要素长期互动而合成的产物。

(二) 吴地文化是经历了数千年的演变而形成

吴地因太湖之汇聚四方,濒海近江,为古文化之和合、汇融之地,吴文化因而自始即有和合多元之基因。随着各方移民的不断汇入,在不同的文化和合、交融之中,古吴文化不断发生蜕变,而开始了由武转文的历程。这一历程在魏晋南北朝之际发生了根本性的转变,由"易动难安"、"轻锐敢死"的尚武文化一转而主"崇文"、"柔慧"之尚文之文化。这一文化转型在赵宋王朝国家意识的推行下得以普及、巩固,再加上佛、道宗教文化的润泽,吴文化和合、崇文、柔慧之特性得以养成。正如前人所言:"朱买臣、陆机、顾野王之徒显名于历代,而人尚文;支遁、道生、慧响之俦唱法于群山,而人尚佛,故吴人多儒学,喜信施,盖所由来也。"②和合、包容、崇文、柔慧,即此成为以苏州为中心的吴地文化的一个重要特色。这种地域文化的特色对于辛亥革命苏州"和平光复"模式的形成有着内在的导引与"规定"作用。

(三) 地域文化内在地催生了辛亥革命的两种模式

不同的地域文化内在地制约催生了辛亥革命中武昌首义类的鄂、湘、秦、晋、赣、滇的暴力型革命模式,以及苏州和平光复类的江、浙、皖、闽、粤、桂的非暴力型革命模式。这两种模式所形成的合力共同促进了辛亥革命的

---

① 《刘子集校·风俗第四十六》,上海古籍出版社,1985。
② 朱长文修《吴郡图经续记·风俗》,江苏古籍出版社,1999。

胜利,它们之间是相辅相成、相互促进的。在武昌首义类的暴力型革命的省份里,也有很多府县是和平光复的,如湖北的郧阳、黄州等地。在和平光复的省份中,也有暴力抵抗的,如江苏的南京、徐州等地。但总体而言,东南沿海地域因为商品经济发达,商业理性精神较强,崇文、柔慧成为一种社会习俗,故往往选择和平光复的革命形式。湖湘、秦晋、赣滇则因尚武、轻死易发等地域文化习俗之影响,故以暴力革命的形式运作了辛亥革命的前一阶段。也正是这前一阶段的暴力革命,在动摇了清王朝统治的同时,也发生了暴力失控的"野蛮",使苏州的和平光复能在更理性的基础上纠正前期的暴力失控的不足与"驱除鞑虏、恢复中华"口号的偏颇,并以"满汉一体、五族共和"之文化民族主义的口号予以补救,从而不但带动了东南六省的响应,更促进了北洋集团与清廷的分离、满族民众与权贵的分离,最终促成了《清帝逊位诏书》的发布,辛亥革命以和平光复的模式收竟全功。

第五章　东南文化精英的经济与社会基础

　　章开沅先生在提出"东南文化精英"这一概念时，对"东南"一词有一个明确的界定："东南，就狭义而言，指苏、浙、闽三省，广义而言，则包括皖、赣，乃至两湖、两广。"①一般而言，人们用的是狭义，本文基本上也是用狭义，但考虑到东南沿海海外贸易明清以来盛行的共同特点，本文对狭义有所扩大，即包括皖赣、两广。因为这几个沿海沿江的省份，自明中期后，因海外贸易繁盛促进了这些地区的经济文化发展，人员与文化发生频繁与广泛的交融，从而使之与苏、浙、闽三省具有很多共性。正是在这些共性的基础上，在清末民初之际，形成了影响全国政局的"东南文化精英集团"。这个集团是建立在明清以来东南沿海商品经济迅猛发展、前工业经济形成相当规模的基础之上的。

一、东南商品经济的发展

　　宋代江南经济已有充分发展，"故谚曰'苏湖熟，天下足'，虽由田之膏腴，亦由人力之尽也"②。宋以后，"长江下游的农业经济不久脱离了当初的劳动集约型，从明代中叶起比重移向集约的资本投入。到了后来，北部和东北部新成长的地区，成了工业生产快速发展的地区，在海外贸易的直接刺激下，清代又向岭南移动。即使从显示社会流动性一面的科举录取率看，长江下游和东南部在全中国始终处于领先地位"③。这种经济与文化的领先地位，在元、明两代继续发展，特别是明中叶之后，海禁大开，以朝贡体系网络维持的海外贸易将中国东南沿海与世界贸易联为一体。"朝贡体系构成了一个经济圈——东亚国家和亚洲东南、东北、中部、西北的其他实体都参与

---

① 章开沅《张汤交谊与辛亥革命》，《历史研究》2002 年第 1 期。
② 高斯得《耻堂存稿·宁国府劝农文》。
③ ［日］斯波义信著、方健等译《宋代江南经济史研究》，江苏人民出版社，2012，595。

其中,而且界定他们和中国以及亚洲其他地区的多样关系。……在十六世纪及其之后,刚刚到达亚洲的西方人,特别是葡萄牙人和西班牙人,为了获得他们所需要的商品,不得不参与到已有的亚洲内部贸易网络中。……当荷兰人和英国人进入亚洲的时候,这些情况也并没有太多改变。他们不得不熟悉、适应、利用已有的亚洲朝贡贸易体系。简而言之,即使进入近代,西方对亚洲的'扩张'、'冲击'的内涵也要受到建立在朝贡贸易体系基础上的、活跃的亚洲贸易圈的制约"①。这个活跃的联结东亚与世界的贸易圈的一侧,就是中国东部沿海地区,"出洋贸易者,惟闽、广、江、浙、山东等五省之人,而其中闽省最多,广省次之"②。东南沿海由此而最早被纳入世界经济一体化的大潮之中,拉动了农产品商业化的前工业化发展。

　　元代时中央政府即在泉州、宁波、广东设立"市舶提举司",对以这三处为枢纽的海外贸易进行管理。明代,郑和从太仓七次下西洋,促进了江苏造船业与海外贸易的发展,苏州、宁波、福州、广州等城市及其所在之江苏、浙江、福建、广东成为海外贸易最为发达的城市与省区。1688年,"一年363日间,来到长崎的中国贸易船达到194艘,大致每两天就有一艘船进入长崎港。中国贸易船在长崎上岸者,除去送还的10名日本漂流者,以及船上人数不详的2艘之外,192条船上有中国人9271名,平均每条船上有48名乘员上岸。也就是说,元禄元年(1688年)有将近1万名中国人(外国人)在长崎上岸"。在明确从中国海港起航的180艘船中,从江苏起航的有22艘,占总数的12.2%;从浙江起航的为44艘,占数的24.4%;从福建起航的为83艘,占总数的46.1%;从广东起航的为31艘,为总数的17.2%③。1652年,一艘载有241名乘客的苏州船在从日本归国途中遇难,幸存船员苗珍在朝鲜海岸被救起后讲述:"小商等是南京苏州府吴县人,弘光元年奉旨过洋,往贾日本。遽遭李自成之乱,且缘清朝侵伐南京,弘光天子被害,天下汹扰,小商不敢回归,转投交趾,行商为业,今已七年。窃闻清朝爱民如子,故将还本土。正月二十二日,自日本发船,二月初九日到贵国地方,遇风船败,同伴二百十三人皆溺死,存者仅二十八人。"④当然,这类遇险的商船毕竟是少数,大多数商船都是能顺利完成贸易而回归故土的。

　　明、清两代,东南沿海经琉球、爪哇与日本、朝鲜、菲律宾、越南、马来西

---

①　[日]滨下武志著、王玉茹等译《中国、东亚与全球经济:区域和历史的视角》,社会科学文献出版社,2009,18。
②　乾隆十九年七月二十日两广总督杨应琚等奏折,《宫中档乾隆朝奏折》(第八辑),210。
③　[日]松浦章著、郑洁西等译《明清时代东亚海域的文化交流》,江苏人民出版社,2009,26。
④　吴晗辑《朝鲜李朝实录中的中国史料》(九),中华书局,1981,3822。

亚等国的商业贸易十分频繁,形成了一个以朝贡体系为核心的东亚、东南亚贸易圈,这个贸易圈通过菲律宾、马来西亚等国与欧美大陆建立起更大范围的世界贸易圈,中国通过这个世界贸易圈引进甘薯、玉米、土豆等高产作物,粮食生产得以大幅度提升,从而支持了人口的大幅度增长。福建由于地少人多,海外贸易发达,所以,在这个引进海外高产农作物的过程中起到了重要作用。早在宋代,福建就引进了占城稻,长江以南实现了稻产双熟。"自唐以前中国无夏熟之谷,始自闽人得种于占城国。宋真宗就取三万斛,分给诸道种之,以六月熟。"①明代番薯亦经福建、广东、浙江等东南沿海地区引入。万历二十一年(1593年),长乐县商人陈振龙从吕宋带回番薯,巡抚金学曾"通饬栽种"②,予以推广;明清之际泉州人陈鸿记载说:"番薯亦天启时番邦载来,泉人学种"③。由于番薯耐旱、高产、易种,所以,不仅是福建,广东、浙江也通过海外贸易而予以引入。东莞《凤岗陈氏族谱》载:"万历庚辰(万历八年,1580年),客有泛舟之安南者,陈益偕往。比至,酋长延礼宾馆,每宴会辄飨以土产,薯美甘,益觊其种,贿于酋奴获之,未几伺间遁归。以薯非闲物,栽植花坞,久蕃滋,掘啖美。念来自酋,因名番薯。"④万历三十五年(1607年)编的《普陀山志》则说:"番苇,种来自日本,味甚甘美。"这些记载充分说明,东南沿海的福建、广东、浙江等省通过海外贸易的不同渠道,分别从菲律宾、越南、日本引入了甘薯这一高产的农作物,这不仅解决了这几个省的粮食供给,同时对更多的土地与人口转入商品化生产与交易起到了重大作用。如福建海外商人出于商业赢利的追求,从海外引进了商品价值较高的烟草:"自有明中叶以前,中国无吃烟者。成化而后,自东洋吕宋国阑入中土,名淡巴弧,初盛于福建而渐及于诸省。莳烟之地福省主上,闽山多土少,素号贫区,近一二百年渐臻富厚,不可谓非烟叶之力,国初曾奉严禁,然未能止也。以吾鄀而论,莳烟亩而得二三十金,而烟宜荒土,故人乐于开垦,五十年来,野无闲旷。"⑤海内外贸易的发展使东南沿海的农产品品种与用途都发生了根本变化,这些变化也进一步促进了传统农业生产的转化,农产品的商业化成为东南沿海经济发展的醒目特色。

  东南沿海的农产品商业化与海外贸易紧密相连,建立在蚕桑、棉花加工基础之上的丝绸与棉布就成为东南沿海最主要的商品。"从中国输出的丝

---

① 赵烈文撰、廖承良整理《能静居日记》(一册),岳麓书社,2013,81。
② 陈世元《金薯传习录》(卷上),农业出版社,1982。
③ 《清初浦变小乘》,《清史资料》第1辑。
④ 宣统《东莞县志》。
⑤ 赵烈文撰、廖承良整理《能静居日记》(一册),岳麓书社,2013,810。

绸数量几乎超出人们的想象。每年有一千英担丝绸从这里输出到葡属印度群岛,输出到菲律宾。他们装满了 15 艘大船。输往日本的丝绸不计其数"①。庞大的丝绸出口刺激着东南沿海蚕桑业的发展,明宣德七年(1432年),苏州吴江桑树种植"至四万四千七百四十六株";到清代乾隆年间发展到"乡间殆无旷土,春夏之交,绿阴弥望,通计一邑,无虑数十万株"②;吴县也同样如此,明代弘治年间吴县的蚕桑业还局限于太湖东西山,湖中诸山"以蚕桑为业"③,到清代乾嘉间,已是"环太湖诸山,乡人比户蚕桑为务"④,蚕桑业开始遍及吴县全境。吴江的平湖镇:"沿河皆种桑麻,养蚕采丝,其利百倍"⑤;杭州府所属九县:"皆养蚕缫丝,岁入不赀。仁和、钱塘、海宁、余杭贸丝尤多"⑥。"苏杭嘉湖四府共三十余县,其中种桑养蚕的达二十五个,几乎县县都业蚕桑。它们连成一片,'北不逾淞,南不逾浙,西不逾湖,东不至海',地方千里,成为当时全国最重要的蚕桑产区"⑦。

江南如此,岭南同样如此。"自乾嘉以后,民多改业桑鱼,树艺之夫,百不得一";"一乡之中,塘居其八,田居其二"⑧。粤东农民"皆以蚕为业,几乎无地不桑,无人不蚕"⑨;"粤东南海县属,毗连顺德县界之桑园围地方,周回百余里,居民数十万,田地一千余顷,种植桑树,以饲春蚕。诚粤东农桑之沃壤也"⑩。广东著名的"桑基鱼塘"就是农产品商业化的典型。

丝绸而外,中国出口的布匹也是十分巨大的。"雍正五年俄商莫洛可夫商队在京师采购丝织品 8866 波斯塔夫,值银 56113 两;采买'南京布'14705 端(每端长 35.6 米),值银 43692 两。乾隆中叶俄国每年从中国进口丝织品价值达 21 万卢布,进口棉布价值 106 万卢布。这些棉布和丝织品大多产自江南,由运河或海道运往京师,然后转销俄国和蒙古"⑪;1786 年至 1833 年,50 年间,英、美、法、荷等国从广州购买"南京棉布"达 4400 余万匹,马士《东印度公司对华贸易纪事》中记载:"美国人用现银大量收买土布,公开地在欧

---

① [德]贡德·弗兰克著、刘北成译《白银资本:重视经济全球化的东方》,中央编译出版社,2013,105。
② 乾隆《吴江县志》卷 5。
③ 王鏊等《震泽编》卷 3。
④ 顾禄《清嘉录》卷 4。
⑤ 王韬《漫游随笔》。
⑥ 光绪《杭州府志》卷 80。
⑦ 方行等编《中国经济通史·清代经济卷》(上),经济日报出版社,2000,415。
⑧ 光绪《九江儒林乡志》卷 3、卷 5。
⑨ 道光《鹤山县志》卷 2。
⑩ 张鉴等《雷塘庵主弟子记》卷 5。
⑪ 方行等编《中国经济通史·清代经济卷》(中),经济日报出版社,2000,1178。

洲南部出卖,并到西印度去非法出卖"①。这些闻名于世界的"南京布"其实主要是南京周边的苏州、无锡、常州等地所产,《苏州府志》记载:"木棉布,诸县皆有,常熟为盛";无锡布"轻细不如松江,而坚致耐久则过之,故通行最广大",远商贩运不绝,无锡因而又有了"布码头"之称②。

东南沿海各省不仅以海洋之便较早迈入到世界贸易一体化的前期进程中,同时,还依托大运河、长江水系之便,建立了一个遍布全国的大市场、大贸易圈。"吉贝则泛舟而鬻诸南,布则泛舟鬻诸北","吾乡所出,皆切实用,如绫、布二物,衣被天下,虽苏、杭不及也"③。"有研究估计,道光二十年,全国棉布产量将近 6 亿匹,鸦片战争前,国内市场上的棉布流通量在 3.1 亿匹,占产量的 52% 以上。进入长距离运销的有 4500 万匹左右,约占全部商品量的 15%,其中 90% 产于苏松地区"。苏松布匹的远销也带动了上海沙船运输业的兴起,"松太所产(棉布),卒为天下甲,而吾沪所产,又甲于松太,山梯海航,贸迁南北,……而沙船之集上海,实缘布市"④;"冀北巨商,挟资千亿,岱陇东西,海关内外,券驴市马,日夜奔驰。驱车冻河,泛舸长江,风餐水宿,达于苏常,标号蓝庄,非松(江)不办。……松之为郡,售布于秋,日十五万焉"⑤,苏、松、锡、常成为全国乃至世界布匹贸易的主要供应地,这就必然地刺激了织布的原材料——棉花的种植生产。

元代黄道婆将棉花种植与纺织的技术带回江南,江南因其特殊的土壤结构与气候,十分适应棉花的种植与生产,所以,历元、明二代的不断发展,到了清代江南就形成了"农家树艺,粟菽棉花参半"⑥、"沿海一带不种秧稻,止种棉豆"⑦的农业生产结构。乾隆年间,两江总督高乾奏报说:"松江府、太仓府、海门厅、通州地方并所属各县,殆近海滨,率以沙涨之地,宜种棉花,是以种花者多,种稻者少";"以现在各厅州县农田计之,每村庄知务本种稻者,不过十分之二三,图利种棉者,则有十分之七八"⑧。棉花取代水稻成为江南的主要农业产品,不仅为日益增长的棉布需求提供了充裕的原材料,而且还反过来进一步促进棉纺织业的发展,使之形成了完整的由原料(植棉)

---

① H. B. Morse, The Chronicles of the East India Company Trading to China, 1635—1834, Oxford, 1926, Vol.3, P. 181
② 黄卬《锡金识小录》卷1。
③ 徐光启《农政全书》卷35。
④ 包世臣《安吴四种》卷29。
⑤ 钦善《松问》,贺长龄《皇朝经世文编》卷28。
⑥ 叶梦珠《阅世编》卷七。
⑦ 《宫中档雍正朝奏折》第4辑。
⑧ 《清经世文编》卷37。

到纺纱、织布的新兴产业。这个新兴产业的出现,有力地填补与解决了明、清江南赋税重于全国的问题,农民依靠植棉、纺织这种家庭手工业的劳动取得了远远高于传统农业种植的收入,"图利种棉者,则有十分之七八",传统农业自给自足的生产结构在江南完全被颠覆。江南的土地"十之七八"被用来植棉与种桑,农业生产的结构呈现出明显的商品化生产的趋向。"1600年,这种贸易(海外)造成每年大约有 20 万公斤的白银流入从宁波到广州的华南和东南沿海地区。对丝绸的旺盛需求引起了土地使用方式的重大变化。……到 1700 年大约一半的森林植被遭破坏(低处种植桑树、棉花、甘蔗和水稻,高处种植玉米和红薯)"①。海外贸易有力地促进了中国传统农业生产结构的解构,在海内外市场的共同作用下,江南乃至东南的土地资源被纳入世界性的商品生产进程之中。

海外贸易在将中国的农产品纳入世界经济一体化过程中的同时也促进了中国国内市场的大发展。沿海农产品商业化后,其粮食自给就成为问题,这就刺激了长江上游与华北地区粮食作物的生产,而长江与大运河水道的疏通,则进一步支持着国内贸易与国际贸易的互动与发展。大运河上"燕赵、秦晋、齐梁、江淮之货,日夜商贩而南;蛮海、闽广、豫章、南楚、瓯越、新安之货,日夜商贩而北"②,沿长江的商贸主要是粮食与木材,"即如福建之米取给于台湾,浙江、广东之米取给于广西、江西、湖广,而江浙之米皆取给江西、湖广。上数省之米苟无阻滞,岁岁流通,源源不绝,小民虽遇歉收,尚不至于无食"③。江西、湖广乃至四川的粮食依赖长江水道之便,"岁岁流通,源源不绝"地向江浙、闽广乃至陕晋等省运送,由是形成了汉口、九江、芜湖等长江沿线的"米码头"。由于国内长江、大运河、黄河、汉水、珠江、湘江、赣江等纵横交错的水道运输网与沿海海岸线结合,形成海内外贸易大市场,促进了中国前工业化中的农产品大规模、快速度地向商业化转化的社会经济结构大转型,而江南是这个海内外贸易的中心枢纽,所以,江南的这一转型特征就分外突出与典型。

二、东南社会与文化的发展

(一) 劳动力的解放与流动

传统农业生产对体力的要求较高,绝大部分妇女被摒除在农业生产过

---

① [德]贡德·弗兰克著、刘北成译《白银资本:重视经济全球化的东方》,中央编译出版社,2013,151。
② 李鼎《借箸编》,《李长卿集》卷 19。
③ 《宫中档雍正朝奏折》第 6 辑,323。

程之外,中国由是形成了"男主外,女主内"的生产与生活格局。旧时妇女一般都是待在家中,从事"中馈"类的厨房、洗补之类的辅助性劳动。虽然自古也有"男耕女织"之说,但在明清之前,这种"织"只是少量的家庭自用衣被而已。但到了明清,农产品商业化后,纺织业成为江南最主要的生产性产业之一,长期从事这一产业的妇女亦成为生产的主力军,从家庭的附庸解放出来,成为家庭生产的主力。

东南沿海地少人多,特别是江南虽然环太湖平原土地肥沃,但明、清江南田赋之重甲于天下,"松郡赋税甲江南,三百年而尚存视息者,全赖此一机一杼而已"①。棉纺织业有效地缓解了田赋之重的压力,"乡村纺织,犹尚精敏,农暇之时,所出布匹,日以万计。以织助耕,女红有力焉"②。"以织助耕,女红有力"的记载充分说明纺织业不但解决了耕作业收入过低的问题,更为重要的是还将妇女劳动生产力从闺房中解放出来,妇女的解放迈开了关键性的一步。"纺织不止村落,虽城中亦然……织者日成一匹,有通宵不寐者。"李伯重先生认为:"1820 年代华娄市镇居民总户数为 15000 户,纺织户占 50%,即为 7500 户。每个纺织户中从事纺织的劳动力,依农村纺织户均 1.5 个计,共 11250 人,兹以 1.1 万人计,人均产量以农村棉纺织业人均产量计,年总产量应为 48.6 万匹。府城也有妇女从事棉纺织,……城乡合计,共有从事纺织的劳动者 11.3 万人,年产布 500 万匹。"③这 11.3 万人毫无疑义全部为妇女,华娄市镇全部 1.5 万户中,80% 左右的家庭都有一名成年妇女在从事纺织业的生产,妇女成为江南前工业经济发展的重要劳动力组成。

除了妇女从家务劳动中被解放出来,成为纺织业生产的主要劳动力之外,清代"摊丁入亩"的赋税改革彻底废除了劳役税,从而使劳动人口也彻底地得到解放,大量富余的劳动力离开乡村,汇入因海内外市场网络的发展而形成的前工业经济的工商大潮中,由此形成了劳动力人口的大规模流动,这个劳动力人口的大规模流动在东南江、浙、闽、广等省十分突出,特别是江南地区更为典型。

在商品与利润的牵引下,全国各地乃至世界的商人都向江南与东南沿海聚集。江南之苏州(含上海)、扬州、杭州等地,既是水运的汇转之地,也是进出口货物的集散之地,各地商人、商帮如蜂逐蜜,蜂拥而来。"吴为东南一

---

① 徐光启《农政全书》卷35。
② 明正德年间修《松江府志》卷七。
③ 李伯重《中国的早期近代经济:1820 年代华亭-娄县地区 GDP 研究》,中华书局,2010,88。

大都会,当四达之冲,闽商洋贾,燕齐楚秦晋百货之所聚,则杂处闾阎者,半行旅也"①;"徽之富民尽家于仪扬、苏松、淮安、芜湖、杭湖诸郡"②;徽商"贩运茶叶赴京暨关东售卖,向系装至江苏上海县城雇觅沙船运送"③;"徽多木商,贩自川广,集于江宁之上河,资本非巨万不可"④。雄厚的资本,加上重血缘联结、重宗族互助的传统,使徽商在迅速成为南中国第一大商帮的同时,也将江南变成了他们的"殖地",徽州歙县大阜村"丁口几万人,迁于外者指不胜屈,何其盛哉!"⑤苏州著名的潘氏家族就是从这"指不胜屈"的商人移民中脱颖而出的。此外,如扬州和苏州的程氏家族、汪氏家族、方氏家族,也都是徽商移民的后代。

除了徽商因地利之便而进入江南之外,全国各地特别是东南沿海的商人与江南贸易最为繁盛。上海嘉定因交通便利,周边农户纺织的布匹均向此集中,形成了"商贾贩鬻,近自杭、歙、清、济,远至蓟、辽、山、陕"⑥的布商云集的局面;苏州吴江盛泽镇同样也是因太湖水网之便而成为著名的丝织品集散商业中心,"远商鳞集","粤、闽、滇、黔辇金至者无虚日"⑦……商人大量地向江南集中,他们的子孙也就寓居于此,从而发生了很多冒籍科举考试的事,"江苏所属一水相通,而江浙两省复土壤相接,从前隔省及同省异府异县冒考取进者甚多"。为此,"雍正七年(1729年)议准,浙属冒籍文武生员除入籍二十年以上有田产庐墓者不议外,其余照准台湾例。……嗣后非入籍二十年者,不准收考"⑧。这实际上是颁发了移民二十年就可以"异地高考"的通行证,从而进一步鼓励了徽、浙、闽等省商人向江南的移民。如"刘凤翼,字良翰,其父闽人,家于乍浦,凤翼遂入籍平湖,补诸生";"闽人辜立儒,字廷标者,随父商于乍(浦),遂家焉"⑨。

大量的商人移民出于联络乡情、交换信息、互助互扶的需要,就在江南的苏州等地建立了众多的会馆。"据不完全统计,明清时期,苏州共有公所会馆80多个,涉及行业30多种,府以上地区30余个"⑩。而据唐力行先生

---

① 乾隆《吴县志·市镇》。
② 康熙《徽州府志》卷二。
③ 程祖洛《复奏海运疏》,《清经世文编》卷48,1171。
④ 《歙事闲谈》第18册,《歙风俗礼教考》;张海鹏、王廷元主编《明清徽商资料选编》,179。
⑤ 民国十六年修《大阜潘氏支谱》附编卷进10《重修大阜宗祠记》,35。
⑥ 万历《嘉定县志·田赋物产》。
⑦ 沈云《盛湖杂录》。
⑧ 嘉庆《钦定学政全书·清厘籍贯》。
⑨ 邹景《乍浦备志·杂记》。
⑩ 张海林《苏州早期城市现代化研究》,苏州大学出版社,1999,25。

统计,清代"苏州公所的数量已达 218 个,居于全国商业城市之前列"①。由此可见以苏州为核心的吴地商业性的移民与"行旅"之多。这些以经商逐利为目的的商业人口的流动,进一步带动了为他们服务的手工业、运输业、服务业的人口流动,而且后者的数量与规模远远超过商人流动的数量与规模。

  作为工商业核心城市的苏州,有着大量的外来人口从事着手工业、运输业、服务业诸类行业的生产。明人记载:"吴中浮食奇民,朝不谋夕,得业则生,失业则死。臣所睹记,染房罢而染工散者数千人,机房罢而织工散者又数千人。"②"绫绵、缂丝、纱罗、帛绢,皆出郡城机房,产兼两邑,而东城为盛,比屋皆工织作,转贸四方,吴之大资也"③;到了清代,苏州的外来务工人员进一步增多,而且呈现出专业化集中的趋势,"织作在东城,比户习织,专其业者不啻万家",从业人员应在 10 余万④。"苏州阊门外一带充当包头(踹石工头)者,共有三百四十余人,设立踹坊四百五十余处,每坊容匠各数十人不等。查其踹石已有一万九百余块,人数称是"⑤,即有近 2 万名踹石工头。据李伯重先生统计,1820 年松江府下属的华娄"共有从事纺织的劳动者 11.3 万人";"碾米业的从业人员总数为 2400 人";"榨油从业人员总数应约为 7000 人";"酿酒业从业人数总数应为 3000 人";"染踹业从业人员总数应约为 900 人";"造船业从业人员总数约为 2200 人";"制盐业从业人员总数应为 650 人,兹以 700 人计";"府城和市镇合计,应有建筑工匠约 4000 人";"窑业从业人员数折合一年工作 270 日的专业人数,为 2900 人"。合计三大类工业生产从业人数为 22200 人,"1820 年代华娄地区的商业与服务业应有从业人员 28500 人"⑥,两者相加有 5 万余人,而当时华娄户口数为 1.5 万户,按户均 5 人计算,约为 7.5 万人,外来的劳动力人口即为本地人口的 2/3,而且全部是青壮年劳动力。

  从李伯重先生的统计中可以看出,当时华娄从事生产劳动力的人口为 22200 人,而从事商业与服务业的人口为 28500 人,即从事第三产业的比从事第二产业的人口还多 6300 人。这反映了江南不但是当时前工业社会的生产中心,而且随着生产的繁荣,为商业与商人、官僚服务的服务业也十分发达。如江南上层绅商喜好的昆曲、下层百姓乐闻的评弹文化等消闲服务

---

① 王国平、唐力行主编《明清以来苏州社会史碑刻集》,苏州大学出版社,1998,12。
② 《神宗万历实录》卷三六一。
③ 嘉靖《吴邑志》卷十四。
④ 乾隆《长洲县志》卷16。
⑤ 《雍正朱批谕旨》第 42 卷,雍正八年七月二十五日,李卫奏。
⑥ 李伯重《中国的早期近代经济:1820 年代华亭—娄县地区 GDP 研究》,中华书局,2010,88—116。

业都在明清之际诞生并发展和兴盛。为这类服务业提供场所的除了各地商人建立的会馆公所之外,还有中下层流动人口聚集的各类茶坊与澡堂。"吴中无业资生之人,开设茶坊,聚四方游手闲谈。"这些茶坊往往也是商人们交流信息之地,苏州米业即"晨集茶肆,通交易",名为茶会①。无论是苏州还是华娄,数十万的手工业、运输业、服务业的劳动者中绝大多数是各地的移民,苏州218所公所会馆的先后建立,就是顺应这些来自异地的商人与劳动者各类社会服务需求而生的。《元和县示禁保护水炉公所碑》载:"身等原籍溧水等邑,在苏开张水灶为业,缘异乡投苏帮伙甚多,适有疾病身故,以及患病无力医调者,亦复不少。身等店业资本微细,毫无移措,目观伤心。前经同业吴培其等公议捐资投立公所,以备棺殓之费";理发业的公所也是因"镇扬旧属人民流寓苏州极伙,向无公所以联乡谊"而成立;麻油业则是因"身等籍隶溧水、绍兴等处,在苏麻油生理。同业帮伙以及挑担之辈,俱系贫苦子身,年迈力衰,有病无力,谋糊口又乏栖止,情实可悯。是以前董张殿荣等于道光二十五年公议规条,捐资吴邑朱家庄设立公所";"珠腊垂笺纸业,帮伙类多异乡人氏,或年老患病,无资医药,无所栖止;或身后棺殓无备,寄厝无地。身等同舟之谊,或关桑梓之情,不忍坐视",由此而成立绚章公所②。从这类碑文中可以看出,苏州各类手工业者及其"帮伙",绝大多数是外地的流动人口,在脱离了农业社会的血缘互助之后,迫切需要建立医疗、失业、养老、送终之类的社会保险服务,并创办出具有这类互助与保险功能的各类会馆与公所,这是前工业社会发展中国城镇社会自组织的一个伟大创造,顺应了清中叶"摊丁入亩"劳动力获得自由流动后的社会发展需要,从而为江南市镇的顺利发展奠定了社会基础。

(二)商业市镇与社会文化习俗之演变

西方学者施坚雅在论及中国城市化网络形成的过程时说:"在中国唯一最重要的技术应用,从其对城市化影响来讲,是水路运输。在这方面,复杂的中国技术的组成部分,诸如造船、航行、运河、水闸和各种水利工程,起初是作为一个区域内地理条件,特别是河道系统的构成和地面特点的优势。但这种潜力只有通过投资才能实现。这就表明在更加城市化的地区,在运输有效性和有利于集中资本的所有因素之间存在一个反馈圈。在这种多元的分析中,有效的运输对于其他各种因素起着推进作用。它促进人口增长、

---

① 方行等编《中国经济通史·清代经济卷》(中),经济日报出版社,2000,1183。
② 王国平、唐力行主编《明清以来苏州社会史碑刻集》,苏州大学出版社,1998,129、306、311。

区域专业化、农村商品化和区域内外贸易"①。明清之际江南以及东南沿海市镇的兴盛，正是建立在这种水网密布、桥梁纵横、船流如织等水道航行与配套工程完备的基础之上的。而徽商、晋商、浙商、闽商、粤商等商帮集中于大运河和沿海一线的江南与东南城市及集镇，恰是"在运输有效性和有利于集中资本的所有因素之间存在一个反馈圈"的历史印证。处于这个反馈圈中心的江南，宋代时大批处于水路运输枢纽位置的草市、村落，到明、清时迅速地发展成为专业性十分明显的商业市镇，如苏州枫桥就是著名的米市，"大都湖广之米辏集于苏郡之枫桥，而枫桥之米间由上海、乍浦以往福建"②。除枫桥外，吴江平望、湖州乌镇等都是著名的米市；长江上游及中游如四川、两湖、江西、安徽产粮区的粮食通过长三角这些专业米市集镇需求的拉动，大批东下，并形成了汉口、九江、芜湖等一级批发的米市场，再由芜湖进入枫桥、乌镇等二三级批发米市。除米市外，苏州周庄、唯亭、华亭七宝、吴江黎里等都是著名的布纱交易的市镇。周庄交易的棉布有綦子布、雪里青布，远销国内外，号称"周庄布"；唯亭"里中夏布、毛毯名称四方，习是业者霖雨桥头上下塘俱多，谓之庄家。漂染、彩画俱极精巧"。上述这些产品都远销海外，所以镇里专业海上贸易者有200余人。③ 此外，如震泽的丝绸、陆幕的砖窑、章练塘的水车、浒关的草席等等都以其专业化集中、生产链上下游配置齐整而享誉海内外。这些新兴的市镇以遍布江南的水网运输为依托，并通过东南沿海的海运而与世界市场联为一体，形成了长江、东南沿海、运河这三条经济带的贸易平台，在支持苏州、杭州、南京、宁波、福州、芜湖、九江、汉口、扬州、淮阴等城市发展的同时，也完成了由农村社会之草市向前现代市镇的过渡，成为传统乡村与近代工业城市的一个过渡载体，对东南沿海社会的发展起到了极大的促进作用。"据初步统计，明初仅苏州、松江、太仓三府州就有市镇118个，清末发展到459个。其中千户以上的市镇至少有28个，而盛泽、法华等镇都是万户以上的巨镇"④。这些密如繁星的江南市镇是商品生产、商业贸易的中心点，也是物流、人流、资金流的汇集地，"海漕市舶之所，帆樯灯火、歌舞之音不绝……民习见用贫求富农不如工，工不如商，故喜逐末仰机利而食。广厦窟房，淫声丽色，贾人之风"⑤。

---

① 施坚雅著、陈克译《十九世纪中国的区域城市化》，天津教育出版社编《城市史研究》第1辑，104—105。
② 蔡世运《与浙江黄抚军请开米禁折》，《皇朝经世文编》卷44。
③ 道光《元和唯亭志·杂记》。
④ 张海林《苏州是期城市现代化研究》，南京大学出版社，1999，11。
⑤ 程穆衡《镇洋风俗记》，顾沅辑《吴郡文编》（一），上海古籍出版社，2012，225。

前工业化过程中的商业经济与文化成为江南与东南沿海市镇的一个突出的现象。

商业经济的发展也使东南沿海省份的日常社会生活发生了深刻的变化,"广厦窟房,淫声丽色,贾人之风"成为江南乃至东南沿海城市与市镇的一个普遍现象。"吴俗奢华"、"广东俗尚繁华"①这类史料记载屡见不鲜。这类"奢华"的社会习俗其实是适应商品经济发展而伴生的前消费社会现象。因为商品需要消费,只有消费才能拉动商品经济的正常运转,而资本在追逐利润的天性驱使下,会不断地制造出新的产品来刺激新的消费,于是一些新的被时人视为"奢华"的消费习俗就开始产生,并逐渐发展和流行而成为时尚。这种趋势萌发于明朝中后期海外贸易发展之际。

明朝嘉靖版《江阴县志》有载(1548年唐顺之序):"国初时,民尚俭朴,三间五架,制甚狭小。服布素,老者穿紫花布长衫,戴平头巾。少者出游于市,见一华衣,市人怪而哗之。燕会八簋,四人合座为一席,折简不盈幅。成化(1465—1487年)以后,富者之居僭侔公室,丽裙丰膳,日以过求。既其衰也,维家之索,非前日比矣。"万历年间的《上元县志》有载:"甚矣风俗之移人也。闻之长者,弘、正间(1488—1521年)居官者,大率以廉俭自守,虽至极品,家无余资……嘉靖间(1522—1566年)始有一二稍营囊橐为子孙计者,人尤其非笑之。至迩年来则大异矣。初试为县令,即已置田宅盛肩舆,贩金玉玩好,种种毕具。甚且以此被谴责,犹恬而不知怪。此其人与白昼攫金何异?"从这些时人的记载中可以看出江南奢华之风兴起于明代中叶之后,并在明末与清代继续发展。

清中叶,台湾收复之后,海外贸易得以大幅度恢复与发展,江南、东南沿海随着商品经济的发展,奢华之风亦越演越烈。特别是康熙、乾隆多次下江南巡游,官员与巨商大贾极力逢迎,从而进一步促进了江南生活奢华之风。"(织造李煦)恭逢圣祖南巡四次,克己办公,……公性奢华,好串戏,延名师,以教习梨园,《长生殿传奇》衣装费数万,以至亏空若干万。"②康熙、乾隆祖孙酷嗜戏剧,不仅造成了李煦织造府的巨额亏空,而且也进一步促进了江南戏曲的发展。时人李斗记载:"天宁寺本官商士民祝厘之地,殿上盖松棚为戏台,演仙佛、麟凤、太平击壤之剧,谓之大戏,事竣拆卸。迨重宁寺构大戏台遂移大戏于此。两淮盐务,例蓄花、雅两部,以备大戏,雅部即昆山腔,……昆腔之胜,始于商人徐尚志聘苏州名优为老徐班;而黄源德、张大

---

① 郭嵩焘《郭嵩焘日记》(二),湖南人民出版社,1983,115。
② 《杂记四》,道光《苏州府志》卷148。

安、汪启源、程谦德各有班。洪充实为大洪班,江广达为德间班,复征花部为春台班;自是德意为内江班,春台为外江班,今内江班归洪箴远,外江班归罗荣泰。此皆谓之内班,所以备演大戏也。"①扬州商人私家戏班如此之多,其实主要是由于在供奉皇帝南巡后形成了以戏曲休闲的文化消费之风。这种文化消费在农业社会中当然就是一种奢华之风了。同时,这种文化消费也是建立在一定的财力与文化之上的,"德音、春台两班,频年盐务衙门并未演戏,仅供商人家宴,亦每年开销三万两"②。富有财力的盐商与苏州的文化积淀结合起来,"扬州盐商纷纷招苏州名优备蓄家班。故此,苏州、扬州形成为当时全国戏曲的中心城市。'苏州名戏淮扬聚','老昆小旦尽东吴',扬州城内的苏唱街,为吴门戏子族居之地,其上的老郎堂,亦为梨园总局所在"③。因康熙、乾隆南巡而带动的戏剧之兴盛,不仅影响到盐商的闲暇文化消费和苏、扬戏曲人才的流动,甚至引发了扬州城市居住结构的变化,形成了"苏唱街"这一苏州戏剧艺人的集中居住地。

　　康、乾南巡,不仅直接刺激了江南戏曲的发展,同时也极大地促进了吴地社会文化的醒目变化。"王渔洋谓吴俗有三好:斗马吊牌,吃河豚鱼,敬畏五通神,虽士大夫不免。……近日缙绅先生又有三好,曰:穷烹饪、狎优伶、谈骨董。三者精,可以抵掌公卿矣"④。"吴俗"新三好其实都与康熙、乾隆南巡有关,"穷烹饪",是为了供奉皇帝的饮食所需而不断地研究新的菜肴;"狎优伶",是从戏剧大盛而演化出来的;"谈骨董",则是为供奉皇帝对古玩、字画的需求演变而成。郑板桥说:"世人癖好骨董,近日扬州此风愈盛。都转卢公,雅喜考究此道,但求物真,不计值巨。进者既多,骨董成市,懿与盛哉!……骨董盛行,骨董商之腰缠乃富。"⑤这位任职盐运使的卢公之所以能"但求物真,不计值巨",以至"进者既多,骨董成市",其根本原因就在于"上有所好",乾隆自命为"十全老人",对文物书画十分爱好。江南各地之官员投其所好,以至移风成俗,"癖好骨董",喜好收藏成为至今不息的吴地风尚。

　　江南奢华之风,还通过来往于两地的徽商传播到徽州山区。"六邑各有所尚,大概歙近淮扬,休近苏松,婺、黟、祁近江右,绩近宁国。而歙、休较侈,数十年前,虽富贵人家妇人,衣裘者绝少,今则比比皆是,而珠翠之饰,亦颇

---

① 李斗《新城北录》(下),《扬州画舫录》卷5。
② 《请删减盐务浮费及摊派等款附片》,《陶文毅公全集》卷十一。
③ 王振中《明清徽商与淮扬社会变迁》,三联书店,1996,29。
④ 阮葵生《茶余客话》卷8。
⑤ 《郑板桥外集·尺牍·枝上村寄米旧山》。

奢矣。大抵由商于苏、扬者启其渐也。"滥觞于商人商业贸易的奢华消费之风,亦随着徽商的脚步浸淫到素有"人知节俭"、"为啬而务蓄积"①的徽州山区,风俗之移人,可见一斑。

商业市镇的兴起除了使戏曲、居室、饮食、服饰诸方面社会习俗由农业社会之"节俭"而移化为消费社会之"奢华"之外,还促进了一个新的奢华之风的兴起,那就是"冶游"之风。

商业市镇将众多的人口聚集在一个有限的空间之中,人类对自然山水的天然情结受到扼制,特别是商品经济生产与贸易竞争中的紧张与压抑也需要自然的山水予以宣泄。于是,富商大贾在城镇之中叠石造山、树木建林,苏州、扬州、杭州私家园林纷纷出现。这些私家园林虽然也对公众开放,但空间狭隘,所以江南市镇的民众与仕宦商贾还是喜欢到自然的山水中去游玩,由是,在江南兴起了"冶游"之风。而且此风同样也是起于明中期,盛行于清中叶之后。

明中叶之后,"冶游"之风开始盛行于江南。苏、常诸州仕宦商贾常在夏季乘船出游,游山玩水之余,也借此而避暑。浙江临海人王士性(1547—1598年)曾描述这些游船至访南京的情景:"至淮清桥乃与清溪合,缘南城而出水关……夏水初阔,苏、常游山船百十只,至中流,箫鼓士女阗骈,阁上舟中者彼此更丰觑为景。"②除了这种沿太湖水网城际之间的"冶游"外,更多的是城市内的"冶游"。清道光七年(1827年)顾沅辑成《吴郡文编》,其中《游记》即达9卷141篇,可见苏城"冶游"之风已成民俗。"吴越都会,其中具五民,故俗庞。土故沃衍,濒三江五湖之利,自明以来,江南赋入率当天下什五。而郡又独江南什五,故其赋重。井屋以侈靡相高。织作冰纨,方空组绣,锦绮纯丽之物,号衣履天下。丽伎画舫相激逐无咎日,故民娱食美衣而好游"③;"虎丘去城可七八里,其山无高岩邃壑,独以近城故,箫鼓楼船,无日无之。凡月之夜,花之晨,雪之夕,游人往来,纷错如织。而中秋为尤胜。每至是日,倾城合户,连臂而至。衣冠士女,下迨蔀屋,莫不靓妆丽服,重茵累席,置洒交衢。间从千人石至山门,栉比如鳞,檀板丘积,樽垒云泄,远而望之,如雁落平沙霞铺锦上。雷辊电霍,无得而状④";"六月二十四日,偶至苏州,见士女倾城而出,毕集于葑门外之荷花宕。楼船画舫至鱼艓不

---

① 许承尧《歙风俗礼教考》,《歙事闲谭》卷18,黄山书社,2002。
② 《两都》,《广志绎》卷2。
③ 宋荦《苏州府志序》,顾沅辑《吴郡文编》(一),卷2,上海古籍出版社,2012,31。
④ 袁宏道《虎丘记》,顾沅辑《吴郡文编》(一),卷20,上海古籍出版社,2012,319。

艇,雇觅一空。远方游客,有持数万钱无所得舟,蚁旋上岸者。……宕中以大船为经,小船为纬,游冶子弟,轻舟鼓吹,往来如梭。舟中丽人皆倩妆淡服,摩肩簇舃,汗透重纱。舟楫之胜以挤,鼓吹之胜以杂,男女之胜以溷,消暑燀烁,靡沸终日而已"①。"冶游"之风,遍布江南,清明、中秋及各类庙会皆是江南人出游之大好时令,"越俗扫墓,男女炫服靓妆,画船箫鼓,如杭州人游湖,厚人薄鬼,率以为常。……后渐华靡,虽监门小户,男女必用两坐船,必巾、必鼓吹,必欢呼畅饮。下午必就其路之所近,游庵堂寺院及士夫家花园。鼓吹近城,必吹《海东青》、《独行千里》,锣鼓错杂。酒徒沾醉,必岸帻嚣嚣,唱无字曲,或舟中攘臂,与侪例厮打。自二月朔至夏至,填城溢国,日日如之","西湖七月半,一无所看,止可看看七月半之人。……以故二鼓以前,人声鼓吹,如沸如撼,如魇如呓,如聋如哑,大船小船一齐凑岸,一无所见,止见篙击篙、舟触舟、肩摩肩、面看面而已"。

江南这种"冶游"之风,不仅顺应了江南商业消闲文化的需要,同时也是一种促进商业消费发展的方式,很多商业贸易正借这种名目繁多的庙会、香会、节日中的"冶游"等而得以发展。如"西湖香市,起于花朝,尽于端午。山东进香普陀者日至,嘉、湖进香去天竺者日至。至则与湖之人市焉。故曰香市。然进香之人市于三天竺、市于岳王坟、市于湖心亭、市于陆宣公祠,无不市,而独辏集于昭庆寺。昭庆寺两廊故无日不市者,三代八朝之骨董,蛮夷闽貊之珍异,皆集焉。至香市,则殿中边甬道上下、池左右、山门内外,有屋则摊,无屋则厂,厂外又棚,棚外又摊,节节寸寸,凡胭脂簪珥,牙尺剪刀,以至经典木鱼、伢儿嬉具之类,无不集。……数百十万男男女女,老老少少,日簇拥于寺之前后左右,凡四阅月方罢。"②又如苏州上方山五通神祠,虽明清以来屡为官府斥为"淫祠"而遭禁毁,但由于它适应了商人信仰及庙会商业贸易的需要,所以屡毁屡建,"几数百年,远近之人,奔走如骛,牲牢酒醴之餐,歌舞笙簧之声,昼夜喧染,男女杂逐,经年无时间歇。岁费金钱何止数十百万。商贾市肆之人,谓称贷于神,可以致富,借直还债,神报必丰。谚曰其山曰肉山,其下石湖曰酒海"③。"肉山酒海"的谚称恰恰说明了上方山庙会中各种商业交易之盛,所以,尽管明、清乃至民国时期上方山五通神祠多次为笃信儒家"不语怪力乱神"的政府官员拆毁,但毁过之后很快就被信徒与商贾们修复如故。商业贸易的经济需求是五通神随着徽商而遍及江南的内

---

① 张岱《陶庵梦忆·西湖梦寻》,浙江古籍出版社,2012,11。
② 张岱《陶庵梦忆·西湖梦寻》,浙江古籍出版社,2012,11、90、89。
③ 汤斌《奏毁淫祠疏》,顾沅辑《吴郡文编》(三),卷75,上海古籍出版社,2012,47。

在因素,儒臣们不察,徒费精力与物力。

江南经济的发展带来了社会习俗由俭而奢、冶游不息的变化,尽管这种与传统农业经济格格不入的消费文化习俗遭到泥古不化的儒臣们的抨击,但敏锐的江南士人却从中窥见这种"奢侈"、"冶游"的习俗其实是促进了社会就业与经济发展的。明代松江人陆楫对此就有清醒的认识,他针对传统思想的"崇俭禁奢"论而专门著作了《禁奢辩》,强调"今天下之财赋在吴越。吴越之奢,莫盛于苏杭之民","只以苏杭之湖山言,其居人按时而游,游必画舫、肩舆、珍馐、良酝、歌舞而行,可谓奢矣。而不知舆夫、舟子、歌童、舞妓仰湖山而待(烧火做饭)者,不知其几"。奢华的"冶游"为众多的普通劳动者增加了就业的机会与收入,这种表面奢华的消费其实刺激了经济的发展。所以,俭与奢并不是人为的行政能力所能决定的,而是取决于其内在的经济条件,"大抵其地奢,则其民必易为生,其地俭,则其民必不易为生者也","盖俗奢而逐末者众也","彼以粱肉奢,则耕者、庖者分其利;彼以纨绮奢,则鬻者、织者分其利","吴俗尚奢,而苏杭细民多易为生,越俗尚俭,而宁绍金衢诸郡小民恒不能自给,半游食于四方"①。这种反传统的认为"奢华"、"冶游"有益社会就业与经济发展的思想在江南有较多的共鸣者,如浙江钱塘人田汝成亦言:"禁人游湖,以为撙节民财,此非通达治体之策也","游湖者多,则经纪小家得以买卖趁逐,博易糊口"②;浙江临海人王士性亦言:"游观虽非朴俗,然西湖业已为游地,则细民藉此以为利,日不止千金",若"有司时禁之,因以易俗,但渔者、舟者、戏者、市者、酤者咸失其本业,反不便于此辈也"。"奢华"、"冶游"的社会习俗其实是建立在城市社会多元社会服务需要的基础之上的,"男女自五岁以上无活计者,即缙绅家亦然。城中米珠取之于湖,薪桂取于岩,本地止以商贾为业,人为担石之储,然亦不以储蓄为意,即舆夫仆隶奔劳终日,夜则归市肴酒,夫妇团醉而后已。明日以别为计"③。乾隆《吴县志》的编纂者施谦也说:"议吴俗者皆病其奢,而不知吴民之奢亦穷民之所藉以生也。"④城市商业经济奢华的消费为城市贫民、小商贩提供了充分就业的机会,如果没有这种消费,"财日上积而不下流,至使天下农工商贾不得挟其所业以仰食于富人",结果"天下财源之日竭,民生之日困"⑤。没有奢华的冶游消费,往往就会造成商品经济的梗阻,造成"天下

---

① 陆楫《禁奢辩》,《蒹葭堂杂著摘抄》,商务印书馆,1936。
② 田汝成《熙朝乐事》,《西湖游览志余》卷20。
③ 王士性《江南诸省》,《广志绎》卷四。
④ 顾沅辑《吴郡文编》(一),卷4,上海古籍出版社,2012,77。
⑤ 郑梁《俭论》。

财源之日竭,民生之日困"的严重后果。消费拉动经济发展,形成社会发展的良性循环,这就是"奢华"、"冶游"社会习俗得以产生和发展的内在动力。

　　商品经济发展驱使城市生活与文化消费需求走向多元和旺盛,多元和旺盛的需求又刺激着多元社会服务行业的兴起,这种经济与社会习俗的互动,受其内在规律的相互作用并进而促进社会经济与文化共同发展。所以,陆楫说"要之先富而后奢,先贫而后俭,奢俭之风,起于俗之贫富,虽圣王复起,欲禁吴越之奢,难矣!""苏杭之境为天下南北之要冲,四方辐辏,百货毕集,使其民赖以市易为生,非其俗奢故也"①。"奢华"、"冶游"的社会习俗是建立在经济发展之"市易"而"富"的基础上的,是有益于经济发展与民生的,这种情况圣王尚不能禁,何况地方官府。聪明的办法就只能是顺势利导,与民同乐地投身于这一时代的消费商业文化的大潮之中。在这个问题上,乾隆不愧为一代英主。他在多次巡游江南后说:"富商大贾出有余以补不足,而技艺者流藉以谋食,所益良多,使禁其繁华歌舞,亦诚易事,而丰财者但知自啬,岂能强取之以赡分民。"②他实际上是肯定了江南士人反传统的奢华消费带动经济发展的理念。

　　商品经济拉动了江南城镇的发展以及与之俱生的城市商业性消费,得到江南士人群体中相当部分人的肯定与支持,并得到了乾隆皇帝的认可,这种社会习俗与文化理念的转变极大地促进了江南士人对商业的重视和投入,鸦片战争之后的洋务运动、清末新政更加快了这一儒商融合的历史进程,以致在清末形成了一个转型社会中的过渡性社会领导阶层——绅商阶层,而"东南文化精英"就是这一阶层的政治代表与领导集团。

三、绅商阶层的形成与发展

　　江南与东南沿海商品经济的发展,催生了城市化与社会习俗、思想文化的变化,传统社会"士农工商"的结构序列开始打乱,一个新的、融士和商于一体的绅商阶层开始萌发。这个萌发的历程与明清时期的商品经济发展同步:鸦片战争后海外贸易取得合法发展,东南商业经济发展加快,特别是太平天国之役后,洋务运动进一步促进近代工商业大发展,捐纳、军功加快了绅与商这两个阶层的互融,绅商阶层开始形成;清末新政使商会得以公开合法地普遍建立,绅商借此得以完成组织的集结,一个得到国家与社会共同认

---

① 陆楫《禁奢辩》,《蒹葭堂杂著摘抄》,商务印书馆,1936。
② 《巡幸志三》,嘉庆《扬州府志》卷三。

可的社会领导阶层——绅商阶层由此而破蛹成蝶、翩翩起舞,影响与左右中国社会发展数十年之久,直至北伐战争,"打倒土豪劣绅"的国民大革命发生,这个阶层才最终退出历史舞台。辛亥革命苏州"和平光复"模式,乃至清帝逊位的"光荣革命"则是绅商阶层的政治代表——东南文化精英政治智慧与理性运作的结果。

(一) 江南与东南绅商阶层的兴起

有关绅商的研究,国内外学者如费正清、余英时、陈旭麓诸位先生都有着很深的研究。在此基础上"构筑了一个比较完整的绅商研究理论体系"的则是马敏先生。他说:"所谓绅商,狭隘地讲就是'职商';广义地讲,无非是指从官僚、士绅和旧式商人向资产阶级转化的一部分人。他们既不再是传统意义上的绅士,也不是近代工商资本家,而是介于二者之间,具有相对统一、明确的经济和政治特征:既从事工商实业活动,又同时享有传统功名和职衔,可以视作新旧时代之间的一种过渡性社会阶层。"这个定义应当说是比较精确与完整的。这个社会新阶层的形成与发展,其实是经历了数百年的发展历程的,是"由明清以来散在的、缺乏明确共同特征和共同利益的绅商而形成为近代绅商阶层,不仅需要相应的数量规模,使之成为覆盖全国的普遍现象,而且需要一个'由散而聚'、'连点成线'的社会凝聚过程,使之逐渐从传统社会阶层中分离出来,开始具备独立社会阶层的明确社会特征。在这一过程中,1905年左右各地商会的普遍设立是构成绅商阶层正式形成的重要标志"①。商品经济发展最早、最快的东南沿海,特别是江南地区则成为绅商阶层"由散到聚"、"连点成线,连线成面"发展历程的典型展示地区。

绅商,其实是传统"四民"社会中的士(绅)与商这两个社会阶层互融的结果。它发轫于宋代,滥觞于明清,聚集于太平天国之役,形成于清末新政的1905年,完结于1927年的国民大革命。绅商阶层的源头实际上是两个,其一是一部分士人转为商人,其二是一部分商人通过捐纳或考试获得"功名",在取得绅衿的社会身份后,依然以商为职业。所以,绅商其实是有着功名身份的商人。这类商人在宋时就有零星出现,明、清后逐渐增多,太平天国之役后"由散而聚";清末新政中,则"点线成面,聚而成形",形成了一个世人瞩目的新社会阶层。这个社会新阶层的产生与江南社会商品经济发展及相应的文化变迁是分不开的。

---

① 马敏《官商之间:社会剧变中的近代绅商》,天津人民出版社,1995,3、96、97。

1. 社会文化的影响

明清之际,东南与江南商品经济的发展催生了社会习俗和文化的变迁,其中一个醒目的变化就是传统的重农抑商观念因受到极大的冲击而解构。江南"商艘时至,民习见用贫求富,农不如工、工不如商,故喜逐末仰机而食,广厦邃房,淫声丽色,贾人之风也"①。"用贫求富,农不如工、工不如商"的现实,使人多地少的东南地区走出了"徽商"、"闽商"、"浙商"、"粤商"等著名的商帮。他们在经商的过程中也认识到文化与"功名"对于商业发展和保护的重要性,所以,一旦经商脱贫之后,他们往往也以雄厚的财力为依据,扶持家族子弟读书入仕,由此而形成了一个由贾而仕、以贾养仕、以仕护贾、绅商互动的良性循环。如徽州就形成了"人庶仰贾而食,即阀阅家不惮为贾"②,"虽士大夫之家,皆以畜贾游于四方"③仕贾交融的文化。这种文化自然而然地就孵化、催生出了"绅商"这一新的社会角色与社会阶层。徽商以江南之苏、杭、扬诸州为尾闾、"殖地",所以,这类由贾入仕、由仕入贾的家族在江南比比皆是,举不胜举。如著名的潘氏家族即为由贾而仕的典型,贵显之后,其家族中虽然代有科第,但亦不废贾,其家族于同治七年(1868)的《松鳞庄增定规条》中就明确规定:"习业谋生足以自立,与读书应试无异,亦应推广成就。"④正是在这种儒、商并重的观念影响下,潘氏家族一直到民国初年还是仕、贾并重,人才辈出,在苏州有"贵潘(祖荫)"与"富潘(祖甲)"之称。贵与富,其实即是仕与贾两个不同职业的特征而已。

明人汪道昆曾对徽商仕、贾并重的文化进行过总结:"夫人毕儒不效,则弛儒而张贾;既而身飨其利矣,及为子孙计,宁弛贾而张儒。一张一弛,迭相为用。"⑤这种儒贾"一张一弛,迭相为用"的方法,有着其内在的合理性。传统社会,仕、士相通,科举入仕后,不仅可以进入官场,而且,即使不做官,士人也有很多免役免税的特权,"一得为此(指生员),则免于编氓之役,不受侵于里胥,齿于衣冠,得以礼见官长,而无笞捶之辱。故今愿为生员者,非必其慕功名也,保身家而已"⑥。江南的士人读书应试,并不是一定要做官,而是借此保护身家,免税免役,并能"以礼见官长",得到官府的尊重与保护,这正是商人们汲汲以求的。同时,宋、明以来,江南文化普及率极高,每年应试

---

① 顾沅《吴郡文编》(一),卷13,上海古籍出版社,2012,227。
② 唐顺之《程少君行状》,《唐荆川文集》卷15。
③ 王世贞《赠程君五十叙》,《弇州山人四部稿》卷61。
④ 民国十六年修《大阜潘氏支谱》附编卷2《义庄规条》,12。
⑤ 汪道昆《海阳处士金仲翁配戴氏合葬墓志铭》,《太函集》卷52,黄山书社,2004,627。
⑥ 顾炎武《亭林遗书十种》,《亭林文集》卷1,上海文端楼印行,1912,17—18。

者数以万计,而每年取士的名额有限,所以,即使要取得生员这个最低的功名,有时也要一考再考。长时间反复的读书、应试、再读书、再应试,这就必然要求有一定的财富积累予以支撑。虽然这个数据难以统计,但从清代捐纳的代价可略知一二,因为捐纳者所愿出的钱往往要低于考取者努力所付出的成本。"据1831年(道光十一年)的户部规定,俊秀要捐监生需纳一百零八两,而生员所纳则为六十至九十两不等"①。由此可见,考上生员的成本应当在百两左右,这不是贫寒之家所能承受得了的,这也是江南、徽州很多读书士子弃儒而从商的根本原因。

商贾可以为读书考仕提供经济支持,科举入仕做官可以给商贾以保护与支持,两者相得益彰,由是江南兴起了亦商亦贾的高潮,出现了一大批著名的儒商与官商。翻开《明清以来苏州社会史碑刻集》,这类事例比比皆是。如《故陈景祥墓志铭》:"景祥少奇巍,克敦孝弟之道。……常曰'贡,孔门之大贤,尚不弃废举,况吾辈乎?'乃挟资为商去来江湖间者数年,而产厚家裕。穷急困悴者投之,意豁如也。永乐中有司选注大户为粮长,俾辖乡之赋税,景祥任之。末民安其业,而税赋无后期,役无滥烦,理人之是非情无枉抑,人多贤之";《故姚宗道墓志》载:"甫壮即承家业,贾衍,故弗暇从学,然于儒大夫士敬之慕之勿怠";《河东薛君墓志铭》载:"君少颖异,尝读举子书,因家累不果卒业,甫弱冠即以贸迁游淮徐间。虽即旅次而周价恤患,好贤礼宾无异平日,为士人所推重。尝自谇曰:'吾既不得为儒者,当为善人。'"其长子薛文,"县学生",在其父辈经商的财富积累中完成了由贾转儒的历程。还有很多贾而兼儒的。如《皇清貤封资政大夫候选光禄寺署正王君敬斋墓志铭》载:"君少困场屋,辍举业习计然术,赞其父资政公及兄朝佐。……尝参辑儒先格言,贻作家训。后随得随记,积至数卷,既老弥健。经史外如范文正忠宣王文成诸集,汤子遗书,陈文恭五种遗规等,无日去手,暇辄为诸孙讲解。"王敬斋因为科举不利而经商,并以经商之财力支持其父、兄科举求仕,其晚年刊刻儒家先贤的文集,则是纯儒者之所为,贾而兼儒的特色十分明显。

鸦片战争后,五口通商,海外贸易合法化,进一步催化了沿海、江南儒商互融的进程。《清封资政大夫分部员外郎候选州同杭君墓志铭》记墓主杭祖良:"年十三诵五经毕,承祖命弃儒术习贾。吴中纱缎业为它业最,商旅骈毕,交贸朋竞。君席世资,益恢厥绪。……自泰西列强以商立国,学曰商学,战曰商战,鹰瞵虎视,睥睨中邦。光绪之季,朝廷遂特设商务部,各行省次立

---

① 张仲礼《中国绅士》,上海社会科学出版社,2002,12。

商会,魁岸奇侅之才往往出乎其中。君为议董于苏省总商会,知无不言,言无不尽;为校董于纱缎两等学校,筹资用,订学科,绩效甚著;为会董于苏商体育会,人人知自卫之计";《清授奉政大夫候选布政司理问恂卿先生墓志铭》载墓主汪恂卿:"六岁授学,聪颖逾恒,以先世业钱商,乃弃儒就贾。自艺徒而伙友而经理,勇于任职,不避艰险……先生置身商界数十年,钩稽精密,营业大胜,而成就子弟之心亦与之俱炽。先生有介弟二,叔曰志诚,季曰君硕。先生为天津恒利金店经理时,志诚公亦为天津源丰润执事,先生力助营业,于是获利颇丰。……季第君硕之分业浙江省知事也,岁节赠遗,俾弗缺乏,得失休咎……友于之笃类如是,长子德章,年十六,召至京师求学,毕业京师译学馆,即出资金留学美国,得硕士学位。次子镛章,则命肄习商业,绍箕裘焉,现充北京泉通银行行员。"①这是一个典型的一家兄弟分任儒、贾事业,以贾济仕、以仕护贾的案例。汪恂卿兄弟三人中,二贾一官;其子二人,一儒一贾。这种家庭内儒、贾分任的情况,在以苏州为中心的吴文化区内屡见不鲜,比如苏州的"贵潘"与"富潘",其实他们都是徽州大阜潘氏的后代,分工中即一仕而贵、一贾而富。

2. 官绅转贾,官商一体

清代官员流迁无常,且无"终身制"保障,所以,清代法律上并不禁止官员在家乡经商。东南沿海数百年的经商之风,加上经济上的需要,清代时官员经商成为一个普遍的现象。郭嵩焘于此感叹道:"士大夫而怀商贾之心,于古有之,士大夫而竟习商贾之业,则晚近数十百年争趋于是,无以为非者。浸淫以有舶市之祸,讵非人心之迷溺致然哉。"②这是郭嵩焘于同治五年(1866年)6月23日所记的日记,"近数十百年"也就是1766年即乾隆三十一年以来,"士大夫而怀商贾之心"即已开始,郭认为正是这种现象导致了"舶市之祸",即在中外贸易的竞争中,林则徐以禁烟、封关来遏制鸦片贸易带来的逆差,西方则以战争来打破中国封闭的国门。郭嵩焘的这个认识基本上是准确的。鸦片战争爆发的实质还是在于"士大夫而怀商贾之心",在仕、商融合的过程中,传统士大夫如林则徐未能认识到鸦片贸易背后的市场因素,而采用传统的封关禁贸的方法来遏阻贸易逆差,并将一个民间的贸易问题上升到国家外交层面,由此带来了林则徐意料之外的结果。

鸦片战争之后的太平天国之役期间是近代绅商阶层兴起的另一个关键时期。此时,由于太平军、捻军、回民起义等农民战争此伏彼起,清政府军事

---

① 《苏州明清碑传集》。
② 郭嵩焘《郭嵩焘日记》(二),湖南人民出版社,1983,387。

与财政均陷入极大的危机之中。军事上,八旗与绿营一溃再溃,不得不依赖湘军、淮军这些由绅士组织的"团练"、"民兵"为"平叛"的主力。财政上,也不得不默许他们创立的厘金供饷的制度,从而使湘军、淮军控制的省份之地方财政为之截流自用。而中央财政方面,则只有加大捐纳,通过出卖功名与职衔来募集财源。这就加快了官商合流、仕贾互融的进程,大批的商人通过捐纳取得了功名与官衔。咸丰时,吴县文士沈守之说:"捐例本极昂贵,即一从未到省,亦须实银一千有余。自粤逆犯顺,需饷孔殷,推广开捐,名为筹饷。(据)事例,京师在捐铜局上兑者,搭用银钞钱钞,折实不过二百两有零。外省防剿捐输,军营饷票河工欠发款项,亦以开捐作抵,实纳不过一百两有零。……市井牙侩、仆隶人等,无不各有官阶,一时有官多民少之谣,名器之滥,于斯为极。"①经商的"市井牙侩""各有官阶",官商一体的绅商阶层就开始出现了。《申报》的记者敏锐地觉察到这一社会变化并予以记载:"盖中国官商不相融洽,商虽饶无与国家,且往往见轻于时。自西人请弛海禁,南北海口遍立埠头,——而渐有官商一体之意。然非各路剿荡发匪饷项支绌,借重殷商捐垫巨款,则商人尚不免市侩之羞,终不敢与大员抗礼,故商人之见重,当自江南收复之日始也。"②这篇报道将鸦片战争后"南北海口遍立埠头"作为"渐有官商一体之意"的开端是有道理的。郭嵩焘是将乾隆中期作为士大夫而怀商贾之习的开始,但此时二者还没有并为一体,往往是两业而由兄弟或本人在不同时期分兼,《申报》记者认为在鸦片战争之后"渐有官商一体之意",即二者开始融合,这种融合在太平天国之役后的洋务运动中形成规模,即"商人之见重,当自江南收复之日始也"。江南收复之日,湘军、淮军开始洋务运动,需要借重沿海从事外贸、买办的商人对洋务的军用、民用企业进行管理,于是郑观应、徐润、唐景星等都出现在洋务运动的历史舞台上,他们在成为官督商办洋务企业的重要人物的同时,也就成了"官商一体"的绅商阶层最早的代表人物。

　　清代地方财政的变化也是促使官商合流而为一体的一个重要原因。清代对地方财政是采取包干制的办法,即各个省(县)都有一定的定额,只要能完成定额就是好官,否则,不但要革职,很多最后还要"赔累",即对任职期间未能上交的税额进行私人赔偿。"实际上朝廷是把这块地方包给县官了。县官只要把每年规定的银子定额上交国库,就算尽职了。县官实际上等于一个封君,他所管的一县就是他的采邑。所不同于古代的封君者,就是古代

---

① 沈守之《借巢笔记》,《人文月刊》第7卷,第9期,33。
② 《申报》1883年12月3日。

的封君把采邑的收入全归自家享受,而县官则必须照定额向国家交银子。"①清朝的这个定额制在雍政时期定下后基本上没有大的变化。而随着人口的增多,特别是鸦片战争之后,沿海、江南地区经济与人口发展很快,税赋奇重难以收取,由是又增加了很多书役吏员,但这些人员费用的支出都是在上交的定额之外以各种名义进行附加征收的。所以,龚自珍有"国赋三升民一斗,屠牛那不胜栽禾"的诗句鞭挞这一陋政。江南一带的县官往往还从运交北京的漕粮数额中予以添加附加税,作为地方财政的补充。但在太平天国期间,漕粮先后进行了海运与改折的改革,这样一来江南县官亏空就成为常态,一些官员就只有以经商收入来弥补这种亏空,以免被追究责任。据曾在江南溧阳、元和、阳湖、江阴、无锡、吴县、南汇、上海八县做过九任知县的李超琼之日记所载,光绪十五年(1889 年)7 月他到元和上任,"书役之多,数倍溧阳。思其所以为生之道,不免为吾民惕惕";"传集地保、经造,当堂点卯。经造者,供缮钱粮由单册串之役,花户之完纳租课亦由之。人数之多,竟逾四百。弊窦所伏,固不易剔除,而其疾苦之情,亦正有无可诉者。令人顾之惕之";"停征漕米,以民力竭蹙,禀准蠲免也。然吴中仕宦,惟恃冬漕公费以为支柱,今并此无之,用度一无所出,正未知如何以自度。仕宦之苦,甚于乡农。益念儿时庭训'书可读,官不可做'之语,无所不包"②。李超琼作为一个信守儒家伦理道德的"清官",既要维持各类官场酬应等"公事",又不愿搜括民财,所以最后死于任上时"逋负之状惨哉盖不忍闻。吴之民出其财而理之,得无累"③。帮助李超琼还清亏空的"吴民"其实是一批商人。"曩所谓转移风俗权操于士者,今且为商所攘。况士气不振,虽有一二明智顾能矫流俗克守为士之天职也,其碌碌者,以托业寒素依附商人以救其乏"④。官员与士人都因缺乏财力而不能转移商业经济之风俗,只能为之附庸,甚至要向商人乞援,于是出现了"近来身列仕途者,不可不兼明经商之道也"⑤。如果不明经商之道,不但他们无法参与以洋务为中心的近代工商业管理,而且自身也会陷入亏空、赔累而无所出的危险境况,也许可能如李超琼一样得到"清官循吏"的美名,但实际却是"逋负之状惨哉盖不忍闻"的结果。这就是晚清江南乃至全国的官员普遍"经商"的一个制度上的原因,也是清末官商合流的一个驱动因素。

---

① 冯友兰《三松堂自序》,三联书店,1984,18。
② 苏州工业园区档案管理中心编《李超琼日记》,江苏人民出版社,2012,4、6、18。
③ 程德全《李紫璈大令年谱序》,苏州工业园区档案管理中心藏。
④ 《论居官经商》,《申报》1883 年 1 月 25 日。
⑤ 《论居官经商》,《申报》1883 年 1 月 25 日。

3. 商人捐纳而成的绅商

绅商阶层除了官员、士大夫因制度、社会文化、经济收入等原因而转为商人，成为融官、商于一体的绅商这一来源之外，还有一个最为重要的来源就是大量的商人在清王朝财政危机中通过捐纳而取得各类功名从而实现融官、商于一体，头戴红顶子，手持铁算盘，既贵且富，集富贵于一身。这类通过捐纳取得功名的绅商数量十分庞大。

"成为绅士成员的另一途径是捐功名。这种功名就是'监生'（即国子监的学生）。除了极少的例外，大量的监生实际上并不进京就读于国子监。对他们来说，这一功名之重要乃在于他们的绅士地位和特权得以承认，并且为进一步的加官晋衔提供一个开端。"① 只要有钱就能买到商人们所需要的功名，而商人们又不缺钱，特别是东南沿海商品经济发达地区，富商大贾比比皆是，他们成为捐纳制的踊跃购买者。清政府财政危机驱使其加大捐纳的数额，两相结合，一个由捐纳而形成的绅商一体的群体就出现在清末社会之中。

太平天国之役与两次鸦片战争将清王朝拖得筋疲力尽，财政近于破产，"咸丰二年，户部银库收入为836.1万两，支出为1026.8万两；咸丰三年，收入仅444.3万两，支出却达847.1万两。也就是，仅两年时间内，银库实际库存减少了590万两。到咸丰三年六月间，户部存银仅22.7万两，连下个月的兵饷也发不出来了"②。在这种情况下，清政府只有加大捐纳的数量，甚至采取减价大甩卖的办法来筹集资金。湖北巡抚胡林翼说："军饷艰难，邻省现办减成捐输，照例实职减四成，虚衔封典又递减两成外，今定为交银二两五钱作银五两，苟且之政，所增不多，如何？"③减价一半并不能满足购买者的希望，"五成实银，捐生尚多观望"，所以李鸿章等人建议再减至以"四成实银上兑"④。同时，由于各省军需孔亟，各省都要求户部先发空白捐照下来，以便各省快速卖出，收回资金，从而加快与加大了捐纳的数量。特别是在商人集中的地方，如徽商集中的徽州、宁国两府"自咸丰五年（1855年）5月至咸丰十年（1860年）8月，共得银1326750两及钱626768贯。总数约合银160万两"，而在最后6个月中，收银161258两。"富庶的徽州府约六个月就有600余人捐贡生和监生衔，其中大部分是捐监生。若各类捐

---

① 张仲礼著、李荣昌译《中国绅士》，上海社会科学出版社，1991，4。
② 周育民《晚清财政与社会变迁》，上海人民出版社，2000，145。
③ 《胡文忠公遗集》卷77。
④ 《李文忠公全集》，《奏稿》卷608，25。

纳者纳银数之间的比例在整个咸丰五年期间保持不变,那么在此期间徽州一府就将有6000以上的捐贡监生者。其中约5000人将是捐监生者。"紧邻徽州的江西是徽商主要经营之地,商人也相对集中,所以捐纳人数也很多,从咸丰四年到十一年的七年时间内,捐纳"监生2175名,共收正项银一十九万一千三百三十六两"。军饷、军需造成的捐纳大甩卖导致太平天国时期捐纳生员总数的激增。"如以安徽的事例为准,判断太平天国后监生人数应比太平天国前多达一倍。这很可能是一种过高估计。但是现有各种资料表明,前者比后者增加50%,似乎是不无道理的。所以太平天国后,包括后来擢升为其他绅士身份者在内,监生数将近534000人。"①在这捐纳的53.4万人中,绝大多数是商人,因为有钱买捐纳的只有商人、官员、地主三类。官员往往可以让子弟读书通过正途考功名,或者以"荫生"的名义取得功名,不用去买;地主往往安土重迁,不往外流动,而在当地因其财富与家族的力量,足以自保,用不着花钱买个空的功名。只有商人,因为要四处流动,需要功名与当地官府应酬,所以,商人是捐纳的主体。53.4万监生捐纳者中,商人应有40万以上。

随着甲午、庚子的战败而带来的巨额赔款,导致清王朝财政危机日益严重,捐纳也就愈演愈烈。"清末,年年派捐,捐一道员不过四百两,捐一空白执照的监生,不过银八两。"②这些空白的执照是由户部先发各省,各省收银后要将所用情况进行奏销或上交款项。但各省往往采取瞒报的方法截流这部分款项,1906年清度支部专门为此奏报:"自光绪二十八年(1902年)十一月起,至现在止,据直隶、四川、两广、两江、奉天、山东、甘肃等省,先后共请颁给空白执照436700张。核计各该省册报到部请奖者,只填用空白执照10万张有零,未报之数甚巨。尚有续请颁照者,均经臣部驳饬不准。伏思赈捐虽未能即时停止,流弊诚不可不防。空白执照一项,其减价亏蚀,转售遗失诸弊,已指不胜屈。甚且藉部颁之照,以愚弄捐生,竟予陷匿不报,故有终身不知其捐照未经核准者。捐款徒供贪橐,于公家毫无俾益。"从这个奏折中可知,四年内,上述各省核准卖出的捐纳为10万有零。"其中一半以上是捐监生者,那么30年中监生总数将达40余万。"③这个30年即是从1876年算起,此时太平天国早已被镇压下去,所以,这40万人是在前50万人的基础上新增的,减去各类死亡人数,1906年各类捐纳监生人数应在70万左

---

① 张仲礼著、李荣昌译《中国绅士》,上海社会科学出版社,1991,119—121。
② 蔡寄鸥《鄂州血史》,上海龙门书局,1954,29。
③ 张仲礼著、李荣昌译《中国绅士》,上海社会科学出版社,1991,119。

右,其中商人为主要成分,其人数不会低于55万人。正是通过捐纳减价、空白部帖等方法,清政府在筹集到大批军饷的同时,也催生了具有相当规模的绅商阶层。数以近百万计的各类商人通过捐纳取得功名,扩大了他们与官府的往来,并由此而走上中国的政治舞台。如著名商人胡雪岩、郑观应、徐润、唐景星、严信厚等都是以捐纳的形式取得了各类功名与职衔,最终成为在洋务运动中崭露头角的"红顶商人"。清末新政展开后,财政危机更加严重,商人捐纳功名的情况更为普遍,马敏先生曾对苏州商会的会董做了一个分析:"晚清苏州23个工商公所37名董事的功名职衔"中有32个来自捐纳,占总数的86%;苏州商会第三届73名绅商中,由捐纳取得功名的为62人,占总数的85%。① 由此统计可以知道,晚清绅商阶层的来源中,商人捐纳而形成的为绝大多数,而由官员绅士转而经商的其实只有15%左右。

(二)绅商阶层的形成

经过从乾隆中期开始的"士大夫而怀商贾之习",到鸦片战争后"南北海口遍立埠头,……而渐有官商一体之意",再到太平天国之役后"商人之见重,当自江南收复之日始也"这三个阶段,绅商阶层逐渐地完成了由点到线、由散到聚的集结。特别是鸦片战争后的70多年中,内外战争的军饷、军需以及对外赔款等造成了清王朝财政的极度危机,清廷不得不公开用减价的形式进行功名大甩卖,从而使数十万商人取得绅士身份,绅商一体的阶层由此而完成量的集结,一个具有相当规模、同时兼有"绅"的社会领导声望与"商"的经济实力的社会新阶层崭露头角,开始由自在而走向自由,并在清末新政中成为领导与推动社会发展的自主阶层。

清末新政中的一个重要措施就是在政府层面上扬弃传统的"重农抑商"的理念,在中央设置专门的商部,制定保护与促进工商发展的《公司法》。这一顶层设计的制度性转变,使得甲午战争以来一批上层绅士下海经商的涓涓细流得以迅速发展,汇成长河大川。由于这批上层绅士的社会威望高,视野开阔,很多人具有多年的主持或参与政府教育和行政的经验,行政能力强,且门生弟子遍布天下,社会网络四通八达,所以,虽然他们在绅商整体中的人数没有由商人捐纳转化的绅商人数多,但其质量更高、能量更大,从而在绅商阶层中取得了左右与领导局势的地位。在他们的呼吁与运作之下,全国各地先后建立起商会,他们则是这些商会的组织者与领导者。通过这些商会,清末绅商不但有了活动的平台,而且完成了组织的集结,绅商阶层由此而化蛹成蝶,宛然成形。

---

① 马敏《官商之间:社会剧变中的近代绅商》,天津人民出版社,1995,83—84。

第五章 东南文化精英的经济与社会基础

上层绅士下海经商始于甲午战争之后，最著名的是状元张謇1895年奉命创办大生纱厂，从此开始了他由状元而资本家的发展历程。第二年苏州状元陆润庠领衔创办苏纶纱厂。两年时间内，江苏两名科举状元投身于现代工商业，这是前所未有的，对于"士农工商"的社会观念与秩序也是一个彻底的颠覆。"向来官场出资经商者颇不乏人，惟狃于积习，往往耻言贸易，或改换姓名，或寄托他人经理，以致官商终多隔阂。现在朝廷重视商政，亟宜破除成见，使官商不分畛域。"①张謇、陆润庠等本身就是绅士之上层，与官场有着千丝万缕的联系，他们经商，很容易达到官商一体，与官场基本上可以做到"不分畛域"。像他们这类有着高级绅士的功名、曾出入官场的绅商，在清末新政中大量出现。如苏州商会的发起人王同愈，他是进士出身，曾两度担任顺天乡试同考官，继任驻日公使参赞，甲午战争期间应同乡吴大澂之邀，到吴军中帮办军务，后又外放湖北学政，参与张之洞在湖北的诸项教育改革。1903年回苏州后，王同愈以其家中的商业为依托，积极投身于地方商务与学务的活动，并领衔发起苏州商会的创办工作，起草申办商会的文件呈送商部等，成为绅商一体的绅商阶层中的领导者之一。又如苏州商会的尤先甲，他是举人出身，授职侍读内阁中书。由于他祖上即为移住苏州的徽商，家中有绸缎、颜料、中药等商业需要打理，所以他没有赴京任官，而是留在苏州经商。他的举人身份与内阁中书的职衔，使他在苏州商会的筹建工作中起到了重要作用。再如潘祖谦，其父潘世恩是乾隆癸丑科的状元，官至大学士、军机大臣、各部尚书，历任四朝皇帝之要职，有太平宰相之称。其兄潘祖荫一甲三名进士，军机大臣，力保左宗棠不死反任要职。据统计，潘氏家族在清代共出了1名状元、11名进士、31名举人、20名贡生，可谓是科举世家。潘祖谦在这样的书香世家中耳濡目染，1859年即以学广额第一名考取了生员，1873年又被拔为优贡生。但此时，江南经济的发展使他不愿像父兄一样进入官场拼搏，而是回苏州打理家族中的酱园、典当铺等各项业务，成为苏州酱园业的领头大哥。苏州商会成立时，潘祖荫亦以其家族之声望以及他自身的经济实力成为苏州商会的首届董事。

清末新政中这类高级绅士与官员下海经商的事例举不胜举，"根据对苏州商会档案和其他地方史料的综合考证，苏州城厢的绅商人数，有功名、职衔可考者和无征者合计，大约在200人左右，主要任职于商务总会、商团、各业公所，约占该城绅士总人数的10%。由于苏州地区众多的小市镇一般商品经济和文化都比较发达，因此乡镇上的绅商也不在少数。仅吴江、震泽、

---

① 《商务官报》第二期，19。

盛泽、昆山、新阳、梅里等六个县、镇有功名和职衔可考的绅商就近200人。根据天津商会档案,直隶49个商务总分会的会董和行董两类几乎全系有各种功名职衔的绅商,据此推断,清末直隶省的绅商人数约为1000人。其中天津绅商约近百人,占10%"。马敏先生在综合清政府1909年编制的《农工商部统计表》和民国政府农商部1912年刊印的《农商统计表》后,对全国绅商人数做了一个估算,"从以上较为保守的估算中可知,近代绅商阶层的最低基数为22000余人,人员分布于全国各地,其中以江苏、浙江和广东等东南沿海地区人数最多,约占38.57%……倘若从宽估计,即将江浙地区的商会会员全部视作绅商(事实上江浙绝大多数地区的确如此),那么1912年左右全国绅商较高估计数字约近5万人"①。这些数据是以各地商会会员登记而统计估算的,如果加上捐纳了功名但未加入商会的商人,绅商人数将更多,因为清末最少有55万以上捐纳了功名的商人,他们是绅商阶层的主体部分,但限于文化的视野与政治的敏感性,他们中很多人未加入新兴的商会,所以,统计中他们未能含括在内。

2万至5万左右的绅商通过商会等平台完成了量的集结,同时,这些商会的领导者绝大多数是有着举人、进士等功名的上层绅士,很多人曾担任过各种官职,与清政府官员有着密切的联系,有着广泛的人际资源网络,而且他们还注重于借助清末新政改革倡导地方自治之机,利用商会的平台与财力,积极拓展公共活动空间,从而将绅商阶层的活动面扩展到社会教育、治安、公共服务、社会自治等各个领域,在国家政府之外形成了一个颇具规模的社会自治的雏形。绅商阶层亦俨然成为与国家分峙的社会领导阶层。正是这个领导阶层的政治代表——东南文化精英与清政府内部明敏官员的合作,创造了辛亥革命的苏州"和平光复"模式,并将之扩充到全国。

经数十百年的发展,绅商阶层在清末已成为转型社会的主导力量。他们的政治代表,即以张謇、汤寿潜、经元善、李平书、张元济、赵凤昌、孟森、杨廷栋、黄炎培等人为代表的东南文化精英集团,以绅商阶层雄厚的财力为依托,以"君主立宪"为旗帜,在清末政局中纵横捭阖,成为影响清末政局的一支重要的政治力量。特别是在辛亥革命中,他们与清政府内一部分与之政见合拍的官员合作,创造了苏州和平光复的革命模式,并以此影响与左右了辛亥革命的后期发展,"但其总体实力还不足以一举取代北方的传统政治中心,而在实际主导社会潮流的东南精英乃是半新不旧的过渡时代英雄,所以

---

① 马敏《官商之间:社会剧变中的近代绅商》,天津人民出版社,1995,106—108。

辛亥革命只有以南北妥协宣告结束"①。这是中国历史的不幸,也是历史的必然,因为当时绅商阶层虽然在江南与东南沿海有较大的社会影响力,但在整个中国,特别是在北部中国,其力量尚不足与这个传统政治中心数百年培植起来的保守的政治势力抗衡。同时,辛亥革命中会党所代表的流民躁动情绪蔓延到整个社会,浮躁、暴力的会党习气绑架了革命党内理性的力量,东南文化精英主体因此与革命党人分离。袁世凯称帝失败后,东南文化精英虽然力图再起,但无力扭转南北军人和会党的暴戾之气,最终在国民大革命的洪流中因绅商阶层的散构而瓦解,"东南文化精英"亦成为一个历史名词,供人凭吊与反思。

小 结

东南文化精英在清末形成具有影响全国政治与经济发展的力量,是建立在东南经济与社会文化、社会阶层发展的基础之上的。经济基础决定上层建筑,上层建筑反作用于经济基础,这是马克思主义的一个常识,正是江南地区自宋以来的经济基础的变化促进了江南社会文化习俗的转变,并最终引发了社会结构的蜕变,传统的士、农、工、商四大阶层移步换形为士、商、工、农,商人与士相结合,最终形成了清末社会的领导阶层——绅商。

(一) 东南文化精英建基于东南商品经济之上

东南文化精英在宋代开始崭露头角,这除了政治因素(南宋迁都临安)外,一个很重要的原因就是东南经济在宋代有了飞跃的发展。大量湖田的开垦、拱桥的发明、占城稻种的引进、造船技术的发展等等,在使农产品丰富而转化为商品的同时,也促进了江南各类草市、初级集贸市场的形成,再加之宋王朝每年对金朝的岁币、缯丝等大量的供进,也进一步刺激了商品经济与市场的发展。偏安东南更迫使宋王朝注重海外的交通与贸易,宁波、泉州、广州市舶司的建立,正说明了宋王朝商品贸易的意识远超汉唐。

元作为游牧民族居主导地位的王朝,对商品贸易有着先天的重视。横跨欧亚的四大汗国更为这种海外贸易增添了很多便利,随同元人进入中原的阿拉伯人等都有着经商的传统与天赋,造船术的进步使他们与中国的贸易除了可经由中亚陆上通道之外,还可借助海上丝绸之路,东南沿海由是而成为他们最为集中的居住地与商贸区。

虽然明王朝前期在郑和下西洋之后就开始了禁海,但随着西方发现新

---

① 章开沅《张汤交谊与辛亥革命》,《历史研究》2003 年 1 期。

大陆后世界经济一体化的发展,中国东南沿海很快被纳入这个世界一体化的进程中。明成化年间,民间海上贸易的走私就十分兴隆,隆庆废除海禁之后,东南沿海迅速地融入世界经济一体化的进程之中,江南市镇大量出现正是东南地区居民由乡村聚落而向城市聚落的一个过渡,这个商品经济的发展趋势虽然曾在清初被打断,但很快在康、乾之间就得以恢复,并借助朝贡体系的贸易圈,将东南沿海与世界经济联为一体,在中国的丝绸、布匹、瓷器大量出口的同时,数以亿计的白银流入中国,而成为政府承认的公共货币。

(二)东南商品经济发展催生社会文化移步换形

东南商品经济的发展,使整个社会结构与意识形态都发生了根本性的变化。宋代高产农作物的引入,在促进农产品商业化的同时,也使大批的富余劳动力脱离了土地。随着海外贸易的发展,注重功利的永嘉学派开始崭露头角。特别是明代中叶棉纺织业的兴起使大批妇女参与到生产劳动之中,江南"衣被天下",棉织品从江南流向全国乃至世界。江南奢侈之生活习俗,催生了一批注重消费对生产与社会发展之作用的思想家,在此思潮的影响之下,就连乾隆皇帝也认为:"富商大贾出有余以补不足,而技艺者流藉以谋食,所益良多。使禁其繁华歌舞,亦诚易事,而丰财者但知自啬,岂能强取之以赡分民。"

明中叶张居正的"一条鞭法"与清代康熙"摊丁入亩"的财税改革,终结了劳役税对劳动力的束缚,使劳动力得以实现自由转移与流动。在海外、长江、运河三大商品与劳动力的流动带上诞生了很多的城市与市镇,这些城市的生产与生活又催生了很多新的消闲类消费"奢华"之社会习俗,精烹调、养戏班、玩古董成为江南社会突出的社会现象。这些社会现象与习俗反过来又推动商品经济的发展,形成生产与消费的良性互动,并影响到社会文化对这一奢华消费社会的认同,延至清末东南沿海社会文化发生了潜移默化、移步换形的内在的根本变化,好冶游、重消费、精烹调、讲格调成为全社会的习俗与认同。

(三)东南经济发展促进了社会结构的蜕变与转型

社会文化价值观具有引导社会发展、促进社会转型的重大作用。东南商品经济的发展催生了社会文化的移步换形,使之由农业社会的重节俭、重储蓄而一变为工业社会的重消费、重生活的价值导向,这一价值导向的颠覆式的转变彻底改变了传统农业社会"士、农、工、商"的阶层结构,一变而为"士、商、工、农",最终在清末演变出"绅、商、学、军"四大阶层的崛起,特别是产生了"绅商"这样一个过渡时期的社会领导阶层。

"绅"与"商"在传统社会中原是两个不同的阶层,这两个不同阶层在东南沿海各省经过长时段的互动后逐渐融而为一。其途径有以商入儒的,即以商人之财力支持子弟与族人读书,科举入仕;也有以商入仕的,即商人通过捐纳买得绅士功名。这个儒、商互融的过程早在明、清之际就已逐步发展,到了近代清王朝在太平天国之役中出于财政的需要大肆地出卖"功名、职衔",由此而使数十万商人购得功名,成为"红顶商人",从而大大加快了绅、商阶层互融的进程。甲午战争后,一批高级绅士(如张謇、陆润庠)下海经商,带动了社会风气的转向;清末新政,政府鼓励工商,大量的绅士转身一变而成为新型的工商业者,绅商阶层由此而形成一个独立的社会阶层,并借助商会这个近代的社团组织完成集结,由自在走向自由,成为东南文化精英的社会基础,张謇、汤寿潜等东南文化精英领袖就出自于这个绅商阶层。

第六章 东南文化精英长时段的发展

东南文化精英是伴随着东南商品经济的发展,在绅、商两大阶层逐渐融合形成绅商阶层后崭露头角的。其形成则与商品经济发展一样,是经历了一个长时段的发展历程的。这个发展历程同样也是始于宋代,"宋学"从某种意义上说其实是"东南之学"。明中叶东南商品经济形成一个高潮,精英文化也发生了变化,出现了"夫商与士,异术而同心。故善商者,处财货之场而修高明之行,是故虽利而不汙。善士者引先王之典而绝货利之径,是故必名而有成。故利以义制,义以清修,各守其业,天之鉴也。如此,则子孙必昌,身安而家肥矣"①的儒商并重新理念。这是东南文化在精英理论上自觉的一个展示。王阳明心学与东林党人、复社士子均是东南文化在精英理论与组织上崭露头角的表现。清兵入关后对东南士人进行了残酷的打压,东南文化精英在打压之下进一步走向民间,扬弃"尊德性"的程朱,而走向"道问学"之经世致用。戴震、章学诚是东南文化精英这一转向的引领者,这一路向经他们的学生弟子阮元、毕沅以政权之力向东南沿海大力推广,并在晚清龚自珍、魏源等人推行的今文学派中得以张大,东南文化精英开始大规模地在随后的湘军与淮军幕府、厘金局、洋务企业、报刊图书出版发行等平台中聚集,最终成为影响中国近代进程的一支重要的社会政治力量。所以,追根溯源,东南文化精英的萌发可上溯到宋代的义利之辩与永康"事功学派"之中。

一、宋代的萌发

(一) 宋代东南商品经济发展

隋炀帝开通大运河使南北经济联系得以加强,唐中叶后,华北、西北地

---

① 李梦阳《空同集》四六。

区战乱不绝,而江南相对稳定,大量湖泊得以改造,海外交通亦得以发展,在此基础上中国出现了"唐宋城市革命"的经济与社会大转型。这个转型的一个突出的现象就是,以开放的街、巷为标志的商业城市开始取代汉唐时期以封闭的"坊"为代表的政治、军事型城市。"坊制崩溃,人家都朝着大街开门启户,市制愈来愈完全崩溃,商店可以设在城内外四处,朝着大街的地方,设置了叫做瓦子的戏场集中的游乐场所,三层的酒楼临大街而屹立,这些情形都是在宋代才开始出现的。由此可知当时都市制度上的种种限制已经除掉,居民的生活已经颇为自由、放纵,过着享乐的日子。不用说,这种变化是由于都市人口的增加,它的交通商业的繁盛,它的财富的增大,居民的种种欲望强烈起来的缘故。"①城市居民的增加与繁盛是建立在农业发展、粮食商品化与交通运输业发达的基础之上的。

    宋代"田制不立",鼓励垦荒,江南湖泊泥沙淤积之地,尽许民间垦殖围圩,江南农田得以大规模扩大,特别是占城稻的普及种植使得江南农业由一熟变为二熟,生产率翻倍增长,粮食自给有余,大量的余粮由之进入市场。北宋的转运使制度亦将地方的官方存粮集中转运囤放,这些都促进了运输业和造船业的发展。特别是宋代拱桥建筑技术的发明,使江南水网地区水陆运输得以互不干扰,交叉进行。"在中国,技术唯一最重要的应用,就其对城市化的影响而言,是在水路运输方面。中国所有诸如造船、航行、运河、船闸以及与各种供水系统有关的发达技术成分,首先是一个地区范围内自然地理条件的功能,特别是江河水系的结构以及主要的地形特点。……在这个多变量的分析中,运输效率对其它每个因素起到一个支援者的作用;它促进使人口增长、使地区专业化、农业商业化,以及地区对内对外的贸易。"②这些综合的运输技术的发明,主要是适应江南水网纵横、江河湖海联为一体的地区地理条件而创造的,所以,它们最先直接地促进了江南的城市(市镇)化与社会经济的商业化发展。

    宋代交通运输业发达,而且宋代承继了唐代允许运输漕粮的水手附带货物并免税的规定,这就进一步刺激了大运河水系的商业贸易往来。"盖祖宗以来,通许纲运揽载物货,既免征税而脚钱又轻,故货物流通。缘路虽失商税而京师坐获富庶。"③这在促进京城商业繁荣、物价平稳的同时,也进一步刺激了东南与东南商品经济的发展,特别是东南海上贸易的发展,"海舶

---

① [日]加藤繁著、吴杰译《中国经济史考证》(上册),中华书局,2012,277。
② 施坚雅主编、叶光庭等译《中华帝国晚期的城市》,中华书局,2002,268。
③ 马端临《国用考三·漕运》,《文献通考》卷25。

大者数百人,小者百余人,以巨商为纲首。……船舶深阔各数十丈,商人分占贮货,人得数尺许,下以贮物,夜卧其上。货多陶器,大小相套,无少隙地"①。宋王朝设立了广州、杭州、明州三个市舶司,对海外贸易进行税收管理,在增加国家财政收入的同时,也进一步刺激了东南各省的海外贸易发展,苏、浙、闽、粤四省及徽州的一大批商人乘时而起,著名的徽州商帮即在宋代开始出现。

东南沿海海外贸易的发展,必然影响到宋代思想与文化的变化,即"宋学"除了援佛入儒之外,还对传统儒学的"义利之辩"进行了新的阐释。如王安石即认为:"孟子言所言利者,为利吾国,如曲防遏籴,利吾身耳。至狗彘食人食则检之,野有饿莩则发之,是所谓政事。所以理财,理财乃所谓义。一部《周礼》,理财居其半,周公岂为利哉?……盖因民之所利而利之,不得不然也。"②与王安石政见有别的张载也认为:"利,利于民则可谓利,利于身利于国皆百利也。利之方利,犹言善之为美,利诚难言,不可一概而言。"③李觏亦言:"利可言乎? 曰,人非利不生曷为不可言? 欲可言乎? 曰,欲者人之情,曷为不可言? 言而不以礼,是贪与淫,罪矣。不贪不淫,而曰不可言,无乃贼人之生,反人之情? 世俗之不喜儒,以此。孟子谓何必曰利,激也。焉有仁义而不利者乎?"④以王安石为首的一大批学者通过对周公、孔子、孟子言利主张的新解与阐发,张大了言利和人欲的合理性与合法性。

南宋建都杭州,京城数百万官员、军士的各类需求进一步刺激了东南沿海商品经济的发展。在这个基础上,以陈亮、叶适为代表的永嘉"事功学派"继王安石、李觏等人之后而起,公开地揭櫫"通商惠工"的主张,这正是南宋与浙江沿海地区商品经济发展在思想文化上的表现。同时,宋代官员们除了俸禄外没有其他的收入,"于是士大夫始乃兼农桑之业,方得赡家,一切与古异矣。仕者既与小民争利,未仕者又必先有农桑之业,方得给朝夕,以专事进取,于是货殖之事益急,商贾之事益重。非父老先营事业于前,子弟即无由读书,以致身通显。是故古者四民分,后世四民不分,古者士之子恒为士,后世商之子方能为士,此宋元明以来变迁之大较也"⑤。宋代士人兼农桑之业,而且只有"商之子方能为士",士人与商人阶层由此有了解不开的血缘关系,商人成为宋代士人与文化的培育者,宋代文化与学术就难以避免地

---

① 转引蔡美彪等著《中国通史》(第五册),人民出版社,1976,91。
② 《答曾公立书》,《王文公文集》郑八。
③ 《张子语录》(中),《张载集》,323。
④ 李觏《原文》,《李觏集》郑29。
⑤ 沈垚《费席山先生七十双寿序》,《范帆楼文集》卷24。

染上了商业化的基因,中国文化由此而发生了一个根本的转变,这个转变一直影响到近代。

元代虽然对南方儒学精英发展给予了限制与打压,但游牧民族对于贸易的需求却使得他们对东南沿海的商业发展予以十分的重视与推进。元代建都大都后为保证都城粮食的供给,重修大运河,使之北延到北京,并开创海运,从苏州太仓刘家港向大都北京运输漕粮,每年达500余万担。这些参与运输的水手与船只公开或私下夹带货物贸易,就促进了东南沿海与华北地区的商业往来。而且"元代的海外贸易的规模超过前代,由政府直接控制。至元十四年(1277年)后曾在泉州、庆元、上海、澉浦、温州、杭州、广州设立过市舶司。至治二年(1322年)后定为泉州、庆元(宁波)、广州三市舶司。有市舶则法,规定市舶抽分,粗货十五分取一,细货十分取一,另纳舶税三十取一;审核批准出海贸易的船只、人员、货物,分给公验、公凭。外国商船载运货物来华也依例抽分;外国商船返航亦由市舶司发给公验、公凭。与中国有贸易关系的国家和地区很多,据汪大渊《岛夷志略》记载,中国商人到过的东南亚、南亚、西亚、东非各沿海国家和地区达97个之多。自应元到高丽、日本的航线畅通,贸易规模很大"①。所以,元代虽然东南儒家文化精英的仕途发展受挫,但东南沿海的商业贸易,特别是海外贸易却得到了前所未有的大发展,并影响到东南沿海造船业与航海技术的发展,后来的郑和下西洋,其实就是以元代航海技术与造船技术大发展为基础的。

(二) 以东南为基础的宋学

宋学是明清中国文化发展的基础,并直接影响到近代。钱穆先生称:"不识宋学,即无以识近代也。"②而宋学主要是在东南商品经济发达的基础上形成与发展的,所以,它与明清以来东南精英文化的发展有着内在的渊源。

"言宋学之兴,必推本于安定(胡瑗)、泰山(孙复),盖至是而师道立,学者兴,乃为宋学先河。"胡瑗的学生刘彝在回答宋神宗"胡瑗与王安石孰优"时说:"国家累朝取士,不以体用为本,而尚声律浮华之词,是以风俗偷薄。臣师当宝元、明道之间,尤病其失,遂以明体达用之学授诸生,夙夜勤瘁,二十余年。……出其门者无虑数千人。故今学者明夫圣人体用以为政教之本,皆臣师之功,非安石比也。"胡瑗、孙复、石介因开创和奠基宋学而被尊为"宋初三先生"。胡瑗不仅直接教育了数千弟子,更因为他创造的"苏、湖之

---

① 韩儒林主编《元史》,《中国大百科全书·中国历史》,中国大百科全书出版社,1985,30、89。
② 钱穆《中国近三百年学术史》(上册),商务印书馆,1997,1。

学"的教学改革,而为宋学的发展做出了卓越的贡献。值得深思的是,为宋学奠基的"宋初三先生"都与江南苏州的范仲淹有不解之缘。"范仲淹希文,即聘安定为苏州教授者,泰山孙明复亦希文在睢阳掌学时所激励紫游之孙秀才也。安定、泰山、徂徕(石介)三人,既先后游希文门,而江西李泰伯,希文知润县,亦罗致教授郡学,朱子记李延平语,谓'李泰伯门议论,只说贵王贱霸'者也。而希文在陕,横渠张子以兵书来见,希文授以中庸,曰:'儒者自有名教,何事于兵?'时横渠则年十八矣。……王安石之于希文,亦推之为一世之师。"可见,江南范仲淹实为宋学的关键人物,他不仅援引、推举、激励了"宋初三先生",在理论与实践上创建了"明体达用"、"体用以为政事之本"的明经致用的宋学精神,而且,他还与欧阳修、王安石等人从实际政治中实践了这一宋学精神。"安定存其说于学校,希文、永叔(欧阳修)、介甫(王安石)欲见其绩于朝廷。"此后,宋学集大成的二程与朱熹,其实都是沿着这个"体用以为政事之本"的路向而发展的。"北宋学术,不外经术、政事两端。大抵荆公新法以前,所重在政事;而新法以后,则所重尤在经术。"①在宋学前后两个阶段的确立过程中,范仲淹开创与推行的科举制度的改革,与以"苏湖之教"为内涵的书院制度的普及起到了重要作用。

宋仁宗庆历三年(1043年),在范仲淹、富弼、韩琦的推动下庆历新政开启,其中一个重要的内容就是改革科举取士的内容与标准。"进士试三场,先策、次论、次诗赋。通考为去取,而罢帖经、墨义"②,这个改革彻底废除了单纯记诵的"帖经与墨义",而将重视实际能力的策与论分别放在首位和次位,正如苏轼登第后感叹所言:"试之论以观其所以是非于古之人,试之策以观其所以措置于今之世。"③熙宁四年(1071年),在庆历年间的改革基础上又进行了一次改革,最终确立了宋代科举"变声律为议论,变墨义为大义"的根本特征。"所谓变声律为议论,即指以策论代诗赋;变墨义为大义,即指以义理代记诵。……从宋学的立场看,前者标志着有唐以来文章之学在科场统治的终结,后者代表了宋学对训诂之学即汉学斗争的胜利"。这"不仅是宋学确立并走向繁荣的标志,而且代表了中国文化发展的大转变、大趋势,而王安石以及后起的张载、二程等人,则是这一时代潮流的代表。此后迭经南宋、元、明、清以迄近代,不唯经义取士成为既定模式,宋学也一直据于学

---

① 钱穆《中国近三百年学术史》(上册),商务印书馆,1997,2—5。
② 李焘《续资治通鉴长编》(卷147),中华书局,2008,3565。
③ 转引自陈植锷《北宋文化史述论》,中国社会科学出版社,1992,106。

术文化界的统治地位"①。

科举取士制度是中国传统社会道统、王统、族统三维共构的重要联结制度,这个制度将政治、文化、社会联为一体,并通过士人的流动而实现社会上下层之间的有序互动。科举考试的内容能否与当朝政治结合为一体,能否为王统统治选拔出通经致用之才?这个考试内容的指挥棒作用至关重要。宋代范仲淹等人的改革扫除了隋唐以来浅显的记诵导向,而代之以"义理"与"致用",在扭转虚浮之学风的同时,也对社会风气与文化发展起到了一个很好的引领作用,"中国文化的实用理性"精神经此而得到国家制度的肯定与导引,并一直影响到近代。

范仲淹对宋学发展的另一个重大贡献就是将其创建的"苏湖之教"通过创办各类学院与书院的途径推向全国。

北宋景祐二年(1035年),范仲淹在苏州知州任上以五代吴越钱氏南园旧地创立苏州郡学,"左为广殿,右为公堂,泮池在前,斋室在旁";同时,他改革旧制,首创将官学与祭祀孔子的庙堂合为一体的左庙右学新格局。第二年,范仲淹因为反对宰相吕夷简而被贬知饶州(鄱阳),他又创立饶州郡学。又一年,范由饶州移知润州(镇江),又创建润州郡学。三年之内,范仲淹在江南创建了三所郡学,而其创建的左庙右学之格式也随之在江南三州得以确立。庆历三年(1043年),范仲淹借主持庆历新政改革之机,将在苏州、镇江、鄱阳等地创建并取得成功的郡学推至全国。据欧阳修庆历四年所作《吉州学记》载:"庆历三年秋,天子开天章阁,召政事之臣八人(范仲淹、韩琦、富弼等)问治天下其要有几,施于今者宜何先,使坐而书以对",范为此而条陈了"明黜涉、抑侥幸、精贡举、择长官、均公田"等10条主张,宋仁宗深为所动,"明年三月,遂诏天下皆立学,置学官之员。然后海隅徼塞四方万里之外,莫不皆有学。……宋兴,故八十有四年,而天下之学,始克大立"②。

范仲淹不仅创建了新的地方官学的建筑模式,更重要的是他通过聘请理学先驱、教育名家胡瑗到苏州郡学任教,使胡瑗在湖州试行的经义、治事并重的教学方法在苏州得以完善,"苏湖之教"由此而得名。范仲淹在主持庆历新政时又推荐胡瑗主持国家太学,"苏湖之教"由此推向全国,对宋王朝之学院教育、科举兴盛起到了基础性作用。

在范仲淹、胡瑗的全力经营之下,吴郡之学甲于天下,如元人杨载《平江路重建儒学记》所言:"天下州县之学莫盛于江浙之间。江浙之间之学莫盛

---

① 陈植锷《北宋文化史述论》,中国社会科学出版社,1992,115—106。
② 欧阳修《居士集》(卷三十九),中华书局,2001。

于吴。前代之制,州县有文宣王庙而无学。宋景祐间,范文正公守乡郡,始割钱氏南园地而创为之。又择沃壤为赡学田。公参预大政,首为仁宗言诏郡县皆立学。然则天下之有学,自吴郡始也。……当文正公立学时,首迎安定胡先生,以为学者师。……自孔孟以来,为五经大儒能传圣人之学,唯河南二程先生,然则尝游胡安定胡先生之门。吴郡之学,重之以大二贤之遗迹。"①范仲淹、胡瑗开创的苏湖之教,不仅对宋学的发展起到了至关重要的作用,同时也直接催化了江浙与东南沿海的教育和文化的发展。

宋学以科举改革所取得的国家意识制度性保障的优势地位,加之以遍布全国的官办之郡学与私办之书院的结合,特别是活版印刷术的发明使宋代教育的成本大为降低,普通家庭子弟亦能得到相当程度的教育而科举及第,这些都对宋代江南与东南沿海文化的发展带来了极大的促进。据记载,崇宁三年(1104年),全国学生多达21万人,经费340万缗,粮米55万余石。② 这是享有国家所办各级学校的学生数,而私立学院的学生数将在其若干倍以上。南宋虽然僻处江南一隅,但学院与书院数不在北宋之下,全国学生总数亦有数十万之多,而且几乎全部在长江以南地区。南宋的浙东事功学派、陆九渊学派、朱熹学派等全在江南、东南,他们的师生弟子亦遍布江南、东南。所以,无论是宋学的开创者范仲淹、胡瑗,还是宋学的集大成者朱熹,他们都是受益于江南与东南的经济社会环境,而创造了"苏湖之教"、"紫阳之学"等具有鲜明东南文化色彩的宋学。如果以地域文化言之,宋学也可以说是东南文化之学。

"宋学精神,厥有两端:一曰革新政令,二曰创通经义。而精神之所寄则在书院。革新政治其事至荆公而止;创通经义,其业至晦菴而遂。而书院讲学,则其风至明末之东林始竭。东林者,亦本经义推广政事,则仍北宋学术真源所灌注也。"③宋学真源受东南地区商品经济发展的影响很大,也直接启注了明、清乃至近代中国文化与东南文化精英的发展,特别是"北宋学术真源所灌注"的明代东林党人与复社均诞生于江南商品经济高度发达之区,这绝不是偶然的,而是东南商品经济对文化发展影响的一个折射。

宋学除了其明体致用、以经义推广政事的主体内容代表了新兴的商人士大夫阶层注重实事、鄙弃虚玄外,其注重学校与书院教育,特别是将书院构建为独立于朝廷庙堂之外的讲学之实体,这其实是在王权体制之外,以道

---

① 顾沅辑《吴郡文编》(二),上海古籍出版社,2012,398。
② 黄以周等《续资治通鉴长编拾补》卷24,崇宁三年十一月条下注引。
③ 钱穆《中国近三百年学术史》(上册),商务印书馆,1997,7。

统来统合社会族统之资源,二者合一地对朝廷进行监督与谏议。"安定湖学,分经义、时务两斋,经义其体,时务其用也。庆历中,诏下苏、湖取其法,著为令于太学。及皇佑,安定来太学主讲,以颜子所好何学论试诸生。盖自唐以来之所谓学者,非进士场屋之业,则释道路山林之趣,至是而始有意于为生民建政教之大本,而先树其体于我躬。必学术明而后人才出,题目意深长,非偶然也。"①宋学在庙堂进士屋与释道山林庙的传统路向之中另开一"为生民建政教之大本"的文化发展大道,并以民间资本开办的私人书院作为实践这一大道的平台与工具。可以说,宋学已经在学术与方法上为正在兴起的市民社会构建了政教大本,摆脱了汉唐以来学术对王权的依附,而开始走向民间的独立。

二、明代的崭露头角

明前期虽然将蒙元势力驱逐到长城以北,但北方边境并不安宁。燕王朱棣夺得皇位后,派郑和七次下西洋,虽然其主要目的是寻找建文帝的下落并宣扬国威,但在客观上促进了东南沿海造船业与海外贸易的大规模发展。郑和之后,官方的下西洋活动停止了,但由此而发展起来的航海技术与资料却在沿海得到流传,一大批民间的力量借此继续着海外的贸易,从而较早地参与到1500年以来世界经济一体化的进程之中,并衍生了明中叶江南、东南沿海的"资本主义萌芽"。与这个"资本主义萌芽"相对应的则是东南沿海的文化继承了宋学之注重道统之独立性,将文化道统的服务对象与诉求由原来单一的王统一维转向朝廷与民间社会两维。东南文化由此而在遭到朝廷一维拒斥之际以民间讲学为主,并以此鼓动民间士论与清议对朝廷进行监督与矫正。如王阳明心学"与朱子反复向皇帝陈说'正心、诚意'不同,阳明说教的对象根本不是朝廷而是社会。他撇开了政治王统,转而向社会去为儒学开拓新的空间,因此替当时许多儒家知识分子找到了一条既新鲜又安全的思想出路。专制君主要使'天下是非一出于朝廷',现在王阳明却说'良知只是个是非之心'。而良知则是人人都具有的。这样一来,他便把决定是非之权暗中从朝廷夺还给每一个人了。从这一点来说,致良知教又含有深刻的抵抗专制的意义。这是阳明学说能够流行天下的一个重要的外缘"②。阳明说起于东南,流行天下,而大盛于江南。江南的东林党人、复社

---

① 钱穆《中国近三百年学术史》(上册),商务印书馆,1997,3。
② 余英时《现代儒学的回顾与展望》,三联书店,2004,143—144。

即是秉承阳明学而起,代表东南新兴的工商者利益,要以独立之道统与其统领下的社会之"士论与清议",要求朝廷"开言路"、"停矿税"等政治与经济权利。同时,这些文化集社还通过刊布其讲学的文章、宗旨将他们的政治主张传播到社会,形成遍布朝野的"士论"、"清议",对皇权进行评议与监督。这里已经有了近代社会政党通过媒体力量监督政府的元素了,只是历史没有给明末东南文化精英们更多的时间,他们的很多政治理想与主张未能得到实现。

(一)东林党人

宋学有独立于朝廷之外的特性,尽管元明将程朱理学纳入科举之中,从而使之流于空谈性理,违背宋学明体致用、以经义推政事的初衷,但明中叶在浙东慈溪出生的王阳明,就以其心学来矫正程朱理学空谈性理之弊,由此而开启了东林讲学之源。"东林学脉本自阳明来。泾阳(顾宪成)师薛方山,亦南中王门。而东林讲学颇欲挽救王学末流之弊,乃不期然有自王反朱之倾向。"①东林党人由王阳明而直承宋学之精华,将宋学的明经致用、本经义推广政事以及以学堂书院为独立于朝廷之外的道统所在的"体"与"用"一并继承并发扬光大。东林书院由是而成为明末最为重要的政论与清议的发源地,对明末的政治与社会发展起到了无可替代的促进作用,东南文化精英亦因此而崭露头角,引人注意。

东林党人以江南无锡东林书院而得名。其创办人与中坚分子主要是江南人,而且,很多家庭都与商人有着密切的联系。如创办人顾宪成的父亲顾学就是一个有一定的文化又喜读《庄子》《水浒》的商人。在顾宪成成名后,有人要将顾学入"义籍"时,顾学说:"我贾人,何短长于世?刑赏所不得及也。今以孺子故,俾我姓名驰入有司之庭,固已陋矣。将又窃孺子之余艳,以惊耀里闾,其何颜见吴越之士?"②顾父不但以贾人而自豪,不愿因顾宪成入仕而更换自己的身份,同时,他对其四个儿子也做出了商、儒并行发展的安排。长子、二子继其路径从商,顾宪成与其弟顾允成则步入科举入仕之路,这个安排与江南商人家庭之中以儒护商、以商养儒的普遍路径是一致的,是江南商品经济发展之后,社会上儒、商并重的意识转换后的典型反映。顾宪成兄弟四人的儒、贾平行分工,其实是江南一些文化世家的缩影,与苏州潘氏家族衍生出"贵潘"与"富潘"的路径如出一辙。

除顾宪成、顾允成兄弟外,东林书院的另一个创始人高攀龙也出身于商

---

① 钱穆《中国近三百年学术史》(上册),商务印书馆,1997,17。
② 顾宪成《先赠公南野府君行状》,《泾皋藏稿》21。

人家庭,其生父、嗣父均是经营当铺的钱业商人。同时,由于东林书院所处的江南历来有儒、贾相助的传统,所以,东林书院的师生中很多家庭都有着商人的背景,其创办人顾宪成、顾允成、高攀龙的商人背景则是明确无疑的,他们成为当时江南正在兴起的绅商阶层的代言人也就理所当然了。"作为东林党领袖的顾宪成、高攀龙都出身于那样和商业资本有关系的家庭,这在考虑东林党的社会基础时,颇意味深长。他们以外东林党人的出身,也都是在浸透了商品经济的江南,和工商业有着某种关系的地主或中等以下比较困穷的地主阶层。当地最深刻地感受到王朝政策内在矛盾的阶层也多加入其中。这说明,这个党争不是单纯的派阀党争,而是以这个时期新的社会变动为背景产生的。"①这个新的社会变动就是明中叶后,江南与东南沿海经济迅速发展,一个脚跨儒、商二界的新的社会阶层正在崛起,代表他们政治与经济诉求的就是有着儒商共同背景的东林党人。东南社会经济与文化的这些重大变化,也影响到明王朝中央对此做出回应,这就是张居正的变法。

张居正变法中有很多措施其实正是当时社会产生"资本主义萌芽"的体现,如"一条鞭法"、整齐税收、劳役折银等都是有利于商业贸易发展与人口流动的需要的。张居正主持的"隆庆和议",与蒙元后裔俺答结束长期的战争,在边境建立商品交换的"马市",其主要操刀手就是张居正集团中出身于晋商家庭的张四维、杨博、王崇古等人。"隆庆和议"给山西与蒙古带来了和平与繁盛的商业往来,"崇古乃广召商贾,听令贸易。布帛、菽粟、皮革远自江淮、湖广辐辏塞下,因收其税以充犒赏。其大小部长则官给金缯,市马各有数。崇古仍岁诣弘赐堡宣谕威德。诸部罗拜,无敢哗者。自是边境休息,东起延、水,西抵嘉峪七镇,数千里军民乐业,不用兵革,负边省费什七"②。这些每月一小次、每年一大次的"马市",将山西、蒙古、华北乃至江南的商品贸易联为一体,不但有力地促进了民族的和平与融合,同时也极大地促进了明中叶后"资本主义萌芽"的商品经济大发展。

张居正变法的实质是代表晋商、徽商等正在兴起的商人阶层对于税收统一、和平贸易发展的愿望。但他在变法过程中过分强调了行政权力的集中化,而将自秦汉以来特别是宋代强化的言官监督权变相取消,并由此而关闭士论集中的书院,"据说全国有六十四所书院被被迫关闭",这就打击了江南正在逐渐融为一体的儒、商两大阶层随着经济力量的增生而要求更多的

---

① [日]小野和子著、李庆等译《明季党社考》,上海古籍出版社,2006,140。
② 《王崇古传》,《明史》222。

社会政治参与以及政治开放的要求。张居正为了集中首相行政权力而将原来独立的负监督责任的六科给事中与御史官员纳入内阁管辖,从而变相地取消了这些"言官"可"风闻奏事"的独立特权。同时,又通过封闭书院,堵塞了基层士人通过书院形成"士论",并通过言官而将这些"士论"奏达中央从而影响中央政府决策的渠道。代表江南儒、商利益与正在兴起的社会力量的东林党人与代表王统的张居正之分歧即在于此。

由于出身背景以及江南商业社会的诸项影响,东林党人汇集的"士论"往往代表着东南沿海商品经济发展的要求,如废除"矿税"、"商税"等。这些经济诉求建立在东林党人"天下之公"与"天下之理"的理论基础之上。东林党人认为天下是普天下人之天下,天子只是受天的委托来治理天下,治理的根本标准就是人民的安宁,所以,天子个人之"私"不能违背天下之"公"。正是这种"公私论"才使得东林党人并不将"立储、移宫"等事件看作皇帝的家事,而是看作天下之公事,所以,东林党人才一再上书,与朝廷与皇帝反复争论。其实质就是东林党人受江南商人与经济的影响,认为"开言路"能将社会基层的意见按程序反映上来,使皇帝不受二三近臣之惑。"东林派的人士要把言官的言论从君主权的范围中开放出来。不仅如此,甚至认为言官的言论当由'天下'来规定。君主是'天下之公'、'天下之理'的实现者,重臣是应当辅佐作为君主之人。而言官则具有把天下舆论反映到政治上的责任。应当对照'天下之公'、'天下之理'来监察政治,来批判君主。他们为了保障言论自由,在强烈要求监察权独立的同时,还想通过把言论的范围扩大到言官以外,尽可能更广地扩张言论的通道,这就是他们'开言路'的内容。"① 为此,东林党人通过开办书院,聚士讲学,"或考古今人物,或商经济实事,或究乡井利害,盖有精研累日夕而不得,反复累岁月而不得,旁搜六合之表而不得,遂求千古之上而不得,一旦举而且质诸大众之中,投机邂会,片言立契,相悦以解者"②。这种讲学的精神其实就是将王阳明人人都具良知、人人皆可成圣贤的平等精神灌注到"考古今人物、商经济实事、究乡井利害"的实践讲习之中,所以,这种平等的讲学精神在商品经济繁盛的江南很受欢迎。因为商品经济骨子里就是"买卖平等",买卖双方主体是平等的,交易也是平等的。正因为每个人都是平等的,所以,对于关系到每个人的"天下公事",人人都可参与,也应当参与,"天下公理"正是由若干天下人的共识汇集而成。东林党人要求"开言路"的实质就是这种江南商品经济产

---

① [日]小野和子著、李庆等译《明季党社考》,上海古籍出版社,2006,23。
② 顾宪成《九益》,《东林书院志》二。

生的商人平等参与意识的反映。

东林书院"开言路"的政治要求和平等参与的讲学形式,在江南商品经济的氛围中得到很快的传播,"甲辰(万历三十二年),东林书院成,大会四方之士,一依白鹿洞规。其他闻风而起者,毗陵(常州)有经正堂,金沙(金坛)有志矩堂,荆溪(宜兴)有明道书院,虞山有文学书院,皆拜会珠盘,请先生莅焉"①。一个颇具规模、颇有影响的东南"士论",通过众多"言官"的渠道而上达"天听"。除了江南之外,东林党人还借助各种机会将东林书院的精神向外传播,在全国建立了一批有影响的书院,如吉水的江右书院、徽州的紫阳书院、永新的明新书院、西安的关中书院等等。明新书院就是东林党人、徽州的余懋衡在永新县任职时创建的。"万历丁酉(二十五年)春,余知永新,建明新书院,请太常王先生时槐、稽勋邹先生元标、侍御邹先生德泳,主盟振铎,为讲明德新民之学。凡五日,永新绅衿皆在,父老子弟围听之者近万人,人人自得,如坐春风中。"②一个书院五天的讲学,听讲者即达万人,尽管这个数字可能有所夸大,但其影响力之大是可想而知的。在反东林派的朱一柱的奏章中有这样的描述:"臣观今日天下大势,尽趋东林。今年计典之误,实由于此。盖无锡县有东林书院,宋儒杨时祠也。顾宪成自谪官归会林居,诸臣讲学于此。未几,其徒日众,挟制有司,凭凌乡曲,门遂如市。黄正宾者,以赍郎冒迁谪名,因结淮抚。东林所至郡县一喜一怒,足系诸有司祸福。凡东林讲学所至,主从百余,该县必先设厨传、戒执事。馆毂程席之需,非二百金上下不能办。会讲中,必杂以时事,讲毕立刊传布远近。各邑行事,有与之左者,必速改图,其令乃得安。今已及浙中诸郡矣。"③这个出自反对派的奏折,可能也有张大其辞之处,但他对于东林党人借讲学聚众形成士论,并将这种士论通过江南发达的印刷业而"刊布远近",使之实质上已具有近代报纸媒体的传播与放大功能的论述还是可信的,这样,东林党人的影响自然远远在汉、宋时期"清议"的影响之上,对于整个大明王朝的地方与中央吏治自然会发生莫大的影响。这种从社会基层起源的"士论",再与王朝的监督权——"言官"相结合,当然会对专制皇权带来极大的挟制与威胁,这就是反对派们能说动明神宗最后对东林党人予以镇压的根本原因。

(二)复社

继东林而起的是有"小东林"之称的复社。复社是在应社、广应社的基

---

① 黄宗羲《顾宪成》,《明儒学案》卷58。
② 余懋衡《自敬吟》,《洞滨寱言》。
③ 《神宗实录》四八三,万历三十九年五月壬寅。

础上联合江北匡社、松江几社、莱阳邑社、浙东超社、浙西庄社、黄州质社等文社联合而成,这些名目繁多的士人文社主要集中在江南与东南。由此可见,虽然东林党人被阉党残酷镇压下去,但东南士人并没有屈服,复社之名即"义取剥穷而复",用《易经》中的"剥穷而复"来表示东南士人不屈服于阉党的决心。

与东林党人一样,复社的创始人也主要是江南的士人,其创始人与领袖人物是太仓的张溥、张采、杨彝、顾梦麟等。杨彝"家富于财,初无文采,而好交结文士"①,显然是出身于一个富商家庭。复社中坚吴甗:"扶九居吴江之荻塘,藉祖、父之赀,会文接客,与孙孟朴最厚,倡主复社。既而思合天下英才之文甗综之。孟朴请行,出白金二十镒,家谷二百斛"②,显然,吴的父、祖也是吴江的富商。虽然复社中很多人的家庭背景不详,但这些出身于商品经济发达、重商习俗繁盛的江南各市镇之士子,受到江南商业文化的深厚影响是不言而喻的。而正是在这种浓厚的商品经济与商业文化的影响下,复社不仅继承了其前辈东林党人强调"经世致用"之学的传统,而且其组织规模更大,组织形态更完备,对明末政治的参与度与影响力也都远在东林党人之上。

复社主持人张溥认识到"自世教衰,士子不通经术,但剽耳绘目,几幸弋获于有司。登明堂不能致君,长郡邑不知泽民,人材日下,吏治日偷,皆于此"③。因而,其在聚众讲学的过程中,在以经世致用之学教育弟子的同时,还编印了大量的这类时文供学生参考。这个教育方针正适合了崇祯皇帝即位后急于寻求人才以挽回明朝颓势的需要,"启、祯之间,文体益变,以出入经史百氏为高"④。机缘辐辏,致使崇祯三年(1630年)南直隶(含今江苏、安徽两省)乡试中"榜发,解元为杨廷枢,而张溥、吴伟业皆魁选,陈子龙、吴昌时俱入彀,陈际泰、夏曰瑚亦举于其乡,其他同盟列荐者复数十余人"⑤。在总共130余人的举人定额中,复社夺得了超过10%的名额,高兴之余,张溥即借机举行了"金陵之会"的社集。在第二年的会试中,复社新科举人张溥、吴伟业、吴昌时、彭宾、万寿祺、吴继善、吴克孝、马世奇、杨廷麟、杜麟征、姜采、左懋第、夏曰瑚等都一举及第。特别是吴伟业获得榜眼,授翰林院编修,张溥、杨廷麟、马世奇皆为庶吉士。明代"非进士不入翰林,非翰林不入

---

① 查慎行《人海记》。
② 朱彝尊《静志居诗话》卷21。
③ 陆世仪《复社纪略》卷1。
④ 《选举》一,《明史》卷69。
⑤ 陆世仪《复社记略》卷2。

内阁。南北礼部尚书、侍郎及吏部右侍郎,非翰林不任。而庶吉士始进之时,已群目为储相。通计明代宰辅一百七十余人,由翰林者十之九"①,吴、张、杨、马此时即已身在"储相"之位,极有可能成为未来的宰辅人选。两年之内,复社成员在科举场上取得如此骄人的业绩,这就极大地提高了复社在青年士子中的声望。张溥借此声势召开了复社虎丘大会:"至日,山左江右晋楚闽浙以舟车至者数千余人。大雄宝殿不能容,生公台、千人石鳞次布席皆满。典庖司酝,辇载泽量往来丝织。游人聚观,无不诧叹,以为三百年来未尝有也。宴会之明日,互相通名,笺刺一时盈笥篋。比列祖道,百里不绝。其时与会者,争以复社合名,列诸牌额"。从记载可见,复社规模不仅远超东林,而且确实是"三百年来未尝有"的士人大集社。据有关文献统计,复社成员总人数达3043人,其中南直隶1238人,浙江521人,福建267人,广东147人,东南沿海总人数为2170人,为复社成员总数的71.4%。可见这个成员遍布全国的士人之社集,其重心是在东南沿海,特别是以南直隶为核心的江南。可以说,复社是明末东南沿海商品经济发达而形成的东南文化精英的大集结。

复社不仅规模大,组织也很严密,"详列姓氏以示门墙之峻,分注郡邑以见声气之广";"各郡邑推择一人为长";组织成员要遵守规约:"毋从匪彝。毋读非圣贤书。毋违老成人。毋矜己长。毋巧乱政。毋干进辱身。嗣今以往,犯者,小用谏,大则摈"。②"这样的程序以及规约说明,复社既不是单纯的只以八股文的评选为纽带的读书人的集合,也不是所谓的'朋党',而是以特定目标结成的组织。政治纲领、政策未必一致,然而在作为与小人即阉党对决这点上结合起来的'君子'的组织,与应社一样,有与此相悖行为时,可以将人除名,是有着明确除名条款的组织。在这样的意味上,可以说,它是为了政治运动的一种封闭性的组织,是有可能蜕变为有政治目标的近代政党的组织"③。复社这种以政治共识为联结纽带而成立的新型的文人结社,主动、积极地参与明末的各种政治活动,"诸公(复社崇敬的文震孟、姚希孟等官员)任职在外,则代之谋方面;在内,则为之谋爰立,皆阴为之地,而不使之知。事后被人知觉,乃心感知。不假结纳而四海盟心,门墙之所以日广,呼天抢地应之所以日灵,皆由乎此。是时,朝议起废,欲推举钱谦益,而阁部持之坚,乃其推文震孟、侯恂、倪元璐、刘宗周、姜曰广、黄道周,相继登用。

---

① 《选举二》,《明史》卷70。
② 陆世仪《复社记略》卷2、卷1。
③ [日]小野和子著、李庆等译《明季党社考》,上海古籍出版社,2006,253。

又复引翼后进,内而中、行、评、博,外而推、知,有名望应考选者,俱力行荐拔。其六部迁转,乃台省举劾,皆得与闻。天如(张溥)虽以庶常在籍,浸浸负公辅之望,参预朝政矣"①。对于地方的公事,复社更以强大的士人力量对地方官员进行监督乃至驱逐。如张溥、张采想用承担军粮的办法减轻太仓的漕粮运输负担,这一想法得到了知州刘士斗的支持,但太仓推官周之夔却利用此事向上诬告,致刘被贬职。复社"因令门人制檄文驱逐之夔,粘布通衢。檄中言之夔受州同林朝牧厚贿,欲荐署州篆,故揭去刘知州以遂其私。乃先逐朝钦去职,时崇祯七年也。先是,生员科试旧例,府州县官录送宗师,而后宗师试录优者送院。之夔署府篆考生童惟凭请托,竟不阅文。案出,各邑孤寒,虽才高望重,俱落孙山。由是各学沸然,甚至抬城隍像,从府署诅之。则诸生即非复社中人,亦恨之深矣。至是年四月朔,乘之夔下学,诸生噪而逐之。之夔惭愤,申文两台,惟自劾,不敢及诸生,以为首皆权要子弟故也。因杜门谢职。两台欲和解之,姑令署吴江篆以远避焉。之夔到吴江,则复社生徒再聚沈袂馨家,复噪逐如郡城"②。一个因私心而结怨复社士子的地方官员,就这样被复社组织起来的生员从太仓逐到吴江,再从吴江逐回苏州,最后落职而无法复出。可见,复社运用组织起来的生员对明末政治进行了从上至下的广泛参与,而且取得了很大的成功。

复社在明末政局中影响最大的就是以《留都防乱公揭》阻止了阉党余孽阮大铖的复出。"参加这运动的黄宗羲,后来写了《明夷待访录》,提倡也可称部分采用了民权主义的乡绅主义,主张学校议院化。可以说,那也是对这机关报学生运动的总结,是把为其代言的舆论反映是非曲直到政治上,要在国家政治体制中给予制度性保障。"他们"一方面,通过科举构筑了政界的人际关系。另一方面,则以其组织力为后盾,用以生员阶层为中心的大众运动的形式,来推进运动,这值得注意。这意味着不是官僚的在野的生员们组织集团主动参与了政治。这不是以既成的官僚组织,或寄生于君主权的形式来参与政治,而是以与他们对立的政治参与形态。通过这样在野的政治运动,生员层政治意识急速高昂,也产生出了对组织起来的集团之力的确信"③。这个官僚之外的在野生员集团,其实是正在兴起的以绅、商为主体的"社会"之代表,他们代表了正在兴起的绅商阶层要求参与国家之政治的要求,也得到了绅商阶层财力上的支持,如上述吴甑为社务"出白金二十镒,

---

① 陆世仪《复社记略》卷1。
② 陆世仪《复社记略》卷1。
③ [日]小野和子著、李庆等译《明季党社考》,上海古籍出版社,2006,488。

家谷二百斛"的案例。这类案例在富裕的江南想必很多,这也就是复社作为一个如此庞大的社团,其活动的经费始终充裕的原因所在。诸如驱逐地方官员周之夔,印刷、散发、遍粘公揭,阻止南明政府对阮大铖的任用,这些持续、广泛的政治运动,没有充分的财力支持是无法推进的。

  东林党人以"开言路"要求对朝廷施行监督权;复社在其基础上更进一步,以研究科举时文并以"特荐"、"保举"等方法进军朝廷的"考试"用人权。二者都是江南、东南商品经济发达之后,在此氛围中成长的生员阶层要求更多的政治参与权的体现。正如孙中山先生所言之监察权与考试权:"这两权是中国固有的东西。中国古时举行考试和监察的独立制度,也有很好的成绩。像满清的御史、唐朝的谏议大夫,都是很好的监察制度。举行这种制度的大权,就是监察权。监察权就是弹劾权。外国现在也有这种权,不过把他放在立法机关之中,不能够成独立成为一种治权罢了。……所以就中国政府权的情形讲,只有立法、司法、行政三个权是由皇帝拿在掌握之中,其余监察权和考试权还是独立的,就是中国的专制政府从前也可以说是三权分立的,和外国从前的专制政府,便大不相同。从前外国在专制政府的时候,无论是什么权,都是由皇帝一个人垄断。中国在专制政府的时候,关于考试权和监察权,皇帝还没有垄断。所以分开政府的大权,便可以说外国是三权分立,中国也是三权分立。中国从前实行君权、考试权、监察权的分立,有了几千年。外国实行立法权、司法权和行政权的分立,有了一百多年。……我们现在要集合中外的精华,防止一切的流弊,便要采用外国的行政权、立法权、司法权,加上中国的考试权和监察权,连成一个很好的完璧,造成一个五权分立的政府。像这样的政府,才是世界上最完全最完善的政府。国家有了这新的纯良政府,才可以做到民有、民治、民享。"①监察权与考试权对皇权专制的相对独立是汉、唐、宋、元以来中国政治的一大特色。这一特色虽然在明初受到很大的破坏,但随着明中叶江南、东南商品经济的发展,代表正在兴起的商人、市民阶层利益的东林党人和复社成员就及时地抓住了这个有着深厚文化传统的制度独立性,向皇权提出了"开言路"、"复古学"的要求,以此来达到"参预朝政"之目的。为了实现这个政治参与的目标,他们聚众讲学,形成士论,再将这些士论以"公揭"、"抄布"的形式传播出去,使他们的政见得以放大,从而对政府形成强大的舆论压力,迫使政府改辙易图。如周延儒在复社策动下再度入阁后就争取到崇祯皇帝的不少新举措,如:赦免滞纳漕粮、白粮之户;蠲免民间滞纳的税粮;兵残岁荒之地,减免该年的

---

① 孙中山《三民主义》,中国长安出版社,2011,154—155。

两税;苏松常嘉湖诸府水灾,以明年度的夏麦充漕粮;流罪以下,全部赦免;复活有错的举人之籍,增加学校生员;召还因上言而被左迁的诸官僚;等等。这些举措中显然有相当一部分是直接代表了复社主体所在的江南诸府人民的利益的。这些都说明以复社为代表的东南文化精英在明末已充分崭露头角,成为独立于国家皇权之外的一股强大的社会力量,并通过其政治集团的组织力与动员力,以争取考试用人权与广开言路的监督权来积极地参与政治,并为其所代表的江南新兴绅、商市民阶层争取到政治的公平与权利的保护。明代东南文化精英的集结在复社组织中达到顶峰。

三、清代的一波三折

明代以东林、复社为代表的东南文化精英群体集结而张扬的社会力量,因清兵入关而被镇压。清初顾炎武、黄宗羲、王夫之等人利用清初统治者无暇顾及文化整肃之机,继续发扬东林、复社之学术思想,推进经世致用之学。但为时不长,即被清王朝制造的一系列文字狱而打压净尽,中国出现了"避席畏闻文字狱,著书只为稻粱谋"的文化肃杀局面,学者们不是投入博学鸿词科的应选,就是埋首古籍之中,远离政事。但文化发展自有其内在规律与脉动,政治的高压可以迫使其转向发展,却无法使之彻底断绝。经过数十年的潜伏暗行之后,在清统治稍衰之际,以戴震、章学诚为代表的徽学、浙学又高扬东林、复社的经世致用之学卷土重来。他们在促成清中叶学术文化由"尊德性"而转型为"道问学"的价值大转换的同时,还直接开启了常州学派与龚自珍等东南文化精英的再度崛起。太平天国之役之后,清廷的国家权威与实力极度衰落,不得不依靠东南文化精英操作的洋务运动与财力来维持统治,东南文化精英获得了前所未有的大发展,最终在清末新政中完成了群体的集结,并以这个集团的力量,直接策划、参与和引导了清末众多的政治与社会活动,成为当时中国政治与社会舞台上的重要角色。

(一)清初的曲折发展

清初顾炎武、黄宗羲等东南文化精英继承东林与复社的文化传统,以经世致用之学来激励民风与士气。特别是众多的复社成员在明清易代中以强烈的民族气节投身于抗清斗争,因之而遭受到清政府的残酷镇压。"扬州十日"、"嘉定三屠"之外,清政府还制造了"哭庙案"、"通海案"、"奏销案"三大案,对江南士绅进行广泛的打压,其中"奏销案"罗列入罪的士绅达13500余名。顺治十六年(1659年)殿试一甲第三名的昆山叶方蔼仅欠一文钱也遭革职处分,"探花不值一文钱"的民谚因之在江南广泛流传。数以千万计的生员因之而入狱,受尽折磨,很多家庭倾家荡产,家破人亡。如案中人董含所记:"轩冕与杂犯同科,千金与一毫同罪,仕籍学校,为之一空。……吁,过矣!"①嗣后,清廷在江南制造了大量的文字狱,如庄廷珑《明史案》,牵连千余人,致死70余人;戴名世《南山集》案,牵连定罪300余人;吕留良案,牵连亦数百人。清政府制造这三大文字狱的目的就是敲山震虎,对江南曾经高扬的士论与士人进行震慑。这些血腥的镇压也确实收效甚显,"康、雍以来,清廷益以高压锄反侧,文字之狱屡兴,学者乃以论政为大戒,钳口不敢吐一辞。重足叠迹,群趋于乡愿一途"②。特别是乾隆皇帝杀气腾腾地对宋学、东林党人"以经义推政事","天下治乱系宰相,君德成就责经筵"的理论大加挞伐。他在《书程颐经筵札子后》中说:"程颐论经筵札子……其贴黄所云'天下治乱系宰相,君德成就责经筵'二语。吾以为未善焉。……顾颐所言,是视君德与天下治乱为二事,漠不相关者,岂可乎? 而以系之宰相,夫用宰相者,非人君其谁为之? 使为人君者但深居高处,自修其德,惟以天下治乱付之宰相,己不过问,幸而所用若韩、范,犹不免有上殿之相争,设不幸而用若王、吕,天下岂有不乱者! 此不可也。且使为宰相者居然以天下之治乱为己任,而目无其君,此尤大不可也。"③乾隆还在尹嘉铨一案中批谕说:"尹嘉铨所著各书,内称大学士、协办大学士为相国,夫宰相之名,自明洪武时已废而不设,其后置大学士,我朝亦相沿不改,然其职权仅票拟承旨,非如古所谓秉钧执行之宰相也。……昔程子云:'天下治乱系宰相',此只可就彼时朝政踳冗者而言。若以国家治乱,专倚宰相,则为之君者,不几如木偶梳缀乎?"④乾隆对宰相之权如此忌讳,其根本是要建立与维护其君主专制独裁体制,而这与宋学、东林党人以清议监督与制约朝廷、以道统制约王统的思想是完全背道而驰的。所以,乾隆皇帝要通过各类文字狱来打压宋学道统高于王统、以清议之"理"抗衡和制约君权之"势"的"士论"。

在文字狱的打压之下,清前期君权之势虽然取得了一时的胜利,但正如明人吕坤所言:"天地间惟理与势为最尊。虽然,理又尊之尊也。庙堂之上言理,则天子不得不以势相夺,即夺焉,而理则常伸于天下万世。故势者,帝王之权也;理者,圣人之权也。帝王无圣人之理则其权有时而屈。然则理也者,又势必之所恃以为存亡者也。以莫大之权,无僭窃之禁,此儒者之所不

---

① 董含《三岗识略·江南奏销之祸》。
② 钱穆《中国近三百年学术史》(上册),商务印书馆,1997,20。
③ 《御制文集》(下),《御制文集二集》郑十九,文渊阁四库全书影印本,7—8。
④ 王仲翰点校《清史列传》(第五册卷18),中华书局,1987,1325。

辞,而敢于任斯道之南面也。"①乾隆皇帝冒天下之大不韪,滥用其势,虽然短时期内震慑住了士人,将江南与东南的士气与清议镇压下去,出现了"学者乃以论政为大戒,钳口不敢吐一辞。重足叠迹,群趋于乡愿一途"的局面,但这种局面并不能持久,反而迫使江南与东南文化精英进一步深入民间,从民间工商经济发展中寻找力量。这个有着深厚社会基础的新的文化发展路向在乾隆皇帝在世之日就异军突起,戴震、章学诚分别在汉学考据与文史校雠之中突破桎梏,阐发出"性之欲,其自然也"、"六经皆史,皆先王政典"的深邃思想。东南文化由之而突破文字狱的高压,出现了一个新的转折与生机。

(二)由"尊德性"到"道问学"的转型

清王朝在以文字狱打压士人的同时,又以程朱理学之"尊德性"之学作为科举考试的标的,以笼络士人于朝廷之中。这虽然取得了一定的效果,但失去"道问学"之"求真"支持的"尊德性"很容易流入虚伪,"假道学"之李光弟之流虽然在朝廷上据有高位,正直士人却嗤之以鼻。与此同时,在文字狱中被严厉打压的江南士人则以商品经济趋利避害之手法,对专制王朝敬鬼神而远之,在以文化的独立性保持人格独立性的同时,循着儒家文化内在的"道问学"的路向继续发展着清初三大儒的经世致用之学,并在清中叶完成了这个学术的大转型,其代表人物则是江南的戴震、章学诚、惠栋等人以及他们创建的皖学、浙东之学、吴学这三大学派。

戴震的皖学起自徽州。"尚考徽歙间讲学渊源,远自无锡之东林","又徽人居于群山中,率走四方经商为活,学者少贫,往往操贱事,故其风亦笃实而通于艺。"②钱穆先生的这个总结揭示了戴震所代表的徽歙之学的两个特点:其一,学术上源自于东林;其二,因为徽州山多人贫,民多以经商为生,处于这一地域文化之内的"学者少贫,往往操贱业"——经商。如戴震"自幼为贾贩,转运千里,复具知民生隐曲,而上无一言之惠,故发愤著《原善》、《孟子字义疏证》,专务平恕。……震所言多自下摩上,欲上帝守节而民无痒"③。与戴震同时游于江永门下的汪肇龙"少孤贫,力食以供餐粥,长习贾,叹曰'是非甚巧伪,不得称善贾',弃而归,习篆字,资铁笔以活者久之,稍稍通六书,后游江门"。这类"少贫,往往操贱业"的学者,在徽州、江南乃至东南屡见不鲜,是一个普遍的现象。而且,徽州与江南还有一个突出的现

① 吕坤《呻吟语》(卷一之四),岳麓书社,1992,8。
② 钱穆《中国近三百年学术史》(上册),商务印书馆,1997,341—342。
③ 章学诚语,转引自钱穆《中国近三百年学术史》(上册),商务印书馆,1997,395。

象,就是一批富于财的大商人往往出资资助学者,使他们能衣食无虞地专心于学术。如与戴震同时问学于江永之门的郑牧、汪肇龙、程瑶田、方矩、金榜诸人,皆得力于富商大贾汪梧凤的帮助。江永、戴震"皆自奋于末流,常为乡俗所怪,又孤介少所合,而地僻陋,无从得书;汪君独礼而致诸其家,饮食共具惟所欲,又斥千金置书,益招好学之士,日夜诵习讲贯其中。久者十数年,近者七八年,四五年,业成散去"①。这类富商大贾以民间之财力支持学术发展的现象,说明清中叶在东南商业经济发展的基础上,民间社会已经形成了独立于朝廷之外支持学术发展的社会风气与力量。正是在这种风气与力量的支持下,东南学术与东南文化精英才有可能"著书不为稻粱谋"、独立于朝廷之外而获得发展。也正是由于立足于这样的商品经济基础的社会中,东南学风与东南文化精英就不可避免地有着鲜明的商品经济的特色。"明清的富民论也是儒家基调转换的一个组成部分,一般而论,这时的儒者已不再寄希望于朝廷的积极有所作为,而是要求政府不对民间致富的活动加以干扰。……戴震曾露骨地指出:'凡事经纪于官府,恒不若各自经纪之责专而为利实。'"②戴震的这一思想,与亚当·斯密的"政府是守夜人"的思想如出一辙,也说明东西方哲人在市场经济的初期发展中已基本掌握了市场与其主体——商人是资源配置与贸易发展的基础,政府不能也不应越俎代庖的规律。

徽歙之学受商业社会影响,故而有着鲜明的重实事求是、重专业测算、重人格平等、重经济理性等特色。转移清中叶之学风,集汉学考据与宋学义理之大成的徽歙之学的代表戴震之学术,在这些方面有着突出的表现。戴自言:"仆闻事于经学,盖有三难:淹博难,识断难,精审难。仆诚不足以与于其间,其私自持,暨为书之大概,端在乎是。前人之博闻强识,如郑渔仲、杨用修诸君子,著书满家,淹博有之,精审未也。别有略是,而谓大道可以径至者,如宋之陆,明之陈、王,废讲习讨论之学,假所谓'尊德性'以美其名。然舍夫'道问学',则恶可命之'尊德性'乎?"③戴震在此将儒学文化分为"尊德性"与"道问学"两大部类,而且明确宣布"道问学"是"尊德性"的基础。没有"道问学",则无所谓"尊德性"。而所谓的"道问学",即"由博学、审问、慎思、明辩而后笃行。则行者,行其人伦日用之不蔽者也"④。可见,戴震的

---

① 钱穆《中国近三百年学术史》(上册),商务印书馆,1997,343。
② 余英时《现代儒学的回顾与展望》,三联书店,2004,153—154。
③ 转引自钱穆《中国近三百年学术史》(上册),商务印书馆,1997,346。
④ 戴震《孟子字义疏证》,转引自余英时《论戴震与章学诚》,三联书店,2005,31。

"道问学"的最终落脚点在于通经致用,"行其人伦日用之不蔽者",所以他不但提倡通经须自识字始,而且身体力行"凡诂训、音声、算数、天文、地理、制度、名物、人事之善恶是非,以及阴阳气化、道德性命,莫不究乎其实。盖由考覈以通乎性与天道,既通乎性与天道而考覈益精,文章益盛。用则施政利民,舍则垂世立教而无弊"①。也正因为戴震在考据学淹博、精审、识断上的卓越成就,时人在推许其为汉学考证之大师时往往忽略了他在义理之学上的成就,即通过考证而痛斥宋儒朱熹等人偷换概念,以所谓的"理"来偷换孔孟的"性",并将"理"与性之"欲"对立起来,"存天理,灭人欲",其实即是"以理杀人"。所以,戴震极力为"性"与"欲"正名,强调"有天地然后有人物,有人物而辩其资始曰性。人与物同有欲,欲也者,性之事也;人与物同有觉,觉也者,性之能也。""尊者以理责卑,长者以理责幼,贵者以理责贱,虽失,谓之顺;卑者、幼者、贱者以理争之,虽得,谓之逆。于是下之人不能以天下之同情、天下所同欲达之于上,上以理责之于下,而在下之罪,人不胜指数,人死于法,犹有怜之者;死于理其谁怜之? 呜呼! 杂乎老释之言以为言,其祸甚于申、韩,如是也!""圣人之道,使天下无不达之情,求遂其欲,而天下治。后儒不知情之至于纤微无憾是谓理,而其所谓理者,同于酷吏所谓法。酷吏以法杀人,后儒以理杀人。骎骎乎舍法而论理,死矣,更无可救矣!"在专制主义以程朱理学为统治利器,以理杀人,用以维护其专制统治之时,戴震一言揭破其黑幕,真是振聋发聩,石破天惊。"其哲学之立脚点,真可称二千年一大翻案。其论尊卑顺逆一段,实以平等精神,作伦理学上一大革命"②。这个平等精神,其实正是伴随江南商品经济发展而崛起的市民、绅商阶层的内在需求。戴震自小经商,对市民阶层的这一要求有着深深的理解,故能解人所不能解、发人所不能发,成为清中叶文化转向的引领者和东南文化精英的代言人。

戴震以经学考据为入手,最后得出"圣人治天下,体民之情,遂民之欲,而王道备"③的"义理",与之同时的章学诚则是从史学的角度再度揭櫫出"经世致用"的文化旗帜。

章学诚与戴震深相交纳。尽管后来二人在学术上有分歧,但真正能认识戴震思想的还是章学诚。为了表现自己与戴震的不同,章学诚建立了一

---

① 段玉裁《戴东原集序》,转引自钱穆《中国近三百年学术史》(上册),商务印书馆,1997,403。
② 朱维铮校注《梁启超论清学史二种》,复旦大学出版社,1985,32、33、35。
③ 戴震《孟子字义疏证》,转引自钱穆《中国近三百年学术史》(上册),商务印书馆,1997,370、383。

个浙东与浙西的学术谱系。他说:"浙东之学,虽出自婺源,然自三袁之流,多宗江西陆氏。而通经服古,绝不空言德性,故不悖于朱子之教。至阳明王子,扬孟子之良知,复与朱子抵牾。蕺山刘氏,本良知而发明慎独,与朱子不合,亦不相诋也。梨洲黄氏出蕺山之门,而开万氏兄弟经史之学,以至于全氏祖望辈尚存其意,宗陆而不悖于朱也。惟西河毛氏发明良知之学,颇有所得,而门户之见,不免攻之太过,虽浙东人亦不甚以为然也。世推顾亭林氏为开国儒宗,然自是浙西之学,不知同时有黄梨洲氏出于浙东,虽与顾氏并峙,而上宗王、刘,下开二万,较之顾氏,源远而流长。顾氏宗朱,而黄氏宗陆,盖非讲学专家各持门户之见者,故互相推服,而不相非诋。学者不可无宗主,而必不可有门户。故浙东、浙西,道并行而不悖也。浙东贵专家,浙西贵博雅,各因其习而习也。……三代学术,知有史而不知有经,切人事也。后人贵经术,以其即三代之史耳。近儒谈经,似于人事之外别有所谓义矣。浙东之学,言性命者必究于史,此其所以卓也。""史学所以经世,固非空言著述也。且如六经同出于孔子,先儒以为其功莫大于《春秋》,正以切合当时人事耳。"①从这一思路出发,章学诚提出了"六经皆史"的论断,从而在打破经学神秘性的同时为通经致用之学奠立了一个坚实的历史基础。

除了戴震与章学诚的徽歙之学、浙东之学外,继顾炎武而起的还有惠栋的"吴学"。"惠、戴为当时汉学两大师,后世分言吴、皖,即推溯之东原、定宇两人也。惠氏籍吴县,三世传经,惠周惕为其祖,士奇为其父。……此所谓守古训,尊师傅,守家法,而汉学之壁垒遂定。其弟子同县余萧客、江声诸人先后羽翼之,流风所被,海内人士无不重通经,通经无不知信古,其端自惠氏发之,而于是有'苏州学派'之称。今考惠学渊源与戴学不同者,戴学从尊宋述朱起脚,而惠学则自反宋复古而来。顾亭林已言'理学之名,自宋始有,古之所谓理学者,经学也'。而通经则先识字,识字则先考音,亭林为音学五书,大意在据唐以正宋,据古经以正唐,即以复古为反宋,以经学之训诂破宋明之语录,其风流被三吴,是即吴学之远源也。"②惠氏的吴学直承顾炎武通经必先识字的学风而来,相对戴震之学从朱熹之学内部反叛而出,当然更为直截、更为趋新。但惠氏却并未能如戴震一样,由考据走向义理之阐发,而始终停留在考据之上。所以余英时先生认为"戴震和章学诚是清代中叶学术思想史上的两个高峰,这在今天已经成为定论了",但对于惠栋则付诸阙如,其因就在于惠栋在思想史上的创建不足。"从思想史的观点来看,东原

---

① 章学诚《文史通议》,转引自钱穆《中国近三百年学术史》(上册),商务印书馆,1997,428—430。
② 钱穆《中国近三百年学术史》(上册),商务印书馆,1997,451—353。

与实斋是清代中叶儒学的理论代言人。一方面,他们的学术基础在考证;另一方面,他们的义理则又为整个考证运动指出了一个清楚的方向。没有东原和实斋的理论文字作引导,乾、嘉的考证学只表现为一大堆杂乱无章的材料,其中似乎看不出什么有意义的发展线索;更重要的,清代的儒学和宋明理学之间也将失去其思想史上的内在链锁。如果允许我们把清代的考证运动比作画龙,那么东原与实斋便正好是这条龙的两只眼睛。"

戴震的皖学、章学诚的浙东之学以及惠栋的吴学,它们都是产生于江南地域之内,而且,不但戴学、章学直斥朝廷尊崇的程朱"尊德性"之学,即使是惠栋的吴学,也是置此而不顾,埋首穷经,三世以继。这充分说明,自宋以来立足于商品经济社会之上的江南与东南之学术独立性已根深蒂固,牢不可拔。清初的文字狱只能迫使地火转入地下运行,而绝不能使之绝灭。一旦统治者稍有松动,它们就会突起而呼,重新燎原。之所以如此,是因为学术文化的独立性使之具有内在的发展规律,如儒学的"尊德性"与"道问学"的两个内在的方向,在宋代后因为商业社会发展而导致的社会独立性增强,在朝廷的"尊德性"流入空伪以及王朝专制强化之际,就迫使面向社会的"道问学"的趋势得以增强,并且因这一趋势有着内在的文化发展与社会力量的支持而日益得到强化,最终成为社会文化发展的主流,专制王朝也不得不转而对之予以承认。终清一代,虽然科举考试是以程朱"尊德性"之学为导向,但乾隆时期《四库全书》的总编制纪晓岚则是佩服戴震至极的"道问学"学派,所以,他不但极力将戴震推荐入《四库全书》编纂之"馆臣"之列,而且在他所挑选的馆臣中,绝大部分是戴震这类反程朱空谈"尊德性"的"道问学"派,如朱筠、钱大昕、卢文绍、秦惠田、王昶、王鸣盛等人。经《四库全书》编纂这个国家级文化平台的影响,以及戴震、章学诚、惠栋的众多门生弟子的传播,戴震、章学诚之后,"清代儒学的基调已变,'道问学'已成为一个主要的价值"①。这个得到清廷认同、以"考据之学"为外形的学术价值大转换,不但使东南文化精英得以大规模地再度崛起,更重要的是其内在的"义理"——"去生养之道者,贼道者也。细民得其欲,君子得其仁"②等思想直接成为清后期思想解放的先声。

东南文化精英是以精英文化为联结的。戴震之皖学、章学诚之浙东之学、惠栋之吴学,其实是儒家精英文化"道问学"方向的三个分支,围绕着这三大学派的传承,东南文化精英实现了再度崛起与集结。其中又以戴震皖

---

① 余英时《论戴震与章学诚》,三联书店,2005,3、5、351。
② 戴震《原善》,转引自钱穆《中国近三百年学术史》(上册),商务印书馆,1997,390。

学之传承最为典型。"先生卒后,其小学之学,则有高邮王念孙、金坛段玉裁传之;测算之学,则有曲阜孔广森传之;典章制度之学,则有兴化任大椿传之。皆其弟子也。"①除了这些及门的代表性弟子之外,还有众多的私淑弟子与再传弟子,如凌廷堪(歙县)、洪榜(歙县)、王引之(高邮)、阮元(仪征)等;以及众多慑服于其学术之淹博、审断之精至的学术友人,如朱筠(萧山)、汪中(扬州)、焦循(扬州)、邵晋涵(余姚)等。同样,惠栋之吴学亦有沈彤(吴县)、余萧客(吴县)、汪声(元和)、钱大昕(嘉定)、孙星衍(常州)、王鸣盛(嘉定)、洪亮吉(常州)、江藩(扬州)等,这些皖学与吴学的传人除孔广森一人为山东曲阜人氏外,其余的全为江苏、安徽、浙江三省士人,占总数(20人)的95%。其中江苏为15人,为总数的75%。特别是戴震的再传弟子阮元,后来开府浙江、福建、广东,更将皖学传播于东南。所以说,东南文化精英借助皖学、吴学、浙东之学的兴盛,完成了其自东林、复社之后的再度集结。

(三)晚清今文经学的兴起

戴震虽然以汉学之据而名动天下,但其内心中却是以"义理"而自许的。其"圣人治天下,体民之情,遂民之欲,而王道备"②的"义理",其实是建立在新兴的商人市民阶层之"情与欲"的需求要得到王权重视与体察的政治诉求之上的。也正是在这一背景之下,沉寂千年的"今文经学"在江南常州兴起,并影响到晚清东南文化精英的再度崛起与晚清政局发展。

常州学派以今文经学而著称。"今文经学侧重于探索儒家经典的微言大义,以适应时政的需要,往往援经议政。今文经典中最擅长于讲微言大义的是《春秋》,尤其是《春秋》中的《公羊传》"③。这个"援经议政"的特点既是有感于吴学、皖学之兴盛而发,也是常州所处的江南商品经济发达、经世致用文化潜力强大的一个表现。

"先是常州之地有孙(星衍)、洪(亮吉)、黄(仲则)、赵(味辛)诸子,工于诗词骈俪之文,而李兆洛、张琦复侈言经世之术。又虑择术之不高也,乃杂治西汉今文学,以与惠、戴竞长。武进庄存与喜治'公羊春秋',作《春秋正辞》,于六艺咸有撰述。……重言申明,以古匡今,则近于致用。故常州学者咸便之。然存与杂治古文,不执守今文之说。其兄子庄述祖亦遍治群

---

① 凌廷堪《东原先生事略状》,转引自钱穆《中国近三百年学术史》(上册),商务印书馆,1997,401。

② 戴震《孟子字义疏证》,转引自钱穆《中国近三百年学术史》(上册),商务印书馆,1997,370、383。

③ 吴雁南等著《中国经学史》,福建人民出版社,2010,525。

经,……复杂引古籀遗文,分别部居,以蔓衍炫俗,故常州学者说经必宗西汉,解字必宗籀文,摧拉旧说,以微言大义相矜。庄氏之甥有武进刘逢禄、长洲宋翔凤咸传庄氏之学。"①可见,常州学派的今文经学其实是以"我注六经"的方法,以今文经学的微言大义而述发他们援经议政的需要。这也是自明末东林党人以来江南地域市民文化政治参与需求强劲的一个显露。这种强烈的政治参与需求欲望虽然在清初受到朝廷的打压,但这种打压主要集中在苏州、杭州一带,而常州受到的打击较小,所以,才有洪亮吉在嘉庆亲政不久上书而遭打压一案。这也是今文经学能在常州产生的一个内在的原因。

常州学派因龚自珍与魏源的参与而名声大噪。龚自珍,浙江仁和人,为戴震大弟子段玉裁的外孙。龚自幼即由段玉裁教以戴氏之考据与义理之学,19 岁时作《明良论》四篇,深得段玉裁赞赏,叹曰:"四论皆古方也,而中今病,岂必别制一新方哉?髦矣,得见此才而死,吾不恨矣。"但龚并不满意其外祖局限于训诂考据之中,而意图就时政"制一新方",故在 28 岁会试落第之时留京从刘逢禄"问公羊家言",由微言大义的阐发之中大畅其援经议政之心愿,作下了"昨日相逢刘礼部,高言大句快无加。从君烧尽虫鱼书,甘作东京卖饼家"的诗句②。此诗不但表露出他接触到今文经学的微言大义、高言大句而"快无加"的兴奋之情,而且也表示了自己要烧尽虫鱼书,与乾嘉考据学派告别,走向今文经学的决心。这个转变,既是龚自珍个人的转变,也代表了清中叶戴震所开拓的学术转变之路的进一步拓展。"盖常州之学,固已与乾嘉朴学诸前辈不同,固已自朴而转于奇,定庵之所以谓朴学而必奇才者,常州公羊之学有之。定庵亦以奇自负,既不满于其外王父所治小学之循谨,而欲高谈性天、治道,则闻刘、宋之说而喜之。"③龚自珍所期盼并自许的奇才,在风气未开之际往往被人认为是狂士而不得其用。但他却置之不顾,以自己的"高言大句"开荆辟莽,开拓出了一个新的时代。龚之好友魏源在《定庵文集》序言中说:"近数十年士大夫诵史鉴,考掌故,慷慨论天下事,其风气实定公开之。"

龚开一代风气,首先就是他敏锐地觉察到"世运潜移","不祥之气,郁于天地之间,郁之久,乃必发为兵燹,为疫疠,生民噍类,靡有孑遗"。为此,他大声疾呼统治者"自变法",提出:"一祖之法无不敝,千夫之议无不靡,与

---

① 刘师培《清儒得失论》,中国人民大学出版社,2004,248。
② 转引自陈鼓应等编《明清实学思潮史》(下卷),齐鲁书社,1989,1722。
③ 钱穆《中国近三百年学术史》(下册),商务印书馆,1997,608。

其赠来者以劲改革,孰若自改革? 抑思我祖所以兴,岂非革前代之败耶? 前代所以兴,又非革前前代之败耶? 何莽然其不一姓也? 天何必不乐一姓耶? 鬼何必不享一姓耶? 奋之,奋之! 将败则豫师来姓,又将败则豫师来姓。"在大声疾呼改革之余,他还独具只眼地看到专制统治屠戮人才的方法就是思想上的软刀子杀人,"徒戮其心,戮其能忧心,能愤心,能思虑心,能作为心,能廉耻心,能无渣滓心。又非一日而戮之,乃以渐,或三岁而戮之,十年戮之,百年戮之。才者自度将见戮,则蚤夜号以求治,求治而不得,悻悍者则蚤夜号以求乱"。专制统治从思想上屠戮人才,最终造成"悻悍者则蚤夜号以求乱",社会面临着大暴力大动乱,即将爆发的戾气充斥天地之间的局面,而统治者尚不觉察,只知陶醉于其所谓的盛世之中。

出生于东南的龚自珍与东南文化精英的前辈一样,有着强烈的平民情结而强调"人心者,世俗之本也;世俗者,王运之本也。人心亡,则世俗坏,则王运中易。王者欲自为计,盍为人心世俗计"①。可惜,智者之言不中王者之听,再加上龚自珍"性鈇宕,不检细行",故一生怀才不遇,甚至其诗友林则徐也不敢携其到广东襄助禁烟。但龚自珍以其"高言大句"直言不讳地抨击晚清专制统治的弊端而大声疾呼改革,如黄钟大吕撞破了"万马齐喑"的死寂,为晚清今文经学的传播与思想文化的发展做出了巨大的贡献。正如梁启超先生所言:"晚清思想解放,自珍确与有功焉。光绪间所谓新学者,大率人人皆经过崇拜龚氏之一时期。初读《定庵文集》,若受电然。"②龚自珍就是晚清思想界一道炫目的闪电,这个闪电起自江南。

与龚自珍齐名、以传播今文经学来推动晚清思想文化转向的是魏源。魏源虽然是湖南人,但在他64岁的生涯之中,有36年是在江苏与浙江生活的。特别是他14岁即随在江苏任官的父亲到江苏学习一年,21岁又随父到京,"抵京后,从胡承珙学习汉儒经学,从刘逢禄学习公羊学,与常州今文学派发生关系。……又结识龚自珍,共研古文辞"。27岁时魏源"返回江苏,次年春夏,与主讲江阴书院的李兆洛会晤,'得畅谈'。李主持江阴书院二十余年,以实学课士,精于经学、音韵、训诂、舆图、历法、古文辞,对魏源的经世实学思想的形成有较大的影响"。魏源自这次回江苏后,除了短期到北京应试外,就再也没有离开江苏与浙江,长期担任江苏布政使、巡抚、两江总督贺长龄、陶澍、裕谦等人的幕僚,后来又担任东台、兴化等地的地方官,最后病逝于杭州,葬于西湖之畔。所以,魏源虽然籍贯湖南,而其思想的形成与发

---

① 转引自陈鼓应等编《明清实学思潮史》(下卷),齐鲁书社,1989,1725、1730、1738。
② 朱维铮校注《梁启超论清学二种》,复旦大学出版社,1985,61。

展其实是在江南。江南精英文化的深厚积淀与商品经济的繁盛发展,对魏源思想的形成起到了潜移默化的作用。特别是他亲身参与鸦片战争中的江南抗英实践,他的思想眼界由之而大开,从而能在林则徐《四洲志》的基础上创作《海国图志》。魏源敏锐地认识到英国的富强在于:"不务行教而专行贾,且佐贾以行兵,兵贾相资,遂雄。"也就是说,"行贾"、发展商品经济才是英国的富强之本。在这个基础上他提出"师夷长技以制夷"的文化发展战略,从而使中国文化的发展由完全的内因驱动而添上了外来文化驱动的一翼,开启了中西文化相互交流、互动互融的文化发展新路向。这是魏源在晚清文化发展中的最重要的贡献,而这个贡献与他长期在江南学习与生活的境遇和氛围是分不开的。所以,魏源的籍贯虽不隶江南,但其文化与思想发展则显然是晚清江南精英文化的一个重要组成部分。

晚清东南精英文化与文化精英的发展,除了常州学派与龚、魏二大家之外,还有一大批学者从各个不同的方面做出了贡献,如"宜兴储大文、吴江陆耀佟言匡时之术,后武进李兆洛作吏有声,精熟民生利敝,然刻意而行不肆牵物而志不流俗。又张琦、周济工古文辞,好矫时慢物,兼喜谈兵。自谓孙吴蔑以加,琦书尤诡,济曾助理盐法,以精干称。时泾县包世臣娴明律令,备闻民间疾苦,于盐、漕、河诸大政尤洞悉弊端,略近永嘉先哲,而屡以己意说干公卿,复挟书翰词章以自炫,由是王公倒屣,守令迎门";"一言经济则位列宾师,世之饰巧智以逐利者,孰不乐从魏、包之后乎?然辗转稗贩,心愈巧而术愈疏,惟冯桂芬为差善";"无锡薛福成达于趣时,均兼治古文";等等。特别值得一提的是"厥后毕沅、阮元均以儒生秉节钺,天下之士相与诵述文章,想望丰采。从政之余,兼事掇拾校勘之学,捃摭群籍,网罗放失,或考订异文,证核前(迹),流布群籍,踵事刳剧。吴越之民争应其求,冀分笔札之资以自润,既为他人撰述,故考核亦不甚精。及阮元督两广,建学海堂,聚治经之士讲习其间,儒生贪其廩饩,渐亦从事实学,此与公孙相汉振兴儒学无异。然阮元能建学,故所得多朴质士,犹愈于浮华者。毕氏之门有汪中、孙星衍、洪亮吉,幼事词藻,兼治校勘金石,以趋贵显之所好"①。以实学著称的东南精英文化经其代表人物阮元、毕沅等人以政府权力的推动,很快传播到浙江、广东等沿海省份,而在他们以政权与财力的诱导下,"儒生贪其廩饩,渐亦从事实学,此与公孙相汉振兴儒学无异",东南学风为之而转移,东南文化精英群体得到进一步的培养与扩大。在学风、书院、图书等基础条件具备之后,东南日益增多的朴学、实学士子在太平天国运动之后开始完成东南文化

---

① 刘师培《清儒得失论》,中国人民大学出版社,2004,265。

精英的新集结，并以此集结而影响到清末政局的发展。

小 结

文化的发展需要一个长时段的积累，特别是建立在大众文化之上，得到国家意识与社会共同认同的、具有社会指导性与核心价值导向的精英文化，更需要一个长时段的积累。同样，作为这种精英文化承载者的群体的形成，也需要一个长时段的积累过程。东南精英文化与文化精英群体就经历了一个从宋到清长达近千年的积累过程。

"宋代文化的发展，既超越了居于它之前的唐代，也为居于它之后的元明两代之所不能及"①。以"宋学"而著称的宋代精英文化其实是在江南与东南的场域中诞生与发展的。范仲淹创立的"苏湖之学"为之奠立了基础，朱熹集之而大成。遍布东南的各类书院为东南文化精英由点到面的集结提供了平台，东南文化精英由此而萌发。

明中叶，东南沿海开始融入世界商品经济一体化的大潮中，商品经济的发展激发了正在兴起的市民阶层要求政治与社会参与的需求。在市民商品社会氛围中成长起来的东林党人与复社士子代表了他们的需求，这些文化精英以"开言路"与"研制义"的方法对皇权进行监督，并通过科举制艺的倡导而大批地进入王统之中，推行他们所代表的东南市民阶层所需求的改革。东林与复社，实为东南文化精英大规模集结并以组织的力量影响明末政治的一个典型，它们其实已经具有了一些近代政党的因素。

清代东南文化精英经历了"打压、转移、崛起"这样一波三折的发展过程。清初顾炎武、黄羲之等人继续着东林、复社的传统，以经世之学启迪人心，但清王朝制造的各种文字狱很快将之打压变形，并迫使东南精英文化的发展进一步转向民间，由"尊德性"而转向"道问学"，并由"道问学"之求真而走向通经致用，戴震就是这个学风转折的领军人物。这一历史性转折开拓的路向为常州今文学派、龚自珍、魏源继续拓展，东南文化精英文化再度崛起，并形成新的集结，从而影响到晚清政局与社会的发展。

---

① 陈植锷《北宋文化史述论》，中国社会科学出版社，1992，8。

第七章　东南文化精英与清末政局

　　东南文化精英自宋明以来即有着"以天下为己任"、积极关注并参与政治的传统，这一传统经晚清今文经学借微言大义"援经议政"之风而张大，并由龚自珍、魏源"高言大句"之煽情而风行天下。经冯桂芬、赵烈文、容闳等为湘淮军策划、推进洋务运动，东南文化精英再度崛起，在戊戌变法中峥嵘初露。紧接着即以极大的政治智慧与谋略，直接策划与操作了"东南互保"，在清廷昏聩得一败涂地，八国联军肆虐华北、东北之际，为中华民族保存了东南一隅净土，为中华民族保留了复苏的元气，更为辛亥革命苏州"和平光复"模式直接提供了借鉴。东南文化精英由之而在中国近代史上留下了重笔浓彩、灿烂炫丽的一页。

1912年4月6日，赵凤昌先生在上海哈同花园宴请卸职来沪的孙中山先生后合影（前排左起：赵凤昌、汪精卫、张謇、蔡元培、谭人凤、程德全、孙中山、唐绍仪、陈其美、熊希龄、黄郛、于右任、胡汉民）

一、东南文化精英群体的集结

明清时期东南商品经济的发展极大地促进了东南精英文化与教育的发展,大量的文化精英因是而生。受东南精英文化强调学术与人格独立、追求通经致用、注重求真、求实、求用的——"道问学"发展以及商品经济中精细、审慎、平等、理性等因素的影响,江南的文化精英在科举名额受限的情况下,除了借助江南富商以及发达的私家藏书、书院进行民间集结外,还凭借其实用技术与能力成为众多督抚的入幕之宾。江苏幕僚与绍兴师爷,成为清代的一个普遍社会现象。东南文化精英也往往借幕主之力,实现他们"援经议政"、参与政治的理想。由于他们熟读经书,对历史经验与"祖宗成法"了如指掌,特别是对东南社会之民间需求洞悉纤毫,故而他们往往能为幕主们策划较好的政治选择,东南文化精英亦由此而完成了对清末中国政治的深度参与,并以其理性的策划与操作直接影响清末政局的发展。庚子年间的东南互保与辛亥革命苏州和平光复,则是东南文化精英理性主义在历史上留下的两个瑰丽无比的政治杰作,而这些杰作都是建立在东南文化精英群体的扩张基础之上的。

(一)东南文化精英群体的扩张

东南精英文化群体的扩张是建立在精英教育的普及基础上的,而这个精英教育的普及除了借助遍布东南各省的官方与民间的书院教育机构之外,还有一个最为基础的因素,那就是宋代发明的活字印刷带动了江南图书出版与发行产业的兴起。发达的图书刻版、印刷、发行产业链的形成,为东南精英文化教育起到了基本支撑的作用,在提高东南社会识字率与促进大众市民文化大规模发展的同时,也使得精英文化群体出现了前所未有的扩张。

1. 图书出版与发行

江南自宋代以来,图书的出版与流通十分发达,"明代常、锡、苏、松四地私人雕版刻印业非常兴盛,明中叶时刻工就有650多人,著名刻书坊有100多家,加之一些活字刻印家,江南一带书坊真灿若星布"[①]。嘉靖三十四年(1555年),无锡顾起经刻《类笺王右丞诗集》后附一表:"无锡顾氏奇字斋开局氏里 写裁:吴应龙、沈恒俱长洲人;陆廷相,苏州人。雕梓:应钟,金华人;章亨、李涣、袁宸、顾廉,俱苏州人;陈节,武进人;陈汶,江阴人;保瑞、何

[①] 罗时进《地域·家族·文学》,上海古籍出版社,2010,8。

朝忠、王诰、何应元、何应亨、何细、何钥、张邦本、何鉴、何磁、王惟采、何铃、何应贞、何大节、陆信、何升、余汝霆俱无锡人。装潢：刘观，苏州人；越经、杨经，俱无锡人。"这个附表列了写黛、雕梓、装潢三个工作程序共32人的姓名和籍贯，100%都是江南人，而且，除1人籍贯为浙江金华外，其余全部为苏州与无锡人。由此可见当时的图书出版业内部分工已经十分专业化，其技术人员主要集中在吴地之苏、锡。图书出版业中的写黛与装潢这两个工序对于文字与艺术的要求较高，需要长期的学习与训练，苏州地区吴门画派的广泛社会影响使吴地民间有很多这类写黛与装潢的艺人，所以苏版书在明清就成为样板而为全国所仿行。道光十六年（1936年）陕西西安唐榕在所刻的《丹桂集》后附告白："此板照苏州原板重刊，校正无讹。……实无错误，告白"；咸丰二年刻成的《顺德县志》载："近日苏州书贾往往携书入粤，售于坊肆，得值则就马岗刻所欲刻之板。刻成未下墨刷印，即携旋江南，以江纸印装分售，见者以为苏板矣。"①因为顺德的刻工价廉，但纸张质量不行，苏州的书商在赴粤贸易完毕后，即利用顺德刻工刻成新版，再携版回苏州印刷，由此可见江南与东南的出版业已形成产业链。

与发达的出版业配套的是专业的图书发行商也应运而生，福建龙游成为书贾的集中地之一。"书佣胡贸，龙游人，父兄故书贾。贸少，乏资不能贾，而以善锥书往业贾书肆及士人家"；"童了鸣者，名佩，世为龙游人。龙游地砟薄，不能无贾游，然亦善以书贾"。这些书贾的主要市场是在江南，"清初龙游余氏开书肆于娄（县）。刊读本四书，字画无讹，远近购买"②。专业的图书出版与发行的书坊、书贾产业链的形成，是建立在江南文化教育发达与图书需求量增大的基础之上的。在这个基础之上，江南私人藏书家的数量亦为全国之冠，仅江苏一省即有453人，占全国总数1148人的39.46%。若加上浙江、福建的藏书家，则东南藏书家将占全国的70%左右。而且这些私人藏书大多允许他人阅读，具有现代图书馆的雏形。如常熟陶氏的浔阳义庄，建屋32楹，"贮织锦诸书，许子姓之能读书者，取阅通经"③。民间藏书之外，东南官方藏书也很多，如"乾隆年间所修之四库全书，分藏七阁：清宫、热河、奉天占四阁，所余三阁，一在浙江，二在江苏，即扬州之文汇阁，镇江之文宗阁，由此亦可知江苏得益之多"。与大量的公私藏书相结合的是遍布江南的书院藏书，如常熟的虞山，太仓的安道以及娄东、云间，苏州的紫

---

① 引自许涤新、吴承明主编《中国资本主义发展史》（第一卷），人民出版社，2003，440、441、442。
② 引自傅衣凌《明清社会经济史论文集》，商务印书馆，2010，222—223。
③ 罗时进《地域·家族·文学》，上海古籍出版社，2010，13。

阳、申江、正谊乃至江阴的暨阳、南菁等书院,都有相当规模的院内藏书供学子阅读,它们在形成了一个环太湖的书院网络的同时,也形成了一个书院藏书网。据王树槐先生统计:同光年间,江苏一省书院即达132所之多,其藏书将在数百万卷册以上。① 图书出版、发行、公私与书院藏书的系统性建设三者结合,为东南的精英文化教育建立了一个完整的硬件平台。东南盛行的宗族社会组织与经商之风相结合,又为东南的精英文化教育提供了财力与组织的保障。

2. 精英教育的社会支持

东南各省宗族组织素来发达,徽州最为典型,"新安各族聚姓而居,绝无一杂姓掺入者。其风最为近古。出入齿让,姓各有宗祠统之,岁时伏腊,一姓村中千丁皆集。祭用文公家礼,彬彬有合度。父老尝谓新安有数种风俗,胜于他邑:千年之冢,不动一抔,千丁之族,未尝散处,千载谱系,丝毫不紊"②;"皆聚族而居,奉先有千年之墓,会祭有万丁之祠,宗佑有百世之谱"③。在徽商进入东南沿海城市后,他们将宗族这一社会组织的形态也带到各城市中。如苏州"潘氏迁苏后,将徽州故里的宗族观念和宗族组织也复制到苏州。乾隆年间,第28世祖潘冕(贡湖公)在苏州创设潘氏私祠,……道光十一年(1831年)贡湖公之曾孙遵祁、希甫兄弟创立潘氏义庄(松鳞义庄),'以专祭祀而恤宗族'。松鳞义庄经过历代族人的努力,田产、房屋不断扩充,至民国初年,其义田已达3000余亩,庄屋也累计达208间所"④。这种具有公共救助功能的宗族义庄有一个重要的功能,那就是保障宗族内贫困学子们能接受到精英文化教育。如苏州丁氏义庄,"在义庄旁舍建义塾12楹,……积书三万卷,";长洲彭氏义庄,强调"宗人生业,以读书习礼为上",为此"义庄助学支出竟高达族田租入总支出的32%"。很多义庄为了保障助学资金,专门在义庄中设置学田,"无锡杨氏义庄,在80亩祭田外,另建塾田70亩。……苏州曹氏在100亩祭田外,另设100亩书田、90亩义塾田。苏州吴氏宗族义庄共有义田600亩,其中学田100亩,专供宗族内设学之用,如学田收入不敷开支,再用其他义田的收入补助。光绪八年苏州《吴氏支谱》卷12中收有《劝学田记》,对经费开支的具体项目和标准作了要求:'故必以百亩,不足则以别田余粟佐之。延举业师,贴米十二石;句读师,

---

① 王树槐《中国现代化区域研究:江苏省,1860—1916》,台湾"中央研究院"近代史研究所,1984,59,57。
② 赵吉士《寄园寄所寄》,引自李禹阶等编《区域·社会·文化》,重庆出版社,2000,126。
③ 赵吉士《寄园寄所寄》,引自李禹阶等编《区域·社会·文化》,重庆出版社,2000,126。
④ 徐茂明等著《明清以业苏州文化世族与社会变迁》,中国社会科学出版社,2011,100—101。

贴米十石;游庠,赏米三石;每年纸笔米二石;应乡试,米二石;中式,五石;会试,三石;发甲十石;初学成文,每年纸笔米一石;院试一石;考遗才一石;放科一石'"①。从如此详细的规定中可以看出江南宗族对文化教育极端重视并予以了充足的财力保障。正是在遍布江南的宗族财力的大力保障之下,江南文化精英不仅代有传人,而且数量日益扩张,最终形成了一支庞大的社会力量。

3. 文化精英群体扩张

对于江南文化精英教育之发达,清末曾任过江苏巡抚的陈夔龙深为感叹:"南方火德,光耀奎壁,其间山水之钟毓,与无历代师儒之传述,家弦户诵,风气开先,拔帜匪难,夺标自易。此一因也。冠盖京师,凡登揆席而跻九列者半属江南人士。父兄之衣钵,乡里之标榜,事甫半而功必倍,实未至而名先归,半生温饱,尽是王曾;年少屐裙,转羞梁灏。不识大魁乃天下公器,竟视巍科乃我家故物。"清代科举"计共得会试一百十三科,状元共一百十三人:内蒙古一人,顺天一人,直隶三人,山东六人,河南一人,江苏五十人,浙江二十人,安徽九人,江西三人,福建三人,陕西一人,湖北三人,湖南二人,四川一人,广东三人,广西四人,贵州二人。余东三省、山西、甘肃、云南均无人。江苏省几得半数,苏州一府计廿三人,几得一半之半"②。苏、浙、皖、闽、粤东南五省共为 85 人,占全国总数的 75.2%。从上述统计数据可见东南精英文化教育之发达。状元是科举的金字塔尖,如此数量的状元是建立在数量更为巨大的普通生员、举人、进士以及更多的读书多年未取得功名的士人基础之上的。明末松江"除乡贤奉祠生及告老衣巾生而外,见列岁科红案者,廪、增、附生共约六百五十余名。以一府五学计之,大概三千有余。比昔三年两试,科入新生每县六十名,岁入稍增至七十。其间稍有盈缩,学臣得以便宜从事。是以少年子弟,援笔成文者,立登庠序。一时家弦户诵,县试童子不下二三千人,彬彬乎文教称极隆焉"③。受过基础教育的最低科举功名的童生如此之多,而科举中上层的举人、进士的名额又十分有限。据文徵明记载:"开国百五十年,承平日久,人材日多,生徒日盛,学校廪增正额之外,所谓附学者不啻数倍。此皆选自有司,非通经能文者不予。虽有一二幸进,然亦鲜矣。略以吾苏一郡八州县言之,大约千有五百人。合三年所贡不及二十,乡试所举不及三十,以千

---

① 罗时进《地域·家族·文学》,上海古籍出版社,2010,14。
② 陈夔龙《梦蕉亭杂记》(卷二),世界知识出版社,2007,223。
③ 叶梦珠《阅世编》(卷二),转引自罗时进《地域·家族·文学》,上海古籍出版社,2010,12。

五百人之众,历三年之久,合科贡二途,而所拔才五十人。夫以往时要材鲜少,隘额举之而有余,顾宽其额。祖宗之意诚不欲以此塞进贤之路也。及今人材众多,宽额举之而不足,而又隘焉,几何不至于沉滞也。故有食廪三十年不得充贡,增附二十年不得升补者。"①1500 名生员,三年间只有 50 名可以成为贡生或举人,升迁率为 1/30,比之时论的"士而成功十之一,贾而成功十之九"②更超过 20 倍。

这种精英教育发达而科举名额有限的情况到清末愈益严重。曾国藩收复南京后举行江南乡试,应试者达 19800 余人。这还是取得了生员功名而来应试举人试的,应童生试的人就更多了。元和县令李超琼日记载:光绪十六年(1890 年)元和"应试文童计三百二十有五";光绪十七年(1891 年)苏州府城三县生童试,"(元和)入试文童仅二百九十人而已。长洲三百十余人,吴县四百数十人"③,府城三县入试生童即达 1000 多人,可见受过基础精英文化教育的欲考生童人数之多。以当时江苏所辖 41 县、州而计,全省应生童试者当在万人以上。按三年两试(县试后府试)的制度,30 年内江苏应有 10 万以上的士人参加过童生试。按 1806 年的户口统计,江苏全省不过 2000 余万人,应过童生试的人数占总人口的 1/20,可见江苏省的文化精英群体已扩张到相当的规模。

东南文化精英数量上激增,但科举名额所增无几,正如梁启超言:"邑聚千数百童生而擢十数人为生员,省聚万数千生员而拔百数人为举人,天下聚数千举人而拔百数为进士,复于百数进士而拔数十人为翰林。……是使数百万之秀民皆为弃才也。"④这数百万的"秀民"精英虽然因科举名额限制,于科举功名上成为"弃才",但无论是他们所受教育的程度,还是他们自身的期许,以及社会对他们的期望,他们都不可能真的成为社会的"弃才",而是在人类内在的自由创造性的驱使下,运用其所受的教育与聪明才智,千方百计地突破科举制度的桎梏,在科举制度外去寻找到自身的出路。这一群体为自身寻找出路的努力,在实现自身生活与发展需求的同时,也从不同的侧面推动着东南(江南)的经济与社会发展。

(二)幕府——东南文化精英群体集结的传统平台

幕府,古已有之,即由负有方面责任的军政大员自行聘请的军政助手、

---

① 文徵明《甫田集》,转引自余英时《现代儒学的回顾与展望》,三联书店,2004,190—191。
② 《丰南志》第五册《百岁翁状》,引自张海鹏等编《明清徽商资料选编》,黄山书社,1985,251。
③ 苏州工业园区档案管理中心编《李超琼日记》,江苏人民出版社,2012,36、92。
④ 梁启超《公车上书请变通科举折》,《饮冰室合集》(第一册卷三),中华书局,1989,21。

参谋人员组成的"智库"类机构。清初由于满族大员不习汉文,大批由科举八股出身的官僚对于实际政务特别是对于刑法、钱粮等业务又十分生疏,再加上各省督抚并无文职属官,所以不得不聘请一些娴于文辞、熟于政务的士人作为入幕之宾,予以襄赞政务。清初军事未息,所以很多督抚都辟有幕府。雍正元年三月乙酉谕吏部:"各省督抚和衙门事繁,非一手一足所能办,势必延请幕宾相助,其来久矣";并令"嗣后督抚所延幕客,须择历练老成、深信不疑之人,将姓名具题"①。幕府由私辟而得到皇帝谕准取得合法化地位,幕僚亦成为与清王朝相终始的一个准职官制度。

幕府是入幕之宾,对于文辞、刑名、钱谷、政务都有一定的技术要求。而东南精英文化"道问学"的传统,使东南文人通经致用,对于实际政务的刑名、钱谷乃至天文历算等自然科学都有着主动的学习与追求,"测算"之学成为东南文化精英注重的专长。"阮元撰畴人传,后学一再续之。唐宋以来,于斯为盛";"九章初经,东原戴氏从永乐大典中辑出,一刻于曲阜孔氏,再刻于常熟屈氏,悉从戴氏原校本刊刻";"近世历算之学,首推吴江王氏锡阐、宣城梅氏文鼎,嗣则休宁戴氏震亦号名家"。上述这三大家均为江南人士。《清史稿》以两卷的篇幅收录了45人的"畴人传",其中有27人即为东南江、浙、徽、粤四省之人,为其总数的60%。

江南人士素重经世致用之学,具有测算、刑法、钱谷等方面的专门知识,因而具备了作为入幕之宾的技术条件。此外,东南文化精英在商品经济氛围的熏陶之下,养成了做事缜密、谦退涵容的文化习性。如潘世恩在《潘文恭公遗训》中就很重视"勿妄语、勿戏谑、师心自用,勿矜己长,勿议人短","守口如瓶,防意如城","诸葛一生惟谨慎,非拘谨之谓,处事谨慎,则精细周密,临大事,决大疑,从容不迫而措置之谓,所谓胆欲大而心欲小也"②。这种缜密、审慎的习惯最适合于幕府人选,是故,在有清一代幕府中,东南之江苏、浙江、安徽、福建、广东五省士人最多。

东南沿海五省,特别是江、浙两省幕僚之多,除了其文风习惯适合入幕之外,还有一个原因就是江南与东南五省精英文化教育发达,造成"数百万秀民而成弃民",特别是太平天国之役后,清廷大行捐纳之法,不仅大批士人无法得到科举出路,即使已有各级功名者,要想补上实缺也是难上加难。"江苏地势适中,官斯土者处其舟楫之安,服食之便,溯从同治三年克复省城至今,各班指省人员,业经验看引见分发到省、道府以至未入流,现计不下二

---

① 《清世宗实录》(卷五),引自郑天挺《清史探微》,北京大学出版社,1999,272。
② 潘世恩撰、潘曾莹录《潘文恭公遗训》,咸丰四年潘氏刻本。

千余员,内州县一班多至六七百人,臃滞情形为各省所未有。"①科举进身之路如此之隘,实缺官如此难补,大批受过精英文化教育者只能借游幕以解决"衣食无仰"的生存与发展问题。如清初嘉定陆元辅,"以贫故糊口四方,亦非不义之粟。故以礼来聘者,先生不之拒";②常州诗人黄景仁,"母老家贫,后无所赖,将游四方觅升斗为养"。与黄景仁同时的学者程晋芳晚年也是"家资尽,官京师至无以举火",而至西安"将谋诸毕沅以为归老计"③。这类因贫而入幕的例子举不胜举,如戴震、汪辉祖、赵烈文等都曾有过因贫而入幕的经历。

除了因贫而入幕之外,还有很多入幕者是想借幕主之信任实现自身"援经议政"、改良政治的政治抱负,如林则徐、魏源、左宗棠等即由此途建功立业、出将封侯。还有一批学者困于资金、图书等条件无法深造,通过入幕而进入各类官员主持的史馆、方志馆,在帮助幕主完成修撰任务的同时,搜集、完成自身写作所需要的资料,如终生游幕的魏际瑞在家书中说:"吾既有贤主人,而日供我粱肉,衣我以缯帛,我乃自究夫兴革损益经世之务,知刑名钱谷之政,寄平日好善恶恶、利物济民之心,闻朝廷四方之故。及其巡历,则又资舟车,具干糇,使我乃悉览名山大川、城郭都市、土俗民情,不费一物,所得已多。则岂惟不厌,且甚喜;岂惟不苦,且甚乐。喜而乐故吾心尽,而与主人相得而益彰。是人我交成,身世并涉,平日之学术亦有所征也。"④万斯同入《明史》馆,戴震入《四库全书》馆,章学诚入《湖北通志》馆都有这种因素。

一方面,东南文士众多,且有经世致用之学的底蕴,又有家贫、参政、治学诸项内在的驱动力;另一方面,督抚大员出于各种原因,也需要这些具有真才实学者入幕以助其行政,二者一拍即合,江南士人入幕即成为清代特别是清中叶之后一个突出的社会现象。学者尚小明在《学人游幕与清代学术》中附录了 14 个重要的学人幕府的表,据此整理这些幕府中已知籍贯的东南沿海五省幕僚人数与比例列表如下:⑤

---

① 张树声《张靖达公(树声)奏议》卷一,9。
② 张元章《陆先生元辅墓志铭》,《碑传集》卷 130。
③ 引自郑天挺《清史探微》,北京大学出版社,1999,302。
④ 引自尚小明《学人游幕与清代学术》,社会科学文献出版社,1999,26。
⑤ 据尚小明《学人游幕与清代学术》(社会科学文献出版社,1999)255—317 页统计整理。

幕主	总数	苏	%	浙	%	皖	%	闽	%	粤	%	合计%
徐乾学	33	19	58	11	33	0	0	0	0	0	0	91
李光弟	7	2	29	0	0	1	14	1	14	0	0	57
张伯行	14	4	29	0	0	0	0	10	71	0	0	100
卢见曾	43	19	44	10	23	8	19	0	0	0	0	86
朱筠	18	8	44	5	28	1	6	1	6	0	0	84
毕沅	48	31	65	9	19	2	4	0	0	1	2	90
谢启昆	14	1	7	8	57	3	21	0	0	0	0	85
曾燠	45	23	51	6	13	2	4	0	0	3	7	75
阮元	116	40	35	58	50	6	5	3	3	4	3	96
陶澍	9	2	22	1	11	3	33	0	0	0	0	66
曾国藩	115	28	24	14	12	28	24	2	2	3	3	65
张之洞	31	5	16	6	19	1	3	5	16	4	13	67
端方	25	10	40	1	4	3	12	1	4	0	0	60
李鸿章	30	9	30	3	10	8	27	1	3	2	7	77
总计	548	201	37	132	24	66	12	24	4	17	3	80

由此表可以看出，尽管在幕僚的选择上，幕主本人的地缘因素占相当权重，如陶澍、曾国藩幕中湖南人就占相当比例，李鸿章幕中安徽人占相当比例，但是，因为幕僚是需要真才实学的，有很多还需要具有自然科学知识的人才，如曾国藩幕府中的数学家徐寿、徐建寅、华衡芳等，这是有些省份的地域文化中较为欠缺的，而江苏、浙江、安徽等地在经世致用之学的影响下，不仅注意中国经史中的历史经验，更因较早受到徐光启传播的西方自然科学的影响，再加之戴震、梅文鼎等皖派学者对天文测算之学的倡导，所以，江、浙、皖的士人不仅精通经史，而且很多人还精通测算之学，也正因为此，这几个省的入幕之宾也最多。从中央六部到各省督抚，直至基层州县，各级衙门中都充斥着来自江、浙、闽、徽等省的师爷、幕僚。据《郭嵩焘日记》记载："王夔石（文韶）在湖南，动言人心不靖，士心尤不靖，是以裁汰各局绅士馆席，日有孜孜，而欲以靖湖南之人心不靖，乃使江浙之人心荡焉流溢湖湘之间，不可禁遏。各局绅士馆席，大率为江浙人盘踞，郁（小秦，太仓州人）亦其一也。"①1893年荣德生随其父到广东河口厘金局，"账房程赞甫，苏州人。粤省候补府经历，为人和悦，派余为按号录底、收入、结数、存库单等

---

① 郭嵩焘《郭嵩焘日记》（四），湖南人民出版社，1983，146。

事。……同事及外人往来,均称师爷,商人眼光,看之颇觉好笑。……同乡人同事者,侯晋三、邹姓、廖姓、周姓,苏州、太仓均有。委员各省均有,兼有升官者。年轻办事只余一人。后有杭州人某,年十八,为太仓胡也松之婿,就亲来也";"斯时总督李瀚章,善后局多苏人,信息灵通,招呼亦有,办事率真,收数不减"①。可见,江浙人为师爷在晚清已是一个普遍的现象。

由于幕僚、师爷与幕主、座主是一种宾友关系,如曾国藩幕僚赵烈文言:"为人幕僚,府主相待平常者最好。太薄颇亦难受,然犹有去之一法。若太厚则自揣无以报称,其心中之忐忑,直有寝馈难安之处。"②这种平等相待、合则留、不合则去的关系对于人格独立性很强的东南文化精英十分适合,他们既可"疗贫救饥"又不须折节。而且幕僚、师爷还可以继续参加科举,在通过一段幕僚生活解决了"疗贫"之后,有志继续深造的人不仅不会影响自己的科举,而且,他们在幕僚生活中的表现还可以为他们赢得声望,有利于他们科举上的发展。如林则徐、张謇、汤寿潜等都是在当了一段时间幕僚后声誉大起,然后再通过会试而得进士的。幕府由是成为东南沿海"百万计科举弃民"实现其人生价值——援经议政、经世致用的最佳选择。如太平天国之役中,"借夷助剿之事起于冯桂芬,为之介绍于夷者,龚橙也;惑其计而毅然为之者,潘曾玮也;为冯说潘者,顾文彬也"③。冯、龚、潘、顾皆为当时赋闲在家的苏州士人,逃难到上海后成为上海道、县的谋主或幕宾,他们的"借夷助剿"的政治谋划,不仅保全了上海与他们自身的身家性命,更重要的是促成了洋务运动的创办与发展。借师助剿谋略的成功,也极大地提高了东南士绅的声望,湘淮军督抚近水楼台先得月,纷纷招聘东南文化精英入幕参赞,各地督抚亦仿效之,幕府成为东南文化精英集聚的一个大平台。清末民初很多著名人物均有着参与幕府的经历,如张謇、汤寿潜、赵凤昌、郑孝胥、盛宣怀、沈曾植等等。

(三) 厘金局——东南精英由绅转商的转型平台

幕府制度使东南文化精英借助幕主的权力与地位,不仅使东南精英文化经世致用之学、授经致用之风得以传播,更为重要的是东南文化精英往往能借幕主之权力实现自身的政治策划与谋略,从而推进历史与社会的发展,如前述之借师助剿而推进了洋务运动。但幕府的空间有限,难以容纳晚清特别是太平天国之役后数量激增的东南文化精英。精于测算、钱粮之务的

---

① 荣德生《荣德生文集》,上海古籍出版社,2002,16—17。
② 赵烈文撰、廖承良标点《能静居日记》(二册),岳麓书社,2013,674。
③ 赵烈文撰、廖承良标点《能静居日记》(一册),岳麓书社,2013,538。

东南文化精英很快在太平天国之役中由江北大营雷以諴幕僚钱江创设的厘金局中找到了新的出路。厘金局的税收、财政功能不但使他们大展身手,更为他们提供了一个由绅转商的大平台。正是在这个大平台中,大量的东南士人因工作的需要,在传统的测算与钱谷之学的基础上,更接触到新的西方经济信息,了解与熟悉了近代工商业经营的业务与流程,从而在思想意识上发生了极大的变化,最终走向由绅转商直接从事商业之路,厘金局因此而成为近代东南文化精英由绅转商的大平台。

太平天国之役中,清廷传统财政陷入破产,清江北大营"(雷)以諴在江北,用幕客钱江策,创收厘捐。钱江者,浙江长兴诸生,尝以策干扬威将军奕经,不能用,林则徐戍伊犁,从之出关,以是知名。……后各省皆仿其例以济军需,为岁入大宗焉"①。钱江,即成为近代东南文化精英借幕府实现其经世致用理想并影响到中国近代财经与社会发展的一个杰出代表。

钱江,又名钱东平,浙江仁和人。"自幼豪放不羁,父师督授举子业,以性不耐揣摩,不乐应童子试,乃入赘为太学生。屡试省试不售,家亦中落,遂投笔出游,思为法家言。先入蜀,不得志,转之粤。适粤有英人入寇之患,粤民强悍,江暗中联络,教以纪律,拟起义兵剿讨,撰讨夷檄文数千言,适耆英在江宁与英成和议,英人不再犯粤,其议遂未果行。其檄文未识由何人进呈御览,庙议以虚张声势罪之,遣戍新疆。而钱江因此名播全国,改字东平。时侯官林则徐亦以夷务获遣入新,在所办理流屯,召东平佐之。屯田办有成效,林氏奉命改署陕甘总督,奏请钱江赐还。诏允之。因随带入关。佐文忠幕有年。"②借鉴林则徐在新疆推行"一文捐"的筹款方法,钱江创设了厘金局,而厘金局的组织方法则基本上是按幕友的组织原则,即由主官自行辟置各级人员,而且基本原则是用绅不用吏。"厘金创办的时候,虽曾设局委员总理其事,但经手税收,却不是完全假手胥吏。行厘虽系由官卡派员抽收,但局务仍由绅董襄办。"很多地方对于厘金局的管理绅士以"友"称之。如江西湖口厘金局组织表中在总办委员与帮办委员各一员下面有"文案二友、帐房一友、买银一友、缮写三友、管票二友、核发算三友、写票三友、上上水查货五友、量牌监尺画码核算三友、看银色一友、誊流水一友、联票加印盖戳五人、管钱库二人、量牌弓尺手二名、上下查验数钱巡丁二十名"③的记载,这个表用"友"、"人"、"名"三种称呼表示厘金局内不同的职业,"友"是沿袭

---

① 赵尔巽等《清史稿》(卷422),中华书局,2010,12192。
② 罗玉东《中国厘金史》,商务印书馆,2010,29。
③ 罗玉东《中国厘金史》,商务印书馆,2010,21、84。

"幕友"之名而来,显然是绅士、"绅董"等文职管理人员。很多省份直接明文规定厘金局主要管理人员用绅不用吏的原则。如有"湘军萧何"之称的胡林翼即告诫下属:"办理厘金,尤军需之急务,假手胥吏,弊端百出,非士绅出力经营,必难得人。昔唐臣刘晏理财,不用吏胥而用士类,诚为得法"①;"当将各属抽厘事务另延公正绅士,实力承办,不许州县胥丁经手,以杜弊端";"总之,设关不如设局,委官不如委士"②。胡的这个经验被推广到湘军与淮各军之中,东南各地的厘金局基本上由各类绅士组成。如湖南岳州厘金局组织为:"总办委员(知府级)1人,上水厘金局委员(知县级)1人,下水厘金局委员(知县级)1人,收支委员(佐贰充任)2人,委绅(永久在职)39人,核算14人……"③管理人员中,不但委绅数量是最大的,而且特别强调是"永久在职"。湖口厘金局中列"核发算14人",这个职业需要相当的"测算"知识,所以这部分人也都是受过相当教育的士人。"据《湖南厘务汇纂》(光绪十五年)所载,湖南总局人员,共计四十一人,委员仅占十五人,委绅则占二十六人,至于省外各局卡,则委绅之势更大,计各局卡总共用654人,而委绅竟占588人,委员仅占66人,其比例约为九与一之比。就该省总局之组织看,如经管银库、经理收数、承办照票、核对照票等重要职务皆由委绅任之,不用委员,其意即在预防委员作弊也。"罗玉东先生统计:"内地十八省厘金局卡所用人数约为二万五六千人。这个估计应说是最低的估计,事实上所用人数或许要超过此数二三倍亦未可知。"根据罗玉东先生对苏、赣、湘鲁四省厘金局卡人员统计下表④:

省别		委员	司事等	巡丁差役	总计	附 注
江苏	苏州	34	276	632	1566	光绪二十一年调查
	淞沪	36	279	309		
江西		78	611	1248	1937	宣统年间统计
湖南		71	654	1706	2431	宣统年间统计
山东		17	73	118	208	宣统年间统计

因为厘金局的委员虽有官衔,但往往是候补,几乎没有从实任官中转到厘金局的,所以,我们将委员部分与司事(这部分几乎全都是士人)等部分合

---

① 汪士铎《胡文忠公抚鄂记》,岳麓书社,1988,18。
② 同治三年武昌节署《胡文忠公遗集》卷二三、卷八〇。
③ 罗玉东《中国厘金史》,商务印书馆,2010,86。
④ 罗玉东《中国厘金史》,商务印书馆,2010,95、90。

并计算,则各级管理部门的绅士为全部厘金局人员的 36.7%。按此比例,全国厘金局若按 26000 人计算,则全国进入厘金局的各类士人(含候补官员)将达到 9541 人之多。如果按罗先生的估算,厘金局实际人数将在他测算人数的两三倍的话,按三倍计算则全国进入厘金局的士人达到 28623 人之多。厘金局在清末对于缓解士人的就业压力起到了一个无可替代的重要作用。

厘金局用绅不用吏,使清末数量激增的文化精英有了一个新的出路。特别是厘金局每天有"按号录底、收入、结数、存库单等事","收入解出,每旬旬结,每月月结"以及"看银""稽核"、"帐房"等财税技术要求,而东南文化精英很多出身于商人家庭,耳濡目染,学术传承都有这方面的基础,是故全国各地厘金局之中以苏浙人士为多。前述郭嵩焘所言的湖南"各局绅士馆席,大率为江浙人盘踞,郁(小秦,太仓州人)亦其一也",荣宗敬所在的广东三河厘金局的同事全部为苏浙人,广东"善后局多苏人"等众多案例,都说明清末厘金局人员组成实以江浙文化精英为主体。

厘金局不但是众多士人的一个理想出路,而且由于厘金局每天要接触到大量的商人与商业贸易的技巧,所以,很多江南文化精英由此而学习到经商的技巧,最后走上经商之路。如荣德生日记所记:"余自十九岁至粤,至本年滞港,来来往往,曾见兴新业而占大利者已不少,如太古糖厂、业广地产、火柴、制罐食品、电灯、自来水、矿业等等,颇羡慕。在粤补抽,曾管二百零四种税,至申照收税各货,大都探问营运状况。如仿做,不外吃、着两门最妥"①,荣德生即由此弃科考而创建荣氏集团。投资支持荣宗敬创业的朱仲甫原来也是其在广东三水厘金局共事的同事。这类由厘金局转向近代工商业的案例很多。章开沅先生的曾祖父"干臣公少年从戎,于光绪二年(1876年)以监生报捐州同身份投效左宗棠西征大营。……西征结束后,历任安徽抚署文案、牙厘局提调、无为州知州、怀宁县(安徽首县)知县等职。……甲午战后转而投身实业,用今天的语言来说就是'下海'"②。又如洋务运动中被李鸿章委派创办上海织布局的朱鸿度、朱幼鸿父子都是从浙江牙厘局襄事而转入近代企业的。可见,由于在厘金局中工作可接触到大量的商业管理知识与技能,特别是近代新型工商业的管理知识与技能,所以,厘金局不但成为东南文化精英的一个新出路,更成为近代东南文化精英由绅转商的重要桥梁与通道,一个重要的过渡载体和转型平台。

---

① 荣德生《荣德生文集》,上海古籍出版社,2002,15、16、32。
② 章开沅《鸿爪雪泥——章开沅的老照片》,华中师范大学出版社,2005,2。

二、东南文化精英群体集结的新平台

晚清数量剧增的东南文化精英,在传统的各级官员幕府以及晚清财政转型中出现的厘金局中找到了生存与发展的出路。但这个出路远远不足以容纳增长急剧、数量庞大的东南文化精英。同时,东南文化精英在太平天国之役中提出的"借夷助剿"之策,不仅为清王朝保住上海、收复江南立下了不世之勋,更为重要的是它直接开启了洋务运动,而洋务运动中兴办的各类洋务企业需要大量的各级管理人员,则又为东南文化精英开辟了一个前所未有的施展身手的大平台。他们不仅借此平台解决了自身的生活与出路问题,更为重要的是通过这个平台学习到了现代机器大工业生产所需要的各类管理知识与科学技术,从而开始了由传统士人到近代知识分子的蜕变;尤其是他们通过这个现代化的平台聚集,学习到西方的科学与民主的价值精神,在开启了由传统的绅、商向合而为一的"绅商"转化的同时,也开始了近代中国资产阶级由自在而走向自为的历史性转折。

(一)近代工商企业——东南文化精英转型聚集的基础平台

通过厘金局这个过渡的载体,清末有数以万计的绅士实现了由绅转商的历史性蜕变。同时,东南社会自宋以来的商业经济氛围又促使大量的士人直接弃儒而经商。特别是五口通商之后,东南沿海海外贸易获得合法化而飞速发展,中外贸易需要大量的通事、买办与贸易商人。东南文化精英以地理与文化之便,最早地进入到洋务买办行业之中,并借助于在此生涯中积累的财富和学习到的西方现代管理技术与商业理念,积极地支持湘淮军领袖主导的洋务运动,并且在推动洋务运动发展的同时,也积极地投资与建设他们自己的商业企业。在他们的示范效应下,东南沿海大批的士人开始扬弃科举,走向经商之路。盛宣怀、郑观应、张謇、张元济、荣宗敬等纷纷从官场、幕府、厘金局走向商场,创办各类近代工商企业。这些近代工商企业需要大量的具有一定文化知识与科学技术知识的管理人才,两相辐辏,现代企业——这个巨大的人才蓄水池就吸纳与融汇了大量的东南文化精英,为他们提供了一个前所未有的聚集大平台。大量的东南文化精英在此平台上完成了由绅而商、绅商一体的大融合,绅商阶层经此而破茧成蝶,由自在走向自为。

东南文化精英规模性地步入近代工商企业有两个路径:其一是在洋务运动中兴起的各类"官督商办"之企业,特别是其后期创办的各类以"求富"为目标的民生型企业,如盛宣怀所办的轮、电、矿、邮、纺、银行、学校等。这些企业体制上是官督商办,因而与官府有着千丝万缕的关系,但因其主办者盛宣怀、郑观应、朱其昂等人的商人性主导,所以,这些企业虽然受到"官督"的种种限制,但在具体运行中基本上是服从于企业追求利润这个根本目标的。其二是直接发源于民间、由绅士们利用各种社会关系而创办的企业,如张謇的大生集团、荣宗敬的荣氏集团、张元济的商务集团等等。这些企业无论是从哪个途径发展而来,都以其规模性和现代性吸附与聚集了大量的东南文化精英为其担任各级管理人员。正是在这些近代的机器大工业企业中,东南文化精英中的绅、商两大阶层不但合二为一地融为一体,更重要的是他们在参与新型的工商贸易与管理中,受到近代西方民主与科学的双重启蒙,从而成为清末新政中的主要推动力量。

1. 洋务企业中的东南文化精英

"洋务运动,从其整体说是引进和学习西方先进科学技术,兴办和发展近代工商业及相应地发展新的文化教育运动。但它的兴起却是以为了镇压太平天国为主的人民革命,而购置和引用西方先进武器为开端的。'借师助剿'典型而集中地反映了这两个特征。"①洋务运动起源于"借师助剿","借夷助剿之事起于冯桂芬,为之介绍于夷者,龚橙也;惑其计而毅然为之者,潘曾玮也;为冯说潘者,顾文彬也"。为洋务运动先声的借师助剿的倡议者冯、潘、顾为苏州人,龚为杭州仁和人,他们全是江浙人。1861年曾国藩在创办第一个洋务军工企业——安庆内军械所时,技术主管人员是无锡人徐寿、华衡芳、徐建寅等,他们试制成功了中国第一部蒸汽机、第一部火轮船——黄鹄号。这些都充分说明"洋务运动"和东南文化精英实有不解之缘。

曾国藩派幼童留学美国是听从了广东人容闳的建议,推荐容闳的是常州人赵烈文。赵在同治四年(1865年)的日记中记载:"又有远客容纯甫,光照,夷父,百粤母,余前荐之涤相者。新使米利坚购器回。阅时年半。历地数万里②。"徐寿、华衡芳、徐建寅、李善兰等人再利用这批机器以及李鸿章、丁日昌收购的旗昌机器厂合并而建成江南机器局。无独有偶,这个丁日昌是广东丰顺人,自小经商,后考中秀才,当过惠潮嘉道李璋煜的幕僚,再由曾国藩营中转到李鸿章幕中,成为李鸿章手下最得力的洋务助手。容、赵、丁都是东南文化精英由幕府而转洋务的典型。

福州船政局是洋务运动中的另一重镇,创办人为左宗棠,但左很快调为陕甘总督,接任者为林则徐的女婿、福建人沈葆祯,沈的主要助手则是浙江

---

① 夏东元《洋务运动史》,华东师范大学出版社,1992,65。
② 赵烈文撰、廖承良标点《能静居日记》(二册),岳麓书社,2013,951。

温州人周开锡,二人都属于产于东南的文化精英。由于福建地域文化有着海洋文化的开放性,所以,船政学堂招生之际,大批闽地的读书人蜂拥而至,魏瀚、陈季同、刘步蟾、林泰曾、罗丰禄、吴德章、陈兆翱、李寿田、郑清廉、杨廉臣、池贞铨、严复、邓世昌等人均是该学堂前三批的学生,并先后被送往欧洲留学,他们都成为近代中国最早的一批造船、轮机、矿冶、外交等方面的专家。他们不但用其所学对中国海军舰船建设做出了贡献,而且很多人最后也投身到创办现代企业的行列之中,如矿冶专家池贞铨就于1907年与沈葆桢之子沈庆瑜创办了资本达20.8万元的赣州铜矿。

洋务运动前期是在"求强"的旗号之下大办近代机器军工企业。在这些军工企业之中,除了延聘一些西方人士负责专业技术外,其他的行政管理、财务管理、技术管理、生产管理等均需要大批具有一定文化知识与专业知识的管理人才。受地域文化影响,这些洋务军工企业中的管理者绝大部分是东南文化精英,如江南制造局中的冯焌光、贾步纬、徐寿、徐建寅、华蘅芳、华世芳等,他们与西方技术人员一道完成了江南制造局的设备安装,并顺利地开始生产。更为重要的是,为了培养更多的精通西学的管理人员,他们在江南制造局创设了翻译馆,"从1868—1907年40年间,江南制造局翻译馆译印的西书有159种,1075卷。其中除历史、政治、兵制等30余种关于文科的书籍外,其他均为工、农、矿、商、算、理、化、电、光、声、天、地等科学、技术的书籍,这对中国新科技的发展,无疑起了积极作用"[①]。大量的西方自然科学书籍的出版,在帮助东南文化精英进一步了解与学习西方科学文化知识的同时,也进一步推动了东南文化精英由"测算"和经世致用之学向洋务之学以及近代工商之学的转型。他们中的很多人在这种转型的内在驱动下,完成了由绅至商的蜕变。这个蜕变在洋务运动后期以"求富"为口号的各类"官督商办"的民用型企业中表现得更为明显与直接。

洋务运动后期官督商办的民用型企业著名的有轮船招商局、电报局、开平煤矿、汉阳铁厂、上海机器织布局、华盛纺织总厂、湖北纺织官局等。这些企业的员工总数在数十万人以上,管理人员亦超万人。在这个数量庞大的管理人员之中主要是产于东南各省的文化精英,其因在于东南沿海各省地域文化的开放性使其地之人成为中国早期留学生、工艺学堂、西书阅读的主体。如容闳1871年招中国首批幼童留学生时,因名额不满,无奈之下只好到香港补招(詹天佑、吴仰曾、邝容光等十几名学生都是这样补招来的),由是造成了早期留学生中"来者皆粤人,粤人中又多半为香山籍。百二十名官

---

① 夏东元《洋务运动史》,华东师范大学出版社,1996,86。

费牛中,南人十居八九"①;"首批留美幼童120人中,广东84人,占70%。早期留欧学生中,福建人占了绝大多数,如严复、萨镇冰、刘步蟾等都是福建闽侯(今福州)人"②。这些东南文化精英中早期的留学生,最终以他们所具有的新型知识结构自然而然地成为洋务运动后期求富企业的主要管理者与技术人员,如马建忠、詹天佑、吴仰曾、池贞铨等。类似这方面的例子举不胜举,现将从各种资料中搜集到的东南沿海文化精英通过洋务企业而集结的主要人物列表如下:

人物	省籍	功名	任职	备注
冯焌光	广东	举人	江南制造局总办	创办《新报》、求志书院
容闳	广东	留学生	筹办江南制造局	促成幼童留学,近代留学之父
李善兰	浙江	生员	参入金陵机器局	数学家,近代数学教育之父
贾步纬	江苏	商人	江南制造局技师	习西语,译《航海通书》
徐寿	江苏	士人	江南机器局襄办	化学家创译书馆,《格致汇编》
徐建寅	江苏	士人	江南制造局技师	化学家,中国无烟火药之父
华蘅芳	江苏	士人	江南制造局襄办	数学家,翻译西书12种,160卷
华世芳	江苏	士人	江南制造局技师	数学家,参与翻译西书
赵元益	江苏	士人	江南制造局医官	创沪译书公会,译西医书多种
薛福成	江苏	生员	倡建北洋海军	划定中缅国界,设领事保护华人
胡光镛	安徽	商人	协办福州船政局	左宗棠西征军驻沪采运局总办
郑观应	广东	士人	招商等局总办	撰《盛世危言》,倡商战
唐廷枢	广东	习西学	招商、矿务局总办	倡办招商局,创办开平矿务局
徐润	广东	士人	招商、开平矿局	任多个企业总办,首创保险业
朱其昂	江苏	商人	招商局总办	拟定招商局章程
朱其诏	江苏	商人	招商、电报局会办	捐地四十亩办海军医学堂
马建忠	江苏	留学	招商、织布局总办	撰《马氏文通》,倡烟草税
沈能虎	江苏	士人	招商局会办	盛宣怀的主要助手
李金镛	江苏	捐监生	漠河金矿总办	与俄交涉争回国土,勘定国界
姚岳崧	江苏	电报学堂	电报局工程师	在漠河金矿殉职

---

① 容闳《西学东渐记》,三联书店,2011,93。
② 王奇生《中国留学生的历史轨迹:1872—1949》,湖北教育出版社,1992,164。

续表

人物	省籍	功名	任　职	备　注
谢家福	江苏	生员	电报局总提调	创苏电传习所,培养电报人才
严　潆			招商局会办	中国通商银行董事
张振勋	广东	商人	通商银行总董	创张裕葡萄酒公司
严信厚	浙江	贡生	通商银行总经理	创多家企业,上海商会首任总理
施肇英	江苏		招商局汉局总办	
董葆善			招商局汉局会办	
朱志尧	江苏	士人	招商局轮船买办	德大油厂总办
张鸿禄	江苏	商人	招商局总办	上海"张园"为其所建
经元善	浙江	商人	上海电报局总办	创办经正女学,系女学开创者
唐德熙			招商局会办	负责揽载
陈　酉			招商局会办	负责交涉
杨宗濂	江苏	生员	上海织布局总办	与其弟宗瀚创无锡业勤纱厂
杨宗瀚	江苏	生员	台湾电报、铁路总办	刘铭传委之总办台湾商务洋务
池贞铨	福建	船政学堂	汉阳铁厂	主持中国矿产资源的勘探普查
林日章	福建	船政学堂	船政轮机工程师	矿务专家,主持引进西法炼银
张逸卿			辽宁骆马山矿务	矿务专家
冯颂南			辽宁骆马山矿务	矿务专家
张金生	福建	船政学堂	汉阳铁厂勘矿	勘探出大冶铁矿、江夏煤矿
林学诗	福建	船政学堂	汉阳铁厂勘矿	勘探出大冶铁矿、江夏煤矿
朱鸿度	安徽		上海织布局会办	与其子朱幼鸿创办多个纺织企业
叶廷眷	广东	监生	轮船招商局会办	专办漕务
唐廷庚	广东	教会学校	招商粤局总办	助其兄出《英语集全》词典
朱冯寿	浙江	生员	招商局镇江总办	开发内河运输

　　上表中40余个洋务企业中的中高级管理人员,全部是江苏、广东、浙江、安徽、福建等省的文化精英。其中很多人如郑观应、徐润等过去往往简单地被归为买办,其实买办是一个职业,我们这里讲的出身是指受教育情况。郑观应"应童子试不第",未考上秀才,但至少是受过相当程度教育的"士人"。所以,本表中将未取得秀才(生员)功名的统称为士人,而一些受过基本教育但少年时期即以从商为业的则将之归为商人。这个表中还有两

个重要人物没有列入：一个是早期洋务运动军工企业的主要操办者丁日昌；一个是后期民生类洋务企业的主要创办者盛宣怀。丁日昌为广东人，盛宣怀是江苏人。二人均为秀才，先后进入李鸿章幕府，成为李鸿章开办各类洋务企业的主要助手。丁日昌参与了江南机器局、福州船政局等军事企业以及北洋海军的创建工作。他对日本侵略中国的野心也最早认识。"丁雨生（日昌）中丞、郭筠仙（郭嵩焘）、曾惠敏（曾纪泽）皆熟悉夷语，具有深识，乃一言洋务，遂犯天下之大不韪。……丁之卒，将近十年矣。其论日本曰：'其阴而有谋，固为可虑；其穷而无赖，尤属可忧'，此言发于二十年前，已若烛照数订。"①可见丁日昌无论是在开办洋务企业方面还是在对日本的野心认识上都是出于当时人之上的，实为东南文化精英的一个典型代表。但因为他最后的归宿是官场而不是商场，所以，我们将他与沈葆桢（福建人，福州船政局的主办者）一样，都未列入上表这个名单之中。

　　盛宣怀其实是应当列入此表之中的，因为他虽然如李鸿章所言："欲办大事，兼做高官"，最后也确实做到了清邮传部大臣的"高官"，但在二者之间他是有所侧重的，即是"欲办大事"的。一个"欲"字其实就将其主要的追求揭示出来了。而"兼做高官"的"兼"恰说明了"高官"是其次的追求，其是为了"欲办大事"的顺利进行才"兼做高官"的。所以，盛宣怀在本质上是一个新型的民族资本家，而不是一个封建官僚。"从一定意义上说，盛宣怀走了一条'U'字形的路程，即从民族性较强的资本家始，仍以民族性较强的资本家身份终其生。"②盛宣怀绅士和商人的双重家庭背景，自小学习到的经世致用之术，勤奋认真、精明审慎的工作作风与能力，使之在近代做成了创办招商、电报、汉冶萍、通商银行、织布、仁和保险公司、电报学堂、交通大学、北洋大学等十几件大事。这些现代企业和学校又成为东南文化精英聚集的大平台。仅轮船招商局1911年即已有轮船29只，总吨位49373吨。1909年时，船员总数已达2444人，其中中国船员为2268人（这些船员中含受过近代中高等教育的大副、二副、三副、轮机长等）。1909年总局管理人员207人，另在上海、天津、南京、汉口、九江、镇江、宁波、烟台、芜湖、温州、香港、福州、营口、梧州、海防、顺安数十个城市中建有分局、码头、栈房、趸船等部门和设施。除了这些江海运输之外，1902年又建立起内河运输，"总公司设于上海苏州河畔，分公司设于苏州、无锡、常熟、溧阳、宜兴、江阴、镇江、小河

---

① 欧阳中鹄《致谭嗣同书》，引自许顺富《湖南绅士与晚清政治变迁》，湖南人民出版社，2004，226。
② 夏东元《盛宣怀传》，上海交通大学出版社，2007，3、6。

口、清江、扬州、浦江、杭州、嘉兴、湖州、南浔、杨庄、临淮关、正阳关等处"。这些分支机构的管理人员如果平均以 50 人计,近 50 个分支机构,管理人员应在 2500 人以上。综计轮船招商局中内外河运输及附加企业的各类管理人员将在万人左右,其中绝大部分为东南文化精英。

除了轮船招商局外,盛宣怀还创办了电报局、开平煤矿、汉冶萍、仁和保险公司、中国通商银行、上海华盛纺织公司等数十个洋务企业,其中至少聚集了数以万计的各类通识文字、"测算"乃至于现代科学知识的管理人员。由于中国传统文化中重血缘、重地缘联结的文化影响,这些企业的创办者与主持者盛宣怀、郑观应、徐润、马建忠等人在管理人员的选用上往往是尽先在本地缘的"熟人圈"中选用。如"盛宣怀的姻亲施紫卿及其子嗣数代袭承汉口分局总办之职";内河招商局"公推朱冯寿为总理。朱冯寿任职不久,便由其子朱秉钧接办"①。1908 年,盛宣怀对汉冶萍董事会做出如下安排:"至于权理董事,上海李云书(浙人)、顾永铨(苏人,或顾晴川,亦是苏人。晴川或须留以查账)、何伯梁(皖人,即何芷舫之子)、王子展(杭人,或由招商局另举一人)、何晓初(粤人),汉口宋渭臣之外应举何人,请即与渭翁酌拟示知。"②这种因地缘与血缘的关系,在管理人员中推荐和安排"熟人圈"内人的情况不仅盛宣怀专有,其他人也不例外。如招商局创办人的朱其昂、朱其诏、朱其范兄弟,唐廷枢、唐廷国、唐廷庚兄弟,杨宗濂、杨宗瀚兄弟,徐润的戚友等等,莫不如此。这是当时的中国国情与文化习俗所决定的。这一文化习俗也进一步促进东南文化精英呼朋引类、援亲携友地进入洋务企业,形成了一个前所未有的东南文化精英在这些企业中的大集结。

2. 民营工商业与东南文化精英

洋务企业成为晚清东南文化精英聚集的一个大平台,但仅此平台并不能从根本上解决数十万东南文化精英的就业出路。在洋务运动的示范作用下,中国民营工商企业开始兴起,特别是甲午之后,张謇以状元之尊率先下海,在使社会受到震动的同时,也带动了大批的绅士转向工商业。张謇所创办的大生集团,以其雄厚的经济实力吸纳与聚集了数以万计的东南文化精英,张謇亦因此而成为"东南人望所归"。在当时文化精英中弃儒而商的不是张謇一人,而是形成了一个时代的大潮,如苏州状元陆润庠出任苏纶纱厂的首任总理,其他如汤寿潜、刘锦藻、王同愈、许鼎霖等都是以进士、翰林、学政之尊而下海经商并出任各地商会会长的。在他们所参与创办的企业、学

---

① 张后铨主编《招商局史:近代部分》,中国社会科学出版社,2007,221—231。
② 《盛宣怀致李维恪函》,陈旭麓、顾廷龙等编《汉冶萍公司》(三),上海人民出版社,2004,19。

会、商会之中,也不可避免地存在着呼朋引类、援亲携友的情况,他们所创办的各类民营工商业亦因此而成为洋务企业之外容纳东南文化精英的渊薮。

东南沿海文化精英因科举出路有限,加之受商品经济氛围熏陶,自明清以来即有着儒、商互补的传统。如盛宣怀家族中,盛宣怀的父亲虽然是进士,并任职湖北粮道、盐法道,但家中却开有多个钱庄、药店、典当等商业企业。如盛所言:"惟某家素有富名,实不自今日始。同治丁卯(1867年),李文忠督两江,即命故父招股开张公典三十余家,以便劫后穷民。癸酉(1873年)创轮船、庚辰(1880年)创电报,即替出典当首先入股……故乡田园、浙广别业,多属旧物,斑斑可考。"①这类以儒而兼商的情况,在江南与东南沿海甚多,如苏州潘祖荫家族虽然有"祖孙父子叔侄兄弟翰林之家"的美称,在清代出状元、探花各1名,进士9名,举人32名,贡生20名,庠生140名,可谓是书香世家,但"潘氏始终没有放弃经商的家族传统。科举为主,经商为辅,二者迭相为用,视情而定,不拘一格,这才是潘氏家族所走的务实道路。……同治七年(1868年)的《松鳞庄增定规条》明确规定:'习业谋生足以自立,与读书应试无异,亦应推广成就'"②。正是在这种儒商并重的家风之下,潘祖荫的堂弟潘祖谦虽然于1873年拔为优贡生,授职三品衔分省补用道,但他却不谋求补缺上任,而是在苏州开万成酱园与典当铺,成为苏州的首富之一,潘家亦有了"贵潘"(祖荫)、"富潘"(祖谦)相提并论之说。

东南文化精英儒、商互补之风在太平天国之役后进一步飙炽。"自西人请弛海禁,南北海口遍立埠头,……而渐有官商一体之意。然非各路剿荡发匪饷项支绌,借重殷商捐垫巨款,则商人尚不免市侩之羞,终不敢与大员抗礼,故商人之重当自东南收复之日始也。"③商人为清廷捐垫巨款充军饷,清廷亦报以虚衔功名,商人的社会地位得以大幅度提升,由绅转商即成为当时社会的一个潮流。这个潮流还有一个内动力,那就是当时官场的俸禄远不如商业利润丰厚。1895年,当在广州三水厘局的荣德生在其姑父的劝导下准备捐官时,"父亲回戒不可,小官得资不正,不堪供父母,大官无本事做。如得七品以上之官,亦好,甚或不容易。因七品正印,即是知县。既无本事,亦不易得,即中止"。"堪供父母"之官须七品以上,但"甚或不容易"。相形之下,还是经商更为划算。经商不但优于做官,而且也优于学医。在荣德生打消做官之想而提出学医时,其父说:"医亦不容易,未必能成,成亦要到中

---

① 《盛宣怀致岑春煊函》,此自夏东元《盛宣怀传》,上海交通大学出版社,2007,4。
② 徐茂名《明清以来苏州文化世族与社会变迁》,中国社会科学出版社,2011,105。
③ 《申报》1886年12月3日。

年,不若开店容易发展",并"引老友周舜卿、祝兰舫、唐晋斋、杨珍珊等得意于商业者为证"①。荣父的这些老友都是受过基础文化教育,然后进入商场而获得成功的典范。他们当时的社会地位已经不逊于七品县令了,收入则更远远超乎其上。可见经商在晚清实是东南沿海受过一定程度教育士人的最佳出路。

甲午战争之后,大批的东南文化精英纷纷走上创办现代企业之路,如苏州商会几位会长、会董即如是:尤先甲,光绪二年(1876年)中举,授内阁中书,但七年后即以父丧守制为名辞官回乡经营工商业,为同仁和绸缎庄店东,兼做中药、颜料生意;光绪二十二年(1896年)年,投资银二万两,与状元陆润庠一道创办苏纶、苏经纱厂。王同愈,光绪十五年(1889年)进士,任过翰林院编修、湖北学政等要职,1903年脱离官场,1905年发起组织苏州商会,并任职苏纶纱厂总经理。"此外如进士蒋炳章、吴本齐、举人彭福孙、高人俊、陶惟坻等都不同程度地介入商业或商事活动,成为苏州知名绅商。余如企业范围涉及纺织、面粉、皮革、玻璃、肥皂、农林等众多行业的江苏海州(今东海)大绅商沈云沛,为进士出身,1906年授农部右参丞,次年署农部右侍郎。上海商务总会首任总理、上海通商银行总董严信厚,曾'由贡生入李鸿章幕',后又出资捐了候补道,并由李鸿章委派长芦盐务督销、天津盐务督办等职。上海另一著名绅商李钟珏(字平书),优贡功名,1890年署陆丰县知县,1895年署新宁县知县。曾任上海总工程局议董的穆湘瑶(字抒斋),举人出身,1905年始经营棉业、煤炭和纺织业等,亦绅亦商……"②这类由儒、官、绅转商的例子举不胜举,仅荣宗敬先生《自订行年记事》中就记载了不少:"余至芜湖益新粉厂参观,总办章干臣,曾任无为州知州,倦勤而办此厂";"族叔祖履吉(荣俊业)由山东回籍。叙谈之下,颇蒙奖许,知余已创办实业,云'前程不可及'。彼刑名出身任县丞,历保至知府,先在粤督张之洞幕,朱仲甫初次差,即彼保举。余父任磨刀口,亦彼所荐。历官三品衔,曾任堂邑、临淄等县。及张耀折奏,因脚病回家。渠尝以乃子无能为叹,以长孙茂忠为托,决就实业。余允为提掖,后入茂二,至今成立";"姜堰,和泰祥主人宫聘之,秀才而商者也,为人和蔼"。③ 这类绅而兼商的现象在浙江也很普及,"绍(兴)之风俗,搢绅皆兼业商贾,张力既厚,袒之者多"④。上述的严

---

① 荣德生《荣德生文集》,上海古籍出版社,2002,19、21。
② 马敏《官商之间:社会剧变中的近代绅商》,天津人民出版社,1995,88。
③ 荣德生《荣德生文集》,上海古籍出版社,2002,19、21、41、45。
④ 赵烈文撰、廖承良整理《能静居日记》(一册),岳麓书社,2013,547。

信厚,就是浙江宁波人。

众多的东南文化精英在历史的大潮之下纷纷弃儒转商,其中影响最大、吸附文化精英最多的则是张謇创办的大生集团。

张謇是由状元而下海创办大生集团,其状元的头衔与身份,自然而然地吸附了众多东南文化精英之追随。正是在这批文化精英的共同努力之下,大生集团才能脱颖而出,成为近代民营工商业中的佼佼者。章开沅先生与其高足田彤博士合著的《张謇与近代社会》中曾专辟一章论述"张謇与集团动力——精英人物与社会历史的走向",现据其中所载人物并参考其他资料将张謇大生集团中所聚集的东南文化精英列表如下①(此表中的"士人"是指受过相当程度的传统文化教育,但未通过生员考试取得正式功名者):

东南文化精英领袖张謇

姓名	籍贯	出身	任职	备注
张 謇	江苏	状元	创办大生集团	倡"实业为父,教育为母"
沈燮均	江苏	贡生	大生进出货董	关庄布巨头,全力支持张謇发展
蒋锡绅	江苏	举人	银钱账目董	在大生创业之初帮助筹集创业资金
张 詧	江苏	捐奖县丞	大生内掌门人	张謇驻沪主外,张詧驻南通主内
高 清	江苏	士人	大生厂工董	负责大生厂房建设与生产管理
沙元炳	江苏	进士	大达小轮公司	张謇称之为"吾党之英矣"
刘桂馨	江苏	士人	创办惠通公栈	大生集团最初的沪通六董之一
吴寄尘	江苏	生员	理划沪事务所	延揽国内之资入南通者千余万金
沈燕谋	江苏	留学生	考工所长	主管生产技术兼纺校教授
宋希尚	浙江	河海大学	南通保坍会	设计完成南通遥望港九孔闸
林兰荪	江苏	士人	沪事务所所长	吴寄尘之舅,大生创办人之一
习位思	江苏	举人	张謇法政助手	协助张謇办理南通自治事宜
江 谦	安徽	崇明书院	南通师范校长	张謇学生,佐张謇办教育
江导岷	安徽	陆师学堂	垦牧公司副总	张謇学生,主持大生垦牧公司

---

① 章开沅、田彤著《张謇与近代社会》,华中师范大学出版社,2002,319—335。

续表

姓名	籍贯	出身	任职	备注
孙观澜	江苏	留日学生	南师农科主任	1915年代表通海实习公司访美
徐赓起	江苏	留美硕士	淮海银行协理	哥伦比亚大学经济学硕士
刘厚生	江苏	士人	大生二纺经理	张謇得力助手,著《张謇传记》
李审之	江苏	进士	参创垦牧公司	参与创建大生垦牧公司、农商会等
罗振玉	浙江	生员	参办垦牧公司	任湖北农务局总办,参与大生垦牧
徐乃昌	安徽	举人	大生股东董事	参与大生管理经营
徐国安	安徽	生员	参股大生多厂	1935年被选为大生集团董事长
周扶九	江西	商人	参创大生盐垦	大生盐垦公司大股东占股1/4余
许鼎霖	江苏	举人	参创耀徐玻璃	参创景德镇瓷业、大达轮船公司
顾士魁	江苏	士人	纺织厂营业长	曾任通州商会总理
章静轩	浙江	留日学生	盐垦公司经理	陪同张謇访日,与日本商谈借款
张作三	江苏	士人	复新面粉协理	张謇亦任复新面粉公司协理
徐翔林	江苏	士人	复新面粉经理	张謇少年同学,同参加科举考试
何嗣焜	江苏	生员	张謇密友	"每有一事,必就梅生决之"
沈瑜庆	福建	举人	张謇密友	共同策划东南互保
汤寿潜	浙江	进士	张謇密友	共同策划东南互保、国会请愿等
赵凤昌	江苏	士人	张謇密友	共同策划东南互保、和平光复等
刘锦藻	浙江	进士	参创大达公司	在沪与张謇设大达轮埠公司
王同愈	江苏	进士	苏州商会议董	与张謇同任苏路公司协理
王清穆	江苏	进士	参创大通纱厂	投资大生一二厂,创富安、大通厂
孟森	江苏	生员,留日学生	张謇幕友	《东方杂志》主编
孟昭常	江苏	举人,留日学生	张謇幕友	孟森之弟
杨廷栋	江苏	留日学生	张謇幕友	协助张謇掌江苏咨议局、国会请愿
雷奋	江苏	生员,留日学生	张謇幕友	协助张謇掌江苏咨议局、国会请愿
狄葆贤	江苏	举人,留日学生	张謇友人	创办《时报》犹如立宪公会机关报

大生集团不仅创办了22家具有相当规模的近代机器工业,而且还本着"父实业,母教育"的理念创办了很多文化教育机构,如南通师范学校、南通高等实业学校等等。这些新型的文化教育单位聚集的文化精英比大生企业集团更多、更精华。正是借助这种精英的集结,张謇才能成为"东南人望"——东南文化精英的领袖人物。在他与其密友何嗣焜、赵凤昌、汤寿潜等东南文化精英的运作之下,"东南互保"、江浙铁路商办、抵制美货、国会请愿活动等重要的政治与经济活动才能取得相应的成功。这些政治与社会活

动的成功，又进一步激发了东南文化精英对社会与政治的参与热情。而且，由于张謇具有状元的身份，所以，在其大生集团所集附的东南文化精英中，有很多是举人、进士、翰林这类中上层绅士。这些中上层绅士的下海经商，极大地加速了东南绅、商两个阶层合流的速率与规模。随着清末新政一系列鼓励与保护民营工商业法令的颁布，商人的社会地位与合法利益从法律上得到保证，大批的东南文化精英与荣宗敬父亲一样，觉得"小官得资不正，不堪供父母，大官无本事做。如得七品以上之官，亦好，甚或不容易"，既然如此，还不如经商。特别是东南沿海各省一批买办出身的商人，他们在从事买办业务的过程中不但积累了雄厚的资本，更重要的是积累了近代工商业管理的经验与丰富的海内外人际资源，因而，他们也就成为中国最早的一批近代工商业的投资者。如上海人祝大椿虽然未读多少书，但自1872年到上海做学徒、买办，挖到第一桶金后，就自己开办旧船拆卸的铁行，并在此基础上先后开办了多家工厂：光绪二十四年（1898年）投资40万两银子在上海闸北开设的源昌机器碾米厂，日产大米约3000石；光绪二十八年（1902年）与人合资创办的华兴机器面粉公司，日产"天宫"牌面粉4800余包；光绪三十年（1904年）投资50万两创建源昌机器缫丝厂，后来又兼并了恒昌源纱厂、公益纱厂和新源昌丝厂；光绪三十二年（1906年），他和怡和洋行合办了怡和源机器皮毛打包公司、公益机器纺织公司——至此为止，祝大椿投资近代机器工商业已达191万两，旗下有数十家企业，遍布上海、无锡、扬州、常州、苏州乃至安徽铜陵。祝大椿的企业集团虽然规模不及大生集团，但也是一个不小的民族资本集团。其麾下企业中的管理人员因地域之故大多是江苏省的文化精英。祝大椿亦因其企业规模而于光绪三十四年（1908年）被清廷授予二品顶戴，农工商部顾问。上述这类民间工商业集团在上海、江苏、浙江、广东等东南沿海地区甚多。如浙江之汤寿潜不但与张謇共同创办上海大达轮埠公司，同时还投资了浙江兴业银行、光华火柴厂；买办出身的周舜卿在全国各地办开办了8个煤铁分号、2个蚕行、2个典当，共12个近代工商业企业；荣宗敬、严信厚、刘鸿生、穆藕初等人都创建了大小不一的近代工商企业集团，其中荣氏集团后来居上，其规模超过大生集团，成为中国的纺织大王与面粉大王。这些企业集团因管理的需要，吸纳与聚集了大量的东南文化精英，在促进本企业集团发展的同时，也为东南文化精英主体的绅商一体化提供了一个熔铸的平台。

至此，近代工商企业已成为东南文化精英的一个聚集大平台。自宋以来绅、商两个分立的社会阶层由此而完成了融合，绅商阶层脱颖而出，成为清末社会结构中一个新的社会领导阶层而引人注目，并在清末商会的建立过程中起到了至关重要的作用。近代绅商们所创建的各个企业集团的领袖与骨干,亦通过商会而吹响了绅商阶层的集结号。东南文化精英在完成自身集结的同时,也完成了具有历史意义的时代蜕变,成为晚清政治舞台上一支极为重要的政治力量,其幕后与幕前的活动直接影响与推动了清末民初政局的发展。

(二) 报刊——东南文化精英转型集结的新领域

"今日秀才之多,亦实无地可以位置,举人进士正途也,而百中选一。……此外,为商则无本,为农则无力,为文则无艺,刑名钱谷则乏佐治之才,刀笔官司则守怀刑之戒,宇宙虽宽,直无一处可以作寒士之生涯者"[①]。就在大量增加的东南文化精英就业十分困难之际,一个新的、不需要多少资金只需要文字写作能力的平台——新兴的报纸杂志为东南文化精英提供了一个就业与集聚的新领域、新平台。东南文化精英不但借此而获得量的集结与集团的形成,更重要的是借助报纸杂志的社会影响力,东南文化精英的话语权得以进一步扩张,社会影响力进一步加强,对辛亥革命的顺利发展与苏州的和平光复有着重大的影响。

东南文化精英文化上的传统因袭与经济上的理性考虑,决定了他们对于社会发展往往持理性的循序渐进的态度,反对激烈、暴力的革命,故在清末他们的主要政治倾向是立宪派。"立宪派之言曰:'国体无善恶,视乎政治,就原有之基础以谋改良,其事较根本改造为易';革命派之言曰:'清政府决无立宪之望,不能立宪,惟有亡国,故以根本改革为宜'。此两派之所争持,其以立宪为前提则一也。使彼时清政府果能实行宪政,则根本问题即已解决,革命派之消融或在意中。……惜乎满清不足语此,名为立宪,违宪之事日出不穷,而结果上立宪派亦有爱莫能助之隐。至庚戌辛亥时,即立宪派之报纸,悉已一折而入于革命运动。此则清廷存亡绝续之大关键,尤上海报纸党见离合一段落矣。"报纸这个新兴的新闻媒体,成为以东南文化精英为主体的立宪派聚集、交换沟通信息并借以表示共同的政见、争取民意的大平台。

中国虽自古即有邸报、京报、塘报等以报冠名的官方公报类印刷品,但这类印刷品不具近代报纸所具有的社会普及性、新闻即时性、定期发行性、丰富多元性四大特点,所以邸报等不能以近代报纸视之。"我国现代日报之产生,亦发端于外人。盖斯时商务交涉日繁,其材料非杂志所能尽载也。香港之《孖剌报》于民国前五十四年(咸丰八年)即西历 1858 年,由伍廷芳提

[①] 《申报》1883 年 10 月 18 日。

议,增出中文晚报,名曰《中外新报》,始为两日刊,旋改日刊,为我国日报最先之一种。"中国的现代报纸"发端于外人"、发端于东南沿海,东南文化精英得风气之先,在中国是最早进入这个现代新闻媒体的群体。"昔左文襄在新疆,由胡雪岩介绍,向洋商借款一千二百万,沪上报纸颇有非难。……文襄闻有反诋者,即大怒不止,故与其友人书有云'江浙无赖文人,以报馆主笔为之末路'之语,其轻视报界为何如! 惟当时并不以左氏之诋斥为非者。盖社会普遍心理,认报馆为朝报之变相,发行报纸为卖朝报之一类。"①在全社会对报纸这一新型的新闻媒体缺乏认知时,"江浙无赖文人"就已以"报馆主笔"为职业了。左宗棠所诋斥的"无赖文人",其实正是东南文化精英中的一部分。他们不仅以报纸为解决生活之"末路",而且还通过报纸这个新兴的媒体接触到西方现代的政治知识,故而革新的意识很强。如传教士林乐知办的《万国公报》就曾聘王韬为主笔。"王韬是代表江苏知识分子直接受传教士影响而主张变法者。《万国公报》的主笔,前后共有六人,皆为江苏籍,亦多主张革新。"②这部分被官场主流边缘化的东南文化精英,就成为中国最早一批接受西学影响而力主革新的精英分子,如王韬、沈毓桂、钱昕伯等。

随着报纸在现代化中话语权与影响力的日益扩大,越来越多功成名就、事业有成的知名人士投入到报纸、杂志等新闻媒体事业之中,如伍廷芳、熊希龄等人。特别是戊戌变法之际,不仅东南文化精英中的梁启超、汪康年、康有为、唐才常等人纷纷投入创办报纸、担任主笔等工作,而且身为封疆大吏的张之洞等人也开始认识到报纸的巨大社会影响力,而纷纷创办或渗透到报纸新闻事业之中。这种趋势在清末新政中达到高潮,立宪派、革命派争相以报纸作为抨击清政府的利器,对官员们形成了很大的制约,"民之所畏官者,官之所畏者,一曰言路,一曰报馆。报馆网利之术,凡攻人之恶,必先隐其名而微讽之;不动则甚其辞,直叙其劣迹;又不动则指其名而大骂之。故官大而有力者,其于报馆月必馈干修,或投资与之合股,或出重金鬻归官办。如端方、袁树勋、蔡乃煌皆然。俗所谓'机关报'是也。官小力弱者,遇事视轻重酬谢。善宦之人未有不联络报馆者"③。报纸,这个曾被官僚们目为"江浙无赖文人为之末路"的新兴新闻媒体的社会影响力与政治动员力、

---

① 戈公振《中国报学史》,中国新闻出版社,1985,141、62、84。
② 王树槐《中国现代化的区域研究:江苏省,1860—1916》,台湾"中央研究院"近代史研究所,1984,139。
③ 胡功敬《国闻备乘》,上海书店出版社,1997,17。

威慑力,终于为官僚与社会各界所认识。报纸与由其衍生的期刊杂志亦乘机勃发,戈公振先生称此时期为"民报勃兴时期"。在这个时期中,戈公振"语其比较知名者"的报刊即有数百种之多。

由于报纸的开创者大部为"江浙无赖文人"——东南文化精精英,再加之上海、宁波、广州、福州等东南城市最早开埠的有利条件,所以,当时的报纸与杂志无论是在数量还是在质量上,都以东南沿海为盛。上海一地据戈公振"语其比较知名者"的日报就有《苏报》《国民日日报》《时报》等 32 种,杂志《农学报》《艺学报》《算学报》等 48 种,两者合计 80 种;广州,则有日报 32 种,杂志 6 种。相形之下,作为清王朝首都的北京,则只有日报 19 种、杂志 5 种,不但数量上远不及沪、穗,而且北京的很多报纸和杂志还是东南文化精英北上创办的。如北京著名的日报《京报》就是浙江人邵飘萍主办的;著名杂志《启蒙画报》《中华报》《京话日报》的创办者彭翼仲则是苏州人。可见,清末民初新闻界之报刊,大部为东南文化精英所创办与掌控,并成为东南文化精英发表政见、影响社会的一种重要工具,同时也是他们呼朋引类、朋侣集聚的新的平台。如辛亥革命中,以张謇为中心的东南文化精英在上海有几个重要的据点,"望平街《时报》馆上层'息楼'是一处——《时报》是当时最进步的报纸。负责者狄葆贤(楚青)"①;东南文化精英的革命派如张静江、庞青城、周柏年等则集中在《民呼日报》这个平台中。当时文人汇聚于报馆的现象十分普遍,现据《中国报学史》等资料粗略统计清末民初聚集于报纸杂志这个新兴产业平台中的东南文化精英如下:

报刊名	人物	籍贯	职务	学历	备注
时务报	汪康年	浙江	社长	进士	曾任张之洞幕僚,浙江名士
新民丛报	梁启超	广东	总编	进士	维新派领袖人物,新闻大佬
清议报	秦力山	江苏	主笔	留日生	后创《国民报》《大陆》
国民报	杨廷栋	江苏	撰稿	留日生	参加创办《译书汇编》
国民报	杨荫杭	江苏	撰稿	留美硕士	后任《申报》副总编兼主笔
国民报	雷奋	江苏	撰稿	留日生	《时报》《法政杂志》编辑
国民报	王宠惠	广东	译稿	耶鲁博士	后参与起草《联合国宪章》
国民报	沈云翔	浙江	撰稿	留日生	后入陶模幕府,劝陶倾向革命
浙江潮	董鸿祎	浙江	创办	留日生	南京临时政府教育部秘书长

---

① 黄炎培《八十年来》,文史资料出版社,1982,54。

续表

报刊名	人物	籍贯	职务	学历	备注
申报	张謇	江苏	股东	状元	立宪派、东南文化精英领袖
	赵凤昌	江苏	股东	士人	立宪派,东南文化精英谋主
	史量才	江苏	总编	秀才	收购《新闻报》形成报业集团
	应德闳	浙江	股东	举人	张謇、程德全密友,江苏省长
	伍特公	江苏	主编	南洋公学	首创汉译《古兰经》
	陈冷	江苏	主笔	留日生	1904年为《时报》主笔
	张竹平	江苏	经理	教会大学	
	蒋芷湘	浙江	主编	进士	创诗友会专栏,江浙文人参与
	何桂笙	浙江	主编	秀才	
	黄协埙	江苏	主编	士人	主《申报》笔政20余年
循环日报	黄胜	广东	股东	留美学生	创《中外新报》《华字日报》
	钱昕伯	浙江	主笔	秀才	王韬之婿,曾任《申报》主笔
选报	马叙伦	浙江	编辑	留日生	后任《新世界学报》主编
	蒋智由	浙江	总编	举人留日	《新民丛报》《政闻》主编
杭州白话报	林白水	福建	总编	留日	创《中国白话报》,任《警钟日报》总编
俄事警闻	蔡元培	浙江	总编	进士翰林	《苏报》主撰稿人之一
翻译世界	马一浮	浙江	总编	举人	
苏报	吴稚晖	江苏	主笔	举人	《中华新报》《新世纪》主笔
	章太炎	浙江	撰稿	留日	曾任《时务报》《民报》主笔
国民日报	陈独秀	安徽	主编	秀才留日	创《安徽俗话报》《新青年》
国民日日报	陈去病	江苏	编辑	留日	创《中华新报》《南社》
	苏曼殊	广东	编辑	留日	《太平洋报》编辑
	金松岑	江苏	编辑	士人	
	高旭	江苏	编辑	留日	创《觉民》《醒狮》《南社》
中国女报	秋瑾	浙江	总编	留日	创《白话报》
警钟日报	王季烈	江苏	主编	进士	曾任《蒙学报》助编
	汪德渊	安徽	主编	士人	主笔《神州日报》
	刘师培	江苏	主编	举人留日	创《天义报》《衡报》
	邵力子	浙江	编辑	举人留日	创《神州日报》《民呼报》

续表

报刊名	人物	籍贯	职务	学历	备注
沪报	王韬	江苏	编辑	秀才	《新闻报》首任总编
	蔡尔康	江苏	主笔	士人	参创《民报》,《申报》撰稿
万国公报	沈毓桂	江苏	主笔	士人	参创《民报》,《申报》撰稿
新报	袁祖志	浙江	主笔	士人	曾任《新闻报》主编
新闻报	孙玉声	江苏	主编	士人	创《采风报》《笑林报》
	汪汉溪	浙江	总编	秀才	
	严独鹤	浙江	编辑	秀才	主副刊《快活林》30余年
	程瞻庐	江苏	撰稿	士人	《快活林》长期撰稿人
小说月报	王西神	江苏	主编	士人	《快活林》长期撰稿人
小时报	李涵秋	江苏	主编	秀才	《快活林》长期撰稿人
民报	胡汉民	广东	主编	举人留日	
	汪精卫	广东	主编	秀才留日	曾任《中兴日报》主笔
	朱执信	广东	编辑	留日	创《民国日报》副刊《建设》
	陶成章	浙江	主编	留日	《南洋日报》《光华日报》主编
宪报	孟昭常	江苏	主笔	举人留日	
法政杂志	张一鹏	江苏	主编	举人留日	曾任《时事新报》主编
天铎报	戴季陶	浙江	总编	留日	主办《光华报》《民权报》
民立报	范光启	安徽	编辑	士人	参办《民呼》《民吁报》
新小说	韩文举	广东	主编	生员	参办《新民丛报》《清议报》
时报	狄保贤	江苏	主编	举人留日	参办《新民丛报》《清议报》
舆论日报	罗孝高	广东	主编	留日	参办《新民丛报》《时报》等
外交报	徐珂	浙江	主编	举人	参编《东方杂志》
	张元济	浙江	参编	进士	创办商务印书馆编译所
法政杂志	陶葆霖	浙江	主编	生员	曾任《东方杂志》主编
东方杂志	杜亚泉	浙江	主编	秀才	创办《亚泉杂志》
励学译编	包天笑	江苏	主编	秀才	创办《苏州白话报》
点石斋画报	吴友如	江苏	撰稿	士人	创办《飞影阁画报》
	周权	江苏	撰稿	士人	接办《飞影阁画报》
汉民日报	邵飘萍	浙江	主编	生员	创办《京报》

续表

报刊名	人物	籍贯	职务	学历	备注
农学报	罗振玉	浙江	主编	生员	张之洞幕僚
新新小说	龚子英	江苏	主编	生员	金业学校校长,组织书业商会
时报	林康侯	江苏	采编	生员	
字林沪报	吴趼人	广东	主编	士人	主持过《采风报》《奇新报》
中外日报	叶瀚	浙江	主编	生员	与汪康年创《蒙学报》
妇女杂志	章锡琛	浙江	主编	师范毕业	参编《东方杂志》《新女性》

上表只是将清末民初聚集于报纸杂志平台上的东南文化精英进行了简单的统计,实际人数远远不止这些。"1911 年以前,全国共出版中文报刊 1753 种,其中 460 种在上海出版,占 26.24%"①。一份报纸编辑、通讯记者、撰稿者最少也需 10 余人。1753 种报纸,最少有数以万计的读书士人聚集于其中,其中主体部分是东南沿海五省的文化精英。这些文化精英往往得风气之先,极力主张改革,如最早涉足近代报刊的王韬,"王韬是代表江苏知识分子直接受传教士影响而主张变法者。《万国公报》的主笔,前后共有六人,皆为江苏籍贯,亦多主张革新"②;"苏州人在新闻界活动的不少,包天笑、周瘦鹃、叶楚伧、俞颂华、张竹平、曾虚白、姚苏凤、唐纳、严宝礼、费彝民、袁水拍、陈翰伯、冯子子、范敬宜,均为其中佼佼者"③。可见有"人文渊薮"之称的苏州已成为近代报人最多的城市之一。

随着洋务运动的发展,东南文化精英借助报纸这一平台所掌控的话语权,影响与推动清末之政治与社会发展的规模越来越大,"迨戊戌政变,沪报始对旧党有微词。至庚子之役,北方陷入匪域,在朝王公多半为狂毒所中,然江南半壁卒能保守联盟,则事前上海报纸一致主张剿匪,不为无功。至各报之论说,亦常建议创办航路邮政,改良市政水利,诸凡兴利除弊裕国便民之事,虽不尽为当局所采纳,而促起其注意之力,则甚伟也";"当戊戌四五月间,朝旨废八股,改试经义策论,士子多琢磨。虽在穷乡僻壤,亦订结数人,合阅沪报一份。所谓时务策论,试者以报纸为蓝本,而命题不外乎是。应试者亦以报氏为兔园册子,而复习不外乎是。书贾坊刻,亦间就各报分类摘

---

① 史和等编《中国近代报刊名录》,福建人民出版社,1991,388。
② 王树槐《中国现代化的区域研究,江苏省:1860—1916》,台湾"中央研究院"近代史研究所,1984,139。
③ 任嘉尧《香港大公报社长费彝民》,政协苏州文史委编《苏州史志资料选辑》,2004 年刊。

抄,刊售以牟利。盖巨剪之业,在今日用之办报,以与名山分席,而在昔日,则名山事业且无过于剪报学问也"①。前数十年被蔑视为"江浙无赖文人"栖身之所的报纸,到清末已成为社会各界都不得不重视的舆论利器,而这个利器的操控主体还是以江浙文人为主体的东南文化精英。东南文化精英借助于现代报刊形成了其群体在新闻媒体领域的集结,同时,借助于报刊这一新型社会媒体的社会影响力,东南文化精英的话语权得到极大的提升,社会影响力亦进一步扩大。如上所述,义和团运动中,东南文化精英能够成功地创造出"东南互保"的奇迹,得力于新闻媒体之务甚多。之所以如此,就在于二者本是同根所生,新闻媒体的主笔主要为东南文化精英群体中的人,只是一个文化精英集团在不同领域、不同平台上聚集的分枝而已。

三、东南互保与利权运动

东南文化精英在太平天国之役后借助其"借师助剿"策划之功,以洋务运动后大量兴起的现代工商企业、报刊出版发行业等新兴的近代化平台,而开始集结形成一个令世人瞩目的社会群体,并借助这个群体的力量对清末政局予以极具力度的参与,从而促进了中国近代政治与经济、社会的发展,如他们一手策划与组织的东南互保与立宪运动就是两个典型的案例。

(一)东南互保

太平天国之役中,江南文化精英首先是以其娴熟的经世致用之学的谋略与技能,为湘淮军将帅乃至八旗、绿营的各级将帅延揽进入各级幕府,如钱江进入雷以諴幕府,赵烈文、徐寿、华蘅芳等进入曾国藩幕府,冯桂芬、盛宣怀等进入李鸿章幕府。他们为幕主建议的很多谋略直接影响到了清末的中国政局。如前所述的"助夷助剿之事起于冯桂芬,为之介绍于夷者,龚橙也;惑其计而毅然为之者,潘曾玮也;为冯说潘者,顾文彬也"②。江南文化精英就这样通过参与湘军和淮军幕府而积极地参与到晚清各项军政大事的运作之中。同时,通过幕府之间信息的交流,东南文化精英群体开始加强联系,如赵烈文、冯桂芬、顾文彬等就常有书信往还。他们互通信息,形成网络,结成群体,东南文化精英集团雏形隐现。同时,东南文化精英不但直接促成了淮军建军,更重要的是使东南文化精英与曾国藩、李鸿章的湘军、淮军联为一体,并在曾、李主导的洋务运动中大展身手,借助于他们参与筹建

---

① 戈公振《中国报学史》,中国新闻出版社,1985,90。
② 赵烈文撰、廖承良整理《能静居日记》(一册),岳麓书院,2013,538。

的各个洋务企业、局所，为东南文化精英提供了新的集结大平台。

太平天国之后，湘军、淮军将领成为东南沿海督抚的主体。东南文化精英以文化与地利的优势，亦成为这些督抚的主要入幕之宾。他们借助这一幕主参谋的重要地位，对幕主施加政治影响，特别是在1900年庚子之役中，东南文化精英以其杰出的政治智慧促成了东南互保，不仅挡住了北方如魔似狂的义和团运动之南下，更重要的是保全了东南富裕之地，在避免了八国联军铁蹄践踏的同时，为中国保全了一块复兴的基地与东山再起的凭借。

戊戌变法失败，谭嗣同等六君子未经过正规的审判程序而被杀，门生弟子满东南的帝师——翁同龢被禁锢，军机章京张元济被"革职永不叙用"等倒行逆施，都使得东南文化精英与清王朝慈禧中央政权有了裂痕。1900年，慈禧试图以光绪有病为之立储，在慈禧预备废黜光绪之际，东南文化精英进行了激烈的抗争，浙江经元善联合马裕藻、叶瀚、章炳麟、蔡元培、吴眺、唐才常、丁惠康、黄炎培等1231名东南文化精英，向清廷发电文抗议。慈禧盛怒之下要严惩经元善，但在盛宣怀、李鸿章等人的暗中保护下，经元善安然无恙地逃到了澳门。这次抗争，其实是东南文化精英群体在崛起后对清廷中央分庭抗礼的一个预演。这个趋势在东南互保之中得到了进一步的发展。

满清贵族与慈禧为了对抗列强对于他们废光绪、立大阿哥行为的干涉，力图借助"扶清灭洋"的义和团来达到目的。他们对于义和团之神术信之不疑，而悍然向欧美十一国宣战。这与东南文化精英所崇奉的儒家理性是格格不入的。故在义和团盛行北京之际，东南文化精英出身的清廷朝臣袁昶、许景澄、徐用仪就与载漪等人当廷力争而死于非命。慈禧、载漪置《大清律例》之"祖宗成法"于不顾，不经任何司法程序再次任意处死大臣的倒行逆施，激起了东南文化精英中的官吏与幕僚对于清廷中央的进一步离心。故在清廷发布对外宣战的诏令之后，他们不但以"伪诏"、"乱命"视之不顾，而且公然"抗命"，与上海的各国领事明通款曲，签订了"东南互保"协议。这种公然与中央旨令对抗的行径，已迹同"反叛"，所以张之洞、刘坤一也都是在反复思虑后才痛下决心的。虽然这个协议是由两江总督刘坤一、两广总督李鸿章、湖广总督张之洞这三名督抚大员领衔签订的，但实际上最先倡谋并付诸实施的是在这些督府内外活动的东南文化精英。

"东南互保"的枢纽人物是盛宣怀，他出自李鸿章幕府，且任电报局总办，中外信息十分灵通，早在义和团进入北京时，盛宣怀就意识到"朝政皆为拳党把持，文告恐有非两宫所自出者，将来必如咸丰十一年故事乃能了事"，于是他利用地处上海与外强联络方便之地利，同时又借助与李鸿章、刘坤

一、张之洞有深谊的人和关系,直接致电李、刘、张:"北事不久必坏,留东南三大帅以救社稷苍生,似非从权不可"①。"从权"就是置北方清廷中央的"乱命"于不顾而与列强在东南保持和平共处的局面。盛宣怀由是联合上海道台余联沅开始与列强驻沪领事进行频繁的接触,为东南互保的谈判做了前期的准备。但在清王朝对外宣战的情况下,地方督抚与中央宣战的敌国缔结互保和平条约,这是有叛逆之罪的。所以,持忠君之念的刘坤一和张之洞反复思虑、权衡再三,而盛宣怀与这两位总督并无深交,只能借助曾任过他们幕府谋士的赵凤昌、何嗣焜、沈子培、张謇、沈涛园等诸位东南文化精英去进行游说,以收竟全功。

据赵凤昌回忆,在各国军舰纷纷以护侨商为名而向上海集中时,他"忧思至再,即访问何梅生老友商之云:'事已如此,若为身家计,亦无地可避,吾辈不能不为较明白之人。岂可一筹莫展,亦座听糜烂。'其时各省无一建言者,予意欲与西摩(英舰队司令)商,各国兵舰勿入长江,在各省各埠之侨商教士,由各省督抚联合立约,负责保护……东南各省一律合订中外互保条约。梅生极许可,惟须有任枢纽之人。盛杏生地位最宜,谓即往言之。……予即每日到盛宝源祥宅中,渠定一室为办事处,此室只五人准入,盛及何梅生、顾缉庭、杨彝卿与予五人,负责接收京津各省电报消息"。由此回忆可知,此时东南文化精英应对危机的首脑机构与办事处已隐然成立。这些在清王朝政治体系中任幕府谋士多年的文化精英之政治谋略十分成熟,面对清王朝督抚同城、互相牵制的体制,以及清王朝令各省督抚勤王的旨令,他们采取调虎离山之计,将持愚忠理念而反对东南互保的江苏巡抚鹿传霖、长江巡阅使李秉衡派去北方"勤王",从而减少了东南督抚内部的阻力。尔后他们又利用控制电报局的条件,在慈禧逃出京城不知去向之际,"全国惶惶,势将纷乱,予姑拟一电致鄂督曰:'洋电两宫西幸,有旨饬各督抚力保疆土,援庚申例令庆邸留京与各国会议云。'意欲鄂得此电,可宣布文武官僚、地方士庶,借以安长江一带人心耳。讵鄂督复电,询电从何来,即确复。电本自拟,殊难置答,即持往来电文商之盛杏生,由彼照发同样之电与各督抚,以示其确有此电。杏生又拘忌,谓旨岂有捏造?予解说捏旨亡国则不可,捏旨救国则何碍?且既称洋电,即西人之电,吾辈得闻,即为转达而已。……至季直(张謇)、子培(沈曾植)偕赴汉口,闻拔可言,实主郑苏堪处,为南皮言东南互保。……当时发踪指示,固仍在南州数名士耶"②。在东南互保中,发

---

① 盛宣怀《愚斋存稿》卷36,6,5。
② 黄濬《花随人圣庵摭忆》(上),中华书局,2014,429—434。

踪指示的有盛宣怀、赵凤昌、张謇、汤寿潜等"南州数名士",参与具体操作的则更多,如沈瑜庆、施炳燮、陈三立、沈曾植、何嗣焜、顾缉庭、郑孝胥、杨彝卿、陶森甲、恽薇荪等。张謇为此曾亲自赴南京游说刘坤一,"刘犹豫,复引余(张謇)问:'两宫将幸西北,西北与东南孰重?'余曰:'虽西北不足以存东南,为其名不足以存也;虽东南不足以存西北,为其实不足存也。'刘蹶然曰:'吾决矣。'告某客曰:'头是姓刘物。'即定议电鄂约张,张应"。可见,刘坤一、张之洞这两个重权在握的东南督抚,其实是在其幕府中的东南文化精英、南州名士对其反复游说、权谋屡出的情况下而参与东南互保的。东南互保之成功,实为东南文化精英运作之结果。而东南互保的成功,不仅是在经济上为清王朝与中国保存了一个恢复的基础,更为重要的是通过这次地跨东南半壁的联合行动,东南文化精英感受到了自身的政治能量,如盛宣怀所言:"天下事能如今年保护之局,何事不可为!"公然对抗中央、捏造王朝中央的旨令,与中央明诏宣战的敌国私下订和,最后不但无罪,反而有功,此事可作,"何事不可为?"盛宣怀由此而豪气万丈地宣称:"不措天下于强盛,誓死不休。只要有今年六、七、八、九月坚定之气,矢以数年,如不改观,惟宣是问";同为参与者的恽薇荪对盛宣怀在东南互保中的作用佩服得五体投地,由衷颂曰:"此等通天彻地手段,无人能为。公与新宁、南皮同不朽矣。"① 恽是盛宣怀的常州同乡,所以,他只注意到盛在东南互保的作用,而对于在其中起到重大作用的赵凤昌、张謇、何嗣焜、汤寿潜、沈曾植、沈子瑜等人的作用则认识不足。其实,这种"通天彻地"的大手段,一个人或几个人是无法完成的,需要一个较大的群体力量才能促成,正是散处在整个东南近20余个督抚衙门中的东南文化精英幕僚共同作用,才促成了东南互保这一重大历史事件的顺利完成。如我国台湾学考王树槐先生所言:"此举之成功,得力于刘坤一、张之洞之具眼光与魄力,由他们二人担负一切责任。但其中酝酿促成者则多为江浙人士。最先参与商议者有盛宣怀、张謇、沈瑜庆、沈曾植、余联沅、何嗣焜、赵凤昌等人。略有定义后,即由盛宣怀电告刘坤一、张之洞,东南互保得以成立。此事之影响甚大,不仅保住东南,使庚子拳乱之祸未扩大,且保住东南财富之区,予西狩之供应,对和谈之影响,赔款之筹措,东北之索还,都有重大关系。刘、张实为清廷两大功臣,而致成的原因,除了当事人之远见外,亦当归功于上海士绅之机敏卓见。此点足以表现江苏地区人士的理性较高,反外情绪较低,适应紧急情况的能力较强,能在现

---

① 《浙藩恽薇荪方伯来电》光绪二十六年六月初四日,《愚斋存稿》卷36,26。

实中寻求政治利益。"①这个评价是十分公允的,"上海士绅"即为东南文化精英的另一种说法。"机敏卓见"、"理性较高,反外情绪较低,适应紧急情况的能力较强,能在现实中寻求政治利益",这些东南文化精英集团突出的政治特色在东南互保一役中得到了灿烂的表现并被载入史册。

(二)现代社团与争回利权

东南文化精英在庚子之役中以"通天彻地手段"完成东南互保,事后不但没有被清王朝追究抗旨的责任,反而被予以褒奖,这就极大地鼓起了东南文化精英的政治自信,其政治影响力亦随之而提高。其中一个突出的表现就是东南文化精英以商会为平台,完成了所代表的绅商阶层自治平台建设,并以此平台而展开了一系列维护国家与本阶级利权的运动。同时,慈禧庚子之役仓皇出逃,狼狈不堪,为逃脱列强对她"祸首"的追究,《庚子和约》丧权辱国前所未有,对此她也感到无法向天下臣民交代。为扭转国际观感,笼络国内人心,保住自身的统治地位,在逃亡途中的1901年1月29日,慈禧就以光绪的名义下诏求言改革,内称:"世有万祀不易之常经,无一成不变之成法";"深念近数十年积弊相仍,因循粉饰,以致酿成大衅。现在议和,一切政事尤须切实整顿,以期渐致富强"②,并着朝廷内外臣工各抒所见,限两个月内条奏与闻。4月21日,又下令设督办政务处,作为负责审查天下臣工条议、推行改革新政、考核新政成效的中央领导机构;并派奕劻、李鸿章、荣禄、昆冈、王文韶、鹿传霖为督办政务大臣,刘坤一、张之洞为参与——清末新政由此正式走上历史舞台。

精敏、务实的东南文化精英迅速地抓住了这一历史时机,在促进历史发展的同时,也借助清末新政改革的机会,完成了自身由自在阶级转变为自为阶级的现代大转型。这个大转型与清末新政的两个阶段互为表里。1906年前清末新政还停留在具体的官制改革、法令的修订、教育制度改革、编练新军等机制层面,属于"摸着石头过河"的阶段;1906年清廷宣布立宪则是从顶层设计上宣布了改革的方向,即由君主专制独裁而走向君主立宪的宪政。所以,东南文化精英在清末新政的前期阶段主要着重于教育会、商会、农会等现代社团组织建设,由此而完成其主体——绅商阶层的大聚集与大转型,并在这个大转型中进行了抵制美货、争回路权等一系列的争回利权活动。后一阶段,则是东南文化精英运用各种方法,在促进清王朝确立宪政改

---

① 王树槐《中国现代化的区域研究:江苏省,1860—1916》,台湾"中央研究院"近代史研究所,1984,143。

② 朱寿朋编《光绪朝东华录》,中华书局,1958,4601。

革总目标的同时,运用咨议局、商会、报纸等阵地发起"国会请愿运动"。这个运动其实就是一个民主宪政的启蒙运动,在普及民主宪政基本知识的同时,对整个中国社会作了民主宪政的政治动员,因而,在清王朝推出"皇族内阁"、公然违背宪政的诺言时,在"国会请愿运动"中被动员起来的社会大众就不期然而然地与清王朝走向对立。武昌起义一声枪响,举国响应。东南文化精英亦在对清王朝失望之余而由"君主立宪"走向"共和立宪",发动了江苏等省和平光复的"光荣革命"。

1. 现代社团的创建

庚子一役,清王朝的昏庸无能暴露无遗。即如张謇在慈禧西逃之际所言:"乘舆播荡,大臣僇辱,生灵涂炭,谁实为之? 真可痛恨。"① 张元济亦于李鸿章受命去北京谈判路过上海时予以劝阻,"李经过上海时,我去见他,劝他不必再替清廷效力了。他对我说:'你们小孩子懂得什么呀?'"② 正是基于这种对慈禧等满清亲贵普遍失望的情绪与认知,东南文化精英为身家与社稷计,毅然奋起,策划与促成了东南互保这一惊天彻地的伟业。这一伟业的成功,在扩大东南文化精英政治影响力的同时也进一步提升了他们的政治自信与自觉,如黄宗仰所言,"观庚子之奇变,实胎于戊戌之树党;庆辛丑之和约,全赖乎东南之联约"③。东南互保为《辛丑和约》奠定了中外互信的基础,并对国土保全、国权维护起到了无可替代的作用。而这全是在公然违抗清政府"乱命"的情况下做出的。由此,东南文化精英们开始走出了对清廷的愚忠,"臣民"意识开始减退,"国民意识"开始萌发,在现代国民意识的基础上自然而然地产生出了国民自结团体的理念。于是国民公会、教育会、商会等现代社团如雨后春笋般纷纷建立,东南文化精英亦在这些现代的社团平台集结中日益认识到自身的权益与国家的民主是联为一体的,于是,他们极力策动清廷内开明的政治力量说服慈禧派五大臣出洋考察宪政,最终确立了"君主立宪"的宪政改革总目标。为促进这个总目标的实现,东南文化精英又一手策划了"国会请愿运动"的政治斗争,这个政治斗争的推进是东南文化精英借助商会、自治学会、咨议局等一系列现代社团组织而进行的。

1901年3月15日,汪康年等200余人在张园集会、演讲,抗议清政府对

---

① 《张謇日记》光绪二十六年七月二十七日,张謇《张謇全集》(第6卷),江苏古籍出版社,1994,440。
② 汪家熔《大变动时代的建设者》,四川人民出版社,1985,38。
③ 黄宗仰《〈庚子纪念图〉自跋》,沈潜、唐文权编《宗仰上人集》,华中师范大学出版社,2011,6。

俄交涉不力,汪德渊、温宗尧、蒋智由等人发表了演讲。蒋智由在演讲中大声疾呼"国民者,人人各有国家之一分,而当尽共责任。土地则国民人人所有之土地也,人人知其为己之所有而争之则存,人人以为非己之物而不争则亡"①。国民人人起来争自己的国土与权利,无需皇帝与大臣,这一论点的发生既是基于清廷之无能,同时也是有感于东南互保之成功。时隔一旬,3月24日汪康年、孙宝瑄等人再次组织张园集会,"至者约近千人,凡东西人士来园观听者说数十人"②。孙宝瑄、汪康年、汪德渊、温宗尧、蒋智由、薛仙舟、吴趼人、何春台、陈澜生、方守六、李惟奎、孙季刚、黄宗仰、周雪樵、魏少塘、薛锦琴、钱维骐等人先后发表演讲。孙宝瑄在代表同人演说集会宗旨时大声疾呼:"中国将亡矣。诸君知之乎? 中国将瓜分矣,诸君知之乎? 中国何以亡? 何以瓜分? 远因在于不能变法自强之故,近因在于东三省密约之故。如果允准俄约,列国起尔效尤,利益均沾,中国主权由此尽失,因此,凡我同志,稍明公理,须知人人有国民之职分,不得视国家为身外之物。"③在孙所宣讲的"集议宗旨"中,第一条即为"凡系中国国民,皆当存保全中国国土之心,即皆当存保全中国主权之心";第三条为"我辈系筹中国存立之策,不欲以非礼待外人,如去岁北方野蛮之事。至外人欲以非礼凌中国,亦不肯受,一依文明所为,主持公理";第四条为"中国之人号称四万万,而心志不齐,其气涣,其力弱,受困外人,亦即由此。凡同志之士,务各知中国受病之原,合心协力,团结一气。须有以御外侮而贞内力合群之起点,我同志务共励之"④。这个宗旨的第一条与蒋智由的演讲精神是一致的,即强调国民有保全国土与国权的义务和责任,体现了东南文化精英唤醒和激发国民意识中的自立与自觉的内涵;第三条则体现了东南文化精英在儒家理性的基础上对西方现代文明与理性的接纳,并自觉地将现代国际法中的平等精神运用到维护国土与国权的斗争之中,同时与义和团野蛮排外的民族沙文主义进行了切割;最后一条则是意识到国民不可能人人而自以为战,如此一盘散沙,心志不齐,气涣力弱,受困外人,解决的办法则是"合心协力,团结一气",组建现代社团与政党的思想呼之欲出。参会的"苏州许君"心领神会,回去后即给《中外日报》撰文,建议"仿日本东亚同文会,建一团体,设总会于上

---

① 《蒋君智由演说》,《中外日报》1901年3月18日。
② 黄宗仰《纪第二次绅商集议拒俄约事》,沈潜、唐文权编《宗仰上人集》,华中师范大学出版社,2011,4。
③ 孙宝瑄《忘山庐日记》(上册),上海古籍出版社,1983,316。
④ 黄宗仰《纪第二次绅商集议拒俄约事》,沈潜、唐文权编《宗仰上人集》,华中师范大学出版社,2011,4。

海,设分会于应设各地。中国人凡有保全东亚之心,其才其识为众人所推服者,皆可推为会长。22 行省痛国家之危亡、忧种族之惨灭的忠爱之士联为一气"①。"苏州许君"的这一建议,其实是东南文化精英的一个普遍的要求。自此而始,一大批现代社团即在江南与东南沿海城市破土而出,成为清末一系列争回利权运动的指挥部与大本营。

1902 年 4 月(光绪二十八年三月)15 日,由蔡元培、黄宗仰、叶瀚(浩吾)、蒋智由、林獬、王季同、汪德渊等议定并发起组织中国教育会。推蔡元培为会长,黄宗仰为副会长,别设干事 6 人,会计 2 人,书记 2 人,评议员 9 人,纠议 2 人。设本部于上海泥城桥福源里,并议定"置支部于各地",其宗旨为"以教育中国男女青年,开发其智识,而推进其国家观念,以为他日恢复国权之基础为目的"。显然,这是一个以现代教育为手段、以造就现代国民为目的的现代社团,它很快就将上海及附近江浙两省"顶有名望"的教师、编辑、记者、学生等文教界趋新之人士 100 余人吸纳入会内,如黄炎培、蒋维乔、吴稚晖等。

中国教育会是东南文化精英中一批少壮派所发起成立的。他们中很多人曾在国内现代学堂或国外留学,学习过现代西方民主政治与社团组织的知识。但由于他们年龄较轻,社会资历和声望有限,而且主要在报界与教育界活动,缺乏财力支持,故其成立时"会员人数稀少,经济尤为竭蹶,发展殊难,暂从文字方面鼓吹,实行办学,尚未有具体计划"②。"经济尤为竭蹶"是困扰中国教育会发展的一大瓶颈,而这个问题在商会则不成为问题。东南各省商会发起人均为东南文化精英的上层人物,如张謇、李平书、王同愈等人,他们事业有成,财力丰厚,且很多曾任过高官与幕僚,与清政府要员有着密切的联系,故而,商会很快成为东南文化精英的主要聚集平台。借助商会的财力支持,从商会中又衍生出众多的社会组织,如商团、市民公社、农会等等。商会,虽然是晚于中国教育会诞生,但它在东南文化精英策动的各项社会与政治运动中始终有着枢纽性的作用。而商会的建立则是在东南文化精英的呼吁与清政府新政改革的上下互动中得以完成的。

清末新政前期的一个重要举措就是立商部、颁商律、建商会,这些虽然出自于清廷中央之上的新政谕令,其实也是东南文化精英多年争取的结果。

东南文化精英成长于商业经济发达的东南沿海地区,很多家庭都是亦

---

① 《苏州许君来函》,《中外日报》1901 年 5 月 7 日。
② 蒋维乔《中国教育会之回忆》,中国近代史资料丛刊《辛亥革命》(一),上海人民出版社,1981,485。

儒亦商、商儒结合的，故而对于保护工商业经济发展的商会有着由衷的赞许。特别是他们在上海等通商口岸中近距离地了解到西方国家的近代商会在通商情、保商利方面的重大作用。所以他们最先突破了中国传统工商业的行会封闭，而呼吁建立现代的开放的商人自治组织——商会。1895年，上海著名粤商知识分子郑观应开始在报纸上撰文介绍西方商会的优越性，他说："昔年德国商人虽贸易有方，亦迫于官税烦苛，更迫于匪人劫掠，谋什一者无所得利，反多折耗。因而通国商人聚议立约，歃血会盟，每埠必有商会，彼此声气相联，互相保护，名曰保护会，亦名商会。如有爵员及官兵、盗贼恃强以害商者，会中人必协力御侮，不受欺凌；或有劫掠等事，咸知四处，严搜密访，务使就获，倘国家有害商虐政，亦准其具禀，申诉裁革。此会一兴，商务大振，于是荷兰、瑞典、挪威等国首效之，而英、法、西等国朝廷知其法善，亦准商人在本国设立公会，自为保护，以免他虞。"在另一篇文章中他又介绍了商会的组织架构与自治功能，"各国每埠皆设有商会，京都设商务总会，延爵绅为之领袖，其权与议院相抗，如有屈抑，许诉诸巴力门衙门"①。虽然郑观应对于西方商会起源的细节还不甚了了，但他对于西方商会的保商、参与国家商政、促进工商发展、仲裁商务纠纷、维持公平有序的市场秩序等基本职能还是介绍得十分清楚的。

郑观应是从商会本身架构与功能上着眼，而同时期的康有为则更注重于商会配合本国政府对外商战的功能。康在1895年《公车上书》中说："商会者何？一人之识未周，不若合众议，一人之力有限，不若合众股。故有大会大公司，国家助之，力量易厚，商务乃可远及四洲。明时葡萄牙之通澳门，荷兰之收南洋，英人乾隆时之取印度，道光时犯广州，非其政府之力……商会所关，亦不少矣"②。因为康有为的《公车上书》是从政治上要求变法，所以，他侧重于介绍商会对于国家对外的经济商战之作用。

1896年，东南文化精英之领袖张謇专门写了《商会议》一文，对于设立商会的重要性与组建方式、职能作了较为全面的论述。他说："不会则商无较能之地，各行省宜有总会，各府宜有分会。分会有长，长考府辖之具最王之产、最良之产，与风尚之华朴、民居之勤惰、工作之精粗、市情之消长，各列为表。度其所宜兴、宜革、宜变之故，斟酌其如何兴、如何变之办法，闻于总会。总会有督，督考长之所劳，而决其行止，闻于总督、巡抚。"对于商会之流通对工农之产品销售的重要先导作用，张謇特别予以强调："其为农工之去

---

① 夏东元编《郑观应集》（上册），上海人民出版社，1982，606、608。
② 中国史学会编《戊戌变法》（第二册），神州国光社，1958，146。

路,则在商会,事宜先筹,犹治水之从下流始也。"①

东南文化精英的这些呼吁得到了总理衙门中改良派官员与光绪皇帝的回应。1896年,总理衙门在《奏复请讲求商务折》中明确同意在东南沿海各省会和商埠设立商务局,认为商务局"无非欲官商一气,力顺利权,此周官保富之法,行之今日尤为切要",并陈述了中国传统行会组织职能上远逊于商会的事实,"泰戈尔西各国以富强为首务,或专设商部大臣,其他公司、商会随地经营,不遗余力。中国各省商行自为风气间有公所会馆,章程不一,地方官吏更不关痛痒……其能收上下相维之益乎",因此"于各省设立商务局,俾得维护华商,渐收利权,诚为当务之急"。对于商务局的职能与设置方式,他们认为"请饬下各督抚,于省会设立商务局,由各商公举一股实稳练素有声望之绅商,派充局董,驻局办事。将该省物产行情,综其损益,逐细讲求。其与洋商关涉者……考其利病,何者可以敌洋商,何者可以广销路,如能实有见地,确有把握,准其径禀督抚,为之提倡。再由各府州县,于水陆通衢设立通商公所,各举分董,以联指臂。所有该处物产、价值涨落、市面消长盈虚,即由各分董按季具报省局汇部造册……年终由各督抚咨送臣衙门以备参考"。总理衙门这个奏折中的商务局,其实就是商会,只是戴上了"局"这样一个官方的名称而已。

光绪皇帝将举办商会当作变法的一个重要组成。1898年6月12日,他发出了筹办商务局的谕旨:"着各省督抚、督率员绅,认真讲求,妥速筹办,总期联络商情,上下一气";7月25日,又命令刘绅一和张之洞在上海、武汉等商业繁盛之地先"试办商务局事宜";8月29日,他又催促刘、张抓紧筹办商务局,并强调指出:"商会即商务之一端,着刘绅一等迅速妥筹具奏。其沿江沿海商贾辐辏之区,应由各该督抚一体查明办理。所有一切开办事宜,并着总理各国事务王大臣,咨商各督抚,译订章程,妥为筹办。"②两个多月的时间内连下三道谕旨,可见光绪皇帝对于设立商会(商务局)的重视程度了。

戊戌变法失败后,光绪有关筹办商会的谕旨被搁浅,庚子一役之后,慈禧亦认识到变法不可缓,而打出新政的旗号。东南文化精英借此机会再次发出了设立商务局的呼吁。1902年,具有官、商双重身份的东南文化精英中的经济大佬盛宣怀,在与列强谈判修订商务条约的过程中深深体会到"洋商总会如林,日夕聚议,讨论研求,不遗余力……彼团结而我散漫,彼谙熟而

---

① 中国史学会编《戊戌变法》(第三册),神州国光社,1958,178—179。
② 中国史学会编《戊戌变法》(第二册),神州国光社,1958,178—179、20、43、64。

我生疏,彼尽得要领而事事占先,我茫无头绪而著著落后"①。为此,上海的绅商界再次发出了成立商会的呼吁:"上海西人各有商会,日本通商大埠皆设立商业会议公所,盖于公余之暇随时聚会,凡商务切己利害之事,无不考求评审,是以日见进步,年盛一年。"②在这种情况下,素有"能干大事、兼做高官"之称的盛宣怀,以其时任清政府"会办商约大臣"的名义,于1902年饬令上海各业商董组建上海商业会议公所,并指示"仿照西人总会章程,按时集议"。上海绅商领袖严信厚得此指令后觉得正中下怀,他当即召集各业行会商董,议决"采取上海洋商总会及各处商务局所章程"③,并制订了中西结合的《暂行章程六条》和《事务条规》。中国第一个具有商会性质的上海商业会议公所就此而成立。同年,张謇之兄张詧与顾逸梅、沈劲夫等成立了"南通州商务总会"。在盛宣怀、严信厚、张謇、张詧等东南文化精英的促动下,清政府饬令各地建立商会,并于1903年成立清王朝中央农工商部,该部官员的构成亦呈现出鲜明的东南文化精英底色。阅下表即可一目了然。

姓名	官职	籍贯	出身	备注
载 振	尚书	北京	宗室	奕劻长子,出使英、日,主张新政
伍廷芳	左侍郎	广东	法学博士	李鸿章的法律顾问,多次出使国外
陈 璧	右侍郎	福建	进士	参与定官制、订商律、兴商会等事务
徐世昌	左丞	河南	进士	袁世凯密友,清末新政的重要推行者
唐文治	右丞	江苏	进士	手订商律131条,为中国商法之始
绍 英	左参议	北京	荫生	任政和平,清廉谨慎
王清穆	右参议	江苏	进士	巡视东南七省商务,后筹建沪杭甬铁路
张 謇	高等顾问	江苏	状元	东南文化精英领袖,大生集团董事长

从这个表中可以看出,除了清宗室的载振、绍英以及徐世昌外,清中央农工商部的其余官员均是出身于东南沿海的文化精英,为其总数的62.5%。特别是高等顾问张謇,他本身就是东南人望、精英领袖,其大生集团是当时东南最大的民营企业,伍廷芳、陈璧、唐文治、王清穆也都是主张保护工商业发展、推行新政改革的。如王清穆,后来还成为收回沪杭甬铁路利权运动的领袖人物。所以,清王朝的商部其实是受东南文化精英影响并顺应了他们的要求而建立的、以东南文化精英为主体的政府部门。

---

① 盛宣怀《愚斋存稿》第7卷,56。
② 严廷桢《上海商务总会历次奏案禀定详细章程》,1907,5。
③ 严廷桢《上海商务总会历次奏案禀定详细章程》,1907,2、24。

清廷中央的商部以东南文化精英为组织结构主体,东南各省的商会则更是以东南文化精英为主体构成了,下表①列举的上海、南通、苏州三地商会主要负责人均为著名的文化精英。

姓名	商会地	籍贯	出身	备注
李平书	上海	江苏	进士	上海工程局总董,创建上海商团
曾铸	上海	福建	士人	1905年任上海商会总董,领导抵制美货运动
朱佩珍	上海	浙江	商人	上海商会协理,辛亥革命时任沪军都督府财长
郁怀智	上海	上海	商人	会董,商团负责人
王一亭	上海	浙江	士人	会董,画家,后任沪军都督府工商部长
周舜卿	上海	江苏	商人	会董,上海煤铁大王
苏本炎	上海	福建	商人	曾铸之婿,上海商会成员,上海工程局名誉董事
张詧	南通	江苏	举人	张謇之兄,南通商会总理
王同愈	苏州	江苏	进士	名誉会员,曾任驻日参赞,手订商会章程
尤先甲	苏州	江苏	举人	总理,参与创办苏州商团、农会、市民公社
张履谦	苏州	江苏	商人	会董、总理,参与创办苏州商团
潘祖谦	苏州	江苏	贡生	会董,苏州望族,"富潘"代表
吴本齐	苏州	江苏	进士	名誉会员,参与创办商团、农会
彭福孙	苏州	江苏	举人	会董,创办新学多所

由上表中三地商会主要负责人的出身栏可以看出,商会虽然是一个商人的自治组织和现代社团,但在清末商会成立之际,商会的领导权还是操控在一批有着科举功名、社会影响力较大、同时又有着若干商业经营的绅商手中。因为他们的这种绅、商一体的双重身份更有利于他们"通官商之邮"的沟通与联系,而他们的资望与财经实力也有利于商会的发展,所以,尽管商会的普通成员是以中小商人居多,但其上层则主要还是由这批具有科举功名的文化精英所主导的。这样一个文化精英主导商会的组织特色,也决定了各地商会都十分注重对于文化教育的支持,如王同愈在呈商部要求成立苏州商会总会时就强调:"设立商会,以调查商业,和协商情,开通商智,研究商学为宗旨。"②开通商智、研究商学都需要新式的教育,所以,各地的商会

---

① 此表据章开沅等主编《苏州商会档案丛编》(第一辑),华中师范大学出版社,1991。
② 章开沅等主编《苏州商会档案丛编》(第一辑),华中师范大学出版社,1991,3。

都纷纷举办各类学校,并积极参与到各类教育会等现代教学管理机构之中。如苏州"第一个民间性质的学务管理机构——长元吴三邑学务公所。这一办学机构最初就是由王同愈等苏商总会的几名主要领导人呈请设立的。……学务公所成立所从事的具体活动,既有学堂设施、经费的管理安排,也有课程设置、师资的培养以及小学教育、实业教育和军国民教育等内容。涉及的面如此之宽,俨然是一个全面管理整个苏州学务的组织机构"①。

除了教育之外,商会还利用自身的财力,利用清末新政中清政府要求地方自治之机,除了大量地建立各层级的商会之外,还大量地向各类社会社团延伸,建立了商团、水龙救火社、市民公社、农会、救济所等机构。正是通过向众多新型社团的延伸与渗透,清末东南沿海城市的商会就成为这些新型社团的中心与枢纽,并通过领导世纪初的各项争回利权运动,特别是其在抵制美货运动与争回铁路路权运动中的出色表现,而得到社会的广泛认同与支持,成为国家与社会二元初现的社会方面的领导中心所在。

2. 抵制美货与路权运动

1905年的抵制美货运动,是由上海商会发其端,得到苏州、广东、宁波等地商会的响应后很快形成了一个全国性的抗争,是世纪初东南文化精英组织的一系列利权抗争的锋芒首试。

1905年5月10日,上海商务总会召集各帮商董举行特别大会。总理曾铸慷慨陈词,提议"以两月为期,如美国不允将苛约岫改而强我续约,则我华人当合全国誓不运销美货,以为抵制","在座绅商,无一人不举手赞成"。会后,上海总商会通电全国21个商埠商会,各地商会均复电支持,轰轰烈烈的抵制美货运动由此而发端。即使正在酝酿成立商会的苏州,当月底即由商界与学界联合在福音医院集会,以响应上海商会的号召,7月在玄妙观举行第二次集议,"绅商赞成签押者,多至八百余人。共相勖勉,实行抵制"②。广东商会则直接成立拒约会,对整个抵制运动进行直接的领导。东南各省商会领导层其实是由遍布东南商界的文化精英组成的,所以,商会领导的抵制美货运动,无论是在形式上还是在内容上都反映着东南文化精英的内涵与特色。

新加坡学者黄贤强先生在其专著《1905年抵制美货运动:中国城市抗

---

① 马敏、朱英著《传统与近代的二重变奏——晚清苏州商会个案研究》,巴蜀书社,1993,216—217。

② 苏绍柄辑《山钟集》(第一册),上海鸿文书局,1906,11、73。

争的研究》中说："尽管上海的抵制运动是由商会领导的,但是动力却来自知识精英。作为一个文化中心,近代上海出现了许多新式学校,报纸刊物在此欣欣向荣,知识精英也多荟萃于此。上海孕育了知识分子和青年学生的实践主义与行动精神,他们后来在鼓舞民众及激励各行会举行公共集会时扮演了重要角色。"①黄的这个论点是十分正确的。正是东南文化精英利用他们在商会以及其他各类现代社团、报纸、刊物、学校等的影响力,广泛地动员民众,由此而形成了一场前所未有而又声势浩大的群众运动。这个运动不同于义和团运动的突出点就在于其展现了东南文化精英已经能熟练地运用国际法、运用理性抗争的方法来维护国家与民族的合法利权。所以,西方人办的《北华捷报》对此评论说:"一眼看上去他们似乎性质不同,但是重新审视就会发现起因相同——他们的不同处在于——义和团民野蛮凶残,而抵制者们则倾向文明解决。"②义和团与抵制美货运动的明显区别,在反映出中国地域文化南北差异性的同时,也充分说明了东南文化精英对此运动的影响之深。具体如下表:

人物	籍贯	出身	职务	作用
伍廷芳	广东	法学博士	前驻美大使	在美撰文、演讲抗议美国排华政策
梁 诚	广东	留美幼童	驻美大使	坚决抵制美国排华政策,并传播回国
曾 铸	福建	士人	沪商会总董	代表上海商会签名发起抵制运动
杨士琦	安徽	举人	商部右参议	提"相戒不用美货"代"禁用美货"
李登辉	福建	耶鲁大学	环球中国学生会会长	组织环球中国学生会每月一次100至300人的集会演讲,动员抵制美货
龚子英	江苏	秀才	金业学校校长	主持第二届环球中国学生会100余人集会
吴趼人	广东	士人	南方报主编	创《南方报》宣传抵制美货
马相伯	江苏	神学博士	复旦公学校长	主持沪学会1500人集会
张 謇	江苏	状元	抵制委员会监督	创办工作室甄别美货合同的期限
郑观应	广东	士人	粤总商会副会长	组织拒约会,指导广州抵制运动
张弼士	广东	商人	商部考察外埠大臣	参与拒约会的领导
何剑吴	广东	教师	人镜学社负责人	以学社为平台运动、宣传

---

① 〔新加坡〕黄贤强著、高俊译《1905年抵制美货运动:中国城市抗争的研究》,上海辞书出版社,2010,5。
② 《北华捷报》1905年9月8日。

由此表可以看出,抵制美货运动中的主要发起人和中坚力量均是东南文化精英分子。虽然他们的社会职务不同,有的是现任官吏的驻外大使,有的是脚跨绅、商两界的绅商,也有的是学界中人,还有媒体中人,但有一个共同点,那就是他们都是受过相当教育的文化精英。正是这种文化精英的社会身份,使他们在社会上具有很强的影响力与号召力;同时,也正是这种文化精英的身份,使他们与官场保持着密切的联系,能得到从清廷中央到地方政府不同形式的或明或暗的支持。最为关键的是由于东南文化精英在整个运动中的主导性,在抵制美货运动中,理性主义的和平方法、文明形式始终是运动的主流,激进的主张未能得到支持而实行。如马相伯提出的"不定派"就战胜了激进的"不用派"的主张。"马利用他的影响力使得那些已经订购的美货买卖继续成交。他同时也是沪学会的领导人之一。在该会8月6日的会议上,他建议所有已经进口的美货应当甄别出售,而8月20日之前尚未成交的订单则一律取消。8月29日,被上海抵制运动委员会任命为监督人的张謇,开设了专门的工作室以甄别抵制运动前就已经缔结合同的美货,他要求这些销售美货的沪商为他们的工作室支付200万银两运作费。随后,大约36所类似的工作室也在中国其他主要城市陆续开设。"①将已经进口的美货分为抵制运动前与运动后的,这表现出东南文化精英"教而后诛"的儒家理性精神,36所专门的甄别办公室在全国陆续开设,正反映了他们的这种理性主张已成为整个抵制运动的共识。整个抵制美货运动中流行的术语就是"文明抵制",即"是指和平地抵制美货。特别值得一提的是它意味着抵制美国货物但是不针对在华美国人,以此展示中国人的全新文明形象"②。这个在东南兴起的"文明抵制"与几年前华北义和团的"野蛮排外"形成了鲜明的对比,其内在的原因就是地域文化与领导层的不同。华北地域文化中,地下宗教影响甚大,义和团领导层也完全为愚昧落后的满族亲贵所掌控,最终酿成了几至亡国的悲剧。抵制美货则是在儒家文化积淀深厚、海外贸易氛围浓厚的东南沿海兴起,领导层为儒家文化精英,所以,整个运动始终以理性、和平、文明的形态展现于世人眼帘。两相对照,东南文化精英集团于中国近代历史影响之正能量就一目了然了。

除了抵制美货运动外,东南文化精英在清末新政前期领导的群众运动

---

① 〔新加坡〕黄贤强著、高俊译《1905年抵制美货运动:中国城市抗争的研究》,上海辞书出版社,2010,44。

② 〔新加坡〕黄贤强著、高俊译《1905年抵制美货运动:中国城市抗争的研究》,上海辞书出版社,2010,115。

中最为成功的是收回沪杭甬铁路建筑权的运动,简称为"路权运动"。

早在1895年张謇就认识到江南沿海建造铁路的经济效益。他在代张之洞所拟的上疏中说:"芦汉干路,兵商兼利。此为中国铁路大纲。此外尚有一路可以兴办,查由上海造铁路,以通苏州而至江宁,旁通杭州;此路最有利于商。货物繁,行旅多,道路平,大河少,道路近,成功易,获利速,又可杜外国行小轮之害。于江南富民筹饷之道均有益,借款亦不难——若铁路既通,江宁、苏、杭联为一气,外远内近,可以随方策应;省兵省饷,即于兵亦有大益。洋商劝开此路,营谋代造者甚多,其利源可知。"①张謇的这一远见卓识未能在清政府中枢得到及时的反应,而外国列强则乘虚而入了。1898年,英国公使向清政府索要沪杭甬铁路的修筑权,并由英国银公司委托的怡和洋行与清铁路督办大臣盛宣怀订立了借款筑路草约。1904年,英国开始修建沪宁铁路,这引起了正在由自在走向自为的东南文化精英的警惕。张謇以商部头等顾问官的身份致电商部反映民意,同时,推举王清穆、恽祖祁为沪宁路监督,并致电两江总督周馥,要求由江苏人自筹资金25万英镑作为铁路地基价,"任地价则地主之权犹在苏也"②,即通过地价投入参股来保证地主之权仍在江苏,以此保障国家的主权与经济利益。

沪宁铁路的争夺只是东南文化精英的牛刀小试,路权运动的高潮在沪杭甬铁路路权的收回。1905年浙江成立商办铁路公司,公推汤寿潜为总理、刘锦藻为副总理,积极招收商股,准备以民间商股自办浙江铁路。清政府在新政中也乐意借助民间力量收回利权,于是承诺浙江铁路商办,并授予汤寿潜四品京卿之衔,以总理浙省铁路。浙商财力雄厚,汤寿潜素孚人望,早在1890年他就出版了《危言》一书,主张仿行"泰西设议院,集国人之议以为议"③的变法改革主张。东南互保中,"当时汤寿潜见识,虽不独高于南中他人,而其任奔走,为说客,较他人为烈"④。当事人张謇追忆"及庚子拳乱,召八国之师,国之不亡者,仅君(即汤寿潜)往说两江总督刘坤一、两湖总督张之洞,定东南互保之约,所全者甚大,其谋实发于君"⑤。所以,经汤寿潜登高一呼,应者云集,浙籍重臣、著名绅商如王文韶、陆元鼎、张元济、庞元济、盛炳伟、陶克宽、冯炳然、杨晨江继之而起,向清廷上书拒绝英款,王文韶

---

① 张謇《代鄂督条陈立国自强疏》,张謇全集编辑委员会编《张謇全集》(第1卷),上海辞书出版社,2012,41。
② 《张謇日记》1906年6月9日,张謇全集编辑委员会编《张謇全集》(第6卷),575。
③ 汤寿潜《危言·议院第五》,政协萧山市文史委编《汤寿潜史料专辑》,1993,223。
④ [日]支南玉一郎《浙路风潮·汤寿潜》,政协萧山市文史委编《汤寿潜史料专辑》,1993,175。
⑤ 张謇《汤蛰先生家传》,政协萧山市文史委编《汤寿潜史较料专辑》,1993,3。

在上书中说："庸贩妇竖、苦力贱役料皆激于公愤,节缩衣食,争先认股,举国若狂。"①在张元济、周金箴主持的浙江旅沪同乡会召开的一次会上,至会1100余人,认股2200万元,是英国借款150万英镑的两倍有余。由此,浙江铁路公司很快筹齐了铁路建筑资金,1906年就开始了浙江铁路杭嘉线的建设。

浙江铁路公司的成功给江苏绅商以很大的鼓励,他们急起直追。张謇等人率先在上海筹议收回苏路自办,并由恽毓鼎领衔256名"江苏通省京官暨在籍绅士",联名呈请清廷准许设立江苏省铁路有限公司。清廷以对待浙江绅商同样的办法,顺水推舟地承认"苏路自办",同时,任命王清穆为苏路公司总经理,张謇、许鼎霖、王同愈为协理,苏省铁路公司由此而正式成立,并收回了沪嘉线与江北线的建筑权。在苏、浙两省路权运动中,东南文化精英的领军人物几乎全部参与,阵容之强大远过于抵制美货运动。具体如下表:

姓名	籍贯	出身	职务	备注
汤寿潜	浙江	进士	浙路总经理	曾任张曜、张之洞幕僚,东南人望
刘锦藻	浙江	进士	浙路副总理	曾任户部郎中,参与张謇大达轮埠公司
张　謇	江苏	状元	苏路协理	曾任商部高等顾问、中国教育会会长等职
王清穆	江苏	进士	苏路总理	商部右丞,参与大生集团投资
王同愈	江苏	进士	苏路协理	曾任驻日参赞、湖北学政,苏纶纱厂总经理
许鼎霖	江苏	举人	苏路协理	曾任驻秘鲁领事,时称"南张(謇)北许"
恽毓鼎	江苏	进士	领衔呈文	国史馆总纂,宪政研究所总办
张元济	浙江	进士	股东代表	"赴京枢、外两署,争商办苏浙路事"
王文韶	浙江	进士	领衔拒英款	晚清重臣,军机三大臣之一
庞元济	浙江	举人	股东	浙江巨富,被称为"全世界最富有的收藏家"
杨廷栋	江苏	留学生	股东代表	最早翻译卢梭《民约论》,张謇的助手
孙廷翰	浙江	进士	股东代表	曾任翰林院检讨,浙路公司董事
周金箴	浙江	商人	股东代表	上海商会总理,中国保险业之鼻祖

正是有着这样一批在江南享有盛名的东南文化精英与著名绅商的全力投入,江浙路权运动很快得到社会各界的响应,"两省上共新招认股3280万元,是英国欲逼借的150万英镑的三倍半"②。有此资金支持后,1907年初,

---

① 汪家熔《大变动时代的建设者》,四川人民出版社,1985,128。
② 汪家熔《大变动时代的建设者》,四川人民出版社,1985,129。

沪嘉线开工；1909年，沪杭线全线完成通车；1908年，江北线清江一段也完成通车——东南文化精英集团主导的江浙路权运动取得了引人注目的成功。

四、立宪运动与和平光复

东南文化精英通过东南互保显现了自身的能量，同时，借清末新政之机，通过组建近代社团，完成了其由自在阶级向自为阶级的现代转化，并通过抵制美货运动和路权运动，扩大了其社会影响与政治能量，而在1906年清廷宣布预备立宪后，早有准备的东南文化精英即积极投入其中，成为立宪运动的主要推动者与主导者。辛亥革命爆发后，在苦谏清廷而不得回应的情况下，失望之余，他们即由"君主立宪"顺理成章地转向"共和立宪"，与革命派合作，主持了东南数省的"和平光复"，并最终以此和平光复的模式策动袁世凯北洋军人集团倒向共和，促成清帝逊位的"光荣革命"。至此，东南文化精英在清末政局中的作用达到巅峰。

（一）立宪运动

1. 宪政改革目标的确定

清末新政改革是在庚子惨败、慈禧西逃的路上启动的。最高统治者并没有一个改革的明确目标与顶层设计，而是"草鞋无样，边打边像"地"摸着石头过河"，所以初期的新政改革也只能是将戊戌变法中被慈禧打断的改八股试策论、建警察、练新军、改官制、设商部等具体的方案一一予以恢复，而缺乏一个整体的顶层设计、一个改革的方向与目标。这种没有改革目标的摸索性改革，很快被东南文化精英扭转到宪政改革的根本目标上来。

东南文化精英因其文化构成中经世致用的传统，加上处于通商口岸接受西学较多的特色，所以，他们早在洋务运动后期就提出了成套的改革方案，如冯桂芬的《校芬楼抗议》、汤寿潜的《危言》、郑观应的《盛世危言》。正因为这三部书最早提出了全面改革的方案，所以，光绪皇帝在戊戌变法高潮时曾饬令刷印1000部，发给所有臣工阅读，并要求"俟书到后，颁发各衙门，悉心覆看，逐条签出，各注简明论说，分别可行不可行，限十日内咨送军机处，汇覆进呈，以备采择"[①]。御史黄均隆在冯桂芬《校芬楼抗议》中的《公黜陟议》部分批注道："用人凭公论，固是古法，而西人议院亦是此意。此法行，

[①] 《上谕》第102条，《戊戌变法》（第二册），神州国光社，1953，40。

而徇情纳贿弊可除。"①可见,冯桂芬已经认识到设议院、立宪政是学习西法的根本。冯的这一思想为张謇等所继承,并在清末新政中用各种方法推动清廷中央最终确立了宪政的改革方向与目标。

1903 年下半年,张謇到日本考察,历时 70 余天。张謇在考察日本的经济与社会发展之外,重点考察了日本君主立宪的宪政制度。他认为日本的君主立宪制度比较德、英更易于行,"但求如日本耳,不敢遽望德,尤不敢遽望英"②。归国后,张謇即与赵凤昌、蒯光典、沈曾植、汤寿潜等讨论如何学习日本推行宪政。他们都曾担任过一些督抚的幕僚,知道太平天国之后地方督抚对于清廷中央的影响,特别是刚刚过去的东南互保就是他们策动东南督抚而达成的,所以,他们还是把工作的重点放在说服与运动东南督抚上。张謇亲自去游说两江总督魏光焘、湖广总督张之洞,并积极为他们撰写了要求确立君主立宪改革方向的奏稿。但魏暮气已深,张之洞则要求张謇去说服深得慈禧信任的袁世凯。张謇于是又给袁世凯去信,袁则以时机尚不成熟为回答。

在积极活动东南督抚的同时,张謇、赵凤昌安排专人抢译、抢印《日本宪法义解》一书,在广为分送东南官、商、学界的同时,还遍送清廷内外大臣。张謇并亲自送了一份给受慈禧宠信而被安排南下搜刮财政的满族亲贵铁良。此时,日、俄战争已近结局,日、俄将在美国举行和谈的消息已被告知全世界。赵凤昌、张元济、张美翊、张鹤龄及盛宣怀的幕僚吕景端当即紧急磋商,认为"此时我不预备,迅派专使分赴各国,声明东三省主权所在,将来恐为柏林之续"。盛宣怀亦有同感,即与吕海寰、岑春煊、魏光焘、端方于 1904 年 3 月 8 日联名上奏,建议以考求各国宪政为名,争取参与在美国举行的日俄谈判。3 月 22 日,驻法大使、浙江杭州人孙宝琦在其弟孙宝瑄的说服下,亦联合驻俄(胡惟德,籍浙江,举人)、英(张德彝,籍北京,同文馆首届生)、比(杨兆鋆)三国大使联名上奏,未得答复。4 月孙又单衔上奏,要求"仿英、德、日本之制,定为立宪政体之国"③;同时,他又致函端方,鼓动端方与张之洞"将立宪之意合疏上陈"④。在东南文化精英的幕后运作下,终于形成了东南督抚、驻外使节等一致要求安排大臣出国考察宪政以确立宪政改革总目标的联合阵线。

---

① 李侃、龚书铎《戊时期对校芬楼抗议的一次评论——介绍故宫博物院明清档案部所藏校芬楼抗议签注本》,《文物》1978 年第 7 期。
② 《论朝廷欲图存必先定国是》,《时报》1904 年 8 月 7 日。
③ 《出使法国大臣孙上政务处书》,《东方杂志》第 1 年 7 期。
④ 中国第一档案馆藏《孙宝琦致端方函》,端方档,704 号,函 28。

但老于宦术的东南文化精英深知,在中央集权的现实中,如果得不到清廷中央的奥援,说服慈禧,那么宪政改革的总目标是无法确立的。张謇、汤寿潜、张美翊、许鼎霖、张元济、吕景端、夏瑞卿连日商谈,决定双管齐下,一方面抓住贝子载振访日路过上海的机会说服载振,另一方面则利用汤寿潜、张美翊与清廷军机大臣瞿鸿禨的师生之谊来说服瞿。载振很顺利地被说服了。但他与掌权的庆亲王奕劻有矛盾,张謇等人又通过端方等人说服了奕劻。与此同时,张美翊上书其师、时任军机大臣的瞿鸿禨,劝瞿认清形势,果决地倡导宪政。9月,汤寿潜连上瞿鸿禨两函,其一云:"宪法之义,走以渎吾师三年余矣。以去就争之,岂非中国一伟人乎?成则人人将铸以铜象,不成则奉身而退,此心可讯三光。"在瞿鸿禨、奕劻等人的共同努力之下,《日本宪法义解》终于转入宫廷之内,慈禧读后亦说:"日本有宪法,于国家甚好。"①慈禧一言九鼎,清廷最终决定派端方以赴美参加商业博览会为名参与日俄和谈,并考察各国宪政。但是日、俄、美均表示拒绝中国参与日俄谈判。"其时已调端赴京,事不容已,即改为派五大臣出洋考查宪政。五大臣临行,合电张季直与予(赵凤昌)两人。……其意盖在欢送。学界以集会须得同意,约在时报馆楼上会议,赴者二十八人。"②东南文化精英经过一年有余的幕后运作,联合东南督抚、驻外使节、满族亲贵与中枢的开明官僚,共同向清廷中央、慈禧进言,终于促成了五大臣出国考察宪政的大事告成,从而为宪政改革总目标的确立走出了关键的第一步。

出国五大臣先后于1905年12月19日、1906年1月14日分两路由上海出洋,除了李盛铎在出访中留任比利时大使外,其余四人于1906年7月先后回到上海。张謇、赵凤昌、汤寿潜等先后四次与他们会见,"竭力劝其速奏立宪,不可再推宕"③。他们也不负所望,回北京后载泽等安排专人编辑国外宪政书籍67种,并将其中的30种分别撰写提要,进呈慈禧与光绪阅览。同时他们还向清廷提出实行宪政有"皇位永固"、"外患渐轻"、"内乱可弭"三大利,慈禧与光绪于是在1906年9月1日发布仿行立宪的上谕。上谕说:"时处今日,惟有及时详晰甄核,仿行宪政,大权统于朝廷,庶政公诸舆论,以立国家万年有道之基,但目前规制未备,民智未开,若操切从事,涂饰空文,何以对国民而昭大信。……使绅民明悉国政,以预备立宪基础。着内

---

① 转引自侯宜杰《二十世纪初中国政治改革风潮:清末立宪运动史》,中国人民大学出版社,2011年,36—37。
② 黄睿《花随人圣庵摭忆》(上),中华书局,2013,481。
③ 张孝若《南通张季直先生传记》,中华书局,1930,140。

外臣工切实振兴,力求实效,俟数年后规模粗具,查看情形,参用各国成法,妥议立宪实行期限,再行宣布天下,视进步之迟速,定期限之远近。"①清末新政最终确定了其国策设计——君主立宪的目标。至此,东南文化精英积之多年的宪政改革设想终于得以确立,清末新政亦进入了政治体制改革的新阶段。

2. 立宪运动的组织与推动

确立了宪政改革的总目标之后,需要有落实这一目标的组织,而东南文化精英在东南互保之役中也体验到了组织起来的重要性,因而,他们首先开始了以落实宪政为目标的立宪组织的筹建。

（1）预备立宪公会与咨议局

东南文化精英在幕后运作东南督抚、海外使节、朝廷中枢的同时,还及时地对宪政的推行进行了组织上的准备与实际推动。"早在光绪三十二年（1904年）的时候,民间已有立宪运动团体出现。以张謇、汤寿潜及郑孝胥等为首的预备立宪公会,于是年十一月间在上海成立,参加者大多是江苏、浙江和福建三省对宪政有兴趣的人士"②,其主要人物如下表：

姓名	籍贯	出身	职务	备注
郑孝胥	福建	进士	会长	张之洞幕僚,张謇密友,大生集团股东
张 謇	江苏	进士	副会长	大生集团总裁,东南文化精英领袖
汤寿潜	浙江	进士	副会长	浙江铁路公司总理,张謇密友,大生股东
许鼎霖	江苏	举人	会董	苏北士绅领袖,张謇密友,大生股东
李平书	江苏	进士	会董	沪工程局总董,商团总董,江南机器局协办
李云书	浙江	商人	会董	上海商会总理,参创四明银行
虞洽卿	浙江	商人	会员	上海宁波商帮领袖人物之一,参创四明银行
荣宗敬	江苏	士人	会员	茂新面粉厂董事长,荣氏集团创始人
荣德生	江苏	士人	会员	茂新面粉厂总经理,荣氏集团创始人
王同愈	江苏	进士	会董	苏州商会创办人,苏州苏纶纱厂总经理
朱葆三	浙江	商人	会员	上海商会协理,通商银行总董
周廷弼	江苏	商人	会员	无锡商会总理,人称"煤铁大王"
周金箴	浙江	商人	会员	曾任上海商会总理,中国保险业之鼻祖
王一亭	浙江	士人	会员	画家,慈善家,上海居士林副林长

---

① 故宫博物院明清档案部整理《清末筹备立宪档案史料》（上册）,中华书局,1979,43—44。
② 张朋园《立宪派与辛亥革命》,吉林出版集团,2007,9。

续表

姓名	籍贯	出身	职务	备注
叶惠钧	江苏	商人	会员	辛亥革命后任全国商团副会长
王清穆	江苏	进士	会董	商部右丞,江苏铁路公司协理
刘垣	江苏	生员	会员	张謇密友何嗣焜之婿,张謇幕僚
张元济	浙江	进士	会员	商务印书馆编译所所长,曾任总理衙门章京
高梦旦	福建	生员	会员	商务印书馆编译所国文部部长
孟昭常	江苏	举人	副会长	《预备立宪公会报》主编,驻京事务所主管
孟森	江苏	禀生	会员	张謇幕僚,《东方杂志》主编
杨廷栋	江苏	留学生	会员	张謇幕僚、留日生,首译卢梭《民约论》
狄葆贤	江苏	举人	会员	《时报》主编,康有为弟子,参与自立军起义
刘崇佑	福建	举人	会员	留学日本政法大学,后任福建咨议局副议长
林长民	福建	生员	会员	留学日本政法大学,后任福建咨议局秘书长
徐佛苏	浙江	生员	会员	赴日留学时与梁启超订交,创办《国民公报》
朱福诜	浙江	进士	会员	张元济之师
陶保晋	江苏	贡生	会员	后为江苏咨议局议员
叶瀚	浙江	生员	会员	《中外日报》主编
尤先甲	江苏	举人	会员	苏州商会总理,著名绅商
黄炎培	江苏	举人	会员	创办浦东中学、江苏教育总会
杨斯盛	江苏	商人	会员	上海著名商人,出资创办浦东中学
郁怀智	江苏	商人	会员	上海城厢工程局办事总董,商团创办者
沈同芳	江苏	进士	会董	1908年致函董事会,提出讨论国会请愿问题
王仁东	浙江	举人	会员	江苏咨议局筹办苏属会办

　　这个以江、浙、闽三省文化精英为主体并拥有270余名会员的"预备立宪公会"是清末新政中最为活跃、最引人注目的准政党组织。这个组织由于聚集了苏、浙、闽三省学界、商界、报界的精英,所以有人力、有财力、有舆论阵地。同时,这些文化精英与东南督抚乃至清廷中枢大臣有着千丝万缕的同年、师生、幕主等各种关系,他们上下呼应,左右策援,成为清末立宪运动的主要推动者。其主要成员除了江、浙、闽三省籍贯者之外,还有全国各地的精英名流,如江西咨议局议长谢远涵,安徽咨议局议长方履中,山西咨议局议长梁善济,四川咨议局副议长萧湘,吉林咨议局副议长庆山和松毓、文

者,广东咨议局江孔殷,湖北咨议局陈登山等,都是各省立宪派的风云人物。预备立宪公会俨然成为全国立宪运动的指挥中心,并在福州与北京设立了分会与事务所。

预备立宪公会的大本营在上海(时属江苏),所以,江苏省的立宪运动在其直接推动下风生水起、有声有色。如1906年9月1日,清廷公布预备立宪的上谕,8天后的9月9日,张謇、李平书、郑孝胥、周廷弼等人就以上海城厢内外总工程局、总商会、华商体操会、南市商业体操会、洋货商业会馆、商学补习会、锡金商会、商学公会等团体的名义,联合召开了声势浩大的庆祝会。16日,张謇、赵凤昌、汪康年、狄葆贤等人麾下的《时报》《同文沪报》《中外日报》《申报》《南方报》联合举行庆贺会,参会人数达千余人,马相伯、郑孝胥做了演讲,会后并演出戏曲招待出席人员。苏州、南京、无锡、常州、扬州、松江、镇江等地的商会和教育会以及学堂均举办了各种庆贺活动。扬州商学界撰写的《欢迎立宪歌》唱道:"大清立宪,大皇帝万岁万万岁!光绪三十二年秋,欢声动地球。运会来,机缘熟,文明灌输真神速。天语煌煌,奠我家邦。强哉我种黄。和平改革都无苦,立宪在君主。大臣游历方归来,同登新舞台。"①这首歌的歌词集中地表达了预备立宪公会对清廷宣布宪政国策的由衷欢欣之情以及"和平改革都无苦"的期望。

1907年6月,资助预备立宪公会创立的云贵总督岑春煊奏请各省设立咨议局。10月19日,清廷谕颁各省设立咨议局,作为"采取舆论之所,俾其指陈通省利弊,筹计地方治安,并为资政院储材之阶"②。1908年7月,清廷颁布《咨议局章程》《议员选举章程》;8月又公布《钦定宪法大纲》《逐年筹备事宜清单》,规定各省咨议局于1909年成立。由于岑春煊与预备立宪公会关系密切,所以,岑的奏折发抄之后,张謇、赵凤昌、李平书等就召集预备立宪公会等17个社团首脑集议成立咨议局事宜,半年后又成立"咨议局研究会",专门研究咨议局成立的有关事宜。在他们的精心研究与准备下,江苏咨议局于1909年10月顺利成立。张謇为议长,仇继恒、马良副之。预备立宪公会的许鼎霖、杨廷栋、雷奋、黄炎培、孟昭常、孟森、秦瑞介、狄葆贤等全数进入咨议局。江苏咨议局由此而成为东南文化精英推动清末宪政改革的指挥平台。

以东南文化精英领袖张謇为议长的江苏咨议局,"在其第一届常会期内,首先从立法入手,以确定和维护自己的法律地位。张謇本人亲自提出议

---

① 《华字汇报》1906年9月20日。
② 故宫博物院明清档案部编《清末筹备立宪档案史料》(下),中华书局,1979,667。

案《本省单行章程规则截清已行未行界限,分别交存交议案》,此案经全体议决通过①,于是,咨议局根据此议案,对两江总督张人骏多次违背此案的行为进行了抵制与斗争,特别是1911年3月,对张人骏提交的预算案在严格审理之后删减30余项支出,累计51万两银。张人骏恼羞成怒而采用官场惯用的"拖"字诀,既不公布,也不申请复议,而是"留中不发"。张謇等51名议员以辞职抗议,张人骏恶人先告状,致电军机处说咨议局"责难国家行政经费",军机处于是复电威胁咨议局"倘仍不受该督之劝告,应即奏明请旨裁夺"②。这一下恰是火上浇油,以辞职而抗议的议员达到109名,这实际上是以解散咨议局来进行最后的抗争了。省城士绅当即集会并成立"江苏预算维持会",作为议员们的后盾,当时签名的会员即达250余人。在京的苏籍官员亦与之相呼应,张謇并借到京之机,与资政院的苏籍议员互通声气,领班军机大臣庆亲王奕劻亦主动征求张謇的意见,最后,奕劻下令要求张人骏公布预算案。这件事闹得沸沸扬扬,最后以咨议局大获全胜而收场,从而给全国民众与官员上了一场宪政的实践案例课,对全国的宪政运动有着极大的促进作用。

江苏咨议局不仅在江苏省的宪政运动中起到了指挥平台的作用,更以其文化精英集中、宪政知识充分的优势而成为全国咨议局的领袖,在国会请愿运动中起到了至关重要的中心作用。

(2) 国会请愿运动

国会请愿运动最初由安徽发起,1908年4月24日,安徽省60个州县代表和士绅在省城安庆召开大会,公举欧洲留学生监督、预备立宪公会会员蒯光典领衔,推选代表入都上书。7月,即征集到1万余人签字。"江苏的发动虽然稍迟,可是工作做得比较出色。如孟昭常为了'叫那些女人与小孩儿都晓得'特以白话文撰写了《开国会真正好》的宣传稿。沈同芳也写了《国会浅说》。南京的组织者很会动脑筋,把江南阅报所、法政讲习所、教育会、劝学所、各学堂、衙门局所全都动员起来,派人手持签名单到处征求签名,并在各花园、茶馆、酒肆遍贴传单。至7月初,已经汇齐的签名人数计13793人"③。除了这样广泛地发动群众之外,江苏文化精英看到了当时强国家、弱社会的基本现实,所以,他们十分注重利用自身的官场关系,运动东南督

---

① 耿云志《张謇与江苏咨议局》,《近代史研究》2001年1期。
② 《江督答行军机处复文——咨议局解散之破天荒》,《时报》宣统三年四月十五日。
③ 侯宜杰《二十世纪初中国政治改革风潮:清末立宪运动史》,中国人民大学出版社,2011,138—139。

抚中的开明官员与之采取共同的行动。1909年10月,刚当选咨议局议长的张謇就专门拜访江苏巡抚瑞澂,提出"由中丞(瑞)联合督抚请速组织责任内阁,由咨议局联合奉、黑、吉、桂、皖、赣、湘、鄂十四省咨议局请速开国会,……联合督抚,瑞任之,联合咨议局,余任之"。此后,张謇又与汤寿潜一道到杭州做浙江巡抚增韫的工作,"增(韫)极表与瑞(澂)同意"①。在与江、浙两省巡抚达成责任内阁与速开国会的共识和分工后,张謇即倾全力联合全国咨议局掀起了声势浩大的国会请愿运动。他委派江苏咨议局中最有活动能力的杨廷栋、孟昭常、雷奋为代表,到全国各省咨议局活动,在他们的活动之下,全国16个省咨议局派出50名代表到上海集中,张謇分别以"预备立宪公会"、"江苏咨议局研究会"两个组织名义宴请他们,"张謇亲自策划入京请愿代表团的组成,亲自修改请开国会呈稿。至12月31日,他为16省议员代表团钱行时发表演说,提出:'秩然秉礼,输诚而请……诚不已,则请亦不已'的和平请愿方针"②,国会请愿运动由此而拉开序幕。

  国会请愿运动前后有三次,一次比一次声势更为浩大,第二次请愿书签名者达30余万人;第三次请愿声势更为浩大,很多省会城市甚至举行了数以万人的游行请愿,由此而得到锡良、瑞澂、增韫、程德全等18省督抚的联名上奏支持,要求清廷"立即组织责任内阁"、"明年即开国会"③。资政院亦在孟昭常、雷奋、汪荣宝、许鼎霖等人的活动下,通过了速开国会的议案。在内外压力之下,清政府只好宣布将原定九年的立宪预备期改为三年,即在宣统五年(1913年)召开国会。对此,抱"得尺则尺,得寸则寸"原则的张謇、孟森等东南文化精英表示可以接受,国会请愿代表因此而解散。但奉天、直隶等省则掀起了第四次国会请愿,此次请愿因未得到以东南文化精英为主体的立宪派的全力支持,被清廷镇压而失败。

  三次国会请愿运动的主导者与主体是东南文化精英,张謇始终是其中的灵魂人物。他不仅为请愿运动定下了"秩然秉礼,输诚以请……诚不已,则请亦不已"的指导方针,而且还亲自安排孟昭常、孟森、杨廷栋、方还等得力干部为请愿代表的中坚力量,更为重要的是他运用自身所熟知的清末官场内的矛盾与办事规则,运动瑞澂、增韫、锡良、程德全等18省督抚联名上奏,形成了各省咨议局代表、资政院、各省督抚以及驻外使节(李经芳、伍廷

---

① 张謇《张謇日记》第23册,宣统元年八月三十日,九月二十一日。张謇《张謇全集》(第6卷),江苏古籍出版社,1994,625、627。
② 耿云志《张謇与江苏咨议局》,《近代史研究》2001年1期。
③ 《各省督抚合词请设内阁国会奏稿》,《国风报》第1年第26期。

芳、刘式训、孙宝琦、胡惟德、萨阴图、李家驹等,这些人大都为出身东南的文化精英)联合的合力,从而迫使清廷作出让步。应当说这些谋略是非常成功的。虽然,对于清廷作出的让步,东南文化精英并不完全认同,但出于"得尺则尺,得寸则寸"的实用理性主义原则,他们采取了接受的态度。这个态度应当说是非常理性的。因为由九年缩短到三年,期限缩短了三分之二,成绩显然。更为重要的是,当时确实还有很多宪政的准备工作尚未完成,还需要假以时日。如为召开国会作准备的户口调查工作就有很多省份未能完成。如果清政府后来的措施得宜,加大宪政改革的进程,那么,"宣统五年"召开国会并非完全不可能。但摄政王载沣急于加强中央集权,特别是急于将军权收归皇族,最终弄出个"皇族内阁"。立宪派由此大失所望,在革命人潮高涨的情况下,即由"君主立宪"而走向"共和立宪"。

3. 宪政的启蒙与宣传

东南文化精英在确立了宪政改革的总目标后,为实施这一目标,组织了国会请愿运动。同时他们还尽其所能,做了大量的宪政知识的启蒙与宣传工作,正是他们的这一启蒙与宣传,不但使很多原来不知宪政为何物的普通百姓、官员、士绅、学生、商人、士兵了解到了宪政对于国家与人民发展的重要意义,从而投入到宪政运动中;更为重要的是,由于"宪政"是"君主立宪"与"共和立宪"共同的政治基础,因此他们的这种启蒙与宣传就不仅仅局限于"君主立宪",实际上也宣传了"共和立宪"的一些基本的原则。他们其实是在追求与宣传"君主立宪"改良的同时,不自觉地为"共和立宪"的革命合法性做了宣传。特别是在国会三次请愿运动之中,动员的群众及参与者人数之多,都是前所未有的。而在广大群众被充分动员起来后,清政府只是在口头上承诺缩短预备立宪的时间,实际上并没有多少实质性的改革,特别是皇族内阁的出台更使人民大失所望,辛亥革命因是而爆发。所以,东南文化精英的宪政启蒙与宣传,其实是为辛亥革命做了前期的宣传与准备。在诸多宪政的启蒙与宣传工作中,图书出版与报刊宣传实为最为重要的两个方面。

(1)宪政启蒙图书的出版

江、浙、闽、粤、徽东南沿海五省,自明清以来就有着极为旺盛的图书出版与发行市场。五口通商后,西方先进的图书印刷出版机器最先进入东南文化精英的眼帘,洋务派文化先驱王韬在其《扶桑游记》中追记说:"上海自与泰西通商,时局一变。丁未(1847年)仲夏,先君子饥驱作客,小住沪北。戊申(1848年)余以省亲来游。一入黄歇浦中,气象顿异。……时西士麦都思主持'墨海书馆',以活字板机器印书,竞谓创见。……后导观印书,车床以牛拽之，车轴旋转如飞。云一日可印数千番，态巧而捷矣。"①此后，王韬与传教士李提摩太、林乐知等人"特设广学会及大同学会等文化组织，专翻译基督教经典及欧美史地科学等一切关于文化之书籍。如《泰西新史览要》、《普法战史》、《格致汇编》之类，无虑百种。国人之谈新学者，莫不奉为津梁。广州双门底之圣教书楼即以贩卖广学会出版书报为营业，孙总理及康有为之倡导维新，大都得力于是"②。受此类新型图书恩惠的何止孙中山、康有为。冯桂芬、汤寿潜、郑观应、张謇、汪康年、张元济、梁启超、郑孝胥、林长民等其他东南文化精英的维新思想也都是受此类西学书籍之惠。他们在由此受益的同时也认识到图书出版对于启发民众由新学而新知、由新知而新民、最终成为宪政改革的支持者与推动者的重要作用，因而，很多人在戊戌变法失败后就开始走向图书出版与报刊宣传的启蒙宣传之中。

　　东南文化精英中的张元济在戊戌变法失败后受"革职永不叙用"的处分，在他回到上海后，李鸿章指示盛宣怀将之安排到南洋公学任总理一职。当时"维新同志皆以编译书报为开发中国急务"，张元济就联合了蔡元培、杜亚泉、徐珂、沈幼珊、赵丛藩、王耕三等人创办《外交报》，在《外交报》的印刷过程中他发现"时上海各印刷业，皆滥恶相沿，无可与谋者，于是咸趋于商务印书馆"③。商务印书馆是浙江人鲍咸昌、夏瑞芳、高凤池等六个教会学校……清心书院的同学创办的中国最早的民营机器印刷机构，也出版发行一些图书。双方在合作中增进了友谊与了解。商务印书馆的几个创始股东与张同是浙江人，但他们的社会影响力以及对社会发展走向的洞察力远不及张元济，所以，他们希望张能加入商务印书馆。而张元济在上海办学与办报的两年中也认识到办学的目的绝不仅是培养少数人才，"念念在育才，则所操者狭而所及者浅"，而应当像西方学校一样，着眼点在于"民智大开"、"使人明白为第一义"。所以，他认为中国的当务之急是"意欲取泰西种种学术以与吾国之民质、俗尚、宗教、政体相为调剂，扫腐儒之陈说而振新吾国民之精神"。他开始认识到"盖出版之事可以提携多数国民，似比教育少数英才为尤要"。本着在振新国民精神方面"出版"比"教育""尤要"的启蒙理念，张元济辞去了南洋公学经理之职，而投资入股商务印书馆，担任编译所所长，"高梦旦、蔡子民、蒋竹庄诸子咸来相助"。张元济以商务印书馆为平台，开始实践其广译西学，"门类以政治、法律、理财、商业为断"的计划。在

---

① 王韬《扶桑游记》，湖南人民出版社，1982，51。
② 冯自由《革命逸史》（上），新星出版社，2009，238。
③ 汪家熔《大变动时代的建设者》，四川人民出版社，1985，45。

高、蔡、蒋三人之外,张元济还延请严复、林纾、夏曾佑、徐珂、高凤岐、伍光建等一批翻译家襄助,故而在短短两年之内,商务印书馆就出版了90余种维新变法的启蒙书籍。

为配合清末新政开始的教育改革,张元济将新式教科书的出版作为启蒙的利器,决定请张謇麾下"中国教育会系统的人编的办法,先定编辑国文、历史、地理三种教科书。大略的规定了编纂体例,吴丹初编历史和地理,蒋维乔编国文"。这套教材由于充分吸取了西方与日本的教材编写经验,十分切合新政教育改革的需要,受到极大的欢迎,"广告见报的那天书已经卖完了。真可说不胫而走。在此后十多年里,全国各地,包括已被日本侵占的台湾在内,学生大都使用这套教材。……它的发行量占了全国发行量的百分之六十。后来各家新编教科书十九离不开它的巢臼","于是印刷之业,始影响于普通之教育。其创始这者,实为商务印书馆。……而同业之有事于教科书者,度不能以粗疏之作与之竞,则相率而效之。于是书肆之风气,为之一变。而教育界之受其影响者,大矣"①。图书出版与教育改革密切结合,成为国民启蒙的一个重要途径。孟昭常、杨廷栋、雷奋、孟森、秦瑞介、汤一鄂、张家镇等日本留学生组织的"译书汇编社"的很多著作均由商务印书馆印行,杨廷栋本人也于1908年进入商务印书馆编译所,承担了很多宪政启蒙图书的翻译与出版工作。"张元济与张謇的往还尤为密切,江苏省的若干公益事业,多由二人共同策划和推动。全国教育会亦在他们的领导之下。预备立宪公会改组之后,两人分别担任正副会长。张元济之赞助立宪运动,甚受张謇影响。《东方杂志》的主笔孟森,似为张謇所推荐。"②东南文化精英领袖以及他们各自拥有的平台间的互融、共参,对于他们充分发挥各自不同的优势,共同开展宪政的启蒙与宣传,起到了相得益彰、事半功倍的作用。

东南文化精英所注重的图书出版发行启蒙途径在宪政运动中亦得到了充分的运用。张謇1903年从日本归国后即积极组织翻译、刊印《日本宪法义解》《日本议会史》等书,四处分送发行。预备立宪公会成立后,张謇更将组织翻译出版宪政图书作为重要的工作,安排专人进行。先后出版了邵羲翻译的《日本宪法解》、汤一鄂翻译的《选举法要论》。编著的则有:孟昭常的《公民必读》《城镇乡地方自治宣讲书》;钱润的《地方自治纲要》;张家镇的《地方行政制度》;孟森的《咨议局章程讲义》《法学通论》《城镇地方自治详解》《地方自治浅说》;等等。这些书切合了宪政运动的迫切需要,所以很

---

① 汪家熔《大变动时代的建设者》,四川人民出版社,1985,50、54、79、72、80、89、90。
② 张朋园《立宪派与辛亥革命》,吉林出版集团,2007,50。

受欢迎,畅销海内,大都出了 10 余版,有的前后出了 27 版。仅官方与各社会团体直接向预备立宪公会订购的《公民必读》就近 13 万册,粤商自治会 1908 年 1 月一次就订了 1 万册。可见预备立宪公会宪政启蒙图书的热销之一斑。

(2) 报刊的宣传

东南文化精英是中国最早进入近代报刊业的群体,对于近代报刊在宣传自己的政治主张、动员民众、推动社会发展方面的作用比一般人认识得更深。而经过洋务运动数十年的发展以后,报刊记者与编辑的社会地位也得到极大的提高,东南文人早年所向往的英国报人"总主笔虽无职位于朝,而名贵一时,王公大臣皆与之交欢恐后,常人之踵门求见者罕觏其面。是以皆愿为是馆之总主笔,而不愿为英国之宰臣。宰臣之所操者,朝权也,而总主笔所持者,清议也,清议之足以维持国事,泰西诸国皆奉以为矜式。由是观之,日报一道安可忽乎哉"①。以报纸之清议制约宰臣之朝权,这个自东林党人即有的东南文化精英之情怀在清末东南沿海城市基本实现了。预备立宪公会的文化精英中有很多都是著名的报人,如狄葆贤、孟森、杜亚泉、杨廷栋、史量才等。也正是基于对报刊在宪政宣传、鼓动人心方面功能的充分认识,所以,张謇、赵凤昌、汤寿潜等东南文化精英的核心人物,在宪政运动高潮兴起的 1907 年,就策动著名的苏州商人席子佩将历史悠久的《申报》买下,"张謇是促成(《申报》)转让的主要有力人物,也是直接想利用该报为立宪宣传的筹划人。《申报》编辑雷晋说:'时吴中某名士甚得席君信任,意将总揽全权。'所指某名士即张謇。张氏与席子佩交往有年,他们对中国政治改革,观念上极为相近。光绪三十三年(1907 年)时,立宪之议大动,张与汤寿潜等在上海组织预备立宪公会,已看出利用报刊以主宣传的必要,买下《申报》正是时机。自此《申报》受张謇左右,为时几二十年。编辑张继斋曾谓自丁未(1907 年)以后,《申报》'力倡立宪'。"②《申报》这个重要的舆论阵地成为预备立宪公会的重要喉舌,在立宪运动中连篇累牍地发表了大量宣传立宪的文章:"国会乎,权利乎,举而与之,是在立宪;争而得之,在吾国民";"欧西国会,以流血求之。中国国会,以笔墨请之。此中国之文明胜于西人者也。然欧西以流血求之而效,中国以笔墨请之,屡屡不效,此最足惹起世人之注目,荧惑中国之观听者也。记者敢以一言解之曰:干戈乃不祥之物,诚至则金石为开。昔闻某代表宣言,国会一日不开,则请愿一日不止。

---

① 《申报》同治癸酉(1873 年)正月廿一日。
② 张朋园《立宪派与辛亥革命》,吉林出版集团,2007,45。

今苟逐年进行,自三四五次而至九次,必有达到目的之一日"①。整个言论与张謇拟定的"秩然秉礼,输诚而请……诚不已,则请亦不已"国会请愿方针如出一辙。《申报》俨然成为预备立宪公会的机关报,在宣传宪政的启蒙中起到了重大作用。

除了购买《申报》外,东南文化精英还利用自己创办的各类报刊在立宪运动中做了大量的宪政宣传工作。其中最为突出的是狄葆贤主编的《时报》。《时报》由康有为、梁启超、狄葆贤等立宪派共同投资,撰稿人除了狄本人外,主要有雷奋、陈景韩、罗孝高、冯挺之等立宪派中坚人物。狄葆贤与张謇、赵凤昌、汤寿潜等东南文化精英中的大佬均有较深的私谊,于是,《时报》办公的"息楼"便成为这些东南文化精英核心人物聚会商议的常用之地,《时报》也因此而成为预备立宪公会与立宪派的喉舌,为其做了很多宪政启蒙的宣传工作。如其丁未年(1907年)5月15日的政论就说:"中国今日之时代,专制与立宪政治过渡之时代也。故本报著论,恒欣然以专制、立宪政治之得失为比较。盖欲摧挫专制之末运,奖翼宪政之新机,不厌反复详言之,使政府与国民或洞悉其所以然之故,灼然而无所疑,而一些般之心理皆趋向于立宪政治之途,以舆论而造成事实,此则本报之天职,亦记者所希望也。故中国存亡之问题,实以能否确立立宪政治之基础决定之。"②这段话将《时报》记者著论的中心点说得十分清楚,就是:"使政府与国民或洞悉"专制之末运与宪政之新机,同时将中国之存亡归结到"实以能否确立立宪政治之基础决定之"的高度。《时报》不仅通过大量的时论对立宪派的政治主张进行宣传,而且还通过对立宪派、咨议局具体活动的有倾向性报道,对立宪运动进行宣传与推动,如在江苏咨议局与张人骏为预算案而反复争论时,《时报》几乎每天都有事件进程的报道,这些报道每篇都是抨击张人骏的顽固昏庸,表彰、宣传咨议局议员的正义与理性。特别是在国会请愿期间,《时报》更是大声疾呼:"宪政之所以能实行者,必由于其国民有一运动极激烈之一年月,盖不经此一时期,必不足以摧专制之锋芒,而竖平民之旗帜也","愿我国民即以今年(1908年)为全力请求国会之时期",为中国"换一新天地"。这类振聋发聩的呐喊,日以继之,便造成了"国会之声,日日响彻于耳膜"③的社会效果,宪政启蒙亦由此而深入人心。

除了《申报》《时报》之外,汪康年的《中外日报》、张元济的《外交报》、

---

① 《申报》丙午(1906年)三月十三日;庚戌(1910年)六月初一日。
② 《时报》丁未年5月15日。
③ 《论今年国民当全力为国会请愿一事》,《时报》1908年2月26、27日。

杜亚泉和孟森主笔的《东方杂志》、预备立宪公会创办的《预备立宪公会报》《宪志》《宪志日刊》《国民公报》等都是东南文化精英掌控的舆论阵地,通过这些阵地,他们对宪政和民主进行了前所未有的启蒙与宣传。正是由于东南文化精英掌控着大量的近代报刊,所以,在清廷宣布预备立宪时,《时报》《同文沪报》《中外日报》《申报》《南方报》方能联合召开1000余人的庆祝会。在国会请愿运动中,全国各省会城市动辄举行有数以万计的群众参加的游行与集会,其实也是建立在报纸杂志及时的宣传与动员之上的。因为如此大规模的广泛的群众运动,如果缺少了报纸这一现代媒体的参与,是难以完成其社会动员与实际聚集的。

(二)辛亥革命江苏的和平光复

辛亥革命江苏乃至东南五省的和平光复,主要是在东南文化精英的策划下而得以完成的。其中最具典型意义的江苏省的和平光复,更是在东南文化精英领袖张謇、赵凤昌、李平书、黄炎培、雷奋、杨廷栋、应德闳等人的直接策动下而告成功的。他们由君主立宪走向共和立宪,其实并不突然,是有着内在的发展轨迹可寻的。那就是东南文化精英群体内部虽然有教育背景与代际的差异,但"江苏人性情温和而稳健"①的特性,使东南文化精英没有因这种代际与知识结构的差异而发生分裂,而是形成了一个融立宪派与革命派于一体的共同体。东南沿海各省的立宪派与革命派并不是像过去有些研究所说的那样水火不相容,相反,这一地区的立宪派与革命派因为有着对宪政民主的共同追求,他们很多时候都是并肩作战的战友。这在江苏省特别突出。

1. 辛亥前江苏立宪派与革命派的合作

江苏是东南文化精英集中的"人文渊薮",也是立宪派的大本营,同时还是革命派的集中之地。立宪派与革命派在这里有着共同的地域文化联结,再加上对宪政民主的共同追求,所以,江苏省的立宪派与革命派有着十分良好的合作关系。

东南文化精英与清王朝的离心起源于戊戌变法,虽然由于地域文化与学术流派的不同,他们对于康有为的学术与为人都不欣赏,如张元济就认为康"其意在耸动人心,使其思乱。其如何办法,其势不可告人"、"康固非平正人"②;可是,虽然他们主张的维新变法比康有为的平和、实在得多,但慈

---

① 王树槐《中国现代化的区域研究:江苏省,1860—1916》,台湾"中央研究院"近代史研究所,1984,47。

② 转引自汪家熔《大变动时代的建设者》,四川人民出版社,1985,25。

禧还是在政变后不分青红皂白地对他们一概加以打击,尔后又在庚子之役中杀掉反对利用义和团与十一国宣战的袁昶、许景澄、徐用仪这三名东南文化精英的代表人物,从而激使东南文化精英进一步与清廷离心。东南文化精英为了自保,最终与东南督抚策划、操作了违旨抗命的东南互保,从而为东南保住了一方净土,为中华民族复苏保存了一分元气。这个过程虽然主要是由张謇、赵凤昌、汤寿潜、何嗣焜、沈瑜庆等精英领袖运作,但当时整个东南文化精英还是一体的,并没有维新派与革命派的分歧。1900 年上海张园的国会集会中,容闳、郑观应、汪康年、叶瀚、温宗尧、孙宝瑄、张元济、张通典、唐才常、陶森甲、严复、陈季同等东南精英聚于一堂,其中也没有革命派与维新保皇派的分野。自立军起义失败后,一批参与者如秦力山等人由维新勤王而转入革命。东南文化精英集中的江、浙、闽、皖等省则因一批年轻的南洋公学学生以及到日本留学的学生因年龄与知识结构变化产生了激进的年轻一代,与老一代有了激进与稳健的区别。时人记曰:"夫自甲午之创,庚子之变,大江以南,六七行省之士,翘然于旧政治、旧学术、旧思想之非,人人争从事于新智识、新学术,迄今而自由民权之论飘沸宇内,莫能禁遏,固不得谓智育无进步矣。"①这种智识结构的变化在东南文化精英中只是量的差距,而无质的差别,因为年长的如张謇、赵凤昌、汤寿潜、王同愈等人,他们也是积极主张学习西方新知识、新学术,主张自由民权的;而年轻的如南洋公学学生杨廷栋、雷奋、孟森、黄炎培等,以及知识结构上自由民权思想更多、更激进的日本留学生,如黄炎培、陈陶遗、吴稚晖等,他们与张謇、张元济等有师生之谊,对于张謇、赵凤昌等人的德行学问都很敬佩,所以,很多人都归之于张謇、张元济等人创办的各类实业之中,如孟森进《东方杂志》、杨廷栋进商务印书馆,黄炎培开创浦东中学、进入中国教育会得张謇助力亦很多。陈陶遗因革命活动为两江总督端方逮捕后,张謇为之向端方说项,予以营救。端方听从张謇之托,不但不杀陈,而且还要任其为官。陈虽然拒绝为官,但出狱后对端方的不杀之恩与张謇的援救之情还是十分感激的。同样,浙江秋瑾案后,张謇手下的《时报》就公开抨击浙江巡抚张曾敭"无口供、无见证、无证据"②,乱杀无辜,在清廷为回避舆论压力而将张调往江苏之际,张謇等人极力运动士人以清议予以抵制,造成张曾敭无法在江苏任职而他往。

张謇、赵凤昌、汤寿潜、张元济等东南文化精英之大佬,对于年轻的文化

---

① 杜士珍《论德育与中国前途之关系》,《新世界学报》1903 年 4 月 14 号。
② 《时报》1907 年 7 月 27 日。

精英能予以扶持,并尽量地予以位置,从而有力地维护了东南文化精英群体的内在团结。所以,江苏、上海、杭州等地的革命党人同盟会与张謇、张元济、汤寿潜等立宪派的关系是十分融洽的。如革命党的同盟会负责人蔡元培与张元济、马相伯"为莫逆交"①;1905年江苏学务总会成立,"主要成员沈恩孚(信卿)、姚文枬(子让)、袁希涛(观澜)、杨廷栋(翼之)、雷奋(继兴)、方还(惟一)、刘垣(厚生)、孟昭常(庸生)和我(黄炎培),这一群人推举张謇为会长"②。这些人都是东南文化精英中的少壮派,而且大多是立宪派,而黄炎培则是同盟会江苏省的负责人。可见革命党的同盟会与立宪派当时是同一个平台——江苏教育会中的共同的同志。而他们推举的会长,则是东南文化精英的领袖——张謇。因为有着宪政、民主的共同追求,东南文化精英并不像海外的立宪派与革命党那样泾渭分明地对立,而是相濡以沫、互相扶持。除上述立宪派对革命派的帮助外,革命派对立宪派也是极力支持的,如1907年9月12日同盟会的《神州日报》发表社论,认为国会是立宪国家的"总命脉"和救国之"良剂"③,并大声疾呼要速开国会,支持立宪派的早开国会之政治主张。同盟会成员于右任主持的《民呼日报》1907年7月1日发表社论,强调"今日之所谓救时者,曰预备立宪,曰筹办宪政。就朝廷一面言之,则挽回经济损失救危亡之局在是,图收富强之策亦在是。就人民一面言之,则恢复固有之权利在是,造就国民资格亦在是。是故公然置立宪为速亡之具者,此乃脑识单简者偏激之谈,而非中正之论也"④。此论与立宪派的言论如出一辙,而且对攻击"立宪为速亡之具"的过激派进行了抨击。

　　除了江苏、上海外,浙江、福建、广东等省的立宪派与革命派都能同舟共济,共同为宪政、民主而相互提携、相互照应。如福建"君宪派势力单弱,以桥南公益社乡望甚隆,可为声援,由张海珊、赵桐友为中介,渐相接近。庚戌(1910年)冬,林长民(宗孟)、刘崇佑(崧生)等向桥南公益社建议,合办《建言报》,社址设在社内,馆务亦由桥南公益社主持,推举张海珊主笔。涉春,海珊离职赴厦,刘通接充报政,言论趋于革命方面。辛亥三月廿九日广州失

---

① 蒋维乔《民国教育部妆设时的状况》,丘权政、杜春和编《辛亥革命史料选辑》(下册),湖南人民出版社,1981,302。
② 黄炎培《八十年来》,文史资料出版社,1982,48。
③ 《神州日报》1907年9月12日。
④ 《民呼日报》1907年7月1日。

败,《建言报》以侧面法表扬举义,表扬烈士"①。广东方面也基本如此,立宪派领袖丘逢甲在当选咨议局副议长后,就援引同盟会成员古应芬任咨议局书记长、邹鲁任书记。1910 年广州新军起义失败,巡警道查出邹鲁、陈炯明与起义有关,到咨议局抓邹、陈二人,丘逢甲极力庇护,邹、陈得以无事。黄花岗起义失败后,丘得知邹等人参加起义的证据为清廷所得,又及时通知邹逃离。②浙江:"我同志因杨善德在浙,妨碍我们革命活动,不断设法秘密倒杨。至 1909 年清廷预备浙军扩充成镇时(以后改师),我同志密派同志赴京,联系同乡京官孙宝琦等,积极进行,终将杨善德调走。"③立宪派孙宝琦受革命党人之托,调走掌控浙江新军军权的北洋系杨善德,对于辛亥革命杭州和平光复之功是不言而喻的。

总之,由于东南文化精英在宪政、民主总目标上的一致性,所以立宪派与革命派双方尽管在方法上有"君主立宪"与"共和立宪"的差别,但这种差别并没有妨碍双方的合作。而且,由于立宪派在东南文化精英中占据主导地位,社会声望与财力均在革命派之上,所以东南文化精英是以立宪派为主导的,革命派往往以他们的马首是瞻。如黄炎培等推张謇为教育会会长即为显明的一例。正是因为立宪派与革命党有着这样融洽的合作关系,所以,在辛亥革命中,立宪派也很快地顺应潮流,弃"君主立宪"而投向"共和立宪",以和平光复的模式与革命派共同继续着"立宪"和"宪政"建设的大业。

2. 辛亥革命和平光复

辛亥革命中东南五省基本上是和平光复的,开荆辟莽的即苏州和平光复。苏州和平光复"领袖二氏,一官一绅,掀此巨波,遂使天高高海滔滔之国乐,成为语讖"④。其中的"官",指的是程德全,"绅"指的是张謇。江苏的和平光复虽由程德全所主动,但与张謇所代表的东南文化精英的幕后活动是分不开的。

武昌起义之始,张謇还没有完全从君主立宪的立场上转过来。所以,他于夏历 8 月 24 日专程到南京见张人骏,劝其派兵去平乱。受到拒绝后他到苏州,"巡抚程德全甚亟余请速布宪法,开国会之议,嘱为草奏。仓猝晚膳,

---

① 刘通《辛亥福建光复回忆》,中国人民政治协商会议全国委员会文史资料研究委员会编《辛亥革命回忆录》(四),文史资料出版社,1982,455。
② 侯宜杰《二十世纪初中国政治改革风潮:清末立宪运动史》,中国人民大学出版社,2011,333。
③ 付孟《杭州光复记》,中国人民政治协商会议全国委员会文史资料研究委员会编《辛亥革命回忆录》(八),文史资料出版社,1982,2。
④ 徐兆玮《棣秋馆日记》,扬州师范学院历史系编《辛亥革命江苏地区史料》,江苏人民出版社,1961,81。

回旅馆,约雷生奋、杨生廷栋二人同作,时嘱二生书,逾十二时稿脱"。稿发后,8月26日张謇到沪,27日到宁,30日"由咨议局径电内阁,请宣布立宪开国会。江宁自鄂来者盛称革命军人之文明,谣言大起。张督又猜防新军,令移驻城外,而人各给枪弹五枚,新军乃人人自危。余知之,而走请藩司樊增祥白张,言其不可。于是,人又各增给十枚"①。从张謇日记中可以看出,五天之内,他的思想发生了很大的变化,由视革命军为"敌",到传颂"革命军人之文明"。而在这五天的变化中,张謇到上海与赵凤昌等人的商谈应当是其思想转折的关键。

赵凤昌从张之洞幕府"被谗去官,移家上海,虽杜门却扫而意气不衰。感怅清政之不纲,非改弦易辙无可救治,抑且非一二长吏所能转祸为福也。戊戌维新,其友好杨锐及庚子许景澄、袁昶先后被祸,悲愤益切。庚子后,朝政日失措,民心日激昂。孙文、黄兴立同盟会,倡导革命。康有为、梁启超犹主君主立宪,从事维新。其两无所预,而贤士大夫之过谈者,所聚益众。若南通之张謇以殿撰弃官,治农工于乡里,时来上海,辄饮于寒家。又山阴汤寿潜、香山唐绍仪、顺德梁敦彦、长沙胡元倓、凤凰熊希龄、闽县郑孝胥、乡人庄蕴宽、崇明王清穆诸君,凡过沪必就谈大计"②。黄炎培回忆说:"我在上海有一群政治意识不完全相同而一致倾向于推翻清廷、创立民国的战友。中间教育界为主力,包括新闻界、进步的工商界人士和地方老辈如马良(相伯)、张謇、赵凤昌(竹君)、姚文枏等。在上海很自然地成立起几个据点来,经常集会。教育总会是一处,工巡捐局是一处,望平街时报馆上层'息楼'是一处。《时报》是当时最进步的报纸,负责者狄葆贤(楚青)。又一处是赵竹君的家'惜荫堂'。张謇来上海,时时会集在那里。"③赵凤昌不像张謇中过清廷的状元,受过清廷的"国恩",当时还兼着清商部的高等顾问,他从庚子后便对清廷"悲愤益切",所以,在得到武昌起义的消息后,他"径赴电报局以密电致汉口电报局长友人朱文学询其事,又立约沪商人之负重望者侵晨往谈",第二天"随往晤商会董事商人甬人苏宝森告以革命既起,沪汉商务息息相关,倘使战火燎原,两地均不堪命。急为今计,商会宜召各业会议,请沪地商人民持以镇静。且电达江督张人骏,固圫自保,万勿轻预上游之事,翼

---

① 张謇《张謇日记》,转引自扬州师范学院历史系编《辛亥革命江苏地区史料》,江苏人民出版社,1961,64—65。

② 赵尊岳《惜荫堂辛亥革命记》,中国社会科学院近代史研究所编《近代史资料》总102号,社会科学出版社,2002,247。

③ 黄炎培《八十年来》,文史资料出版社,1982,53—54。

阻江督发兵援鄂"①。赵的应变态度明显比张謇更趋于与清廷断割,8月24日赵凤昌电话召黄炎培往商后,即与雷奋、杨廷栋、沈恩孚"在上海密议拥袁组阁办法,派雷奋、杨廷栋往迎张謇"。8月26日张謇"至沪"与赵商谈后,"与马良、姚文柟、李平书等立宪派人密议后,次日又回到南京,用咨议局的名义,电内阁,请立宪、开国会"②。可见是赵凤昌最早拟定了与清廷断割、举袁而代的政治方案,并通过游说黄炎培、雷奋、杨廷栋、沈恩孚,再说服张謇。因为与袁世凯合作,本来张謇于辛亥年六月与雷奋、杨廷栋、刘厚生等人到河南安阳拜会袁世凯时双方已达成政治合作约定,所以,张謇对于赵的整个策划也很快认同,这才有了其30日日记中的大转折。

赵凤昌不愧为东南文化精英之"智囊",他在运动了上海商会后,考虑到"商人尚不足尽举国之人力,则别思策动各省,自莫如各省咨议局与旅沪人士公私交往。因展转约各省籍友好,无论其为赞成共和与否,均来惜阴堂集商。奔走最力者苏人黄炎培、沈恩孚、孟森、刘垣、冷遹、雷奋,浙人褚辅成等。时张謇为咨议局长,人望所属,函电四出,各省多闻声相应"③。可见,张謇的人望与赵凤昌的谋略相结合,实是东南文化精英集团整体转向革命的重要因素。

张謇时任江苏教育总会会长,"这是教育性的江苏中心组织,经过几年,成为政治性的江苏中心组织,为的是集中这一群有力的人物,有有力的领导,又是江苏惟一的江南江北统一的机构,因此在辛亥革命的洪潮中,成为江苏有力的发动机构"。夏历8月24日,赵凤昌就电话召教育会的常任调查干事、同盟会负责人黄炎培"去'惜荫堂'商时局前途应付方法,定了一些策划"。至此,立宪派开始与革命派正式携手,陈其美、宋教仁到上海后继续推进这一双方合作的政策。通过黄炎培、于右任等人的奔走,预备立宪公会的李平书、沈缦云、沈恩孚、王一亭等全部转向革命。李平书时任上海城厢工程局总办,并兼任商会总理、商团团总、机器局提调等诸多要职。他不但带动了上海商团的起义,而且在陈其美进机器局劝降不成而被扣之际,"李钟珏(平书)那时兼任该局提调,早把是非利害向局总办张士珩反复无误劝导参加起义,张不允。到陈其美被捕,李又去劝张释陈,仅得不杀。继而民

---

① 赵尊岳《惜荫堂辛亥革命记》,中国社会科学院近代史研究所编《近代史资料》总102号,社会科学出版社2002,248。
② 王树槐《中国现代化的区域研究:江苏省,1860—1916》,台湾"中央研究院"近代史研究所,1984,153。
③ 赵尊岳《惜荫堂辛亥革命记》,中国社会科学院近代史研究所编《近代史资料》总102号,社会科学出版社,2002,248。

军和商团巡警陆续进攻,十四日上午八时终于胜利地攻破制造局,张士珩逃"①。"沈缦云支持立宪,1910年作为代表进京请愿遭拒,'退而叹曰:釜水将沸,而游鱼不知,天意难回,人事已尽,请自此辞。'回到上海后即参加革命活动,与陈其美等有多方面的联系,1911年组织全国商团联合会、中国国民总会等团体,为上海起义的胜利做出重大贡献。沈缦云与李平书、沈恩孚等还是莫逆之交。武昌起义后'相与密商,金谓时势至此,不能守闭关之义,当审察时势,以为进止'"②。由此可见,上海光复其实是建立在张謇、赵凤昌、李平书、沈缦云、沈恩孚等著名绅商集体转向的基础之上的。而这个集体的转向,除了他们在国会请愿之中对清廷已彻底失望的原因之外,还有一个重要的原因就是,在宪政运动中他们与同一阵营的革命派始终保持着良好的合作关系,很多政治平台是双方共享的,如江苏教育总会、"息楼"、"惜阴堂"等。长期的合作关系使双方能在辛亥革命爆发之际一拍即合,从而共同运作了上海几乎兵不血刃的和平光复。

上海的和平光复与苏州几乎是同步开展的,同样也是立宪派与革命派合作运动程德全的结果。程在新军督练公所总参议吴茂节劝其起义时说:"上海已几次来人接洽苏州光复事,在原则上我已答应了。为审慎起见,暂待时机,如果你们布置周密,并无遗策,自可发动。"程所说的上海来人就是"黄炎培(任之)、沈恩孚(信卿)、朱叔源、毛经畴(子坚)、史量才、龚子英等一般'息楼'和'江苏教育总会'(息楼是教育界商界一班先进人士聚谈之所,在上海望平街时报馆楼上;'江苏教育总会'后来改称'江苏省教育会',在上海四门林荫路上)的人士到苏,促使程德全当机立断,宣告独立……继黄、沈之后到苏的,听人说,有李钟珏(平书)、史量才、虞和德(洽卿)、陈光甫"③。除了上海的绅商精英之外,苏州本地商会总理尤先甲、议董潘祖谦、孙昭晋、江衡等亦面谒程德全,劝其和平光复,叶昌炽辛亥9月14日日记载:"徐杏生旋乘早车来言,目睹闸北巡防局及城墙均白旗飘扬。遍贴军政会告示。……粲若又来言中丞(程德全)将宣告独立,平愉、鼎孚(尤先甲)同进见,有成说,大旨谓欲免生灵涂炭,不得不出此权宜之策,敬闻命矣。旬日之前,即有人言□□(程德全)腹有鳞甲,深沉难测,里苍无知,亦有颂言。不讳特以无恐者,鼓钟于宫声闻于外,今始知人言之非虚也。"④可见,苏州

---

① 黄炎培《八十年来》,文史资料出版社,1982,45、54、55。
② 周兴国、陆和健著《辛亥革命前后江苏社会研究》,甘肃人民出版社,2011,41。
③ 吴和士《辛亥革命苏州光复小记》,政协苏州市文史委《苏州文史资料》(1—5合辑),1990,71—73。
④ 叶昌炽撰、王季烈编《缘督庐日记钞》(四),北京图书馆出版社,2007,224—225。

光复与上海光复的共同着力点即为立宪派与革命派同心协力,以商会、商团、巡警、新军为后盾而实现的和平光复。

东南文化精英中的立宪派与革命派共同促成了上海与苏州的和平光复,并进而影响到江苏省绝大部分府县的和平光复。而广东、安徽、浙江、福建等省的光复与江苏大同小异,也是立宪派与革命派联手促成的。尽管有些地方如杭州、福州也发生了小规模的战斗,但规模都很小,而且,就全省范围看,也基本是和平光复的。所以,总的说来,东南文化精英内部立宪派与革命派的团结一致,是东南各省辛亥革命和平光复的决定性因素,这一点是毋庸置疑的。

小 结

清代中叶后,东南社会秩序稳定,商品经济发展迅速,精英文化教育发展迅猛,数以百万计受过精英文化教育的士子无法在狭隘的科举入仕独木桥上全数通过,大量受过相当程度精英教育的士子们只能别求他径。幕府,成为东南文化精英最先大量进入的一个平台。东南士人深厚的文字写作底蕴,和平、稳健、内敛、理性的处事风格,通经致用、擅测算之学的学术特色,都使他们成为最佳的入幕之宾。他们入幕后,地域文化的认同又使之呼朋引类,介绍朋辈亲友进入各级官场的幕府之中,由此"绍兴师爷"名天下、江苏幕友遍官衙成为清代的一个常见现象。幕府于是成为东南文化精英的一个集聚平台。

太平天国之役中,为了解决军饷问题,著名幕友钱江发明了"厘金制",各省纷纷建立厘金局。厘金局其实是财经制度的一个改革,是一种商业过境税与营业税。而其组织形式则是幕府制的一个仿制。其"局"称是官办的,但其中的主要负责人员却往往是以"友"相称的绅士。而且,其制度原则也是"用绅不用吏",这不仅为数量庞大的东南文化精英以已所擅长的测算之学进入厘金局提供了便利,使厘金局成为东南文化精英又一个聚集的大平台,更为重要的是,在厘金局长期与正在兴起的各类近代商贸企业相磨合的过程中,这些东南文化精英了解到了新兴的近代工商业的运作流程与可观利润,由此,厘金局不仅成为东南士人的又一个聚集地,而且还成为很多东南士人由绅转商的一个过渡平台。

东南文化精英以其聪明才智,成功地策划了借师助剿而促发了中国的洋务运动,大量的洋务企业因之而兴起。东南文化精英不仅是这些洋务企业的促发者,也是最早的管理参与者。这些现代企业所需要的大量管理人才,也为日益增多的东南文化精英们提供了另外一个可观的人才聚集平台。这些企业大体上分为两大类:一类是借着官督商办名义所办的洋务企业,如轮船招商局、电报局等;另一类则是甲午战争之后,东南文化精英中的杰出者自行创办的新型民营企业,如张謇的大生集团、荣宗敬兄弟的荣氏集团等等。

报刊是东南文化精英另外一个重要的聚集平台,这个平台自在中国出现之日起即主要为东南文化精英所操控,随着时代的发展,其社会影响力日益受到各方面的重视,东南文化精英领袖们不失时机地予以介入,由零散的参与而一变为有组织的集团性参与(如张謇集团入主《申报》),东南文化精英不仅因之而张大了自身的话语权,扩大了影响力,更借助近代报刊的宣传力与影响力,使东南文化精英在晚清一系列政治与社会活动中取得了事半功倍的效果。

东南互保是东南文化精英集团力量与政治智慧的精彩表现,也是辛亥革命苏州和平光复的一个预演。经此一役,东南文化精英的政治自信力有了极大的提高,从而开始主动地参与到清末的权利争回运动、国会请愿运动,乃至辛亥革命苏州和平光复之中。

第八章 近代江南督抚与程德全的"和平光复"

辛亥革命江苏省的和平光复得力于"一绅一官"。"绅"即张謇所代表的东南文化精英,"官"即江苏巡抚程德全。广东、福建、安徽、浙江等省的情况与江苏基本相似,很多官员都开始参与到"和平光复"的新政权中,除了受到程德全这一榜样的影响之外,应当说他们的这一态度与近代东南地区地域文化的变化和影响是分不开的。东南文化场域催生了晚清乃至辛亥革命时期东南督抚总体开明的趋势。这种趋势进一步说明了:"不是人们的意识决定人们的存在,相反,是人们的存在决定人们的意识。"①晚清东南督抚尽管原来的政治意识背景迥异,但在进入东南这一特定的文化场域之后,受此场域中开放、重商、稳健、理性的文化特性影响,他们中的大部分走向了理性、务实、洋务、维新的改革之路,更有甚者如程德全则与时俱进地走向了共和。

一、东南文化场域中的两江督抚

近代东南文化场域除了传承了其地域文化中的重文、柔慧、经世致用等特色之外,一个醒目的变化就是随着五口通商而导致的西方文化的大规模进入,在这股强势的西方文化的浸润之下,不仅东南文化精英迅速地吸纳其科学、民主的新知识、新学术、新政治,而且民间的社会生活与文化习俗也发生了醒目的变化。据《郭嵩焘日记》载:"记乙卯年杭州见邵蕙西,语之曰:'往来江浙屡矣,今日始知其人心风俗,皆有折入夷之势。'蕙西请究其说,曰:西洋人重女,江浙亦重女;西洋人好楼居,江浙人亦楼居;西洋人好游,江浙人亦好游;风俗人心皆急趋之。一代之兴,首定圜法,以转移天下货物,谓之国宝。江浙统而归之洋钱,上海商贾总汇,但知有洋钱而已,并不知有银

---

① 马克思《政治经济学批判序言》,转引自梁寒冰编《历史学理论辑要》,中华书局,1982,10。

钱。所用之洋钱且须申平,使驾出银钱之上。是国家制用之大经,皆暗移之洋人,此尤情势之显见者。"①西方社会习俗文化与银圆在东南沿海的大量使用,正是世界近代一体化过程影响中国社会文化与经济发展变化的一个表现。这种影响随着洋务运动的兴起日益扩散,特别是洋务官员们在师夷长技的过程中加速了西学与西技的引进,从而加快与加深了西方商业文化对东南通商口岸所在各省社会的浸润。两者交相作用,互动影响,由之造成了东南场域文化与地方督抚的良性互动。在东南五省之中,江苏因上海为洋务总汇之地,华洋杂处,鸦片战争后清政府设的南洋通商大臣又往往为两江总督兼任,所以,江苏的督抚往往成为东南督抚的领袖人物。江南文化与两江督抚的互动,其实是东南文化与东南督抚互动的一个典型。简要地搜索一下两江督抚群体在晚清政治上的行为,就可以清楚地看到在江南场域文化的影响之下,趋向洋务与维新新政是这个群体的共同特征。现据《清史稿》等资料将太平天国之后历任江苏督抚的简况列表如下:

姓 名	职 任	时间	出身	倾向	备 注
曾国藩	两江总督	1862—1865, 1866—1868, 1870—1872	进士	洋务	前后总任期 为7年
李鸿章	两江总督	1865—1866	进士	洋务	任期为1年
马新贻	两江总督	1868—1870	进士	洋务	任期为2年
何 璟	两江总督	1872.3—11	进士	洋务	任期为半年
张树声	两江总督	1872.11—1873.2	廪生	洋务	任期为1年半
李宗羲	两江总督	1873.2—1875.1	举人	洋务	任期为2年
刘坤一	两江总督	1875.1—1875.5, 1879.12—1881.10, 1890.10—1894.11, 1896.2—1899.12, 1900.5—1902.10	廪生	洋务	前后总任期 有近12年 之久
沈葆桢	两江总督	1875.5—1878.3, 1878.6—1879.12	进士	洋务	任期为4年
吴元炳	两江总督	1878.3—1878.6	进士	洋务	任期为3个月
左宗棠	两江总督	1881—1884	举人	洋务	任期为3年

---

① 郭嵩焘《郭嵩焘日记》(四),湖南人民出版社,1983,455。

续表

姓 名	职 任	时间	出身	倾向	备 注
曾国荃	两江总督	1884—1887.8, 1887.10—1990.10	贡生	洋务	任期为6年
裕 禄	两江总督	1887.8—1887.10	监生	洋务	任期为2个月
张之洞	两江总督	1894.11—1896.2	进士	洋务	任期为1年半
鹿传霖	两江总督	1899.12—1900.5	进士	保守排外	任期为半年
李有棻	两江总督	1902.10—1902.12	诸生	洋务	任期为2个月
魏光焘	两江总督	1902.12—1904.8	厨工	立宪	任期为1年半
李兴锐	两江总督	1904.8—1904.10	诸生	洋务	任期为2个月
周 馥	两江总督	1904.10—1906.8	诸生	洋务、立宪	任期约2年
端 方	两江总督	1906.8—1909.6	举人	立宪	任期为3年
张人骏	两江总督	1909—1911.12	进士	守旧	任期为2年
薛 焕	巡抚	1860.6—1862.4	举人	洋务	任期约2年
李鸿章	巡抚	1862.4—1865.5	进士	洋务	任期3年余
刘郇膏	巡抚	1865.5—1866.5	进士	功将	任期为1年
郭柏荫	巡抚	1866.5—1868.1	进士	洋务	任期约2年
丁日昌	巡抚	1868.1—1870.11, 1875	诸生	洋务	任期2年余
张之万	巡抚	1870.11—1871.10	进士	洋务	任期为1年
何 璟	巡抚	1871.10—1872.7	进士	洋务	任期近1年
张树声	巡抚	1872.8—1874.10	廪生	洋务	任期2年余
吴元炳	巡抚	1874.10—1878.3, 1879.6—1881.6	进士	洋务	任期近6年
勒方錡	巡抚	1878.3—1879.6	举人		任期1年余
黎培敬	巡抚	1879.6—1879.12	进士		任期为3个月
卫荣光	巡抚	1879.12—1886.6	进士		任期为6年半
崧 骏	巡抚	1886.6—1888.11	举人		任期2年余
刚 毅	巡抚	1888.11—1889.2, 1889.10—1892.5	笔帖式	保守	任期约3年
黄彭年	巡抚	1889.2—1889.10	进士	洋务	任期为8个月
奎 俊	巡抚	1892.5—1895.4, 1897.8—1898.6		洋务	任期为4年

续表

姓　名	职　任	时间	出身	倾向	备　注
赵舒翘	巡抚	1895.4—1897.8	进士	洋务	任期3年余
德　寿	巡抚	1898.6—1899.7, 1900.10—1901.2	举人	洋务	任期为1年半
鹿传霖	巡抚	1899.7—1900.10	进士	保守排外	任期为1年半
聂缉椝	巡抚	1901.2—1901.11	进士	洋务	任期为9个月
恩　寿	巡抚	1901.11—1904.5	进士	立宪	任期为2年半
端　方	巡抚	1904.5—1905.1	举人	立宪	任期为8个月
陆元鼎	巡抚	1905.1—1906.2	进士	洋务	任期为1年
陈夔龙	巡抚	1906.2—1907.8	进士	洋务	任期为1年半
陈启泰	巡抚	1907.9—1909.6	进士	洋务	任期近1年
瑞　澂	巡抚	1909.6—1909.11	贡生	立宪	任期为5个月
宝　棻	巡抚	1909.11—1910.3	生员	立宪	任期为4个月
程德全	巡抚	1910.3—1911.11	廪生	立宪转革命	任期为1年半

从表中可以看出,太平天国之后历任两江总督者共20人,任期3年以上的7人。其中刘绅一12年,为最长;曾国藩7年,曾国荃6年,沈葆桢4年,左宗棠、端方各3年。20人中除最后一任张人骏政治立场保守之外,其余几乎全部是湘淮系的洋务派;几个满族亲贵也是洋务派、立宪派,如端方、瑞澂等。历任江苏巡抚28人,任期2年以上的11人,其中先后任过巡抚与总督的有李鸿章、何璟、鹿传霖、端方4人。他们若加上总督任期,则分别为4年、1年半、2年、3年半。去掉重复计算,则李鸿章是在江苏任职3年以上的省级官员。从1860年到清政府结束,半个世纪中,刘、曾(国藩)、曾(国荃)、沈、李、左、端这7个著名的洋务派、立宪派在江苏主政38年。其他如丁日昌、张树声、聂缉椝等也都是洋务派中的著名人物。端方、瑞澂、周馥、魏光焘、程德全等都是清末新政中的立宪派,所以,清末两江督抚44人中,除了刚毅、张人骏、鹿传霖等人政治态度保守外,其余所有督抚都能适应历史潮流,主张洋务、维新、立宪。这里除了与他们本身的文化结构和政治倾向有关之外,江南场域文化的影响是自不待言的。如赵舒翘,他在江苏巡抚任内抵制日本租界扩充,上书清廷要求开办机器纺织业,是一个典型的洋务派。但调到北京后,在保守势力的包围之下,他又反对戊戌变法,特别是在义和团运动期间,他明知义和团民不可靠,但在刚毅、慈禧太后的影响下,他只好违心地提出招抚义和团成军的办法。结果,到了八国联军提出惩办"祸首"时,他成了首批被惩的对象。而如果他还在江苏,可能就不会如此了。

赵舒翘的起伏生死,令人信服地说明了文化场域对江苏督抚的政治态度影响之大。值得注意的是在江南督抚群体中有很多力主改革者都是当过上海道的地方官而升任的,他们在上海接触到西学与西技,并接受到西方的政治文化,由此而锻炼出他们处理洋务、外交方面的能力,最终升职为江苏督抚,如薛焕、丁日昌、聂缉椝、瑞澂等皆由此道而升任。这也充分说明上海中外交融、开放务实的文化场域对江南督抚趋向洋务、立宪改革是有着重大影响的。

从表中还可看出,由于江苏是中国精英文化积淀深厚之地,清廷中央在任命江苏督抚时也充分考虑到了这一点,所以,在清末44名江苏督抚中,进士有22名,为总数的50%,举人7名,为总数的15.91%,二者合计占65.91%;生员12名,为总数的27.27%。综合三者,共为93.18%。确定没有生员以上功名的只有魏光焘与刚毅二人,至于奎俊,虽未查到其是否有功名,但作为著名的书法家,他受过很深的传统精英教育应当是可以肯定的。正是因为晚清江苏的督抚群体有着这样的教育背景,所以,他们才能与江南的文化精英一拍即合,保持着很好的私人关系,如张謇与刘坤一、张之洞、端方、瑞澂、聂缉椝、程德全都保持着很好的私人关系。这种私人关系的形成有很大部分是建立在共同的科举出身、共同的儒家精英文化的价值观与操守之上的。江南督抚大多出身于科举,受过较好的儒家精英文化教育是他们的共同点,而江南则是儒家精英文化积淀最为深厚之地,所以,到江南文化场域任职的督抚如同回到了文化的故乡,与江南文化精英的代表者如张謇、汤寿潜、应德闳等能一拍即合。儒家精英文化的实用理性精神使他们对于江南乃至东南正在引领国家与民族的文化发展有着共同的直接体悟,这也使得他们对晚清政局中的很多事件采取了共同的行为,如东南互保、清末新政、宪政改革,乃至辛亥革命的和平光复。我国台湾学者王树槐先生说:"自宪政运动以来,江苏省的督抚大都态度开明,主张立宪。张謇曾为魏光焘(光绪二十九年至三十年任两江总督)草拟立宪奏稿,虽未用,亦可见其态度。周馥(光绪三十年至三十二年署总督)与张之洞、袁世凯曾联衔请立宪。清廷派大臣出洋,端方即为其一,是满臣中的开明人物,主张立宪。端方回国后接任两江总督,与张謇等绅交情深厚。接端方之职者为张人骏,虽为汉人,但反对立宪最力。光绪三十年起出任巡抚者,亦多赞成立宪,其中尤以程德全最力。"①其实,这种江苏督抚整体开明、趋新改革的现象不是立宪运

---

① 王树槐《中国现代化的区域研究:江苏省,1860—1916》,台湾"中央研究院"近代史研究所,1984,150。

动才开始的,在清中叶江南商品经济迅猛发展之际就开始了,陶澍、林则徐等都在两江督抚任内开启了盐政、漕运等改革,他们的这些改革与当时他们幕府中的一批江南文化精英如包世臣、冯桂芬的谋划是分不开的。太平天国之后,江南"绅权大张",文化精英的话语权进一步张大,对江南督抚的影响也随之而张大,江南督抚趋向洋务与新政改革就形成了风气。

江南文化场域的根本特点就在于江苏和上海是得风气之先、融东西方文明于一体之地,其场域文化中的开放性、包容性、实用性、经世致用之理性精神使江南文化精英对新知识、新技术、新思想接受较快,对世界一体化的发展趋势把握较好。江南督抚幕府中又聘有很多的江南文化精英为幕僚、谋主,如冯桂芬、赵烈文、顾文彬、薛福成、盛宣怀、赵凤昌、张謇、汤寿潜、应德闳等。这些幕僚、谋主的文化与政治倾向对江南督抚的影响是不言而喻的,他们往往成为江南场域文化对江南督抚影响的一个直接的媒介,江南督抚的很多重大决策往往是在他们的谋划中得以形成的。而他们在为江南督抚所提供的这些谋划之中,除了有着江南文化的内在要求之外,还有很多他们自身以及他们所代表的江南绅、商阶层的利益与追求,诸种因素形成了江南场域文化、经济、社会与江南督抚群体的互动,在这个互动的过程中,江南督抚群体绝大部分趋向洋务改革和新政维新的历史得以形成。

二、江南文化场域与程德全

程德全为重庆云阳一介贫穷书生,因缘际会,出将入相,表面上看似乎与江南文化场域没有很深的渊源,其实不然,他与江南文化场域有着内在的极为深厚的关系。

据《云阳程氏家乘》所载,程德全家族是宋明理学大师程颐、程颢之族裔。南宋时"两夫子子孙亦从而南渡,居池州。再迁新安。而程氏女适朱氏者,一传得韦斋,再传为文公、正思、登庸、前村、月岩、徽庵、林隐,六先生者,又皆当代硕儒。朱氏胤嗣,而上求两夫子之道统。盖朱学原本于程学,而薪传有自也"。程朱理学,不仅在学脉上相传承,而且在血缘上也有联属,薪传有自。前面说过,以程朱理学为集大成的"宋学",可以说是东南之学,它起于东南范仲淹创立的"苏湖之学",结于朱熹的"紫阳之学"。作为程朱理学的嫡系后代,程德全家族始终以"守司马之家风,绵伊川之世泽"①作为族内子弟教学的核心,在这种教育中成长的程德全,自幼就与东南之学的"程朱

---

① 程世模主修《云阳程氏家乘》(卷二),云阳县档案馆藏。

理学"有着先天的文化脐带之联结。

(一) 家族教育中的经世致用之学

程德全之高曾祖"光禄公之德教远矣。盖以世承清白,绵关西之传道,秉渊和蓄伊川之学"①。"秉渊和蓄伊川之学",是程家世代家塾相传的根本所在。"二程卓绝处,在其讨论人生修养工夫。……若以二程比之荆公,则荆公虽论性道,而更重实际政务。二程鉴于熙宁新法之流弊,故论学一以性道为先。而政事置为后图,若非所急焉"②。由是,重性理教育,道在政先,就成为程德全及其父祖的一个鲜明的行事风格并为人所乐道。即所谓"夫道德者,为事功之体,事功者为道德之用,无事功,道德无以传,无道德,事功无以善"。道德为核心价值观,为本;事功、政事只是核心价值观导引下的具体行事,是从属之用。这也就是程朱理学被称为"道学"的原因之所在。"光禄公素以家学之渊源,垂为庭训。而程中丞悉本廷训之教泽,见诸施行也"③。这一道德事功相并而用的理念,正是明末东林党人、清初顾炎武等所代表的江南文化的一个突出的特色,并成为程德全与江南场域文化内在对接的纽带。二程文化自宋末即成为中国儒家精英文化的主体,经其后传朱熹审定的《四书》更是明清科举的必读书。在科举盛行的江南,程朱理学更是积淀数百年,成为所有读书人的思想共识。作为程氏后人的程德全,自幼"秉渊和蓄伊川之学",来到东南文化场域,自有如鱼得水、文化归乡之感,这也是他在江苏任职期间,不但与同为安徽迁来的苏州程氏极务联宗认亲,而且还专门到夫人所在的扬州蜀岗、上海、苏州等地置办土地与房产,将江苏认作精神与实际的故乡的原因所在。同时,综观程德全一生的行政与为人,"二程"明德致用、道在政先的思想印痕是十分明显的。

"二程"认为:"穷理然后足以致用,不穷则不能至也。"④穷理致用,或曰通经致用,实是二程思想的关键所在,这对于幼承庭训的程德全影响甚大,也是他能从一袗青衣而成为封疆大臣的内在动力。

二程不以科举为重,强调"穷理致用"为儒学之根本。"秉渊和蓄伊川之学"的程德全曾祖父光禄公对之心领神会,程德全之父"初补县学生,光禄君辄愀然谓之曰:'不愿汝发达,拾科第,做美官。惟谨守家法,无伤忠厚,培植根本,吾之大愿也。"程德全的曾、祖、父三代,虽然均考中秀才,但均"澹情

---

① 程世模主修《云阳程氏家乘》(卷二),云阳县档案馆藏。
② 钱穆《中国学术思想史论丛》(卷五),安徽教育出版社,2004,110。
③ 程世模主修《云阳程氏家乘》(卷二),云阳县档案馆藏。
④ 程颢、程颐著,王孝鱼点校《二程集》(四),中华书局,1981,1197。

无仕,栖迟衡户,耽悦图书",而无一拾科第、做美官者。程德全也与其父祖一样,考上秀才后曾做塾师多年。但在母病家贫多年时,"私念贫无已时,亲无以养,则殚力功令之文,思得微禄"。开始时程德全并不想外出做官的机会,但在家"贫无已,亲无以养"的情况下,只有想法出外觅取读书做官的机会、"思得微禄"。但他又不是循"拾科第,做美官"之正途,而是沿以禀贡生之资格进北京国子监读书之"异路"而行。

清代国子监"六堂教法,仿宋儒胡瑗经义、治事两斋遗意,设立课程,习经义者课以经文、经解,习治事者课以策论"①。这与当时科举考试"八股取士"有着很大的区别,其实质是"二程"的穷经而后致用的原理(无独有偶的是,程颐正是胡瑗的得意门生)。这一重经义与治事的教育环境使程德全在朋友叶尔恺的提示下转入东北史地之学的研究,由此"以怀奇材而逢奇会,因奇会而立奇功,旋以奇功而蒙奇赏",建牙东北,巡抚江南。

正由于程德全不重帖括科第,而以穷经致用为本,所以,无论是在东北寿山等人的幕府之内,还是开府黑龙江之时,他都能穷经而致用,娴于实际政务的运作。"到江以来,能体封翁(其父)干济之心,而筹边疆大计,以俄人之轮路已通,西北之藩篱全撤,非实边无以自立,非筹款无以实边,非垦荒无以筹款,非招民无以垦荒。宗旨既定,力任艰难,策划经营,不遗余力,如通肯、如三蒙、如巴拜莽鼐、甘井子、纳谟尔河、汤旺河等处,渐次开辟。使莽榛之地,成繁庶之区。设府县之治,具行省之规。近又为各城旗丁奏拨膏腴之荒,以为归农之计。重武事而设陆军学堂;保治安而创警察要政。学校如林,期教育之普及,司局裁并,务责任之专归。理财则剔清书吏中饱,生利则博考山岳蕴藏。自治为宪政之根本,故设会研究;外交以法律为依据,特立所以肄习。筑铁路、备轮船,而转输称便,置火犁、安机磨,而实业以兴。凡种种之措施,皆有征而可考。今日表见之,事功皆本家传之道德,是道德因事功而显彰,而事功因道德之美善。"②本家传之道德以建事功,程德全在江苏巡抚任内依然如此。辛亥和平光复、平"洗城会"不兴大狱;二次革命,主张循法律途径解决南北分歧。"公前后全苏者三。夫苏为东南繁会,洪杨浩劫后,元气尚未尽复。使复糜烂,则中原民力尽殚,无论团体如何,政体如何,皆将无所藉手,百姓流亡载道。早已刀俎供人,后来之衮衮诸公,又安有可争之余地,故谓公之保苏,实保全国,非过语也。"程德全以其一生的实践,践行了其远祖"二程""穷理然后足以致用"之思想。这一思想经东林党人、

---

① 《国子监》,光绪《大清会典》卷76。
② 程世模主修《云阳程氏家乘》(卷二),云阳县档案馆藏。

顾炎武等人的传播与教育,在江南是早已深入士子之心,晚清经龚自珍、魏源、林则徐、陶澍、曾国藩等的再度弘扬,经世致用之学成为江南精英文化的主体核心。这一主体核心与程德全有着内在的文化渊源,而这个内在的文化渊源则起源于其"幼承庭训"的程朱之学教育之中。

(二) 任职江苏前与江南文化的接触

程德全与江南文化的内在契合,除了因其家族内的教育与江南精英文化同出一源之外,还有一个很重要的原因就是程德全很早就与江南精英文化发生了直接的接触,其一生的发展实与江南师友相助有着重要的关系。

清代任官实行回避制,即本地人不能任本地官。所以,江浙人到四川做官的很多。清代的县官又有一个很重要的职责,就是主持县里的童生考试,对于考取的生员每年还要进行学业测试,看其学业有无长进,而对于三年测试优秀的,县令可以推荐其为"贡生"进入北京国子监读书,再从国子监以贡生的身份参加会试。程德全就是循此路径到北京的。而推荐他国子监督的就是浙江名士叶尔恺的父亲叶庆浔。

沃丘仲子在《当代名人小传》"叶尔恺传"中写道:"父庆浔,官四川云阳令,因家于蜀"①;而且,叶庆浔还不只是当一届云阳县令,而是当过三届。据民国二十四年(1935年)编纂的《云阳县志·官师》载,叶庆浔于同治十年(1870年)、光绪二年(1876年)、光绪十二年(1886年)三次担任云阳县令。如果一届县令按3年算,则叶尔恺的父亲在云阳的任职时间至少是9年以上。正是在此期间的1887年程德全考上了秀才,所以,程德全应当是叶庆浔录取的生员,同时也应当是由叶庆浔推荐作为廪贡生到北京国子监读书的。1928年程德全的弟弟与其争家产,在上海起诉程德全,其状纸说:"德固幼承父业、而德全则为儒、至二十八岁始青一衿、旋补廪生"②。程德全为1860年出生,28岁时正是1887年。"旋补廪生",说明程德全是在中秀才不久就补了廪生,由此而上北京国子监读书。叶庆浔是程德全"始青一衿,旋补廪生"的恩师是无疑的。

叶庆浔长期在云阳任职,一段时间内其子叶尔恺亦随之在云阳家居。叶尔恺在民国三年(1914年)为程德全之父所作墓志铭中言:"向德全从先君子游,与尔恺交三十余年矣。"③由1914年上推30余年,应为1884年前后,即1876年与1886年叶庆浔在云阳第二和第三次任职期间。程德全从

---

① 沈云龙主编、沃丘仲子《当代名人小传》(下),中国台湾文海出版社,1986,143。
② 《申报》1928年11月18日。
③ 程世模主修《云阳程氏家乘》(卷一),云阳档案馆藏,79。

1875年即开始应郡试,至1887年"始青一衿",这段时间不断地参加生员考试,与主持生员考试的县令叶庆浔发生联系是很自然的。叶庆浔之子叶尔恺与程德全年辈正相当,两人可谓是总角之交。正因为有着这样的深厚友谊,所以,程德全在北京国子监读书期间,叶尔恺在进京会试以及中了进士被分到翰林院做编修时,都与程德全保持着友谊并常相往来。

叶尔恺家族是浙江世宦之家,有很深的江浙文化根源。其曾祖叶藩,字登南,号古渠,乾隆十五年(1750年)庚午科举人,辛未科联捷进士,翰林院庶吉士,官至广西思南府知府。归田后主讲于楚北、江汉、新安、紫阳、四明、月湖诸书院,足迹遍湖北、安徽、浙江诸省,桃李满天下,著有《敦怡堂文稿》。其祖父叶之田,字中之,号恚庵,嘉庆庚午(1810年)岁贡,因屡试不第,遂绝意科场,在家开馆授徒,"平日无他嗜好,只以文自娱"①。在他的亲自课督之下,其子叶应浔、叶庆浔都以科举起定,而分别在河南、四川等地为官。如此,祖孙四代的文化积累,使叶尔恺家族不仅成为浙江的文化世家,而且还与江南诸文化世家结下了深厚的友谊,形成了一个广泛的文化精英网络。生长在这样的家庭文化氛围传承之中,叶尔恺的知识结构十分全面,不仅精于国学,同时受浙东学派影响,注意"涉猎时务书",博古通今,融汇中西。特别是叶庆浔虽然在重庆安家,但叶尔恺的祖父、母亲还居住在浙江杭州仁和。叶尔恺也就经常往来于浙江、武汉、重庆数地,读万卷书与行万里路的结合,使叶尔恺的文化视野十分开阔,对于正在兴起的西学与洋务有着更多的了解,也十分关心时局与世事,经世致用之心常溢于言表。如他在与浙江名士汪康年的信函中曾多次提到时局状况:"总理衙门传言曰俄将构兵,俄人行文欲假道于我黑龙江,恐未能答应也";"南皮相国有悬车之意,继之者未知为谁,外间臆度钱、徐二公,枢处必得其一矣";"天下大乱之来,其先必由于是非混淆,赏罚不明……甲申以来,十年之内政事尤不可问,及至今日,溃败决裂,而当事诸公犹日日盼和,以为和议一定,可仍遂其泄沓之私,孰知三年之艾,蓄已无及哉!"②良好的家学渊源以及开阔的文化视野使叶尔恺与江浙诸多名士多有往来,尤其是与维新派人士汪康年、汤寿潜过往甚密。叶尔恺的思想与交游对于程德全的思想发展有着重大的影响。程德全在其《六十自述》中说:"住京三载,时与仁和叶君伯高等纵谈。谓有清发祥东省,今边事之亟亟若东省,因与搜罗记载,凡刊行者购阅,刊本难得者,重价购之钞本。如黑鞑事略、高丽秘史、耶律文正西游录等则手钞之,旋晤黑龙

---

① 叶之田《敦怡堂续稿·序言》,清嘉庆十九年刊本。
② 上海图书馆编《汪康年师友书札》(三),上海古籍出版社,1987,2464、2456、2466—2467。

江旗人寿部郎山眉峰,咨访东事,寿公讶曰:君到过几次,何熟习乃尔。遂与订交,此为出关张本。"①由此可见,正是叶尔恺的指点,程德全才由通经致用而走向关心东三省史地知识,最后因此而得到寿山等旗人将领的重视,被援引入幕,并经他们的迭次保举而逐步进入慈禧的视野,最后出将入相,由黑龙江将军而江苏巡抚的。

程德全因叶尔恺之助而进入清末官场,同样,也是因叶尔恺之助,他才能与汪康年、汤寿潜等浙江名士建立了早期的联系。

叶尔恺与浙江名士汪康年是同乡、又是同年考上进士的同年,而且叶尔恺的婚事也由汪大力撮合,叶在光绪十六年(1890年)致汪的信中说:"夫婚姻撮合,亦人事之常,而如兄之视弟事如己事,为之反复思维,为之统筹全局,实有弟所见不到者,非爱同手足,何以能此,寻常感谢之语,不敢上渎清听,少陵诗云同心不减骨肉亲,似为兄之于弟咏也。……都中亲友如恒,沈氏昆仲(子承仍未出都,大约今年不去矣)及樾堂世叔、子修、博泉诸人均常见,经才、树侯、定孙均出都"②,由此信可见,叶与汪确是情同兄弟的知心朋友。这种友谊他俩保持了一生。叶无论是在北京读书、为官,或是到陕西、云南为官,事前事后都要向汪通报,而他们通信中最多的内容就是叶通过汪在上海购买各类新书与新报。而且汪康年有一个特别突出的长处,就是长于社交。其弟汪诒年称:"先生好客,出于天性,在两湖书院时,凡名流客于张文襄者皆以纳交。其后设《时务报》于上海,则凡在上海之名人,于政治、学术、艺能、商业负有声誉与夫来上海者,无不踵门投刺求见。而先生亦无不迎候访问,夕则设宴以款之,相与谈天下大计,或咨其所长,或征求其所闻见,故于各地之人情风俗,与其人之性情品行,无不明了。尝手辑一书,取平日所见之人,分省隶录,并详著其所长,题曰:曹仓人物志。其留意人材如此。先生好客之名即著,故四方人士无不愿一见先生。"③正是由于汪康年的好客和叶尔恺的居中,程德全便与汪康年、汤寿潜这批江南文化精英建立了联系。光绪二十三年(1897年)叶尔恺之弟叶尔璟在致汪康年的书信中特意向汪引荐程德全:"程雪楼师拟到申访兄晤谈,当知所蕴,如纯以西法绳之,失嘉士矣。"④此时的程德全正在安庆以候补知县的名义候缺。他想借此相对有闲的时机去拜访汪康年,以求得更多的新知。但由于东北寿山等

---

① 程世模主修《云阳程氏家乘》(卷二),云阳县档案馆藏,79。
② 上海图书馆编《汪康年师友书札》(三),上海古籍出版社,1987,2455。
③ 章伯锋、顾亚主编《近代稗海》(12辑),四川人民出版社,1988,342。
④ 上海图书馆编《汪康年师友书札》(三),上海古籍出版社,1987,2517。

人需其帮助,所以,从现有的资料来看,此次似乎并未成行。

　　1908年3月,程德全卸黑龙江巡抚职告假回乡,成多禄与之偕行。据成多禄自定年谱所载:"由京而沪,云车风舶,无不与俱,五月至上海,寓新闸路,与汤蛰仙(寿潜)时相往来,求共作谱序一首。六月,游普佗山,遍历诸胜,可二十日。八月,观潮,并游西湖,亦二十余日。"①《成多禄年谱》中只记了"与汤蛰仙(寿潜)时相往来"这一条,程德全在此数月中与江浙文化精英的往来应还有不少。特别是汪康年作为一个报人,既与程德全谊为兄弟的叶尔恺情同兄弟,又是极爱社交之人,程德全本人则是早在十年前就有意访之,此次在上海、杭州岂有不登门拜访之理。但现在缺乏资料,只能存疑。

　　除了叶尔恺、汪康年、汤寿潜之外,程德全在任黑龙江巡抚期间还与秋瑾的叔父秋桐豫有着十分融洽的上下级关系。秋家是绍兴师爷世家。秋瑾的父亲就曾先后在福建、湖南做过幕僚。秋桐豫也是幕僚出身,于1905年10月以"试署黑龙江分巡道兼按察使衔"在程德全手下任职。一年试署期满后,程德全给他的评语是:"查该员老成谙练,品学兼优,守己清廉,宅心公正。于江省兴举诸务,赞助尤多,任内亦无参罚处分,以之请补分巡道实缺。"清政府批复后,按程序秋桐豫应到北京吏部引见,但秋是程手下得力的部属,须臾不可离,所以程专门上奏说:"江省分巡道一缺,总司通省刑名,兼管驿站,有察吏安民之责,事务极为繁重,况江省设民官,事事草创,尤赖该道赞划一切。且现兼学务裁判商埠各要差,实难遽易生手,合无仰恳天恩,俯准该道秋桐豫暂缓赴部引见,出自逾格鸿施。"②由此奏可见,同有幕僚经历的程、秋二人的合作十分默契,而程在与秋的合作过程中,对于江浙文化精英特有的幕府、师爷文化也是有所熏染的。

　　程德全未到江苏任职之前与江浙文化精英往来还有一个途径,就是当时在江苏任职的一批川籍官员。按清代任官回避之法,很多川籍官员当时在江苏为官。据时任苏州元和县令的川人李超琼之日记所载:"招蜀之在吴者共酌,来者十有六人";"同寅同乡之来与宴者计二十余人"③。虽然李超琼未说明来者的具体身份,但能被县令请来赴宴的,应当说主要是各级的官员了。李超琼对于程德全在庚子年的抗俄壮举早有所闻,所以,1908年程德全在上海寻医之际,李超琼亦专门拜访三次,据其日记所载:"初三日丁

---

① 李树田主编《成多禄集》,吉林文史出版社,1986,37。
② 李兴盛、马秀娟主编《程德全守江奏稿(外十九种)》(上),黑龙江人民出版社,1999,463、552。
③ 苏州工业园区档案中心整理《李超琼日记》,江苏人民出版社,2012,6、7。

巳，阴小雨，辰间出城，谒前黑龙江巡抚云阳程雪楼中丞（德全）于法界之鸿发栈。见其两足不仁，步履甚艰，其请假尚系实情。与晤谈久之。于边徼治理之大端，颇皆得要。人谓其习尚骄傲，似亦不然。殆病后起居不便，致召疑谤谒。"程德全为《李紫璇大令年谱序》亦言："合江李紫璇大令以举人官江苏。所至，民尊爱之。无贤不肖皆曰：'李侯真慈父母也。'及移他县，则攀辕辙以留之。虽久，思之勿衰。故言吴中循吏者必首称君。历八县皆然。光绪三十四年，余养疴上海，君时来过从。宣统二年，余抚江苏，君则先二年卒矣。身后萧条，逋负之状惨哉盖不忍闻。吴之民出其财而理之，得无累。于是叹遗爱之入人也远，吴人之风尚亦古今所希觏也。逾年，上海姚君子让以君年谱见视，属为之辞。凡五十岁前皆君手述，其后十四年则杨君古酝续成之。余知君久，君之为治也，吾夙详焉。其视民如家人父子，置一身毁誉于度外，非必有绝特可异之行。而慈祥恺悌，息息以民心为心。遂令暴者以惕，懦者以立。仁气之煽，如病得苏。《书》曰：'如保赤子，心诚求之。'君之有矣。年谱之作，盖本君之日记中，无甚高难行之论，一一皆入理而觑情。而义愤所激，则不平之气郁勃于行间，虽老而不改。倘所谓朝气耶？君处膏不润，其卒也，几无以为敛。公私亏耗至钜，上海士大夫呼号奔走，天下人皆谈之。今则刊君日记行于世。呜呼，廉吏不可为，此古者伤心之言也。"①程德全与李超琼的这段时相过从，无形中增加了程对江南文化场域的了解，特别是在李去世后，"身后萧条，逋负之状惨哉盖不忍闻。吴之民出其财而理之，得无累。于是叹遗受之入人也远，吴人之风尚亦古今所希观也"，"上海士大夫呼号奔走，天下人皆谈之"——江南文化场域中的仁义、善良、不平则鸣、仗义疏财的文化特色给程德全留下了极深的印象。

（三）任职江苏后与江南文化精英的融合

由于与江南精英文化有着内在的精神联结，并与东南文化精英的代表人物汤寿潜、叶尔恺、秋桐豫以及在江苏任职多年的四川同乡李超琼等有着多方面的联系，程德全对于江南文化精英的社会影响力了若指掌，所以，他在1910年奉调为江苏巡抚时，就将与江南文化精英建立联系作为首要任务，最终与之融为一体，共同主持了辛亥革命苏州和平光复的历史伟业。

程德全上任不久即对江苏省内的绅学、商、军、警各界进行了一番调查，然后给清廷中央发了一个详尽的电文，他说："苏省为吾国文明之中心点，不料开通愈早，腐败亦因而随之。兹将全之对待情形及现时状况，一一胪列如下：一：绅学界。士绅学向占优胜地位，近来东西文明输入，而知识亦愈日

---

① 苏州工业园区档案管理中心藏《李超琼日记》手稿。

新,加以张殿撰謇诸人为之导师,力加提倡,将来吾全国之教育模范,殆将取法于兹。……商界。此间出品以丝米为大宗,近来年来尤为发达。盖因商人资格甚高,半皆有学问而不愿为官者,时寓于此,讲求有素,故实业颇兴,如郑苏勘孝胥诸人之办理南洋劝业会是也。"可见程德全对于江苏省绅、学、商三界的评价是相当高的,即认为江苏在传统文化与东西方文明交融之下"知识亦愈日新";而且有张謇为导师,力加提倡,江苏将来可以成为全国学习的榜样。商人因"半皆有学问而不愿为官者",讲求有素,实业颇兴。这些评价既表达了程德全对于江南文化场域中绅、学、商一体主导地位的肯定,也表达了他对这些文化精英惺惺相惜的欣悦之情。相形之下,程德全对于江苏的军界官场则十分不满,认为是"腐败亦因而随之"的巢穴。"巡防。……兵弁遂得夤缘为奸,肆行无忌";"太湖水师。……专以通贼之为法,行扣额之习惯,因养成无数营混、无数流氓,水师遂不可问";"新成陆军……虽属新编,已成募气";"警界。……精神上且不论,形式上即已大难:有卧治者,有跛倚当街者,有吸鸦片及贪财钱者,种种怪象,不一而足";"官界。……宦途习气印于脑筋者太深。除升官发财外,无思想;除派厘调优外,无希望。虽其间有学识有经验者亦不乏人,而此等庸才实占多数,自应大加淘汰,一清政界而利进行"①。这封长文既是程德全的调查报告,也是他在江苏的施政大纲。他在江苏近两年的巡抚任内基本上就是按这个大纲所言而施政,即竭力结好与援引绅商学界,整顿军警官界。同时,他本人也通过结交援引江南文化精英主体所在的绅学商界,融入江南文化精英共同体中,并在他们的帮助下,对江苏的军警官界痛加整顿,最终使整个江苏的军警官界出现了新的面貌,绝大部分军警官佐跟随程德全参与了苏州辛亥革命的和平光复。而为程德全援引并对其融入江南文化精英共同体起作用最大的则是张謇、应德闳等人。

作为东南文化精英的领袖和东南互保主要策划人的张謇,虽然在程德全任职苏州前没有见过程德全,但通过当时报纸的报道以及汤寿潜等人的介绍,他对程德全的为人是有所了解的。所以,他在后来对程德全的评价中说:"清末督抚大都以贿赂进身,贪污昏庸,对于国势民情,全不了解。惟程德全在黑龙江时,以个人之肉体与帝俄时代沙皇军队之枪炮相抵拒,为俄人所惊矣,极得黑省人民之爱戴。自任江苏巡抚后,鉴于国势阽危,屡进忠告于清廷而不蒙采纳,实为清末督抚中仅有之好官。"②从这段话可以看出,张

---

① 扬州师范学院历史系编《辛亥革命江苏地区史料》,江苏人民出版社出版社,1961,17—18。
② 刘厚生《张謇传记》,上海书店出版社,1985,184。

謇对于程德全以个人肉体与沙俄枪炮相抵拒的爱国主义精神是极为钦服的,对程德全在江苏"屡进忠告于清廷而不蒙采纳"是同情的,并赞之为"实为清末督抚中仅有之好官"。程德全则称张謇为绅学界的导师,表明了程对张的钦慕与向往。双方这种精神上的共鸣与向往就为双方的合作、为程德全迅速地融入江南文化精英群体并获得支持奠定了坚实的基础。

宣统三年(1911年)正月二十日,张謇专程到苏州拜会程德全,是日他在其《日记》中写道:"赴苏州,诣程中丞。"①这是两人的首次正式会晤。虽然双方未留下详细的谈话记录,但却奠定了二人长期合作的牢实基础。正如张謇的儿子张孝若后来回忆所言:"(程德全)处处推重我父,有封信写着'昔子产治郑,虎帅以行。全之视公,后先同轨'的话。所以我父那时候将见得到的地方和应付措置的计划,尽量地向程公陈说,程公都容纳了立时照办。"②作为江南文化精英领袖人物的张謇"将见得到的地方和应付措置的计划"尽量地向程德全陈说,程也"都容纳了立时照办",说明双方完全融为一体。而这种融为一体的合作最突出地体现在立宪运动与苏州的和平光复这两大政治事件上。

在程德全甫到任江苏时,江苏地区的立宪运动开展得十分热烈,张謇作为预备立宪公会的会长、江苏咨议局的议长,接连数次倡议领导了以设立责任内阁、早开国会为号召的国会请愿活动。程德全素以革新自命,对立宪思想持支持态度,早在黑龙江巡抚任上就于1907年专门《遵旨胪陈预备立宪办法折》中夹上《请速开国会片》,程在此片中说:"今日舍国会外,更无联国家与人民合为一事之长策。上年厘定官制,王大臣所订资政院章程,用意最善。惟选举之途略狭,权责之寄太轻,是宜广选英贤,径开国会,以救时艰而支危局。"③正由于三年前程德全就有速开国会的奏请,所以他对于张謇领导的国会请愿活动极力支持,到江苏任上甫及三月,即于宣统二年(1910年)九月二十三日联名全国18督抚电奏清廷,要求尽快设立责任内阁与国会,这个全国绝大部分督抚参与的联名上奏是张謇与原江苏巡抚瑞澂等人商定的,程德全一来就继续力挺,这对张謇来说是一个极大的支持。正是在这种内外压力之下,清廷于1910年10月下诏宣布在宣统五年(1913年)开设国会。张謇在上海听得消息后对这一结果甚为欣慰,他以咨议局的名义致电资政院:"请愿有效,天恩高厚,感激涕零。"同时他也十分感激程德全对

---

① 张謇《张謇全集·日记》,江苏古籍出版社,1994,646。
② 张孝若《南通张季直先生传记》,中华书局,1930,163。
③ 李兴盛、马秀娟主编《程德全守江奏稿(外十九种)》(上),黑龙江人民出版社,1999,582。

其国会请愿运动的支持,他曾对程等督抚的电奏予以高度评价,认为程德全等督抚的支持"大为切要",又特意电谢程支援请愿。① 这也就是张謇在1911年春节刚过就专程到苏州拜会程德全的原因所在。

宪政改革,速开国会,设立责任内阁,这些都是程德全与江南文化精英共同的政治追求。正是这种共同的政治追求使双方很快融为一体,在全国掀起了以速开国会为号召的宪政运动高潮。但清王朝昏聩自用,将这些立宪派们亟亟以求的改革需求一推再推,使张謇、程德全这些立宪派官绅对之失去信心,在革命风暴到来时,这些立宪派官绅就及时地脱离了清政府这艘即将沉没的旧船,而发动了苏州的和平光复。和平光复的基础正是建立在立宪运动中程德全与张謇集团默契与配合的基础上的。

除了张謇外,应德闳是程德全到任江苏后对之影响最大的江南文化精英。

应德闳(1876—1919年),字季中,浙江永康人,光绪丁酉年(1897年)举人。1902年因在江苏办赈出力,被奏保江苏候补道员仍留原省补用。1908年,出任淮安知府。应德闳虽然不是江苏人,但因为其父应宝时曾任江苏按察使兼布政使,为官清廉,颇有政绩;加之在苏任职多年,对江苏民政风情知之甚详,应德闳自幼随其父在苏州居住,耳濡目染,对江苏之文化习俗、官绅之掌故例案,烂熟于胸。程德全到江苏后,"以革新自命,与江督张人骏背道而驰,江苏之明达士绅,皆附于程……程好联络苏之知名士,应德闳在苏久,于士绅素有往来,故得左右此议"②。在程德全与江苏绅士的联结上,应德闳起到了穿针引线、铺桥筑路的作用。而且应德闳曾多年随苏藩司办理财政,对江苏省的财政情况十分熟悉,刚到苏省履新的程德全急需这样的人才协助,由此应德闳即成为程德全的左膀右臂,"政事悉委决于左右,左右亦能善相之"③。可以说,应德闳是程的左右中最为重要者之一,二人名为主属而谊若昆仲。

宣统三年(1911年)5月,江苏布政使陆钟琦擢升山西巡抚,藩司一职出缺,程德全即奏请应德闳署理。然此举却不符清代的官场礼制,因应德闳虽已捐得补用知府,但尚未正式担任过这一实职。御史陈善同以擢升官吏不得违反旧制、任用私人为由,严词弹劾程德全,致使程被清廷斥责并降二级留任处分,应德闳亦被参奏去任。这件事对应、程二人都是一个沉重的打

---

① 张謇《张謇全集·日记》,江苏古籍出版社,1994,872。
② 张国淦《辛亥革命史料》,龙门联合书局,1958,229。
③ 扬州师范学院历史系编《辛亥革命江苏地区史料》,江苏人民出版社,1961,395。

击,程德全赏识应德闳的才干故而向清廷举荐重用,结果竟受到如此不公的处罚,"德全大忿,时出怨言"①,对清廷"以是遂衔之,形于词色"②。程德全对此案耿耿于怀并不是完全的出于个人意气,真正的情况是,在国势危急正需不拘一格用人才之际,清廷中央还是恪守陈腐的祖宗成法,不予变通,反而给他这类出于公心奖掖人才的做法予以处分,对此他感到很是愤懑。程、应二人由此而对清廷产生离心,而这种离心正是江南文化精英从戊戌变法以来的一个大的趋势,程与应是这个趋势的后来者。

江南文化场域中深厚的程朱理学积淀,使自幼受程学教育的程德全与之有着内在的契合,而程德全由一大山中的贫寒书生能因缘际会地出将入相,根本的转折还是得力于浙江名士叶尔恺父子二代的奖掖与帮助,叶尔恺指点他从东北史地知识的学习入手,程德全由此因缘满族将帅寿山等而进入东北官场,之后,还通过汤寿潜等将自己带入江南文化精英的圈内。这些都为程德全任职江苏后融入江南文化精英之共同体作了前期的铺垫。程到江苏后,共同的宪政追求使他与张謇一见如故,二人推心置腹,互为帮助,在应德闳的穿针引线联络之下,"江苏之明达士绅,皆附于程"。由是,程德全与江南文化精英完全融为一体。正是在这种官绅一体的支持下,程德全方能不动声色地移步换形,以和平光复的方式完成苏州的辛亥革命。因此,可以说,和平光复这一辛亥革命模式的产生,其实是江南场域文化和平、柔慧、稳健、理性等内涵的要求。"苏民故文弱畏兵祸,德全不杀一士,不发一弹,卒告光复之功,舆论多是之,盖非偶然也。"③程德全、张謇以江南文化精英的内属性感知到了吴地文化的这一需求,顺其势而为之,辛亥革命苏州和平光复的历史伟业即成就于这一江南场域文化与其精英代表——"一官一绅"的合作之中。

三、程德全与辛亥革命苏州"和平光复"

程德全与江南场域文化有着多方的内在契结,在东北官场多年的历练使他为官十分谨慎,注重任前的调研。所以,他在由奉天巡抚调任江苏巡抚时就特地绕道武昌拜会前任瑞澂,请瑞澂为之介绍江苏省的有关情况。而瑞澂在江苏时就与张謇等立宪派关系融洽,与张謇在国会请愿与请设责任内阁两个方面有分工与合作。这也为程德全到江苏后迅速与江南文化精英

---

① 政协江苏省文史委编《辛亥江苏光复》,江苏文史资料第四十辑(内部资料)1991,29。
② 李树田主编《成多禄集》,吉林文史出版社,1986,41。
③ 扬州师范学院历史系编《辛亥革命江苏地区史料》,江苏人民出版社,1961,395。

融为一体做了铺垫。程德全在上任之后便积极地支持张謇等江南精英为首的国会请愿运动,积极地参与锡良、瑞澂等领衔的18省督抚联名上奏请开国会、设责任内阁的活动。虽然清廷中央迫于压力宣布预备立宪的时间由九年缩为三年,但结果第二年又弄出一个"皇族内阁","东南人望"张謇大失所望,在自订年谱中追记说:"政府以海陆军政权及各部主要,均任亲贵,非祖制也;复不更事,举措乖张,全国为之解体。"①清王朝出尔反尔,违背祖制与君主立宪皇族不任阁员的通义,炮制出台的"皇族内阁"为天下人所诟病。清廷"举措乖张"的结果是为渊驱鱼,为丛驱雀,将立宪派驱入到革命派的阵营之中,清廷"为之解体",辛亥革命因之而成功。

辛亥革命由败转胜、走向成功的转折点是上海与苏州的和平光复。在此之前是以武昌暴力革命的模式为主导,这一阶段虽然取得了很大成绩,但在北洋军的进攻下,汉口、汉阳相继失守,武昌岌岌可危,北方太原失守、陕西受到东西夹攻。而苏州光复后,六天内东南五省响应,东南财赋之地尽为革命军所有,北洋军陷入饷源断绝、械弹不给的地步。而苏州和平光复的统一战线模式更给袁世凯示以出路,在张謇等人的运作之下,袁系军队开始转向,最终迫使清帝逊位,辛亥革命得以收竟全功。而其转折点在苏州的和平光复,主导者则是巡抚程德全。

苏州和平光复的主导者程德全

中华民国临时政府任命程德全为内务总长的委任状

---

① 张謇《啬翁自订年谱》,《张謇全集》(第6卷),江苏古籍出版社,1994,968。

(一) 程德全是辛亥苏州和平光复的主导者

对于辛亥革命苏州和平光复的主导者,时人早有定论:"吴中领袖二氏,一官一绅,掀此巨浪,遂使天高高海滔滔之国乐,成为语谶。""官"即程德全,"绅"即张謇。而且这个排序也是十分准确的,"官"在前,"绅"在后,即以程德全为主,以张謇为辅。前面说过,张謇在夏历 8 月 24 日去见张人骏时还劝张派兵援鄂平乱。赵凤昌在 24 日与黄炎培、雷奋、杨廷栋"密议拥袁组阁办法,派雷奋、杨廷栋往迎张謇"①。张謇与他们会合后,态度发生改变,转而与他们商定代程德全起草要求清廷"速布宪法,开国会之议"的奏稿。张謇 26 日到上海与赵凤昌等人商议后,态度完全转变,开始在日记中转述"江宁自鄂来者,盛称革命军人之文明"。与张謇相较,程德全的态度转变似乎更早一些。

"君主立宪"的主张程德全在 1907 年黑龙江巡抚任上就已向清廷提出。到江苏后他还是秉此理念,认真地推行各项清末新政,积极支持张謇等预备立宪公会发起的国会请愿运动,并积极参与全国 18 督抚的请开国会、设责任内阁的电奏。清廷最后虽然勉强将九年的立宪预备期缩短为三年,张謇等江南文化精英虽然也表示接受,但内中的一些激进者是不满意的,这种态度影响到了程德全。据从程德全任职黑龙江将军时就追随程、与之情同兄弟的程德全幕友成多禄追记:"(1911 年)春,复来江苏,默察幕中气象大变,内则罗偕子良鉴、应季中德闳实倡新说,而李孚轩肇庆亦附和之;外则章驾时等勾通军界,革命之势遂成。"可见,程德全幕府内外的主要人物在辛亥年春即由对清廷失望而开始转向革命了。清廷中的少年亲贵又因程德全欲提拔应德闳之事,给程以降二级处分,这更加快、加重了这种离心力。"五月,陆钟甫方伯钟琦擢山西巡抚,程中丞拟以应德闳署。德闳者,候补道也。资浅,疏入,朝廷以为不合,镌程公二级。以是衔之,形于词色。"这个看似偶然的事件,激起了程德全对清廷的离心,被人称为"腹有鳞甲"、深藏不露的他竟"形于词色"地对清廷表示不满,其失望之深可见一斑。"七月蜀乱,八月武汉事起。沪上绅商来苏者,排日踵相接,语密不可得闻。九月初,应德闳归自浙江,议乃定。然余不知也。于是,程公在幕府集议,以觇向背,诸人皆劝进,以为时不可失,其独立便。余独以君臣大义折之。众皆嘿然而散。"②追随程德全多年而且终生与之保持友谊的成多禄的这个回忆应当是可靠

---

① 王树槐《中国现代化的区域研究:江苏省,1860—1916》,台湾"中央研究院"近代史研究所,1984,153。

② 李树田主编《成多禄集》,吉林文史出版社,1986,41。

的。辛亥年九月初,程德全在"沪上绅商"与应德闳等人的影响下,"议乃定"地决定脱离清廷而策划独立了。做事谨慎的程德全为此还专门召集手下幕友"在幕府集议,以觇向背",结果是"诸人皆劝进,以为时不可失,其独立便",唯有成多禄"以君臣大义折之"。这个与会者中绝大多数一致赞同的独立,在10余天后的9月14日就以和平光复的形式得以实现了。

据叶昌炽辛亥9月14日日记所载:"旬日之前,即有人言□□(程德全)腹有鳞甲,深沉难测,里巷无知,亦有颂言。不讳怵以无恐者,鼓钟于宫声闻于外,今始知人言之非虚也"①,"旬日前"也即在9月4日左右,与成多禄回忆的"九月初"正相吻合。而且,这样有一定规模的"幕府集议"是可能被泄露出去的,特别是会上还有一个持不同政见者——成多禄。但成多禄又与程德全谊同兄弟,所以,他不会很明确地传泄,而只能用"腹有鳞甲,深沉难测"这类模糊语言而代之了。

程德全在辛亥9月初即议定转向共和独立之事,还可从其家庭教师钱伟卿在《谈程德全二三事》的回忆中得到证实:"在苏州光复前夜,程德全已和革命党有了联系,但幕外人都不知道,一天傍晚,他坐在抚衙花厅上,忽然赵尔丰的儿子来了。此人在苏州某学校任教师,发现了革命党的活动,遂来向程告密。程听话未竟,立即厉声呵斥说:'此地是什么地方?能容许你这样胡说八道吗?'说罢即举茶送客,赵狼狈而去。程平时很少疾言厉色,我还是初次碰到他这样发怒哩。"②上述三人,身份不同,与程德全亲疏不一,但他们都从不同的角度回忆、证实了程德全早在辛亥年9月初就下定了转向革命的决心。这一点还可以从他截留南京所借的军饷上予以证实。"两江总督张人骏,因宁库缺饷,向苏库电借三十万以应急需,苏藩左孝同已允拨,被程德全截留,且将左面斥。因其时之程德全,表面虽与清廷敷衍,实际上对清廷早已表示不满。"③截留这部分饷银,对于辛亥革命的意义是非常重大的,不仅使南京张人骏、张勋因缺乏军饷兵不愿战,更重要的是还为程德全在苏州和平光复后组建江浙联军准备了充足的军饷,为新生的革命政权准备了财政基础。

综上所述,程德全是在上海与苏州和平光复的"旬日前"就做好了独立、光复的准备,而不是像有些研究者所说的"直到上海起义,程德全还妄想在共和和帝制之间,寻找一个可以'自保'的过渡办法。11月4日,苏州部分

---

① 叶昌炽撰、王季烈编《缘督庐日记钞》(四),北京图书馆出版社,2007,224—225。
② 扬州师范学院历史系编《辛亥革命江苏地区史料》,江苏人民出版社,1961,125。
③ 政协苏州市文史委编《苏州文史资料》(1—5合辑),1990,88。

绅商从维护自身利益出发,先后游说程德全'自保免祸',程德全同意并命孔昭晋草自保条件"①。像这类把程德全转向革命的时间放在上海起义之后,以此来论证程德全是被形势所迫、逼不得已的论点很多,除了由于意识形态史学的长期影响之外,还有就是他们往往忽视了程德全一向谨慎的性格,在如此重大的事情上程德全竟然事前没有谋划,而仅在一天之内就迫于形势匆匆忙忙宣布反正,这不仅低估了程德全的个人胆略(须知此人在十年前曾置生死于度外,以身屏俄军炮口,并投水自杀而不被俄军的胁迫所屈),而且也低估了在江南场域文化熏陶下成长的精英们的政治智慧。江南文化精英历来以精明、谨慎著称,没有充分的准备与斟酌,他们是不会轻易地去游说程德全的,因为这样做可能会因失言而丧失身家性命。

程德全的幡然转向以及上海、苏州绅商和文化精英先后向程德全游说,其实有一个很重要的原因就是,他们曾经在十年前成功导演了一次"东南互保",对清廷宣布过一次事实上的独立。所以,这次"已拟援照庚子例,创自保之策"②。但不同于东南互保的是,此次已有"共和"这一新的"名"足以号召全国并争取世界承认,完全不需要清王朝这个腐朽的旧"名"了。所以,这次江苏的和平独立形式上与东南互保有相似之处,而精神上则迥异。

(二)"尽人理",先礼后兵

作为一个以布衣而受清廷之特别拔擢而为汉人第一个黑龙江将军、后又官居江苏巡抚的地方大员,程德全与张謇一样,是受有清廷的"国恩"的。虽然,清廷的倒行逆施使他们对清廷完全灰心,但他们还是无法像革命派一样,直接地拉下脸面与清廷刀兵相见;而且这也不符合他们自幼所受的儒家教育之"君臣大义"、"朝廷即国家"的理念。即如1910年9月21日张謇在杭州与友人谈话时,其友人说:"以政府社会各方面之现象观之,国不亡,无天理。"张謇回答说:"我辈尚在,而不为设一策,至坐观其亡,无人理。"③由张謇与其友人的对话可以看出,他们还是将国家与清廷等而视之的,并要以"尽人理"之道德责任感来挽救清廷之国。这也就是张謇在立宪运动中全力以赴地发起国会请愿运动的驱动力所在。程德全与张謇在这一点上是息息相通的。所以,无论是在黑龙江、奉天,还是到江苏后,他也是倾全力推进立宪运动,将之作为挽救清廷的唯一救死急着。但清廷却是"天大军国事,飘瓦当儿戏",公然违背宪政原则与清廷祖制,搞出一个皇族内阁,造成立宪

---

① 吴韵《浅论江苏都督程德全的几个问题》,《南京师大学报》1989年2期。
② 扬州师范学院历史系编《辛亥革命江苏地区史料》,江苏人民出版社,1961,87。
③ 张謇《张謇日记》23册,宣统元年9月21日,江苏人民出版社,1962。

派与之离心离德。但立宪派毕竟不是革命派,他们虽然对清廷极度不满,但也只是将这种不满通过报章与奏折表示出来,从没有想过以暴力去推翻清政权。这也就是张謇在得知武昌起义后,还向安徽巡抚朱家宝、两江总督张人骏建议出兵平叛的原因。虽然赵凤昌、程德全比张謇眼界更开阔,看到了清廷的不可救药性,但程德全还是与张謇一样,准备对清廷尽最后一分"人理",以尽他的臣子之节。

辛亥年9月25日,张謇、杨廷栋、雷奋三人在苏州旅舍内为程德全起草上清廷的奏折,此奏折由程德全联合热河都统浦颋、山东巡抚孙宝琦会衔上奏,其文首先对武昌起义后的危局作了铺陈:"窃自川乱未平,鄂难继作,将士携贰,官吏逃亡。鹤唳风声,警闻四播,沿江各省,处处戒严。……失所之民,穷而思乱,止无可止,防不胜防。沸羹之势将成,曲突之谋已晚。"造成这种危局的原因就在于:"惟是筹备宪政以来,立法施行,名实既不尽符,而内阁成立后,行政用人,举措尤多失当。在当事或亦有操纵为国之思,在人民但见有权利不平之迹。志士由此灰心,奸邻从而煽动。于是政治革命之说,一变而为种族革命之狂,而蓄祸乃烈火矣。"危局的根源就在于清廷"立法施行,名实既不相符","行政用人,举措尤多失当"。挽救危局的办法只有:"先将现任亲贵内阁解职,……然后定期告庙誓民,提前宣布宪法,与天下更始。"此奏之后,程德全又让幕僚沈友卿、罗良鉴、应德闳分别起草了三份奏折,力劝清廷解散皇族内阁,提前宣布宪法,然而对于程的"反复敷陈,卒不见听。……岂天不悔祸?抑吾之诚不足以感人也",清廷中央"天不悔祸",程德全、张謇等人在"人理"、"臣节"已尽的情况下,不得不转向顺应人心民意,而投向共和。

程的这一"反复敷陈",虽然因为清廷"卒不见听",但程德全却向全国、向清廷内外表示他已尽到最大的"人理"与"臣节";清廷中央权贵"天不悔祸"的顽固面目暴露在世人面前,程德全由此而表明自己恪守传统文化之道德规范,做到了"臣节无亏",从而争取到了文化与道德的主动权与话语权。所以,在后来"清史馆某君议以云阳入叛臣传、南中某大府亦谓辛亥之役,云阳臣节有亏。乙卯(1915年)政变,两人皆与劝进。今展此卷,怆然欲绝"时,参与为程德全起草奏折的杨廷栋、雷奋、应德闳、张謇等人就将杨所保存的第一份奏折原稿拿出来裱糊传世,并纷纷在上面题诗作词,在反驳这些说程德全"臣节有亏"说辞的同时,讽刺"某君、某大府"在袁世凯称帝时腆颜上书劝进。两相对比,程德全与他的盟友们是在切切实实地为清廷"尽人理"。而清廷如"聋虫不能聪,狂夫不能智","绝天天绝之",但"生民不能尽"①,素有以民为本的儒家理念的程德全只能由向清廷尽忠而不纳而转向为"生民"尽忠了。这正是饱受中国传统文化"民为贵,社稷次之,君为轻"教育的程德全的一个必然选择。

在向清廷连上四奏而被拒之后,程德全不仅取得了政治上与文化上的主动权,而且,这个反复奏陈而清廷拒不采纳,恰恰暴露了清廷"天不悔祸",没有改过自新的决心与诚意,从而不仅为程德全转向共和争取到了社会上的广泛同情与支持,而且也造成了清廷在道德与文化上的孤立,从文化与道德的层面撼动了清廷统治的合法性。正如袁世凯对其幕僚张一麐等人所言:"诸位懂拔树方法么?几百年大树,专用猛力,虽折断,无法去根。只有左右'晃'的一法。无误'晃'之不已,根土松动,全根一拔即起。我的军队忽进忽退,就是'晃'的一法。"②应当说袁世凯此言是颇有见地的,也是十分有效的。程德全的连上四疏,其实也是袁世凯所说的"晃"法之一。只不过袁世凯是用军队的忽进忽退来"晃",而程德全是用文字奏折来"晃",经此四疏的四"晃",清廷中央冥顽不灵的本质暴露无遗,所有心存幻想的立宪派官绅全部与之离心而走向和平光复。这既是程德全政治智慧、谋略的显现,同时更为苏州的和平光复争取到了东南督抚群体的理解与同情。

(三) 官绅一体,创建共和

1. 官乎? 绅乎?

在对程德全与苏州和平光复的研究中,有的学者提出:"评论程德全必须从程德全的实际出发,即必须从旧官僚的身份,从游移于革命与反动之间的旧官僚特点出发,离开这个基本点是难以作出正确评价的。"③其实这种以"旧官僚"作为"基本点"来评价程德全的做法是无法自圆其说的。因为其文是涵盖了程德全辛亥革命直至反对"二次革命"的全过程的,那么程德全在辛亥革命前是"旧官僚"固然不假,但革命后他就是革命政府的江苏都督、南京临时政府的内政部长,怎么还能称之为"旧官僚"呢? 此时他的身份应当是"革命干部"或者是"民国元勋"才是符合实际的。所以,用"旧官僚"作为评价程德全的"基本点"其实是有违实际的。而且,官僚或公务员只是一个职业,特别是清朝的官僚体制具有很大的开放性,科举入仕后可以去做

---

① 黄炎培《辛亥革命史中之一人——程德全》,《人文月刊》1930 年 11 月。
② 黄炎培《八十年来》,文史资料出版社,1982,58。
③ 李茂高、廖志豪《江苏光复与程德全》,《纪念辛亥革命七十周年学术论文集》(下),中华书局,1983,98。

官,也可以辞官不做去为绅,如苏州的潘祖谦、尤先甲等。同时,清代的官员并不是终身制的,而是经常被撤职、罢免,或辞官,或守制,或由官转幕,或由幕转官等等,如冯桂芬、俞樾、潘祖谦、汤寿潜等等。他们中很多人在任过短期的官职后就弃官为绅了。即使很多人在历史事件发生时是居于官的位置,如谭嗣同、杨锐等死时是四品军机章京,但能说他们是"旧官僚"吗?"维新志士"才是历史给予他们的正确评价。所以,评价历史人物的"基本点",不应当是他曾经担任过的职务,而应当是他整个历史生涯中的言与行。因此,评价程德全在辛亥革命时的"基本点",就不应当是他在革命时的职业是"旧官僚",而应当是他在辛亥革命苏州和平光复这个历史巨大转折点上的言与行。特别是"二次革命"时,程德全已是革命政权的江苏省都督,此时,他已不再是旧官僚,而是与革命派黄兴、黄炎培等合作无间的革命战友。他与黄兴都主张对宋案循法律程序解决,都不赞同孙中山武力讨袁的计划。虽然,黄兴最后迫于孙的压力而发动了南京起义,而且南京起义时黄兴也迫使程德全附从,并将程德全列名其上,后来黄兴出于私谊放程德全去上海治病,程德全到上海后发表声明,对南京起义明确表示不赞成,并布置苏州等地对南京的警戒,但在这些问题上,程德全与东南文化精英、立宪派张謇和汤寿潜乃至梁启超、蔡锷等都是一致的,为什么对他们与对程德全的评价就是两样的呢?为什么一定要将"旧官僚"作为程德全历史评价的"基本点"呢?

就程德全的人生而言,他的官场生涯其实并不长,只是在庚子后的癸丑年(1903年)12月初经慈禧接见后"署理齐齐哈尔副教统",才算是正式有了"旧官僚"的身份,到辛亥革命前一共也只有9年,除去其中因病辞官回家省亲1年,其实际担任旧官僚的时间只有8年。而程德全辛亥革命时已年届51岁,其自18岁起就与其父一道从事塾师之职,直到28岁进京,京城3年是边做塾师边读书,然后是10余年的幕府生涯,所以,在其一生中,8年为官时间其实只是其成年生涯的四分之一而已。其成年生涯的大部分时间是任塾师与幕僚,是一个下中层绅士,这才应当是评论程德全的一个"基本点"。正是这样一个"基本点"决定了他与张謇、汤寿潜等东南文化精英有着内在的契合,更是程德全在政治上与张謇所代表的江南文化精英站在同一条战线上为立宪运动、和平光复而共同战斗的基础。程德全职业生涯的主体是"绅"而不是"官",这才是符合历史实际的。

程德全在其职业生涯中也任过八年"旧官僚"。官僚作为一个职业群体,也有其内在的规则与潜规则,所以,官僚也有其特定的利益与特定的文化。但清代的官僚绝大部分是科举士人出任,加之官职的非终身制,这样就导致官与绅之间其实也没有一条截然的界限,"出则为官,退则为绅"是一种社会常态。在这种常态之中,是官僚习气,还是绅士风度,在不同的个体中确有着鲜明而不同的表现。一般说来,官宦家庭之出身者,即所谓的"官二代",因自幼浸染,官场习气往往较浓,如袁世凯、岑春煊等人;而一般出身贫寒、勤耕苦读者,往往能保持贫穷士子之本色,对下层百姓疾苦有所了解,并能实心实意地以民生为命,曾国藩、程德全即属此类。

正由于程德全始终能保持其贫士之本色,所以他无论是建牙黑龙江,还是任职江苏,其贫士之"基本点"未改。"中丞之居官也,一以长者之道行之。退食之余,恒淡泊之安。曾不以进退萦其怀,亦不以富贵移其志";"性沉厚忠勤,日坐公厅治事,事无巨细,必集僚属反复讨论,有来谒者必见,见必深谈,委曲详尽,虽终日不厌。其待僚属也务积诚相感,以故人皆用命。或事有不如意者,无疾言厉色,必沉思以究其所以然。往往中宵不寐,甚至失眠。僚属劝其节劳,公笑颔之,而勤劬如故"①,证之前述的程德全家庭教师钱伟卿所言"程平时很少疾言厉色",应当说,程德全为人处事其官气还是少的,贫苦读书人的本色——谦虚谨慎、平易近人、"沉厚忠勤"的作风则是十分明显的。

当然,由于官场有其特定的文化氛围与各项制度约束,担任官职者与不担任官职者,虽同是科举出身,在很多方面也有着很大的不同。如何判断他们是代表"旧官僚"还是代表"新士绅",应当从其所言所行是代表国家政府"旧官僚"体系的利益还是代表社会民众的领导者"新士绅"群体的利益这样一个根本点来评判。因为,"官"即政府雇员,是应当代表政府说话的;"绅"为四民之首,是社会的代表,特别是近代的新士绅,他们往往是代表社会上正在兴起的绅商阶层的利益而发言的。由于中国传统社会道统、王统、族统的三维共构,政府将儒家爱民、保民、以民为本的仁政作为执政合法性的基础,所以,在很多场合,官员们就可以以圣贤之论理直气壮地对政府作为进行抨击,而站在社会与民众的一面,海瑞、林则徐等历史上的"清官"基本都是如此的。他们此时职务上虽然也还是"官",但他们实际上站的是"绅"的立场,即中国文化精英的立场。这个立场最显明的标准就是范仲淹的名言"先天下之忧而忧,后天下之乐而乐"。以此标准衡量程德全的一生,应当说"绅"——由下层绅士上升到上层绅士,才是程德全的"基本点"。正是有着这样一个基本点,所以,他在黑龙江时,能得到宋小濂、成多禄、徐鼐霖、秋桐豫等名士的鼎力相助;到江苏后,"盖努力以从吴中士大夫之后,则

---

① 程世模主修《云阳程氏家乘》(卷二),云阳县档案馆藏。

吴中之衰废或可振也;努力以从天下士大夫之后,则天下之衰废或可振也"①。显然,程德全是以吴中与天下的士大夫之向背为执政之圭臬的,所以他能很快地得到应德闳、罗良鉴、张謇等江南文化精英的全力支持,特别是与有"东南人望"之称的张謇惺惺相惜,联为一体,实现了"官"与"绅"的合一,最终联手完成了辛亥革命苏州和平光复的历史伟业。

2. 程、张联手,官绅一体,巩固政权

程德全虽然是辛亥革命苏州和平光复的主导者,但他毕竟到苏州时间不到两年,地方根基不牢。特别是江苏地区素为人文渊薮,绅士群体大,社会影响力强,而且往往绅而兼商,具有其他地方所没有的经济实力,所以,在江苏为官者,往往十分注意与地方绅士的关系。这也是程德全到江苏后好交结名士并重用应德闳、罗良鉴等士人的原因所在。江苏绅士的领袖就是有"东南人望"之称的张謇。通过对立宪运动、国会请愿运动的全力支持,程德全与张謇建立了相互理解和支持的官绅联盟。所以,辛亥革命前后,张謇不但本人与程时相磋商,同时,其夹袋中的人物——黄炎培、史量才、雷奋、杨廷栋、张一麐、沈恩孚、朱叔源、毛经畴、李平书、陈光甫、虞洽卿等就络绎不绝地穿梭来往于上海"息楼"、"惜荫楼"与程德全抚署之间,"排日踵相接"。正是在双方的这种密切沟通与协调之下,程德全才有持无恐地宣布苏州和平光复。"程都督就职后,委任顾忠琛为江苏都督府参谋厅厅长、张謇(季直)为民政司长、应德闳为财政司长、黄炎培为教育司司长、伍廷芳(秩庸)为交涉司司长。上海息楼人士为程罗致的不少。"②此时的张謇人虽不在苏州,但其影响力通过其麾下的"息楼人士"而影响到程德全都督府中的各个方面。

苏州的"和平光复"相对武昌首义的暴力革命而言,"官"得以保全生命,"绅"得以保全财产,民得以安居乐业。素以改良主义、社会秩序为重的张謇欣慰之余而大发感慨:"各省举义尽民党,官与民龃龉多纷扰,独苏以行政长官顺民欲,仗义反正,势顺事举,庞吠不惊。"③张謇因此而与他心目中"清末督抚中仅有的好官"——程德全进一步密切合作,运用自己在全国的影响,特别是与袁世凯的历史关系,而极力地将这一"和平光复"的非暴力革命模式推向全国,最终在全国范围内实现了"官绅合作",迫使清帝逊位,辛

---

① 程德全《重修寒山寺碑记》,性空主编《寒山寺志》(卷二),寒山寺藏。
② 吴和士《辛亥革命苏州光复小记》,政协苏州市文史委编《苏州文史资料》(1—5合辑),1990。
③ 扬州师范学院历史系编《辛亥革命江苏地区史料》,江苏人民出版社,1961,55。

亥革命收竟全功。

革命通常有两个阶段,前一阶段为夺取政权,后一阶段为巩固政权。程德全在夺取政权的和平光复中得到张謇为首的江苏文化精英集团的通力合作,这也是程德全在都督府人员任命中大量罗致息楼人物的原因所在。同样,在江苏新政权的巩固中,程德全也得到了张謇的通力合作。

苏州"和平光复"后,程德全与张謇开始通力合作,联手应对新的革命形势。都督府成立之初,程即请张謇出任民政部部长,由于南通尚未反正,故张謇先回到南通策划,11月8日南通和平光复。此后,张謇便与程德全开始努力争取袁世凯反正。11月13日张謇与程德全联名起草《进说袁世凯》的密信,派杨廷栋专程北上前往说服袁世凯反正、拥护共和。文中言道:"謇持立宪之说十年,上疑而下阻;德全上改政之疏不一,一笑而百非……德全固无所施,即謇夙昔主张,亦无容喙之地。其必趋于共和者,盖势使然矣。"①信中期望袁世凯实践诺言,以民意为依归,转向共和,成为中国的华盛顿。

与此同时,刚刚光复的江苏各地形势复杂,政局不统一。程德全在苏州虽号称江苏都督,但上海、镇江、江北各有都督,常州、无锡、松江、扬州各有军政府,南京尚在张勋手中。统一全省行政、收复南京成为江苏革命新政权的当务之急。而这又牵涉到全省绅士立宪派群体与革命派二大群体的联结。为此程德全急电向张謇求援:"弟勉力支撑,现已告竭;公迟迟其行,如有破裂,不敢任咎。祈速命驾前来,即日交代,得公镇抚,不唯各方面疑团解决,且须速商各都督推举临时大总统,方于时局有裨。弟忍死以待,迟恐不及,不忍多言。"②张謇得信后即运用自身的影响力予以全力支持,并于二日后运作"苏人组织临时议会,保守秩序。与汤寿潜、熊希龄、赵凤昌合电张家口商会转内外蒙古,赞成共和,复电照允"③。此电在为江苏新政权取得合法性确认、获得社会各界支持的同时,还直接向清廷的后背——内外蒙古做策反工作,使清廷内外受敌,从而减少了江苏新政权军事与心理的压力。

张謇对程德全最大的支持就是他利用自身的声望与议会议长的影响力,为程德全统一江苏山头林立的分裂局面做出了独特的贡献。江苏在清代就是南京与苏州督、抚分治,清末短期作过苏北设省的尝试,旋即失败。辛亥革命造成江苏境内不同的政治势力相继崛起,形成了沪、淞、镇、扬、苏

---

① 杨立强等编《张謇存稿》,上海人民出版社,1987,20。
② 转引自朱宗震《程德全——辛亥反正第一人》,《各界》2011年6期77页。
③ 张謇《啬翁自订年谱》,扬州师范学院历史系编《辛亥革命苏州地区史料》,江苏人民出版社,1961,64。

几处都督府并列的现象。其中镇江都督府林述庆因军队建制完整，战斗力强，对于其他几处都督府均未放在眼中，说服林述庆成为当时江苏政局中最为突出的问题。

镇江独立前，镇江旗兵原拟与新军林述庆部交战，"在南门城堞上，架置大炮数尊，以标营（新军九镇三十五标）为射击目标"。苏州和平光复，镇江旗兵在枪械、粮饷后路已断的情况下，旗兵都统载穆被迫投降。"述庆遂立镇江军政分府，翌日，载穆自缢死，旗兵悉降。适程德全檄至，使归节制，述庆怒曰：'德全衰朽无能，因人成事，余岂下人者，乃蔑视余耶！'碎裂来檄，自称镇江都督。"林述庆不仅不接受江苏省都督程德全的"节制"，而且，对其老上司、原新军九镇统制、被起义各方推为江浙联军总司令的徐绍桢也不服从。"林述庆即建号镇江都督，所部镇军颇不愿受总司令调遣，表面虽无简言，而隐怀则殊切反对。九月初二三日（应为夏历9月23日），浙苏各军均陆续赴战地，独镇军谓军备未完全，延不赴调。"徐绍桢无奈，"力辞总司令重任，乃有改举程德全为总司令，以绍桢副之议。德全自谓无军事学识，通电力辞，但允亲赴前线抚慰各军"。9月26日林述庆记"接雪楼电报如左：'林都督鉴，有电均悉。军事紧急，饷糈极关重要，无论镇、沪、苏、浙，自应合力通筹，支持全局。苏财虽窘，现于给本军外，拟勉筹银洋二万元，暂时接济，容再随时筹助。军情仍乞随时见告'"；"德全于（十月）初二日由苏州乘坐专车先到丹阳，慰视留丹苏军，初三日乘车至镇江，达龙谭尧化门一带，派员慰劳各军"。程德全的大度与军饷慰劳，使林述庆对程转变了态度，初六发电："丹阳程都督鉴。昨日得晤荆州，生平愿慰，敌情益迫，述庆拟亲率镇军攻宁，……我公统筹全局，必能速赐施行"；"述庆行后，镇江未免恐慌，我公威望素著，借重不时前临巡视为感谢。又后方诸事，悬公一并照料"。林述庆对程德全前倨后恭，除了被程德全宽容大度的人格感动外，主要是军饷依赖，所以要程"不时前临巡视"。林述庆对无兵无财的徐昭桢则始终心存芥蒂，故在12月2日攻下南京后自命临时都督，"住于督署花园大洋房内，所部镇军分点各房屋，俱满。总司令部后到，各部人员几无立足之地"。徐绍桢只得再次辞职。12月3日"复得上海都督（陈其美）复电曰：'南京联军总司令徐鉴：文电翻译。我公功成身退，高义可风，惟鄂难正炽，北氛尤恶，尚非大君子洁身独善之时。此间已公推程雪老（程德全）移驻江宁，为江苏都督，并推林公（述庆）为出征临淮总司令，东南要人、本党英俊，共表同情。雪老今日赴宁，北征尤为重要，大局安宁，必资伟划，惟为国自玉，不尽欲言。

沪军都督陈'"①。陈其美这封电报中的"东南要人"就是指张謇、赵凤昌、汤寿潜等东南文化精英团体。这个团体中的主要人物全为程德全的密友,而其带到前线来往于林述庆镇军的代表,即是苏州名绅张一麐的弟弟张一爵。他们兄弟二人均为张謇多年的忘年之交,同时又是程德全的同乡兼朋友李超琼当县令时考上的秀才,与李有师生之谊。故当联军将帅在南京窝里斗时,张謇等东南文化精英则在上海与同盟会黄兴、宋教仁、陈其美诸人商定了这个由程德全出任江苏省最高行政长官,林述庆移兵出宁、渡江北伐的决策。12月4日"(厦历十月)十四日渔父(宋教仁)、(于)右任、乔山、宾南诸君到(诸君俱十三到宁,本日始与余接洽)乔山先至,余以电稿付阅,甚趆余所为。渔父至,与商援鄂、北伐、建设临时政府诸事,渔父云:'倘雪楼督宁,一切军需补充,必能极力担任,不使君丝毫掣肘'"②。程德全以其老练的执政经验与宽厚容人的作风,得到革命派领袖宋教仁、陈其美、于右任等人的信任与支持。在他们的支持下,桀骜不驯的林述庆终于同意移兵出城北伐。江苏新政权内部的严重分歧终告一段落。但如何解决清王朝对江苏长期实行江宁、苏州督抚分治的遗留问题,又摆在程德全面前。

清廷为防范江南,对江苏省分而治之,江宁和苏州实行督、抚分治。这种将江苏一省分为两个以上统治中心的方法是不利于江苏省发展的。所以,张謇与赵凤昌等人商定趁辛亥革命之机,"公推程都督移驻南京,趁此并宁苏为一"③。这个政治谋划得到立宪派、革命派的一致支持。1911年12月15日,程德全在汤寿潜、陈其美的陪同下来到南京,"调和诸军,组临时政府"。当时,"江宁以客军之扰,居民大恐"。程德全认为"欲江宁回复秩序,须置官任民事;欲置官任民事,须客军出发,须客军出发,须筹备财政。财政之可急筹而得用者惟盐"。由是在程德全的推荐下,一致同意由张謇任江苏两淮盐政,将新政权"财政可急筹而可得用者惟盐"的担子压到张謇肩上。张謇也不负所望,"嘱各商会先筹二十万,资客军出发"④。两日后张謇又专程赶到南京协助,程德全终在以张謇为代表的东南文化精英以及绅商阶层的一致支持下解决了财政急需,恢复了南京秩序,实现了宁、苏合一,稳定、

---

① 扬州师范学院历史系编《辛亥革命江苏地区史料》,江苏人民出版社,1961,267、396、407、408、434、435、427、428。

② 林述庆《江左用兵记》(二),扬州师范学院历史系编《辛亥革命苏州地区史料》,江苏人民出版社,1961,470。

③ 张謇《张謇全集》(第1卷),江苏古籍出版社,1994,181。

④ 张謇《啬翁自订年谱》,扬州师范学院历史系编《辛亥革命苏州地区史料》,江苏人民出版社,1961,66。

巩固江苏革命政权的目标。以上这一切均是建立在程德全和张謇二人高度信任与合作的基础之上的。张謇之子张孝若对于他们二人当时的关系作了如此描述:"(程德全)处处推重我父,有封信写着'昔子产治郑,虎帅以行。全之视公,后先同轨'的话。所以我父那时候将见得到的地方和应付措置的计划,尽量地向程公陈说,程公都容纳了立时照办。"①程德全与张謇"一官一绅"合为一体,在江苏政局稳定之后,又开始了全国革命政权的建设工作。

小 结

江南文化场域除其数千年的地域文化积累之外,在近代还有一个很重要的特点就是上海开埠后中西方文化开始大规模地互动与共融,从而使江南场域文化具有开放宽容、海纳百川,不排外,善于学习西方先进文化的新特点。太平天国之役后,江南绅权大张,清末又与经济财力结合,形成了强大的绅商阶层。这个阶层以其政治影响、经济财力、地方声望,成为江苏历任督抚无法忽视的力量。这个阶层虽然出于本阶层利益的需要,对于历任督抚都予以友好联结,但也不尽然,如他们就曾公然拒绝杀害秋瑾的张曾敭到江苏任职,对总督张人骏也公然在咨议局中进行驳议对抗,充分显示出江南文化场域中"官不能离绅而有为"的时代与地域特色。在这种文化场域与社会结构中任官的江南督抚群体,为顺利行政,不可避免地要结好绅商,从而具有了开放、开明、顺应改革的群体特点。

程德全"幼受庭训",学习的就是东南文化精英们共奉的"程朱之学",所以他与东南文化精英有着先天的文化联结。在其成长过程中,又得到江浙名士叶尔恺父子的指点与帮助,对江南文化精英有着内在的倾慕,所以,从黑龙江辞职回家到上海治病时,程德全专门拜望了东南文化精英领袖汤寿潜。这种文化上的共识使程德全到江苏后很快就与有"东南人望"的张謇结成莫逆之交,双方除了文化上的共识之外,还有着政治上的共识——"君主立宪、开国会",由此而同心同德,官绅合为一体。辛亥革命的骤然爆发、清廷的昏聩无能,迫使他们不得不做出顺应历史潮流的抉择,由"君主立宪"而转向"共和立宪",共同运作了辛亥革命的苏州和平光复。程德全虽然曾担任过"旧官僚",但其整个职业生涯中的大部分时间是担任塾师与幕僚,其政治态度与行事风格也因之而与代表社会需求的"绅"趋于一致。特别是在辛亥革命以及后来的"二次革命"之中,他已经不是"旧官僚",而是新生革

---

① 张孝若《南通张季直先生传记》,中华书局,1930,163。

命政权的负责人,还以"旧官僚"作为程德全评价的"基准点"是不符合历史实际的。

任何革命都有夺取政权与巩固政权、建设政权这样两个阶段。辛亥革命的苏州和平光复有赖于程德全与张謇这"一官一绅"之紧密合作。和平光复后的苏州要消除革命党内的分歧,建立全省统一的政权,同样也有赖于程德全与张謇所代表的"官"与"绅"的紧密合作。程德全以其沉厚大度的胸怀、娴熟的政治技巧以及苏州藩府的财力,得到了革命党人黄兴、宋教仁、陈其美、徐绍桢、林述庆等人的诚服,并在张謇的鼎力支持下统一了江苏省政,为南京临时政府的建立奠定了牢实的地域基础。

第九章 余 论

"文化传统提供了一种减弱社会成员拥有的心智模型之间的分歧的方法,并且也是一种将统一感悟进行代际传递的方法。我们可以将文化认为是任意特定群体过去世代的经验总结"①。江南地域文化崇文、柔慧、和合、包容、理性的文化特色,使生活在此一领域的绅士与民众在处理社会分歧问题时,一般都主张用和平而不是暴力、用理性而不是情绪化的方法。同时,江南自明末以来就开始受到世界经济一体化的影响,其商人与绅士眼界较开阔,心胸较开放,平等、民主的意识较强。出于商业秩序与财产安全的考虑,他们也更愿意用和平改良、和平革命的方法促进社会进步,而不愿意看到给社会带来剧烈破坏的暴力革命的发生。正是在这种地域文化的潜在影响之下,江南的文化精英、绅商阶层与程德全一道促成了辛亥革命苏州的和平光复;并以此模式影响东南六省,最后影响全国,促成了《清帝逊位诏书》的"和平革命"。辛亥革命由暴力革命始,以和平革命终,其转折点就在苏州的和平光复。它体现了"辛亥革命时期的东南地区和东南精英在全国政局变化中已经处于举足轻重的地位"。后来"二次革命"的发生与失败,恰恰说明东南文化精英"其总体实力还不足以一举取代北方的传统政治中心地位"②。袁世凯最终不能听取其东南文化精英出身的幕僚汪凤瀛、张一麐等人的劝阻,搞"帝制自为"而败亡,中国亦陷入军阀混战的暴力循环之中。此后,国民革命、新民主主义革命,暴力革命的大波一波连着一波,一波大过一波。"革命"一词也与"暴力"紧密相连,"革命是暴动,是一个阶级推翻另一个阶级的暴烈的行动"③的伟人语录在"文革"中被谱成歌曲唱遍神州。但其实革命是有着暴力与和平两种模式的。如恩格斯所言:"如果社会革命和

---

① [美]C. 曼特扎维诺斯著、梁海音等译《个人、制度与市场》,长春出版社,2009。
② 章开沅《张汤交谊与辛亥革命》,《历史研究》2002 年 1 期。
③ 《毛泽东选集》(四卷本),人民出版社,1969,17。

共产主义的实现是我们的现存关系的必然结果,那么我们首先就得采取措施,使我们能够在实现社会关系的变革的时候避免使用暴力。要达到这个目的只有一种办法,就是和平实现共产主义,或者至少是和平准备共产主义。"①可见,避免使用暴力,而用和平的方式完成社会主义革命和实现共产主义,是马克思主义的一个组成部分。暴力革命与和平革命作为革命的两种模式,在辛亥革命中实际上是交相辉映、相辅相成的。即使是在辛亥革命与"二次革命"中最为主张暴力革命的孙中山先生本人,后来也看到了暴力革命给国家与人民带来的巨大的阵痛,所以其临终遗言是"和平、奋斗、救中国"。这样的临终呐喊出自近代暴力革命先驱孙中山先生之口,确实是振聋发聩、警人深省的。

一、"和平、奋斗、救中国"——孙中山最后遗言

亨廷顿说:"如果在旧政权崩溃之后,没有哪一个集团已经准备好而且能够建立一套有效的章法,那么,众多的集团和社会势力就将为权力而角逐。这种角逐又导致争相动员新的集团投入政治,从而使革命升级。各个政治领袖集团都企图确立自己的权威,到头来,要么是建立起比对手更广阔的民众支持基础,要么成为对手的牺牲品。"②辛亥革命后,北洋军阀、国民党、立宪派、东南文化精英这几大集团都没有充分"准备好而且能够建立一套有效的章法"。革命的发动者国民党人虽然有"驱逐鞑虏,恢复中华,建立民国,平均地权"的三民主义章法,但还很不完善,其主体还是传统、狭隘的血缘民族主义,不符合大一统国民心理的要求,所以,很快为苏州"和平光复"模式提出的"五族共和"所取代。最能体现革命党人准备不足的就是当时民国的根本大法都未能准备,只能以一个《临时约法》来代之。其"临时"二字又给了北洋军阀另立宪法的口实,结果内战不止。"自民国二年至于五年,国内之革命战事,可统名曰讨袁之役;自五年至于今(1923年),国内之革命战事,可统名曰护法之役。袁世凯虽死,而袁世凯所留遗之制度,不随以俱死,则民国之变乱正无已时,已为常人意料所及。果也,曾不斯年,而毁弃约法、解散国会之祸再发,训至废帝复辟,民国不绝如缕。复辟之变,虽旬余而定;而毁法之变,愈演愈烈。余乃不得不以护法号召天下。夫余对于临时约法之不满,已如前述,则余对于此与革命方略相背驰之约法,又何以起

---

① 恩格斯《在爱北斐特的演说》(1845 年 2 月 15 日),《马克思恩格斯全集》(第 2 卷),人民出版社,2006,625。

② [美]亨廷顿著、王冠华等译《变化社会中的政治秩序》,三联书店,1988,245。

而拥护之,此必读者所亟欲问者也。余请郑重以说明之。辛亥之役,余格于群议,不获执革命方略而见实行之,而北方将士,以袁世凯为首领,与余议和。……故余奉《临时约法》而使之服从,盖以服从《临时约法》为服从民国之证据。余犹豫不决虑其不足信,故必令袁世凯宣誓遵守约法,矢忠不贰,然后许其和议,故《临时约法》者,南北统一之条件,而民国所构成也。"孙中山先生说得很清楚,尽管他对《临时约法》很不满意,但《临时约法》是南北议和的前提,也是民国之构成。在为了维护这个"临时"性的"约法"进行了多年战争之后,孙中山先生发出了这样的心声:"余甚愿以和平方法,睹护法之完全告成也。护法之战,前后六年,国家损失不为不大,人民牺牲不为不大;军兴既久,所以以养兵为地方患,故余于护法事业将告结束之际,发起化兵为工之主张以补救之。如实行此主张,于国利民福,当有所裨。否则,护法之役必得效果,惟留法之不可毁之一念于国人脑中而已。较辛亥、丙辰所得结果,不能有加也。"①可见,孙中山先生对于辛亥革命后的"革命升级"所带来的国家损失与人民牺牲是有所醒悟的,他希望能以和平的方法完成"护法"之革命,即将革命后的社会长治久安奠基于和平与法治的基础之上。所以,孙中山先生利用一切可能的机会表示希望以和平的方法实现国内和平。这也是他接到冯玉祥、段祺瑞等人邀他北上共商国是之函请后毅然抱病北上的根本原因。

　　孙中山先生进京后一病不起,其临终遗嘱"革命尚未成功,同志仍需努力"国人皆知。对于"同志仍需努力"的方法与方式,则在其临终发出的"和平、奋斗、救中国"中得到了充分解释。"和平、奋斗"是继续革命的主要方法,"救中国"是根本目的。人之将死,其言也善。孙中山先生临终的嘱咐与呼唤,充分说明孙中山先生虽然十分重视武装的暴力革命方式,但是他也十分希望能以和平改革、和平革命的方法推动历史前进,"和平、奋斗、救中国"是中山先生念念不忘的心中愿景。辛亥革命时期,他回国后"格于群议",屈己从人,听从黄兴、张謇等人对袁世凯虚位以待的建议,也是因为看到了和平光复——利用袁世凯迫使清廷退位这一"和平革命"的模式,能使中国社会免除战祸、人民得以安居、社会得以稳定、经济得以发展、国家得以安宁而做出的明智之举。这些都充分说明"和平革命"其实也是孙中山先生内心始终赞同的一种革命的模式,只是时代没有给他实践这一模式的机会,而使他发出了"和平、奋斗、救中国"的临终呼唤。

　　"东南文化精英"因其地域文化、绅商一体的经济身份和利益更是"和

---

① 孙中山《三民主义》,中国长安出版社,2011,241—243。

平、奋斗、救中国"方针的当然拥护者与实行者。这也是他们在辛亥革命之际与黄兴、宋教仁等革命党人结成同盟,并在"二次革命"中苦口婆心地劝阻孙中山、黄兴等人武力讨袁、暴力革命的原因所在。"二次革命"失败后,程德全遁入空门。东南文化精英中一部分参与"二次革命"者如李平书等人被袁世凯通缉而流亡日本,张謇等人则为袁世凯笼络入京任职。袁世凯还想笼络黄炎培而谋之于张謇,张謇予以婉拒,袁世凯因之而与人曰:"江苏人最不好搞,就是八个字:'予官不做,遇事生风。'"①袁世凯与东南文化精英主体萌生裂隙。洪宪称帝,东南文化精英集体与袁分道扬镳,袁之幕僚张一麐等辞官南下。坐镇南京、控制东南的袁之大将冯国璋亦在东南文化精英的策动下与袁切割。袁世凯因手下两员大将段祺瑞、冯国璋的反对而失败。袁的失败固然是其利令智昏所致,东南文化精英的一致反对也是其失败的重要原因之一。20世纪20年代,老一代的东南文化精英张謇、赵凤昌、汤寿潜、应德闳等相继故去,青年一代的黄炎培、史量才、沈钧儒、章乃器等人则秉持着教育救国、实业救国的精英理念,组织职教会、救国会等团体,从事着具体的社会改良的实践,并在国共两党的政争中极力进行调和,以实现孙中山先生"和平、奋斗、救中国"的遗训。但与他们的前辈一样,因为他们手中并没有让双方得以"止戈"的实力,所以,他们最后也如自己的前辈一样发生分裂,一部分跟着国民党转到台湾,另一部分则成为中国共产党统一战线的民主党派,在中国共产党的领导之下,继续着他们"和平、奋斗、救中国"的历史使命而不息。

二、"我们把改革当作一种革命"

辛亥革命之后,巩固新生的民国政权、建立社会秩序是革命后这一阶段的首要任务。"社会秩序问题根源于被判定的自利行为和随之而来的个体间的潜在冲突。因为对自身利益的追求或者为效用增加付出的努力从人类学角度看是恒在的,所以冲突的永恒根源似乎在每个社会中都存在。看起来有两条出路可能走出这种社会僵局:第一条路是发明和遵从能够约束社会中所有成员或部分成员的自利行为的社会规则。第二条路是在交换过程中实现共同利益。"②民国元年(1912年),以袁世凯为首的北洋军集团以及孙中山、黄兴、宋教仁为首的国民党,开始都是向着"发明和遵从能够约束社

---

① 黄炎培《八十年来》,文史资料出版社,1982,65。
② [美]C.曼特扎维诺斯著,梁海音等译《个人、制度与市场》,长春出版社,2009,51。

会中所有成员或部分成员的自利行为的社会规则"这个方向去努力的。东南文化精英的张謇、程德全等人更是为此而做出了很大的努力。但参加辛亥革命的会党分子应桂馨、张尧卿等人则不习惯于这种新的社会规则的"约束"。特别是在袁世凯与孙、黄等人的"交换过程"中，他们觉得会党分子的利益没有得到照顾。尤其是南方湖北、浙江、广东、江西等已建立革命政权的省份，黎元洪、朱瑞、胡汉民、李烈钧等地方督抚为维持社会秩序而对会党分子进行了打压。会党首脑应桂馨、张尧卿等人认为这是对他们的背叛，在组织湖北南湖暴动失败后，应桂馨即利用程德全招安的时机投向袁世凯，并主持了对宋教仁的暗杀。宋案发生后，与东南文化精英接近的黄兴主张依靠法律解决，孙中山则主张武力讨袁。程德全对李烈钧等苦苦谏劝，李烈钧、柏文蔚、胡汉民等也认为国民党的实力不足与袁军对抗，故对军事讨袁一拖再拖。但国民党基层毕竟是由会党发展而来的，再加之暴力反抗与革命的传统在刚过去的辛亥革命中取得过成效，因此，孙中山的暴力讨袁计划在国民党内渐占上风，"二次革命"由是爆发。

同样，以袁世凯为首的北洋集团作为一个军人集团，崇仰军事暴力、相信政治与军事一样都是以实力取胜的心理贯穿于北洋集团上下之中。在北洋集团武力占有明显优势的时候，对于会党的暴力与国民党暴力的"二次革命"，他们正好借机实现自己梦寐以求的"武力统一"。老谋深算的袁世凯利用黎元洪与国民党的分歧，派北洋军进入湖北，取得了对东南国民党势力的地利优势，然后，派北洋军精锐驻防江南机器局，控制了南方最大的兵工厂。此时，袁世凯已经对东南国民党势力形成了首尾夹击的形态。国民党此时再举义，其实是授人以柄，必败无疑。"二次革命"果如程德全等人预料的一样，不周月之内，国民党惨败，东南数省的政权全数为袁世凯北洋系所取代。孙中山、黄兴、陈其美、李烈钧等革命领袖再度流亡日本。

以会党为基础的国民党有暴力革命的传统，以袁世凯为首的北洋军人集团亦有崇尚暴力的心理，两者均以暴力的枪杆子作为统一中国的主要工具。"从孙中山组织革命的小团体起，他就进行了几次反清的武装起义。到了同盟会时期，更充满了武装起义的事迹，直至辛亥革命，武装推翻了清朝。中华革命党时期，进行了武装的反袁运动，后来的海军南下，桂林北伐和创设黄埔，都是孙中山的战争事业。蒋介石代替孙中山，创造了国民党全盛的军事时代，他看军队如生命，经历了北伐、内战和抗日三个时期。过去十年的蒋介石是反革命的。为了反革命，他创造了一个庞大的'中央军'。有军则有权，战争解决一切，这个基点，他是抓得很紧的。对于这点，我们应向他学习,在这点上,孙中山和蒋介石都是我们的先生。"①武装的革命反对武装的反革命,成为中国近现代史上一个最为突出的特色。但即使是国共两党在争夺政权而进行激烈的战争之时,中国共产党人也宣布:"人类的战争生活时代将由我们之手而结束,我们所进行的战争,毫无疑义地是属于最后战争的一部分。……人类社会进步到消灭了阶级、消灭了国家,到了那时,什么战争也没有了。反革命战争没有了,革命战争也没有了,非正义战争也没有了,正义战争也没有了,这就是人类永久和平的时代。"②"永久和平的时代",是中国共产党人企求的终极目标。正是中国共产党人这样以战止战、以暴止暴的符合民心的追求,使共产党人赢得了国共内战,建立了中华人民共和国。辛亥革命后未能完成的"发明和遵从能够约束社会中所有成员或部分成员的自利行为的社会规则"的时代任务似乎有了前所未有的实现的契机。

遗憾的是由于辛亥革命以来暴力革命的传统惯性力过于强大,共和国建立后,这一暴力革命的惯性力未能得到及时的消解,"革命党"向执政党的转化亦未能及时完成。暴力革命的传统在"无产阶级专政下继续革命"的极"左"理论导引下,继续发酵而变质。革命的形式由战争转向为"运动",革命的对象由"国民党反动派"转向同盟者的文化精英——"资产阶级右派",再转而为党内——"走资派"。这个"无产阶级专政下的继续革命"在"文化大革命"中登峰造极,全国的"造反派"在"文攻武卫"的旗帜下全副武装地展开了"全面内战",枪炮齐鸣,弹痕遍地,暴力张扬的程度比辛亥革命有过之而无不及。国计民生,损失惨重,"国民经济到了崩溃的边缘"。在这种情况下,邓小平等新一代中共中央领导人一举粉碎"四人帮",开启了改革开放的伟大事业。

改革开放是对极"左"路线的全盘否定,是一次政治上的大革命。对此,邓小平同志多次说:"我们把改革当作一种革命,当然不是'文化大革命'那样的革命";"改革是中国的第二次革命";"革命是解放生产力,改革也是解放生产力";"'左'带有革命的色彩,好象越'左'越革命。'左'的东西在我们党的历史上可怕呀!一个好好的东西,一下子被它搞掉了"③。从邓小平同志的这些话中可以看出,他对"革命"这个概念的内涵是理解得十分清楚的。"革命是解放生产力",用暴力革命推翻一个王朝,最终的目的是为了解

---

① 《毛泽东选集》(四卷合订本),人民出版社 1965,511。
② 《毛泽东选集》(四卷合订本),人民出版社,1965,158。
③ 《邓小平文选》(第三卷),人民出版社,1993,81、113、370、375。

放生产力。用和平改革的方法,把生产力从落后的生产关系中解放出来,同样也是"革命",是一种和平性质的革命。邓小平同志复出之后为数以百千万计的"地富反坏右"平反摘帽,使这些长期被压抑、摧残的生产力获得解放;解散"人民公社",将禁锢在公社内的"社员"解放出来,农村生产力得到二度解放;土地承包、农民工进城,亿万生产力实现了自由流动,得到了前所未有的解放。在这个生产力解放的全过程中,都是通过自上而下的改革,通过"真理标准"的讨论,解放思想;通过改革不合理的制度,解放生产力。这其实就是一种"和平光复"。这个"和平光复"的实质就在于"光复"了被极"左"路线扭曲了的马克思主义,即恩格斯所言的"在实现社会关系的变革的时候避免使用暴力和流血。要达到这个目的只有一种办法,就是和平实现共产主义,或者至少是和平准备共产主义"①。中国改革开放 30 年的实践证明,通过和平的改革开放这样一种革命,既可以避免暴力与流血,同时也可以极大地解放生产力,使中国由社会主义的初级阶段进入到高级阶段,即"和平准备共产主义"。

"改革是中国的第二次革命"。这个第二次革命是相对于新民主主义革命而言的。新民主主义革命是武装的革命反对武装的反革命,是暴力革命的武昌起义模式的延续。这种暴力革命是在中国流民人口众多、暴力文化充斥、帝国主义暴力侵略频频的特定历史条件下发生的,是国际帝国主义与国内新旧军阀利用暴力倒行逆施而"逼出来的",并不是人民主观意志的初始愿望。中国近代暴力革命的先驱孙中山先生临终呼唤"和平、奋斗、救中国",恰恰说明孙中山先生始终是希望能以和平的方法来救中国的。

共和国建立后,特别是 20 世纪 60 年代之后,世界局势发生了极大的变化,时代的主题由"革命与战争"一转为"和平与发展"。中国共产党的最高领导层也充分吸取了"文化大革命"的惨痛教训,开启了改革开放——以经济建设为中心的"第二次革命"。这个革命实际上是将辛亥革命以来中国长期未完成的"即建立新的政治秩序并使之制度化的阶段"在新时期予以落实。中共中央十八届三中全会提出"全面深化改革的总目标是完善和发展中国特色的社会主义制度,推进国家治理体系和治理能力现代化"②。这就是要"建立新的政治秩序并使之制度化",而这个制度化的最集中体现就是中共十八届四中全会提出的"全面推进依法治国,总目标是建设中国特色社

---

① 恩格斯《在爱北斐特的演说》(1845 年 2 月 15 日),《马克思恩格斯全集》(第 2 卷),人民出版社,2006,625。
② 《中国共产党第十八届中央委员会第三次全体会议公报》,新华网。

会主义法治体系,建设社会主义法治国家。这就是,在中国共产党领导下,坚持中国特色社会主义制度,贯彻中国特色社会主义法治理论,形成完备的法律规范体系、高效的法治实施体系、严密的法治监督体系、有力的法治保障体系,形成完善的党内法规体系,坚持依法治国、依法执政、依法行政共同推进,坚持法治国家、法治政府、法治社会一体建设,实现科学立法、严格执法、公正司法、全民守法,促进国家治理体系和治理能力现代化"①。辛亥革命后100多年未能完成的"新的政治秩序"的建立与"制度化"、法治化的历史任务,将在改革开放这个"中国的第二次革命"中予以完成。正如同新民主主义革命主要是对辛亥革命武昌模式的继承一样,改革开放这场和平的革命,更主要的是继承了辛亥革命苏州"和平光复"的模式。只不过它是在新的历史条件下,在一个更高层次的螺旋式上升中的继承。其和平革命的内涵则是一如既往的,即通过和平的方法实现社会生产力的极大解放。

三、"和平与发展"是时代的主题

中国自辛亥革命以来,暴力的军阀混战、外敌入侵所引发的暴力革命接连不绝,这除了中国在由农业社会向工业社会转型过程中产生大量的流民阶层而导致的内在原因之外,还有一个重要的原因就是,在世界经济一体化的进程中,欧美先发展起来的国家为了争夺商品销售地而不断地进行着争夺殖民地的帝国主义战争,最终演变为20世纪的两次世界大战。因此,列宁提出了"帝国主义时代"的概念,并强调"帝国主义是资本主义发展的最高阶段,这个阶段只是在20世纪才达到的"。在这个阶段中,帝国主义列强因发展的不平衡而发生争夺殖民地的战争,这种战争使无产阶级"利用战争给政府造成直接经济损失形成的困难和群众的愤懑进行社会主义革命"②。"战争与革命"于是就成为帝国主义时代的主题。20世纪前半叶发生的两次世界大战以及苏联、中国等国家的社会主义革命基本上证明了列宁这个论断的历史合理性。也正是在列宁这个论断的指导下,共产国际在到中国传播马克思主义的同时,帮助中国建立了中国共产党,并直接指导中国共产党为实践列宁的革命与战争的理论而进行了一系列的具体政治操作,中国革命成为列宁所论断的世界革命的一部分。这也是中国20世纪前半世纪武装革命与革命战争持续不绝的一个很重要的国际因素。

---

① 《中国共产党第十八届中央委员会第四次全体会议公报》,新华网。
② 列宁《社会主义和战争》,《列宁全集》(第二十一卷),人民出版社,1962,279—292。

两次世界大战给人类带来了前所未有的灾难,战争的创伤使全世界各国的政要都认识到世界大战给人类社会带来的破坏是难以估量的,特别是核战争,它将会毁灭整个地球,而没有一个胜利者会单独存在。在这种思维之下,即使是在美、苏对峙的冷战期间,美、苏两个核大国都极力避免暴力的对抗,而是寻找妥协的道路,1962年古巴导弹危机即是这种政治策略的典型。冷战核军备竞赛,最终导致了苏联的解体与东欧剧变,冷战因而结束。

尽管在冷战期间和冷战之后世界上仍然有一些局部的战争,但总体上看,从第二次世界大战结束以来,大规模的战争就再也没有发生,时代的主题在悄然地发生着变化,即由"战争与革命"而转向了"和平与发展"。

20世纪80年代,邓小平同志多次强调"和平与发展是当代世界的两大问题";"现在世界上真正大的问题,带全球性的战略问题,一个是和平问题,一个是经济问题或者说发展问题。和平问题是东西问题,发展问题是南北问题"①。正是基于这一时代主题判断的根本性转变,"改革开放"这个第二次革命才得以开启。这个时代主题的判断转变,是中国共产党第二代、第三代、第四代、第五代领导人的共识。中国共产党十八次党代会的政治报告中继续强调:"当今世界正在发生深刻复杂的变化,和平与发展仍然是时代主题。……人类只有一个地球,各国共处一个世界。历史昭示我们,弱肉强食不是人类共存之道,穷兵黩武无法带来美好世界。要和平不要战争,要发展不要贫穷,要合作不要对抗,推动建设持久和平、共同繁荣的和谐世界,是各国人民的共同愿望。"②和平与发展这一时代主题的确定,对于中国国内解决海峡两岸长期敌对关系也提供了一个新的思路。"现在进一步考虑,和平共处的原则用之于解决一个国家内部的某些问题,恐怕也是一个好办法。根据中国自己的实践,我们提出'一个国家,二种制度'的办法来解决中国的统一问题。这也是一种和平共处。我们解决香港问题,允许香港保持资本主义制度,五十年不变。解决台湾问题也是这个原则。台湾跟香港不同,还可以保留军队。……一旦通过和平共处办法解决了台湾问题,这个热点也就消失了。这些人不也就死心了吗?这对太平洋地区和全世界的和平稳定,也是一件很好的事情。"③数十年兵戈相见、用暴力相互"革命"的国共两党,在国际、国内形势变化、时代主题转换的形势下,双方共同认识到"和平统一最符合包括台湾同胞在内的中华民族的根本利益",即用和平的方法解

---

① 邓小平《邓小平文选》(第三卷),人民出版社,1993,104—105。
② 习近平等编《十八大报告辅导读本》,人民出版社,2012,46—47。
③ 邓小平《邓小平文选》(第三卷),人民出版社,1993,96—97。

决两岸的政治分歧,"协商达成两岸和平协议,开创两岸关系和平发展的新前景"①。"战争与革命"的时代主题曾影响到中国数十年的武装暴力革命;"和平与发展"的时代主题,也影响到中国人的改革开放与和平统一。这充分说明,辛亥革命之际东南文化精英所策划与实施的和平光复模式,是符合"中华民族的根本利益"的。只是由于当时整个国际局势、时代主题,国内经济与社会阶级力量的对比诸方面因素的影响,东南文化精英们所设计的这个和平光复、和平统一的方法与模式未能被时代及社会各阶层、阶级所接纳。这个符合中华民族根本利益、符合人类共存发展的和平统一、和平发展之路,只能是在100年之后才被证明是合情合理的。在人类经历了两次世界大战之痛,在中国海峡两岸经历了半个多世纪的隔绝与分离之苦后,痛定思痛,人类中的绝大多数包括世界各国政要精英(也包括国共两党精英)都充分认识到:"不论世界上的几大宗教——西方基督教、东正教、印度教、佛教、伊斯兰教、儒教、道教和犹太教——在何种程度上把人类区分开来,它们都共有一些重要的价值观。如果人类有朝一日会发展一种世界文明,它将通过开拓和发展这些共性而逐渐形成。因而除了'避免原则'和'共同调解原则'外,在多文明的世界里维护和平还需要第三个原则,即'共同性原则':各文明的人民应寻求和扩大与其他文明共有的价值观、制度和实践。"②和平与发展,就是人类的"共同性原则",辛亥革命苏州"和平光复"模式就是因为实践了人类的这一"共同性原则",才得到了当时中国南北政要、文化精英的一致认同。从这一点上说,辛亥革命苏州"和平光复"模式其实也是为人类的文明和发展做出了一个典范。

小 结

辛亥革命的历史遗产中实际上有着武昌首义的暴力革命与苏州和平光复的非暴力革命两种模式。孙中山发动的"二次革命"、"护法战争"等是武昌模式的继承与发展,而其临终呼唤的"和平、奋斗、救中国"则是希望回归于苏州"和平光复"模式。这一通过和平的方式解放生产力的革命模式,在中国改革开放中达到了极致,"改革是中国的第二次革命"的论断由此而出。和平光复、改革、改良的革命模式在时隔近70年后重现于中国大地,其实与国际、国内的形势变化是分不开的。国际上的帝国主义时代、"战争与革命"

---

① 习近平等编《十八大报告辅导读本》,人民出版社,2012,45。
② [美]亨廷顿著、周琪等译《文明的冲突与世界秩序的重建》,新华出版社,1998,370。

的时代主题决定了近代中国和现代中国只能走"武装的革命反对武装的反革命"的暴力革命之路。而"和平与发展"的时代主题则给了当代中国以和平的方法进行改革开放、实现海峡两岸和平统一的历史契机。抓住这一历史契机,在继续我们伟大的改革开放、和平统一大业的同时,重温苏州和平光复的历史经验,对我们当前正在从事的"建设中国特色的社会主义"的伟大事业是能有所裨益的。

参考文献

一、史料类

左丘明:《左传》,岳麓书社1988年版;
司马迁:《史记》,中华书局1986年版;
班固:《汉书》,中华书局2006年版;
陈寿:《三国志》,中华书局1982年版;
房玄龄等著:《晋书》,中华书局1974年版;
魏收:《魏书》,中华书局1997年版;
脱脱等撰:《宋史》,中华书局1985年版;
韩儒林主编:《元史》,中国大百科全书出版社1985年版;
张廷玉等编:《明史》,中华书局1974年版;
赵尔巽等:《清史稿》(卷422),中华书局2010年版;
王仲翰点校:《清史列传》(第五册),中华书局1987年版;
李焘:《续资治通鉴长编》(1—20册),中华书局2004年版;
黄以周等:《续资治通鉴长编拾补》,中华书局2004年版;
马端临:《文献通考》,中华书局1986年版;
孟森:《明清史讲义》(上、下),中华书局1981年版;
蔡美彪等著:《中国通史》(第五册),人民出版社1976年版;
葛剑雄主编:《中国移民史》(1—6册),福建人民出版社1997年版;
中国第一档案馆藏:《孙宝琦致端方函》,端方档,704号,函28;
程世模主修:《云阳程氏家乘》,云阳县档案馆藏;
民国十六年修《大阜潘氏支谱》附编卷10《潘氏私祠记》,8页;
潘世恩撰、潘曾莹录:《潘文恭公遗训》,咸丰四年潘氏刻本;
《神宗万历实录》,江苏国学图书馆传抄本;
《御制文集二集》,文渊阁《四库全书》影印本,商务印书馆2005年版;

鄂尔泰等编：《雍正朱批谕旨》（1—58 册），北京图书馆出版社 2008年版；

中央档案馆编：《中共中央文件选集》（第三册），中共中央党校出版社 1989 年版；

国家档案局明清档案馆编：《戊戌变法档案史料》，中华书局 1958 年版；

故宫博物院明清档案部整理：《清末筹备立宪档案史料》（上下册），中华书局 1979 年版；

台北故宫文献编辑委员会编辑：《宫中档雍正朝奏折》（1—6 辑），台北"故宫博物院"1977 年版；

台北故宫文献编辑委员会编辑：《宫中档乾隆朝奏折》（1—74 辑），台北"故宫博物院"1982 年版；

瑞澂：《恕斋尚书牍存·奏牍》（卷二），台北文海出版社 1982 年影印本；

《程德全致袁世凯电》（1912 年 7 月 28 日），中国第二档案馆藏《江苏都督府往来密电》；

中国社会科学院历史研究所清史研究室编：《清史资料》（第 1 辑），中华书局 1980 年版；

武汉市档案馆编：《武昌首义档案资料选编》（上、中、下），湖北人民出版社 1980 年版；

吴晗辑：《朝鲜李朝实录中的中国史料》（九），中华书局 1981 年版；

素尔讷等纂：《钦定学政全书》，武汉大学出版社 2009 年版；

朱寿朋编：《光绪朝东华录》，中华书局 1958 年版；

中国史学会编：《戊戌变法》（1—4 册），神州国光社 1958 年版；

中国史学会编：《中国近代史资料丛刊·辛亥革命》（1—8 册），上海人民出版社 1981 年版；

中国社会科学院近代史研究所编：《近代史资料》（总 102 期），社会科学出版社 2002 年版；

丘权政、杜春和编：《辛亥革命史料选辑》（上下册），湖南人民出版社 1981 年版；

章开沅等主编：《苏州商会档案丛编》（第一辑），华中师范大学出版社 1991 年版；

中国人民政治协商会议全国委员会文史资料研究委员会编：《辛亥革命回忆录》（第 1—8 集），文史资料出版社 1982 年版；

中国人民政治协商会议湖北省委员会编:《辛亥革命首义回忆录》(第1—3辑),湖北人民出版社1981年版;

辛亥革命武昌纪念馆:《湖北军政府文献资料汇编》,武汉大学出版社1986年版;

中国人民政治协商会议湖北省武汉市委员会编:《武汉文史资料》(第四辑),1981年内部发行;

中国人民政治协商会议湖南省委员会编:《湖南文史资料》1959年1期;

中国人民政治协商会议江苏省委员会编:《辛亥江苏光复》,江苏文史资料第四十辑,1991年内部发行;

中国人民政治协商会议长沙市委员会编:《谭嗣同研究资料汇编》,政协长沙市委1988年内部发行;

中国人民政治协商会议山西省委员会编:《晋商史料全览·大同卷》,山西人民出版社2006年版;

政协浙江省萧山市委员会文史委编:《汤寿潜史料专辑》,萧山市政协1993年内部发行;

中国人民政治协商会议广东省委员会编:《广东文史资料·孙中山与辛亥革命专辑》,广东人民出版社1961年版;

中国人民政治协商会议苏州市委员会编:《苏州文史资料》(1—5合辑),1990内部版;

中国人民政治协商会议苏州市委员会编:《苏州史志》资料选辑,2004年内部版;

湖南省志编纂委员会编:《湖南省志》(卷一),湖南人民出版社1979年版;

王国平、唐力行主编:《明清以来苏州社会史碑刻集》,苏州大学出版社1998年版;

张枬、王忍之编:《辛亥革命前十年时论选集》,三联书店1977年版;

张海鹏、王廷元主编:《明清徽商资料选编》,黄山书社1985年版;

扬州师范学院历史系编:《辛亥革命江苏地区史料》,江苏人民出版社1961年版;

李兴盛、马秀娟主编:《程德全守江奏稿(外十九种)》(上下册),黑龙江人民出版社1999年版;

沈云龙主编、沃丘仲子著:《当代名人小传》(上下卷),中国台湾文海出版社1986年版;

陶澍撰、许乔林编校：《陶文毅公全集》，海南出版社 2000 年版；

汪士铎、朱荣宝、郭奎勋同校：《胡文忠公遗集》，上海著易堂，光绪十四年(1888 年)印本；

钟叔河编：《曾国藩往来家书全编》(上、下)，海南出版社 1997 年版；

张謇全集编委会编：《张謇全集》(1—8 集)，上海辞书出版社 2012 年版；

李鸿章：《李文忠公全集》，商务印书馆民国十年(1921 年)版；

张树声：《张靖达公(树声)奏议》，光绪二十五年刻本；

王树楠编：《张文襄公全集》，北平文华斋 1920 年版；

张鉴等：《阮元年谱》，中华书局 1995 年版；

汪士铎：《胡文忠公抚鄂记》，岳麓书社 1988 年版；

《胡文忠公遗集》：同治三年武昌节署刻本；

贺长龄辑：《皇朝经世文编》，学苑出版社 2014 年版；

郭嵩焘著、杨坚枝补：《郭嵩焘奏稿》，岳麓书社 1983 年版；

梁启超：《饮冰室全集》(1—12 册)，中华书局 2008 年版；

孙中山：《孙中山全集》(第 1 卷)，中华书局 1981 年版；

孙中山：《三民主义》，中国长安出版社 2011 年版；

黄炎培《辛亥革命史中之一人——程德全》，《人文月刊》1930 年 11 月；

上海图书馆编：《汪康年师友书札》(一、二、三、四册)，上海古籍出版社 1987 年版；

章太炎：《驳康有为论革命书》，《章太炎政论选集》(上下册)，中华书局 1977 年版；

蔡尚思、方行编：《谭嗣同全集》，中华书局 1981 年版；

陈夔龙：《蕉亭杂记》，世界知识出版社 2007 年版；

《禹之谟史料》，《船山学报》1989 年 1 期；

湖南社会科学研究所编：《唐才常集》，中华书局 1980 年版；

容闳：《西学东渐记》，三联书店 2011 年版；

王韬：《漫游随录》，社会科学文献出版社 2007 年版；

王韬：《扶桑游记》，湖南人民出版社 1982 年版；

王定安：《湘军记》，岳麓书社 1983 年版；

章伯锋、顾亚主编：《近代稗海》(12 辑)，四川人民出版社 1988 年版；

苏绍柄辑：《山钟集》(第一册)，上海鸿文书局 1906 年版；

成其昌、翟立伟编注：《成多禄集》，吉林文史出版社 1986 年版；

荣德生：《荣德生文集》，上海古籍出版社 2002 年版；

胡思敬：《国闻备乘》，上海书店出版社1997年版；
黄濬：《花随人圣庵摭忆》（上、下），中华书局2014年版；
罗家伦：《今日之世界新潮》，《新潮》1卷1期，1919年1月；
张孝若：《南通张季直先生传记》，中华书局1930年版；
郭嵩焘：《郭嵩焘日记》（1—4集），湖南人民出版社1981年版；
孙宝瑄：《忘山庐日记》（上册），上海古籍出版社1983年版；
赵烈文撰、廖承良整理：《能静居日记》（1—4册），岳麓书社2013年版；
叶圣陶：《叶圣陶日记》，山西教育出版社1997年版；
叶圣陶：《辛亥革命前后日记摘抄》，《新文学史料》1983年第1期；
叶昌炽撰、王季烈编：《缘督庐日记钞》（四），北京图书馆出版社2007年版；
苏州工业园区档案管理中心编：《李超琼日记》，江苏人民出版社2012年版；
吴玉章：《吴玉章回忆录》，中国青年出版社1978年版；
朱正编：《革命尚未成功：孙中山自述》，湖南出版社1991年版；
朱信泉、严如平主编：《民国人物传》（四），中华书局1984年版；
曹亚伯：《革命真史》（上、中、下），中国长安出版社2011年版；
冯自由：《革命逸史》（上、中、下），新星出版社2009年版；
张国淦：《辛亥革命史料》，龙门联合书局1958年版；
刘厚生：《张謇传记》，上海书店1985年版；
黄炎培：《八十年来》，文史资料出版社1982年版；
胡汉民：《胡汉民自传》，中华书局2016年版；
程颢、程颐著，王孝鱼点校：《二程集》，中华书局1981年版；
刘勰：《刘子集校》，上海古籍出版社1985年版；
欧阳修：《居士集》，中华书局2001年版；
高斯得：《耻堂存稿》，商务印书馆1935年版；
王安石：《王文公文集》，上海人民出版社1974年版；
张载著、章锡琛校：《张载集》，中华书局2012年版；
李觏撰、王国轩点校：《李觏集》，中华书局1981年版；
李鼎：《李长卿集》，上海古籍出版社2014年版；
汪道昆：《太函集》，黄山书社2004年版；
顾炎武：《亭林诗文集》，中华书局1959年版；
张岱：《陶庵梦忆·西湖梦寻》，浙江古籍出版社2012年版；

包世臣：《安吴四种》，中国台湾文海出版社1960年版；
叶梦珠撰、来新夏点校：《阅世编》，中华书局2007年版；
归有光：《震川集》卷九《送王汝康会试序》，文渊阁四库全书本；
乐史：《太平寰宇记》，中华书局1982年版；
屈大均：《广东新语》（上下册），中华书局1985年版；
顾沅辑：《吴郡文编》（1—6册），影印本，上海古籍出版社2012年版；
顾炎武：《日知录集释》，岳麓书社1994年版；
顾宪成：《泾皋藏稿》，凤凰出版社2011年版；
黄宗羲《明儒学案》，中华书局2008年版；
章学诚撰、叶瑛校注：《文史通义》，中华书局1985年版；
何良俊：《四友斋丛说》，中华书局2001年版；
张翰：《松窗梦语》，中华书局1985年版；
董含：《三冈识略》，辽宁教育出版社2000年版；
吕坤：《呻吟语》，岳麓书社1992年版；
李梦阳：《空同集》，吉林出版集团2005年版；
文徵明撰、陆晓乐校注：《甫田集》，西泠印社2012年版；
王士性：《王士性地理书三种》，上海古籍出版社1993年版；
陆楫：《蒹葭堂杂著摘抄》，商务印书馆1985年版；
唐顺之：《唐荆川文集》，商务印书馆《四部丛刊初编》本，1936年版；
田汝成著、陈志明编校：《西湖游览志余》，东方出版社2012年版；
徐光启著，陈焕良、罗文华校注：《农政全书》，岳麓书社2002年版；
叶之田：《敦怡堂续稿》中册《序言》，清嘉庆十九年刊本；
陈世元：《金薯传习录·种薯谱》，农业出版社1982年版；
黄印撰：《锡金识小录》，《无锡文库》（第二辑），凤凰出版社2012年版；
许承尧：《歙事闲谭》《歙风俗礼教考》，黄山书社2002年版；
查慎行撰、石继昌点校：《人海记》，北京古籍出版社1989年版；
朱彝尊《静志居诗话》，人民文学出版社1990年版；
杨增文校写：《六祖坛经》，宗教文化出版社2001年版；
朱长文修：《吴郡图经续记》，江苏古籍出版社1999年版；
夏东元编：《郑观应集》，上海人民出版社1982年版；
沈潜、唐文权编：《宗仰上人集》，华中师范大学出版社2011年版；
余嘉锡撰：《世说新语笺疏》，中华书局1983年版；
胡朴安编：《中华全国风俗志》，上海书店1986年版；

蒋维乔：《中国佛教史》，上海古籍出版社2004年版；
张后铨主编：《招商局史：近代部分》，中国社会科学出版社2007年版；
陈旭麓、顾廷龙等编：《汉冶萍公司》，上海人民出版社2004年版；
戈公振：《中国报学史》，中国新闻出版社1985年版；
史和等编：《中国近代报刊名录》，福建人民出版社1991年版；
钱穆：《中国学术思想史论丛》（1—8卷），安徽教育出版社2004年版；
吴雁南等：《中国经学史》，福建人民出版社2010年版；
陈植锷：《北宋文化史述论》，中国社会科学出版社1992年版；
刘师培：《清儒得失论》，中国人民大学出版社2004年版；
陈鼓应等编：《明清实学思潮史》（上、中、下），齐鲁书社1989年版；
朱维铮校注：《梁启超论清学史二种》，复旦大学出版社1985年版；
刘梦溪主编：《中国现代学术经典·傅斯年卷》，河北教育出版社1986年版；

许涤新、吴承明主编：《中国资本主义发展史》（第一卷），人民出版社2003年版；

方行等编：《中国经济通史·清代经济卷》（上、中、下），经济日报出版社2000年版；

侯宜杰：《二十世纪初中国政治改革风潮：清末立宪运动史》，中国人民大学出版社1993年版；

李伯重：《中国的早期近代经济：1820年代华亭-娄县地区GDP研究》，中华书局2010年版；

陆学艺等主编：《中国社会思想史资料选辑·秦汉魏晋南北朝隋唐卷》，广西人民出版社2006年版；

嘉靖《惠州府志》，上海古籍书店1982年版；
正德年间修《松江府志》；
万历《嘉定县志》；
嘉靖《吴邑志》；
康熙《徽州府志》；
乾隆《吴县志》；
乾隆《吴江县志》；
乾隆《长洲县志》；
嘉庆《扬州府志》；
道光《元和唯亭志》；
道光《苏州府志》；

道光《鹤山县志》；

王鏊等：《震泽编》；

顾禄：《清嘉录》；

光绪《杭州府志》；

光绪《九江儒林乡志》；

宣统《东莞县志》；

邹景：《乍浦备志》；

沈云：《盛湖杂录》；

商务印书馆编：《东方杂志》（全 200 册），影印本，上海书店出版社 2012 年版；

申报馆编：《申报》（全 400 册），影印本，上海书店出版社 2008 年版；

清工商部编：《商务官报》（全 5 辑），影印本，中国台湾"故宫博物院"1982 年版；

国风报馆编：《国风报》（全 10 册），影印本，中华书局 2009 年版；

民报馆编：《民报》（全 6 册），影印本，中华书局 2006 年版；

二、论著

中央编译局编译：《马克思恩格斯全集》（1—32 集），人民出版社 2006 年版；

中央编译局编译：《列宁全集》（第 21 卷），人民出版社 1962 年版；

[德]恩格斯：《致约瑟夫·布洛赫》（1890），《马克思恩格斯选集》（第四卷下），人民出版社 1972 年版；

[德]兰德曼著、张乐天译：《哲学人类学》，上海译文出版社 1988 年版；

[法]托克维尔著、钟书峰译：《旧制度与大革命》，中国长安出版社 2013 年版；

[美]费正清主编、郭沂汶等译：《剑桥中国晚清史》，中国社会科学出版社 1983 年版；

[美]李怀印著，岁有生、王传奇译：《重构近代中国》，中华书局 2013 年版；

[美]亨廷顿著、王冠华译：《变化社会中的政治秩序》，三联书店 1988 年版；

[美]亨廷顿著、周琪等译：《文明的冲突与世界秩序的重建》，新华出版社 1998 年版；

[美]史扶邻著、丘权政等译：《孙中山与中国革命的起源》，中国社会科

学出版社1981年版；

［美］罗威廉著、李里峰译：《红雨：一个中国县域七个世纪的暴力史》，中国人民大学出版社2014年版；

［日］加藤繁著、吴杰译：《中国经济史考证》（上册），中华书局2012年版；

［日］小野和子著、李庆等译：《明季党社考》，上海古籍出版社2006年版；

［日］斯波义信著、何忠礼等译：《宋代江南经济史研究》，江苏人民出版社2012年版；

［日］滨下武志著、王玉茹等译：《中国、东亚与全球经济：区域和历史的视角》，社会科学文献出版社2009年版；

［日］松浦章著、郑洁四等译：《明清时代东亚海域的文化交流》，江苏人民出版社2009年版；

［德］贡德·弗兰克著、刘北成译：《白银资本：重视经济全球化的东方》，中央编译出版社2013年版；

［新加坡］黄贤强著、高俊译：《1905年抵制美货运动：中国城市抗争的研究》，上海辞书出版社2010年版；

林满红著、詹庆华等译：《银线：19世纪的世界与中国》，江苏人民出版社2011年版；

［美］薛君度著、杨慎之译：《黄兴与中国革命》，湖南人民出版社1980年版；

张朋园：《湖南近代化的早期发展（1860—1916）》，岳麓书社2002年版；

张朋园：《立宪派与辛亥革命》，吉林出版集团2007年版；

王树槐：《中国现代化的区域研究：江苏省，1860—1916》，中国台湾"中央研究院"近代史研究所专刊1984年版；

苏云峰：《中国现代化的区域研究：湖北省，1860—1916》，中国台湾"中央研究院"近代史研究所专刊1984年版；

梁寒冰编：《历史学理论辑要》（上、下），中华书局1982年版；

毛泽东：《毛泽东选集》（四卷合订本），人民出版社1964年版；

邓小平：《邓小平文选》（第三卷），人民出版社1993年版；

习近平等编：《十八大报告辅导读本》，人民出版社2012年版；

陈寅恪：《金明馆丛稿初编》，三联书店2001年版；

冯友兰：《三松堂自序》，三联书店1984年版；

章开沅、林增平主编：《辛亥革命史》（上、中、下），人民出版社 1980 年版；

章开沅：《鸿爪雪泥——章开沅的老照片》，华中师范大学出版社 2005 年版；

章开沅、田彤：《张謇与近代社会》，华中师范大学出版社 2002 年版；

李慎之、何家栋：《中国的道路》，南方日报出版社 2000 年版；

余英时：《现代儒学的回顾与展望》，三联书店 2004 年版；

余英时：《论戴震与章学诚》，三联书店 2005 年版；

夏东元：《洋务运动史》，华东师范大学出版社 1992 年版；

夏东元：《盛宣怀传》，上海交通大学出版社 2007 年版；

郑天挺：《清史探微》，北京大学出版社 1999 年版；

张仲礼：《中国绅士》，上海社会科学出版社 2002 年版；

王学泰：《游民文化与中国社会》，学苑出版社 1999 年版；

高全喜：《立宪时刻：论〈清帝逊位诏书〉》，广西师范大学出版社 2011 年版；

马敏：《马敏自选集》，华中理工大学出版社 1999 年版；

马敏：《官商之间——社会剧变中的近代绅商》，天津人民出版社 1995 年版；

马敏、朱英：《传统与近代的二重变奏——晚清苏州商会个案研究》，巴蜀书社 1993 年版；

罗福惠：《湖北近三百年学术文化》，武汉出版社 1994 年版；

王振中：《明清徽商与淮扬社会变迁》，三联书店 1996 年版；

周育民：《晚清财政与社会变迁》，上海人民出版社 2000 年版；

王奇生：《中国留学生的历史轨迹：1872—1949》，湖北教育出版社 1992 年版；

王奇生：《革命与反革命：社会文化视野下的民国政治》，社会科学文献出版社 2010 年版；

朱宗震：《辛亥革命百年祭：中国现代化的拓荒运动》，上海古籍出版社 2011 年版；

张宪文、薛恒等：《共和肇始：南京临时政府研究》，南京大学出版社 2012 年版；

付国涌：《百年辛亥：亲历者的私人记录》，东方出版社 2011 年版；

柯伟林、周言主编：《辛亥百年：回顾与反思》，社会科学文献出版社 2012 年版；

周新国等：《江苏辛亥革命史》，社会科学文献出版社 2011 年版；

王佩良：《江苏辛亥革命研究》，国防科技大学出版社 2008 年版；

张海林：《苏州早期城市现代化研究》，南京大学出版社 1999 年版；

周育民：《晚清财政与社会变迁》，上海人民出版社 2000 年版；

罗时进：《地域·家族·文学》，上海古籍出版社 2010 年版；

尚小明：《学人游幕与清代学术》，社会科学文献出版社 1999 年版；

汪家熔：《大变动时代的建设者》，四川人民出版社 1985 年版；

王玉贵：《挑瓦革命的末代江苏巡抚程德全》，苏州大学出版社 2011 年版；

周兴国、陆和健：《辛亥革命前后江苏社会研究》，甘肃人民出版社 2011 年版；

徐茂明等：《明清以来苏州文化世族与社会变迁》，中国社会科学出版社 2011 年版；

高钟：《文化激荡中的政府导向与社会裂变：1853 年—1911 年的湖北》，华中师范大学出版社 1998 年版。

三、论文与论文集

章开沅：《张汤交谊与辛亥革命》，《历史研究》1992 年 1 期；

章开沅：2010 年 11 月 10 日接受陈书娣的采访，《人民网》；

章开沅：《在香港中央图书馆参加"辛亥革命百年论坛"演讲》，《包头日报》2011 年 8 月 6 日；

章开沅：《辛亥革命百年纪念文库·总序》，华中师范大学出版社 2011 年版；

李泽厚：《思想史的意义》，《读书》2004 年第 5 期；

傅衣凌：《明清社会经济史论文集》，商务印书馆 2010 年版；

耿云志：《张謇与江苏咨议局》，《近代史研究》2001 年 1 期；

朱宗震：《程德全与民初政潮》，《历史研究》1991 年 6 期；

施坚雅著、陈克译：《十九世纪中国的区域城市化》，天津教育出版社编《城市史研究》第 1 辑；

张朋园：《立宪派的阶级背景》，金冲及主编《辛亥革命研究论文集》（下），三联书店 2011 年版；

唐力行：《论徽州宗族社会的变迁和徽商的勃兴》，李禹阶等编《区域·社会·文化》，重庆出版社 2000 年版；

李茂高、廖志豪：《江苏光复与程德全》，《学术月刊》1981 年 9 期；

王龙飞:《曹亚伯与〈武昌革命真史〉》,《辛亥革命网》2010年11月17日;

苏贵庆:《程德全在辛亥革命时期的历史地位》,《苏州大学学报》1991年3期;

吴玓:《张謇代程德全所拟奏折剖析——兼论张、程尚未从主张立宪转为倾向共和》,《南京师大学报》1994年3期;

中国社会科学院编:《五四运动与中国文化建设:五四运动七十周年学术讨论会文选》,社会科学文献出版社1989年版;

黄岭峻:《杀人与革命——辛亥武昌首义"排满"细节考》,辛亥革命研究会编《辛亥革命史丛刊》第15辑,湖北人民出版社2012年版;

聂士全:《苏州佛教志:禅宗》,《第六届寒山寺文化论坛论文集》,上海古籍出版社2012年版。